管理会计公告

（第2辑）

美国管理会计师协会 著

刘霄仑 主译

人民邮电出版社

北 京

Statements on Management Accounting

(Volume II)

Institute of Management Accountants (IMA)

Translator

XiaoLun Liu

美国《管理会计公告》编审委员会

图书在版编目 (CIP) 数据

管理会计公告（第 2 辑）/（美）美国管理会计师协会著；刘霄仑 主译.
– 北京：人民邮电出版社，2013.1（2016.3 重印）
ISBN 978-7-115-30019-5
Ⅰ.①管…　Ⅱ.①美… ②刘…　Ⅲ.①管理会计　Ⅳ.① F234.3
中国版本图书馆 CIP 数据核字（2012）第 284752 号

管理会计公告（第 2 辑）

◆ 著　　　美国管理会计师协会
译　　　刘霄仑　主译
策　　划　刘　力　陆　瑜
责任编辑　徐向娟　王润秋
装帧设计　陶建胜

◆ 人民邮电出版社出版发行　　北京市东城区夕照寺街 14 号 A 座
邮编　100061　　电子邮件　315@ptpress.com.cn
网址　http://www.ptpress.com.cn
电话　（编辑部）010-84937150　　（市场部）010-84937152
（教师服务中心）010-84931276
北京京铁印务有限公司印刷
新华书店经销

◆ 开本：787×1092　1/16
印张：25
字数：650 千字　2013 年 1 月第 1 版　2016 年 3 月第 2 次印刷

ISBN 978-7-115-30019-5/F

定价：98.00 元

本书如有印装质量问题，请与本社联系　电话：(010) 84937153

内容提要

美国管理会计师协会（IMA）发布的《管理会计公告》由世界顶尖专家精心撰写，它涵盖了管理会计领域的各项实务及专题，突出实务导向，注重文化、道德对企业管理会计体系的影响，对企业管理人员建立商业逻辑思维框架、提升商业判断力具有很好的借鉴意义。

公告共四辑，本辑的主题是战略成本管理，包括：实施作业成本核算，计量生产能力成本，实施作业成本核算/作业成本管理的工具和技术，实施目标成本管理的工具和技术，约束理论，实施生产能力成本管理系统，设计集成式成本管理系统和精益企业会计等。

本系列丛书是北京国家会计学院财务会计人员高端培训教材，适用于企业管理会计人才培训，对企业各级管理者、企业财务人员具有重要的参考价值。本书是相关高校财会专业教师及研究咨询机构图书馆必备图书。

致　辞

IMA发布的《管理会计公告》（SMA）一直在全球范围内享有盛誉，涵盖了管理会计领域的各项实务及专题，包括有关风险管理、成本核算、供应链、可持续发展报告、公允价值和组织行为等主题的定义、框架、指导、最佳实践和案例。这些由世界顶尖专家精心撰写的公告，侧重于实务指导而非理论探索，可以帮助CFO及其团队增强企业实力，实现企业的可持续发展。对于中国的各级各类企业来说，不论其属于国有企业、私营企业还是跨国企业，企业财务人员在保护企业关键利益相关者的利益、实现企业可持续发展的过程中，也一定能从《管理会计公告》中直接获益。

借此机会，我也向中译本的译者和编审委员会成员表示感谢，感谢他们的辛苦工作，以及对全球管理会计职业所作出的贡献。

杰弗瑞·汤姆森

美国管理会计师协会，主席兼CEO

PREFIX

IMA's Statements on Management Accounting (SMAs) are widely recognized global resource guides that provide practical, relevant and focused information on management accounting topics. This information includes descriptions, frameworks, guidance, best practices and examples on topics including risk management, costing techniques, supply chain, sustainability reporting, fair value, organizational behavior and more. Leading experts around the world author these practical resource guides which are not theoretical and help CFO teams create stronger organizational capability enabling sustainable growth. Chinese finance and accounting professionals in businesses of all sizes and structures (SOE, private, MNCs) can benefit directly from the SMAs in helping to create sustainable growth in their organizations while protecting the investments of key stakeholders.

I would personally like to thank all of the translators and quality review committees in China for their hard work and contributions to the global profession of management accounting.

Jeffrey C. Thomson, CMA

President and CEO

Institute of Management Accountants

序

2005年10月，IMA前总裁夏曼访问北京时，我为之“架桥沟通”。一周之内陪同拜访了财政部、审计署、商务部、国税局、证监会等政府综合经济管理部门，以及中国会计学会、总会计师协会、注册会计师协会、资产评估协会、注册税务师协会、内审协会等与理财相关的全国性社会团体。因为美国管理会计师协会要进入中国，需要取得这些部门和机构的了解和支持。其结果是，所到之处的中国政府有关部门领导人和社团组织负责人对管理会计的理解远远超出了夏曼原先的想象。

夏曼在会见财政部副部长王军时说：“让世界最大的发达国家与世界最大的发展中国家携起手来，在全球重振管理会计的雄威。”王部长回答说：“我很赞成阁下的意见。面对瞬息万变的资本市场，中国现在最缺的是理财能手，而管理会计是理财的重要手段。”他当即请IMA为中国培养一万名管理会计人才。王军副部长说：“希望通过中美双方的努力，使经过IMA培训的学员成为中国人才市场上的‘抢手货’，使IMA成为‘知名品牌’。希望双方共同打造一个国际知名品牌。”

访问商务部时，时任副部长的傅自应说：“当前，中国有50万家外经贸企业，其中很多企业的国际化程度越来越高，需要引进当今世界先进的管理理念和经验。相信IMA进入中国，可以帮助中国培养目前我们急需的管理会计师和财务管理方面的高级管理人才；可以相互交流中美两国有关管理会计和财务管理方面的经验；可以通过中美双方的共同努力，在全球范围推动管理会计和财务管理的进一步发展。这不仅对我们两国经济的合作与发展，同时对全球经济的复兴和发展来说，都是一件有益的事情。”同时提出：“请你们站在独立、客观、公正的立场，对中国企业的成本核算和成本管理作一次调查，写出一份报告，向美国乃至全世界说明中国企业成本核算和管理的真相。”这是一个具有战略意义的重大课题，也是IMA进入中国的一块很好的“敲门砖”。从此，IMA与商务部开始了长达三年之久的合作，组织全球成本专家考察了12家中国国民经济支柱产业典型企业，并且取得了丰厚的成果。

之后，IMA采取了一些切实的步骤，加速推进进入中国的步伐。2006年设立了办事机构；实施教材汉化、题库汉化、考试汉化；2009年与国家外国专家局签订了合作协议，取得了中国政府权威部门的认可；2010年与国资委合作，从而获得了庞大的后备学员资源；在全国各大中城市和重点高等院校中认定了几十家培训机构……因此，IMA进入中国的时间虽然短暂，但进程却在加速。最具代表意义的是，其会员人数在几年之中就急剧增加到 5 000 余人，占 IMA 全球会员人数的近十分之一。

在 IMA 进入中国的过程中，北京国家会计学院刘霄仑教授一直是参与者之一。早在 2006 年，他就主持了 IMA《管理会计公告》的编译工作。面对 36 个公告、浩瀚的百万余字，要把它汉化，实属工程巨大，其艰辛可想而知。在刘霄仑教授主持下，历时 6 年，本公告终于翻译审校完成，公开出版。我相信，该公告的中译版，将对中国管理会计理论及实务的发展起到重大的推动作用；对中国管理会计的发展，以及与美国管理会计界的沟通与交流，将具有开创性的历史意义。本书的问世，不仅在中国会计发展史上是第一次，在全球它也是第一且唯一的中文版。这在中国会计、管理会计及世界会计发展史上，具有里程碑式的意义！

根据《国家中长期人才发展计划纲要》的要求，要加快企业经营管理人才职业化、市场化、专业化和国际化，培养造就一大批具有全球战略眼光、市场开拓精神、管理创新能力和社会责任感的优秀人才队伍与一支高水平的企业经营管理人才队伍。并明确到 2015 年，企业经营管理人才总量达到 3 500 万人，到 2020 年达到 4 200 万人。财政部在《会计行业中长期人才发展规划》（2010~2020）中提出着力培养精通财会业务，熟悉市场规则，掌握金融、内部控制、投融资决策、企业并购、价值管理、战略规划、公司治理、会计信息化等相关专业知识，具有国际视野和跨文化交流能力，能参与战略经营和管理决策，把握行业发展趋势，解决复杂经济问题的高层次经营管理人才。明确到 2015 年，新增大型企业单位具有国际业务能力的高级会计人才达到 3 万人，到 2020 年再增加 3 万人。所以，在未来 10 年，管理会计的方法、工具和理念将大兴于中国，注册管理会计师（CMA）在中国的发展前景十分可观。因而，我相信刘霄仑教授主译的这部美国管理会计师协会《管理会计公告》中译本，不仅具有重大的学术意义与现实意义，也一定会受到广大读者的热烈欢迎，一定会有广阔的市场！

丁平准

译者序

改革开放30余年来，中国的经济有了飞速的发展，但相当程度上，这种发展仍处于简单、初级层面的外延式扩大再生产阶段。30多年来，我们引入了西方的市场开放和竞争机制，但这种市场开放和竞争机制，至少到目前为止，仍是不全面和有限度的；我们复制了西方的现代企业制度，但在公司治理机制建设层面，仍存在着一些难以逾越的障碍，在企业管理层面，仍存在着相当程度的粗放方式乃至误区。30余年经济发展的结果，在GDP高速增长、人民物质生活水平提高的同时，也伴随着高能耗、高污染、少创新、低福利、可持续发展能力堪忧的隐患。那么，未来30年中国经济发展应何去何从？我个人认为，在宏观层面可能要寄希望于进一步深化改革，理顺国家治理层面的各种关系；而在微观层面，则需要帮助企业各级治理及管理人员建立起商务逻辑思维框架，提升商业判断力。而提升财务人员商业判断力最有效的途径之一，就是学习和借鉴美国管理会计师协会所发布的这套《管理会计公告》。

下面简单介绍一下我对"管理会计公告"与"财务会计准则"的异同点及相关性的理解，主要有以下几点：

1. 服务对象不同。企业财务会计准则主要是服务于外部投资者的需要。外部投资者需要在不同投资方案中进行选择、取舍，为此需要有统一、公认的会计准则作为编制对外财务报告的通用标准，所谓衡量会计信息质量的可靠性、相关性，最终还是要落实到会计信息的可比性上。而这种可比性，虽然也可被理解为决策有用性，但这里的决策者更多的是指投资者或者外部决策者，而非企业内部决策者。而管理会计公告则更多的是着眼于企业内部提升经营管理水平、增加企业价值、防范企业风险的需要，其服务对象是企业内部的各级决策者。
2. 强制力不同。财务会计准则强调的是"公认"，各个企业对外提交财务报告必须按照统一的标准编报，否则就有做假账之嫌。而企业情况千差万别，很难制定一套放之四海而皆准的内部管理体制，所以《管理会计公告》本身并不具强制性，而更类似于指导或建议性意见，或者是对企业制定和落实战略、提升管理水平具有借鉴意义的"最佳实践"，是否选择执行，如何选择执行，其决定权在企业。这也给企业各级财会人员留下了发挥创造力的空间。我们之所以将"Statements"翻译成"公告"而非"准则"，就是为了体现这种强制力的差异。
3. 涵盖范围不同。财务会计准则聚焦在与企业对外财务报告相关的确认、计量、记录、编制和列报方面，而管理会计公告则涵盖了企业的"管理决策、设计规划与绩效管理系统”，管理会计师可利用“在财务报告与控制方面的专业技能，帮助管理者制定及实施组织战略”。由此可见，《管理会计公告》的范畴要远大于财务报告准则的范畴，几乎涵盖了企业需要运用到商务分析和决策的所有领域。

4. 成本核算构成了重要组成部分。不论是在财务报告准则体系中，还是在管理会计公告体系中，有关成本核算的内容都是所在体系的重要组成部分，但意义略有不同：在财务会计准则体系中，对成本核算更关注的是成本归集的完备性以及期间和间接费用分摊的合理性。而在管理会计公告体系中，对于成本核算而言，更侧重如何能更好地反映成本习性，帮助企业内部决策者制定营销、生产、投资等决策。

具体到美国管理会计师协会发布的这套《管理会计公告》，就内容的丰富性和体系的完备性而言，我认为，已经全面系统地超越了目前市面可见的管理会计教材。简单地说，这套公告至少具有以下特点。

1. 涵盖面广。《管理会计公告》涵盖了领导力、战略和道德规范、科技支持、战略成本管理、公司绩效管理、财务治理、风险与合规、管理会计实务等不同领域的内容，足以支撑企业财会及相关人员在企业各主干流程中所承担的工作职责。
2. 系统性强。在每一个具体公告中，都有对主题内容的背景、定义、目的和意义、适用范围、工具和技术以及未来前景的阐述，在公告的最后有结语，篇尾还会附上词汇表和参考文献，以供读者延展阅读。
3. 突出实务导向。《管理会计公告》中虽然涉及很多前沿主题，如精益会计、集成式管理系统、企业风险管理、环境战略等，但并非停留在理论层面的探讨，而是通过循序渐进的讲解，辅之以实用技术和工具，来帮助企业在运营过程中加以实际运用。这一点尤其难能可贵。
4. 具有较强的前瞻性。基于美国企业现状而制定的《管理会计公告》，本身已经具有一定的前瞻性，再加上中美两国企业之间客观存在的发展差距，其内容体系对于中国企业来说，应该具有较强的指导和借鉴意义。
5. 注重文化、道德对企业管理会计体系的影响。《管理会计公告》将价值观和行为规范、道德行为准则置于重要地位，要求管理会计师必须切实履行诚实、正直、客观和责任这四项道德基本原则，并强调企业必须将道德规范融入到企业的规划、日常管理及员工行为中去。这一点值得中国企业深思并奋起直追。

即将出版的《管理会计公告》逾百万字，将分成四辑出版，每辑涵盖一至三个领域。关于《管理会计公告》的内容及细节，由于篇幅所限，在此不展开介绍，相信读者会发现自己所关心的主题和相关介绍。

回首《管理会计公告》的翻译工作，历时甚长。早在2002年，我随团访问了位于新泽西州Montvale的IMA总部，从此建立起专业联系。2003年底，经财政部批准并受国家会计学院委派，我到美国作商务伦理主题考察，其间在10月份专程到IMA总部考察访问了三天，对IMA的运作模式、会员管理、考试体系、后续教育等作了全方位的了解，以期为国家会计学院与IMA建立战略合作关系奠定基础。在IMA考察期间，我注意到IMA组织发布的"*Statements on Management Accounting*"（SMA）对管理会计实务的发展具有重要的指导意义，特别是对中国管理会计实务发展的借鉴价值，经与IMA多次协商，终于达成了翻译SMA的意向，并获赠了整套SMA资料。2004年初回国后，我即着手翻译SMA。到2005年下半年，已完成约80%的翻译工作。但遗憾的是，2005年初，IMA总部领导层发生了较大变动，同年IMA决定对SMA进行大规模修订，废弃了近一半的SMA，同时又增补了近10个新的公告。如此一来，我之前所做的大部分翻译工作也付之东流，大大增加了我的翻译工作量。至2008年，SMA全部翻译完毕。

2009年，在IMA的支持下，邀请了北美及中国京津地区的管理会计界的专家学者组成了SMA编审委员会，对翻译完成的SMA进行把关和审校。2011年，编审委员会的审校工作基本完成，转给出版社进入编辑出版流程。

据不完全统计，截至2011年底，中国共有会计从业人员逾1 000万人，其中，高级财务人员（具有高级职称或从事高级管理岗位）约30万人。管理会计师职业在中国已是呼之欲出。其职业能力框架、考试资格要求、考试科目设置、专业技术标准、注册管理及奖惩考核体系等都将会在未来数年内相继建立和完善。相信美国《管理会计公告》中文版的出版，必将对中国管理会计职业的发展乃至中国经济的发展起到极大的推动作用。

本《管理会计公告》由刘霄仑主译，朱晓辉、刘凤芝初译，SMA编审委员会的各位专家对译稿进行了认真审校，在此表示感谢！北京新曲线出版咨询有限公司的刘力、陆瑜对《管理会计公告》的引入给予了极大支持，IMA北京办事处的原首席代表李蔚女士、马丹女士也对审校工作做了大量协调工作，新曲线的王涧秋、颜林柯两位编辑对稿件进行了精心加工，在此也一并感谢！

由于水平有限，译文如有错漏之处，请与本人联系。我的邮箱是：liuxl@mail.nai.edu.cn

刘霄仑

2011年10月16日

总目录

第3辑

企业绩效管理

责任的发展演变：会计师的可持续发展报告（2008）
管理全球供应链的总成本（2008）
有效的标杆管理（1995）
实施公司环境战略（1995）
股东价值创造：计量与管理（1997）
实施集成式绩效管理系统的工具和技术（1998）
实施集成式供应链管理：打造竞争优势（1999）
实施集成式供应链管理的工具和技术（1999）
精益企业基础（2006）
实施流程管理：改进产品和服务（2000）
实施自动化工作流管理（2000）
价值链分析：评估竞争优势（1996）
环境会计的工具和技术：服务企业决策（1996）
管理质量改进（1993）

第4辑

企业风险与控制

企业风险管理：框架、要素及其整合（2006）
企业风险管理：有效实施的工具和技术（2007）

管理会计实务

直接材料成本的定义和计量（1986）
工作点成本的会计分类（1997）
财务职能再设计（1997）
财务职能再设计的工具和技术（1999）
建立共享服务中心（2000）

目　录

战略成本管理

管理会计公告

Statements on Management Accounting

战略成本管理

STRATEGIC COST MANAGEMENT

题 目

实施作业成本核算

鸣 谢

美国管理会计师协会在此向 SAS 的绩效管理解决方案经理 Gary Cokins（gary.cokins@sas.com）表示衷心感谢，本公告就是基于他的研究成果。此外，还要感谢美国管理会计师协会的科研主任 Raef Lawson，他对本公告进行了认真的审校。

Published by
Institute of Management Accountants
10 Paragon Drive
Montvale, NJ 07645
www.imanet.org

ima

The Association of Accountants and Financial Professionals in Business

实施作业成本核算

目 录

图 表

STRATEGIC COST MANAGEMENT

ima
The Association of Accountants and Financial Professionals in Business

一、引言——什么引发了人们对作业成本核算的兴趣

组织越来越希望了解它们的成本和驱动成本的因素及行为。但是，人们对如何了解成本、如何区分迥然不同的成本核算方法（例如，作业成本核算法、标准成本法、有效产出会计、项目会计、目标成本管理等）深感困惑。结果是，管理者和员工被这些纷繁复杂的信息搞得焦头烂额，分不清哪些成本才是正确的成本。如果深入考察一下，人们就会发现，各种成本核算方法未必相互对立，它们可以共存、协调和融合。

在竞争日益激烈的商业环境中，如果组织希望保持或提高自身竞争力，就需要准确且相关的成本信息。过去，公司利用自认为准确反映了产品和服务（理想状态下，还包括渠道和客户）成本的会计信息规划和控制经营活动。事实上，情况往往并非如此。由于采用间接成本的平均分配方法，因而笼罩在“精确”的幻觉之中，许多公司的成本核算系统实际上都在向决策者提供误导信息。这就造成了公司管理者的次优决策。

为了克服由成本分配过于简化导致的传统成本核算系统的过度一般化，从而造成间接成本缺乏清晰度的缺陷，一些组织采用了作业成本核算（ABC）系统。作业成本核算系统基于这样一种成本模式，即把组织的费用（既包括直接费用，又包括间接费用）追溯到发生费用的产品、服务、渠道和客户。

图表 1 说明了引发人们对作业成本核算的兴趣的一项因素。为客户生产产品或提供服务的间接费用正在取代直接费用。如果追问这种取代的原因，大多数人都会说是因为技术、设备、自动化或计算机。换句话说，组织正在把以前人工操作的工作自动化。但是，这只是解释组织费用类型转变的一个次要因素。费用类型转变的主要原因是产品和服务类型的日益增加。在过去几十年中，大多数组织一直在提供更多样的产品和服务，利用越来越多的分销渠道和销售渠道。此外，组织所服务的客户也日益多样化。这种多样化（即异质性）带来了复杂性，而日益增加的复杂性又造成了更多的管理费用。在费用中，管理费用正在取代重复发生的人工费用，但这一事实并不标志着组织正在变得效率低下或者官僚化，它只是意味着公司正在为不同类型的客户提供种类更多的产品和服务。传统成本核算的问题在于，它仍然采用一般与成本动因无关的分配因素分配日益增加的间接费用。资源的消费必须追溯和分配到以因果关系为基础的成本上，而这正是作业成本核算所要做的。

这里有一个理解作业成本核算的基本

图表 1　间接成本正在取代直接成本

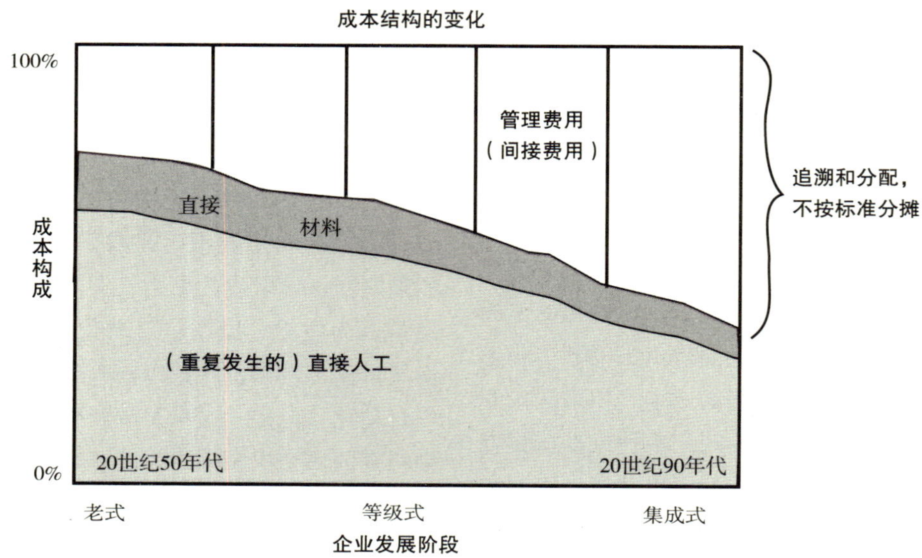

资料来源：Gary Cokins.

原理的简单方法。假设你和三个朋友去餐厅。你点了一小盘沙拉，而他们则每人都点了菜单上最贵的菜——极品牛排。服务生送来账单的时候，他们三个说："我们平摊账单吧。"你会有什么样的感觉呢？当然你会觉得这不公平、不公正。这恰似传统成本核算系统对许多产品和服务线的成本计算的影响，因为在传统成本核算系统中，会计人员就是从间接费用中拿一大块，然后毫无逻辑地分配为成本。它与产品或服务线单独耗费的费用极不相关，或者根本没有关系。这很可能会造成产品成本的扭曲。作业成本核算避免了这个问题。在餐厅这个例子中，作业成本核算就相当于服务生送来了四个单独的账单，每位顾客都要为自己消费的食品埋单。

许多组织已经不满足于单独使用作业成本核算法来获取更准确、更相关的成本核算信息。对于这些公司而言，发展的重点已经从作业成本核算（ABC）转为作业成本管理（ABM）。这些组织利用对成本动因的理解来改善经营。成本动因是指导致成本发生的因素的作业指标。它们利用对现已清晰的成本结构的深入理解，积极主动地管理自身资源，强化客户看重的关键价值要素。（如果希望了解更多信息，参见美国管理会计师协会《管理会计公告——实施作业成本管理》和《管理会计公告——实施作业成本核算/作业成本管理的工具和技术》）实施业务流程重组、质量改进和精益管理的组织，都把通过作业成本核算获得的财务和非财务信息作为考核基础。

二、范围

本公告概括介绍了设计和实施作业成本核算系统的方法，所介绍的基本原理适用于任何组织，无论其规模大小和所处行业是什么。它为那些考虑实施作业成本核算系统的组织提供了下列指导：

- 管理会计师在作业成本核算项目中的作用和职责；
- 实施作业成本核算系统时需要行为变革管理；
- 如何设计和实施作业成本核算系统；
- 如何规划作业成本核算项目的实施；
- 如何确保作业成本核算系统的可持续性；
- 如何评估作业成本核算软件。

本公告所提供的信息有助于读者设计和实施可持续的作业成本核算系统，更好地理解产品和客户成本、业务流程和工作作业，进而能为组织提供合理决策的手段。

三、定义作业成本核算

传统的成本核算方法和作业成本核算法的区别在于：

> 传统的成本核算方法基于一项分配因素的特性，把间接费用分配给产品乃至任何成本对象，而这项分配因素一般与所耗费的工作的类型和水平没有因果关系。[1]传统的成本分配因素包括管理一个经营单元所需要的直接人工小时数、直接人工的成本、外购待销售商品的采购成本，或者占用天数。这些都是泛泛的平均数，不能反映间接费用的因果关系。问题在于，使用这些分配方法会造成分配随着分配基础的变化而变化。作业成本核算系统认为，单个产品或客户并未耗费

1　成本对象是指归集和计量业务流程、产品、作业、资本项目等的成本、提供成本数据的一项职能、组织分部、合同、产品或其他工作单元。中间成本对象是指公司内部的成本对象，最终成本对象是指产品、标准服务线，或者一般接触外部企业的计量服务成本的客户。组织维持最终成本对象是指并非由供应商、产品、渠道或客户直接导致的最终成本对象。例如，高管和监管机构。成本对象可以被视为工作是为谁或什么而做的。

同等比例的间接费用。相反，它关注生产每件产品或提供每项服务所需要的人和设备的作业及每项作业的耗费量。

下面举一个应用广泛的平均管理费用分配标准导致成本扭曲的例子。设想一家半导体工厂，曾经采用直接人工和直接材料加成 1600% 的方法分配管理费用，计算产品成本。但是，较之这种标准成本分配方法，公司各种产品的管理费用耗费极其不成比例。结果是产品成本相对于公司所认为的成本扭曲了 500% 以上。公司各种产品和服务的盈利能力与人们所认为的截然不同。

作业成本核算确定资源及其成本，各项作业的资源消耗量，以及生产产品所需要的作业，藉此把间接成本（通常称之为“制造费用”）追溯给产品、服务和客户。例如，资源费用包括工资、经营用品、设备折旧和电力，它们均反映生产能力。

作业成本核算明确了工作作业及其成本。作业是由同一动因控制的、资源消耗强度相同的同一职能中的一组任务。组织通过作业分析确定所执行的作业，包括确定一个部门内都完成哪些作业、多少人执行作业、执行作业花费多少时间、执行作业需要哪些资源、哪些经营数据最能反映作业绩效，以及作业对组织的价值。

在作业成本核算系统中，利用资源动因把资源追溯给作业，它们用于计算消耗资源的每项作业的成本。然后，利用作业动因，把作业成本追溯给消耗某项作业的每种产品及服务（即成本对象），这是通过确定每个成本对象在一定期间内消耗了多少单位的作业产出来实现的（关于“动因”的话题可能有些令人困惑；“动因”的定义和举例将在第七节讨论）。

作业成本核算起源于制造业，但随后在各行各业的应用证明了它的普适性。例如，现在许多政府机构和金融服务业的公司都采用作业成本核算系统确定客户盈利能力。

四、管理会计师的作用

如同任何新的管理技术的推广实施一样，高管层的支持是作业成本核算系统实施的关键。此外，组织的管理会计人员的支持也是至关重要的。管理会计人员必须理解的就是，他们倾注了大量心血所维护的组织现有成本核算系统很有可能在提供不准确甚至具有误导性的成本核算信息。管理会计师应该与其他会计人员充分交流，向其展示还有更好的成本核算系统，它不仅能提供与经营相关的信息，而且能提高向管理者提供的信息的质量。

管理会计师可以在作业成本核算系统

的设计中发挥重要作用。基于他们的技能和教育背景，他们可以帮助确定什么适宜于分析（产品、客户、流程等），以及解释现有成本系统缺陷的可能成因。此外，基于其对公司成本核算信息系统中的信息的详细了解，他们是唯一有资格判断是否符合作业成本核算系统汇总标准的人。他们可以利用自身对成本核算方法的理解，推荐向作业和成本对象分配成本的适当方法。最后，一旦实施作业成本核算系统后，他们还能够利用自身对信息和成本关系的理解来支持该系统。

值得注意的是，作业成本核算系统基于历史成本给使用者提供洞见、认识和关注点。作业成本核算系统基本上是全面成本核算，但没有像间接费用的传统成本分配方法那样违反因果关系规则。但是，决策影响未来。为了验证一项决策的预期财务影响，人们应该应用涉及边际成本分析的管理经济学，即按组合和数量的变化把费用习性划分为变动、准变动、梯式固定或固定（还包括把这种能力纳入作业成本核算模型）。这种分析还应该区分所提供的生产能力和利用的生产能力，并考虑是否存在未利用生产能力和可利用生产能力。在作业成本核算系统中，全面成本核算并不意味着一定期间的费用百分之百地追溯给与客户相关的产品、服务和渠道。理想上，与客户不相关的成本也追溯给称为“企业维持成本”的最终成本对象，包括未利用生产能力费用（将在第七节介绍）。

如果决策的效果不太明显，并且需要证实，那么就应该应用边际成本分析法（比如，资源消耗核算和作业资源规划）或者采用贴现现金流的资本投资分析。在作业成本核算系统中，边际成本分析和资本论证技术使用各种形式的历史期间成本，它们可以按照资源费用是否包括在内来分层，而资源费用包括在内与否则取决于决策类型和规划期间。在决策分析中决定是否包括一项费用完全依赖于职业判断，比如，未利用生产能力成本。本公告只针对如何更准确地计算某件事现在发生了哪些费用，并根据各种预测了解未来需要哪些费用。管理会计师的职责是，在支持组织的决策分析时决定做出哪种假设。

关于作业成本核算数据的局限性，还有一点值得注意，即生命周期成本核算。作业成本核算一般涵盖一段时期，比如，一个月、一个季度或一年。但是，产品和客户却要经历整个生命周期。在产品刚面世时，作业成本核算所计量的产品成本异常高，因为它需要关注稳定产品。产品可能现在看起来不盈利，但在未来随着成本的下降就会盈利。这里需要记住的一点是，作业成本核算不计算整个生命周期的多个期间的成本，但是它对每个期间的成本分析可用作生命周期成本核算的信息。

五、实施作业成本核算需要行为变革管理

如同任何新的管理技术或工具一样，在实施作业成本核算系统之前，必须建立有效的变革管理流程，其目的应该是确保组织各级员工都支持作业成本核算系统。其中既包括高管的支持，也包括基层管理者的认可。要赢得基层管理者的认可，通常可以向其证明，在大多数情况下，现有成本核算系统会产生扭曲以致误导的信息。这种扭曲之所以产生，往往是因为现有成本核算系统未反映组织实际，以及其提供的产品和服务的复杂性不断增加。通过实施一种既能反映这种复杂性，又能为经营管理提供必要的经营信息的成本核算系统，管理者就能看到为管理决策提供的信息的相关性提高，以及绩效管理的改善。

变革管理流程必须专门针对在新成本核算系统实施中产生的“人”的问题。其中包括各级管理者对现有系统的承诺，以及不愿变革的心态。另外，考虑新系统对绩效考核和薪酬系统的影响也很重要，可能必须根据作业成本核算系统实施过程中采集的信息设计新的绩效标准，或者修订现有的标准。例如，根据作业成本核算采集的“新”成本数据的影响之一就是各种产品之间的成本转移。有些产品过去实际上在补贴其他产品，现在报告的成本就会降低，利润率就会提高，其他产品则会发生相反的影响，现在报告的利润率则会降低，甚至发生损失。

在组织的各级员工中开展对于变革需求的有效宣传也至关重要。组织必须宣传现有成本核算系统的缺陷、成本扭曲对管理决策的影响、运用作业成本核算的基本原理为管理决策提供更相关的信息，以及新系统对员工个人考核与奖励的影响。宣传是一个互动的过程，必须对员工所关注的问题予以回应和解决。

实施作业成本核算系统必须在成本效益方面得到论证，如同任何其他投资一样。但是，拥有更好的决策信息的价值可能难以计量，例如，可能比从购置设备之类的有形投资中获得的收益更难计量。关键在于因成本核算信息质量提高而获得的收益必须超过为实施作业成本核算系统的额外管理支出。也就是说，必须满足下列等式：

$$\frac{\text{增量收益}}{\text{增量管理成本}} > 1$$

通过证明等式的分子远远高于人们的预期，以及分母可以被切实可行地控制在最低水平（例如，运用估计，只采集最低限度的额外数据），上述比率就能从小于 1 变为大于 1（可能大很多）。

在 20 世纪 90 年代，人们提出了“利

用迭代再建模快速建立 ABC 原型法”——它是一种作业成本核算系统实施技术。它极大地缩短了实施作业成本核算系统的时间，改进了作业成本核算模型设计，把项目遇到因过于详细和复杂而产生问题的风险降到了最低。这种技术保证了成本效益比率的分母保持最小，它还通过揭示更多未确认的收益增大了分子。这种方法将在第十二节讨论。快速建立 ABC 原型法能使生产作业成本核算系统在几星期而不是几年内建立起来，且仅需最低水平的支持。

六、规划作业成本核算的实施

作业成本核算实施的指导原则是从后往前做，牢记目的。找一个改革现有成本核算系统的有力理由，找一类作业成本核算系统能改进的决策或分析。这样，作业成本核算系统的实施就无异于任何其他项目的实施了，即在开始之前，必须了解你期望的最终结果是什么。遵循这个原则，组织就能确保所建立的作业成本核算系统满足自身的特定需要，而不是一般组织的需要。

在设计和实施作业成本核算系统时，可以采用各种各样的方法。没有普遍适用的通用方法。为了获得“概念验证”，许多公司（尤其是大型公司）最初都采用试点项目的方法实施作业成本核算，即选择组织的一个领域实施作业成本核算概念。

试点项目可以利用实际收入和费用实施。如果主要目的是赢得对作业成本核算的认可，那么也可以利用预算（或计划）收入和费用，但是，预算和预测可能与实际结果迥然不同。然后，在试点项目实施过程中，确定作业及其相互关系、成本动因和数量；确定成本附着点，计算作业成本；确定成本对象（如产品或客户）的作业消耗量，确定动因和数量。试验项目的成功还可用于验证在整个公司实施作业成本核算的正确性，为作业成本核算方法的随后实施提供“经验和教训”。

组织还可以选择一开始就全面实施作业成本核算。在这种情况下，我们强烈建议采用利用迭代再建模快速建立 ABC 原型法。快速建立 ABC 原型法的体系类似于试验法中所采用的体系，但是它包括更多领域（理想上，包括整个企业）、更多数据以及更多分析。一旦管理者（对于管理者来说，重要的是选择支持者，回避反对者或感觉受到威胁的人）看到了快速生成的改革后的成本预览，就会认可。采用这种方法，就能实现整个组织对成本系统设计有一个新的认识，使组织能够迅速适应新系统，利用改进的信息提高绩效。人们往往不知道自己不知道什么。由于这些模型是迭代的，管理者能够看到更多激发他们想去分析的结果。看到结果能加速这种学习过程。

如果最初采用的方法是一个部门或一个流程的试验性作业成本核算研究，那么组织就应该谨慎，因为试验只针对组织作业的一个子集。这种方法面临着忽略研究未覆盖的部门成本中心和职能的作业或成本的危险。流程咨询顾问更偏好跨多个部门乃至整个组织的作业分析。此外，如果只包含几个部门，或者试图聚焦于一种或几种产品，那么就不能有效地对比产品成本的现有成本与 ABC 成本。

在设计和实施作业成本核算系统时，必须解决各种问题。其中之一是确定作业成本核算系统的负责人。虽然管理会计师要核算作业成本核算信息，但在许多情况下，系统最好由其他人负责。

应该选择与其基本目标一致的人作为作业成本核算系统的负责人。例如，如果系统的基本目标是改善经营，那么最好由经营人员控制。让其负责这个领域的系统，而不是让会计部门负责，有助于确保系统得到恰当的利用和维护。但是，在实践中，这往往具有挑战性，因为会计部门的职责历来就是收集、核对和报告会计信息，然后分析信息。结果往往是会计部门最终维护作业成本核算模型。

另一个需要解决的问题是系统的复杂性。在设计成本核算系统时，要权衡系统成本与系统的详细程度、准确度和灵活性。作业成本核算系统的指导原则是详细程度和准确度取决于利用信息制定什么决策。追求精确是要付出高昂代价的。我们不需要 99% 的准确。那些完成了作业成本核算系统的实施阶段，回过头去将先前成本系统的不准确且有瑕疵的成本与新的实质上更正确的成本进行比较的组织，十分理解为什么作业成本核算界宣称：“近似的正确远胜于精确的错误！”以经济的方式获得适度的准确，通常就“足够”了，特别是鉴于现有成本系统的不准确性。一般而言，支持战略决策的系统比用于经营决策的系统更多地利用汇总数据。是否需要额外的准确度，是一个长期问题，应该基于不断发展变化的企业需要进行分析，随着模型的发展，可以适当考虑。在有些情况下，随着对准确度要求和费用规模的深入理解，可以缩小数据收集的范围。

是否把作业成本核算系统与财务会计系统集成也是一个问题。作业成本核算系统可以集成到财务会计系统，也可以作为一个单独的系统。在许多组织中，一个设计完善、定期更新（例如，每季度、每半年）的作业成本核算模型就足以满足决策需要了。作业成本核算系统的离线实施，可以使组织在不干扰日常信息系统活动的情况下获得改进的成本核算信息。这种 ABC 建模方法尤其适用于中小型组织。它还可以作为大型组织实施作业成本核算的第一步。

在作业成本核算系统与组织的管理信息系统全面集成的情况下，它远远超越了传统的成本核算职能，成为改进业务流程和事前规划的主要信息来源。组织把这种信息作为作业成本管理的基础。它们利用对作业及其成本动因的理解改进流程，提高客户满意度。在这种情况下，数据收集就要进行调整，以满足作业成本核算系统的需要。但是，总账会计科目表、成本中心体系、存货 / 销货成本核算程序、部门间费用、应付账款和工资成本分配方法、财务和管理报告或者会计系统的其他与成本相关的方面都原封不动。作业成本核算只是重新确定处理信息的目的。第十四节将讨论作业成本核算商业软件。在该节，将对“从总账中剔除部门间费用，并以正确的作业成本取而代之”进行介绍。

七、作业成本核算系统的初始设计

作业成本核算系统可以两种不同的方式审视，即成本分配观和流程观。成本分配观提供关于资源、作业和成本对象的信息。流程观提供关于业务流程及其所属的作业的经营（往往是非财务）信息。这两种作业成本核算观可以用图形形象地说明，如图表 2 所示。

作业成本核算的成本分配观可以从图表 2 的垂直部分看到，而流程观则由图表 2 的水平部分反映。在交叉点的工作作业对于两种观点都至关重要。在计量成本时，其区别在于：

- 成本分配观把资源的费用（例如，工资、用品）转化为工作作业的成本（人和资产），最终转化为最终成本对象的成本（例如，产品、客户）。
- 流程观按时间顺序排列工作作业，从一个业务流程的开始到结束归集作业成本。

关于这两种观点的更多区别参见第十一节，该节介绍了流程图 / 价值流图，作业成本核算信息可以作为其有益补充。作业成本核算所强调的一般是成本分配观。虽然 ABC 是作业成本核算的首字母缩写词，但是其信息的效用大多来自对不同类型产出（成本对象）的成本及其所导致的基于动因的作业消耗量的计量。

“动因”一词可能有些令人困惑。员工的资源动因反映员工完成工作作业所花费的时间。间接外购材料项目的资源动因反映一项作业的消耗量，比如，一台机器消耗的能源的千瓦数。作业动因是反映作业的产出的指标，比如，对于与客户相关的工作作业——“处理销售订单”，作业动因就是所处理的销售订单的数量。成本

图表 2　作业成本管理框架（CAM-I 十字）

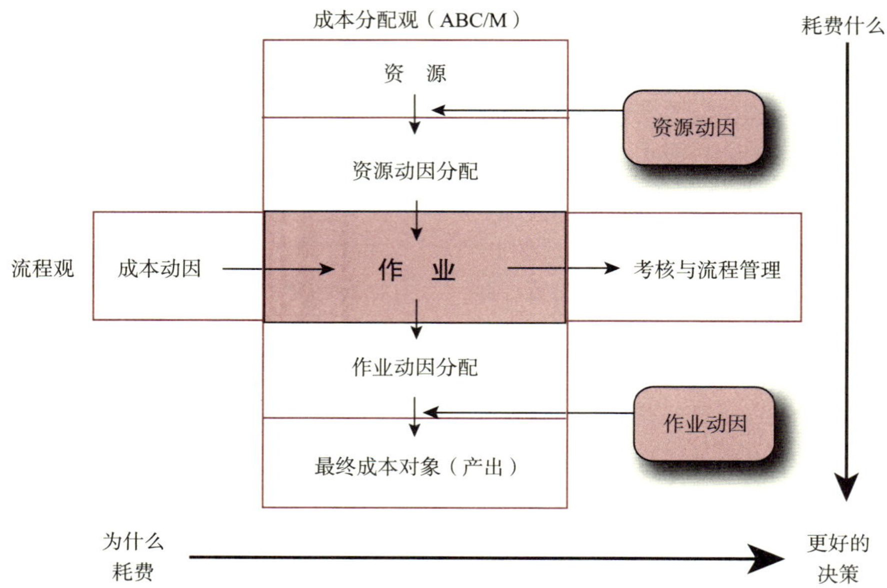

资料来源：Adapted from CAM-I.

对象动因是指一个最终成本对象消耗另一组最终成本对象，比如，在一位客户采购一组产品时。选择所有动因时的成本核算原则是所发生的成本水平应该直接随动因的数量变化而变化。

成本动因一词也可能有些含糊。它比上述几种类型的动因更泛泛。它可以用文字表述，但未必能以数量计量。例如，一场猛烈的风暴就是导致保险理赔的一个成本动因。人们不容易计量风暴的强度，但是可以计量由此而导致的理赔的数量。作业成本核算仅限于可计量的资源、作业和成本对象动因。成本动因一般也在作业成本核算分析中予以考察。人们把它们与流程或作业联系起来，以激发对其影响或潜在影响的讨论。因为成本动因一般都是跨职能的，所以它们往往针对需要改进的领域。虽然成本动因常常不能量化，但是在看作业成本核算结果时，它们往往能告诉人们“为什么”。

成本分配观已经从 20 世纪 80 年代初的两阶段作业成本核算发展成了多阶段作业成本核算。首先我们将讨论两阶段法，以便了解作业成本核算的一些基本原理，

图表 3　每项作业都有自己的作业动因

自：总账

会计科目表观			
理赔处理部门			
	实际	计划	有利／（不利）
工资	$621 400	$600 000	$(21 400)
设备	161 200	150 000	(11 200)
差旅费	58 000	60 000	2 000
用品	43 900	40 000	(3 900)
场地占用费	30 000	30 000	—
合计	$914 500	$880 000	$(34 500)

资源动因

至：作业成本核算数据库

作业观		
理赔处理部门		
审查索赔	$31 500	← 数量
分析索赔	121 000	← 数量
暂缓索赔	32 500	← 数量
接受供应商问询	101 500	← 数量
解决会员问题	83 400	← 数量
处理批量	45 000	← 数量
确定是否合格	119 000	← 数量
复印	145 500	← 数量
写信函	77 100	← 数量
参加培训	158 000	← 数量
合计	$914 500	

作业动因

至：成本对象

产品／客户

$914 500

资料来源：Gary Cokins.

然后我们将讨论多阶段法。

两阶段作业成本核算

图表 3 说明了两阶段作业成本核算。采用原来所称的第一阶段成本动因，即现在所称的“资源动因”，把总账的明细账户按适当比例分配给各项作业。然后，采用原来所称的第二阶段成本动因，即现在所称的作业动因，把按作业归集的成本分配给成本对象。例如，诸如失业保险和设备维修之类的费用，就可以基于资源动因，分别根据人工成本和设备小时数分配给各项作业。然后，采用作业动因（比如，设备安装数量、订单、采购订单、设备运转分钟数、直接人工小时数等），把各项作业归集的费用再分配给产品。

在图表 3 中，左边的方块是成本中心月度支出报告。之所以采纳作业成本核算的一个重要原因就在于一种认识：在这个成本中心，采用会计科目表（如工资、用品）形式的责任报告在把费用转化为计算出的成本的能力方面，存在结构上的不足。这是一份十分有用的报表，但是，它只有在按不同的形式把总账费用重新编报为作业成本之后才有用，即按各自的资源消耗量比例，把作业成本重新分配给作业的产出，从而把作业动因与作业成本联系起来。如果公司把组织扁平化、减少层级，问题就会更严重。成本中心的员工都灵活地承担多项任务，经常共同完成同一项作业，从而更难以把成本追溯给产品（或其他成本对象），尤其是在采用传统的成本核算方法的时候。

换句话说，要想让业务流程的所有人（即负责跨职能成本中心的业务流程绩效的人）看到本流程的成本，首先必须把基于总账的费用分类转化为作业成本。它们必须根据构成每个流程的各个步骤的作业重新归集。同样，总账成本中心报告在这方面也存在结构上的不足。据说，当成本中心的经理收到比较实际支出和预算（或计划）的月度报告时，或悲或喜，但是很少能变得更聪明！作业成本核算信息能使他们聪明起来。对基于总账的报告的更尖刻批评是，除了收集交易数据之外它毫无用处，甚至会导致无效和误导的决策。数据必须转化为反映因果行为的有意义的成本。

值得注意的是，按照资源观、作业观和成本对象观得出的费用和成本总额是相等的，它们必须一致。这里，重要的信息是总账的会计科目表观只能回答花费了什么。通过按图表 3 所示的另外两种观点把费用转化为计算出的成本，就会得到关于为何花费、什么决定了花费标准以及为谁花费等更有价值、更有意义的回答。

多阶段作业成本核算

多阶段法反映了作业成本核算模型的一种进步。多阶段法不是简单地把资源成本追溯给作业，继而再分配给成本对象，而是按更能准确反映成本在组织中的实际流动的方式为成本流建立模型。这种方法包括对间接工作作业与其他作业之间的关系以及这些作业与成本对象之间的关系的理解。成本在一系列阶段中从一个作业到另一个作业逐个追溯，都基于因果关系 [为了简化作业成本核算模型的规模，有些组织采用“资源池”（resource pool）的概念，先把类似的费用归集为一类，然后再分配给作业]。

对于制造业企业而言，“维修”和“工具室管理”作业将归集与作业直接相关的成本（请注意，作业最好用行为动词的名词形式表述）。按照两阶段法，一项作业（或称第二阶段）动因将用于把这些作业的成本直接分配给成本对象。多阶段法的不同之处在于，它认为维修作业不是最终成本对象直接消耗的，维修作业还支持其他作业（包括工具室的一些作业）。一般而言，一项作业可能既直接支持最终成本对象，又直接支持其他作业，后者称为中间成本对象。根据对作业、服务或资源的需求，这些作业归集的成本要么分配给最终成本对象，要么分配给其他作业。

对于有些人来说，这种分配费用的多阶段法似乎是传统的全面成本核算的递减分摊法。但是，作业成本核算更细致，它在作业层面（而不是部门层面）追溯成本。在部门层面分配费用会导致误差，因为它把成本的分配基础限定为一个作业动因。作为一项规则，在作业成本核算中，所有分配都只基于用量和消耗量。如果一项作业未使用资源，就不分配该资源的任何成本。

关于 ABC 成本分配网络的作业到作业的成本分配和企业总体观如图表 4 所示。其中，$70 的资源费用完全吸收为客户和企业维持成本对象的计算成本（后者主要追溯给高管）。请注意，支持作业的 $30 费用是如何追溯给三种不同类型的作业的，哪些又追溯给了产品、客户或企业维持成本对象。

企业维持成本（如图表 4 所示的 $25）是指并非由生产产品或向客户提供服务而导致的作业成本。这些成本的消耗不能按逻辑追溯给产品、标准服务线、渠道或客户（它们可以任意地分配，但是没有因果关系）。例如，会计人员每月的“结账”

图表 4　多级成本分配流程

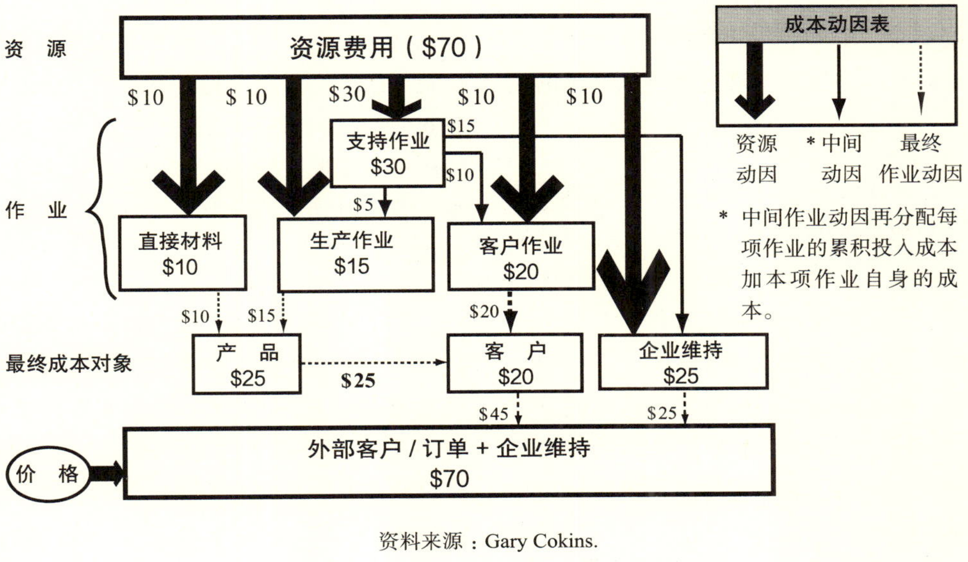

资料来源：Gary Cokins.

作业、法律人员“报送政府法定文件”作业。这些作业的成本应该分别追溯给高管和监管机构，作为企业维持成本对象。虽然企业的确必须从收入中收回这些成本，但是问题是把它们分配给产品或客户具有误导性，会高估成本，从而为使用产品成本信息进行决策的员工发送错误信号。

客户作业成本经常被称为“服务成本”。这些作业不仅包括处理销售订单、呼叫中心支持和处理退货之类的作业，而且包括销售人员的“销售联系”作业。最后一项作业似乎有些奇怪，因为客户未必主动打电话，但是作业成本核算的目的是计量为工作付出了多少努力，以及工作消耗在哪里。重要的或者难以争取的高品质客户可能消耗大量销售联系方面的成本，这些成本在客户收入中占的比例可能比不太重要的、需求不高的客户更大。作业成本核算可以计量并发现这类不太明显的关系。

图表 4 还表明有些最终成本对象（例如产品成本 \$25）可能由使用它们的其他最终成本对象消耗。例如，客户消费（即购买）不同组合的产品或服务。在这个例子中，利用“成本对象动因”追溯产品，比如，所购买的产品的数量、订单的类型（如特殊订单与标准订单）或者销售渠道的类型（例如，汽车与铁路、银行出纳与自动柜员机）。

此外，在图表 4 中，还值得注意的是，只有在全部成本都分配完之后，产品和服务线的价格才作为收入。除非价格单独划分为费用，否则价格无法区分其为产品成本，还是服务成本。这种特性让我们看到，各层利润贡献边际（即损益表的“底线”净收益，而不是“顶线”销售收入）都可以报告为不同的工作作业，最终按逻辑关系和因果关系追溯给客户。人们必须理解，作业成本核算针对的是成本，而定价一般是基于市场的管理决策。作业成本核算所提供的是一个更准确的“中线”，从而使利润边际（销售收入减去可追溯成本）更明晰。

图表 5 分解和拓展了图表 4，揭示了基本的作业成本核算体系，它是适用于任何组织的任何通用成本核算模型的一个很好的代表。请注意，直接材料费用有时直接追溯给产品。更普遍的建模方法是在作业观中让直接材料费用与“过渡性”的中间成本对象联系起来，以便使按三种成本观计算出的总成本都相等（例如，在图表 4 中都等于 \$70）。

为了理解图表 5，设想成本分配路径（箭头）是一些管道或吸管，每个路径的直径反映了成本流量。作业成本核算模型的能力在于成本分配路径及其目的地为自始至终、自资源费用至各类客户（或特定客户）分配成本提供了可追溯性。

图表 5　ABC 的成本分配网络

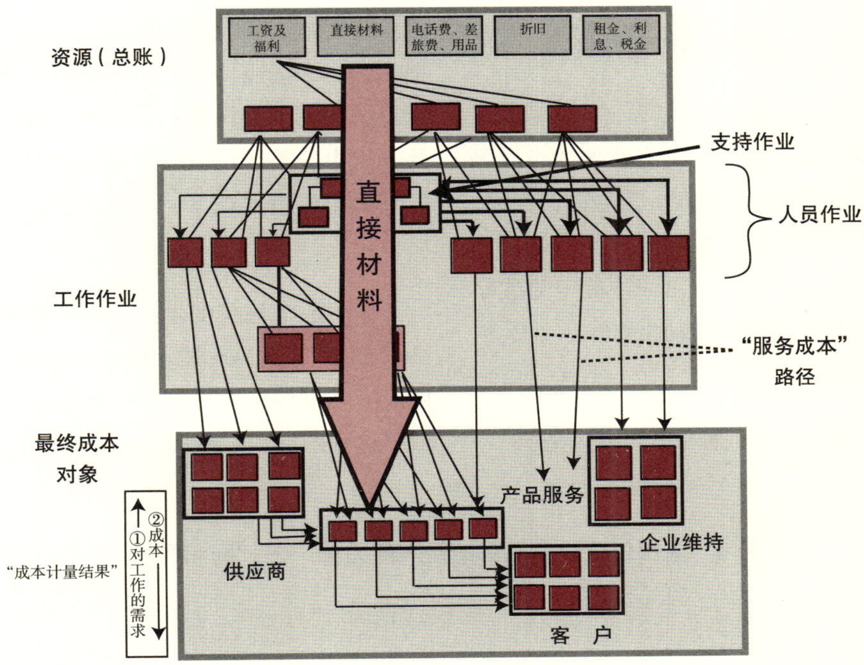

资料来源：Gary Cokins.

最终客户才是所有成本和费用的源泉。成本分配网络反映了成本对象如何消耗资源和作业上的多样性和差异性。为了理解成本核算，最好是在头脑里把图表 5 中的全部箭头都倒过来，这种方向的调换揭示了所有费用都是在需求的拉动下源于客户。计算出的成本仅仅是计量结果。成本始终是反映结果的指标，这是成本核算的基本原则。

利用作业成本核算集成软件，间接成本的直接成本核算不再像过去那样是一个无法克服的难题（作业成本核算商业软件将在第十四节讨论）。作业成本核算允许对本地流程、内部客户或者导致工作需求的必要元素进行中间的直接成本核算。简而言之，作业成本核算把客户与其所消耗的独特资源按消耗比例联系起来。成本的清晰度体现在成本分配网络的每一处。

八、战略成本管理与经营成本管理

管理会计信息可用于两个主要目的，即：

- 战略成本管理——决定要做的正确事情，即选择正确流程、供应商、产品、渠道和客户。
- 经营成本管理——做好被确定为战略性的事情，提高劳动生产率，以及消除浪费。

本节就讨论这两种形式的成本管理。

战略成本管理

在实施作业成本核算之后，组织一般都会经历一场震动。它们根据传统成本核算方法计算的错误的、误导性的成本，以及所得出的关于产品、渠道和客户的真正盈利能力的错误观念，会被真实成本知识所替代。

作业成本核算揭示了哪些产品成本被高估或低估了，揭露了损益来源的数量。图表 6 就展示了一个典型的情境，人们一般把这张图称为“利润悬崖”。

图表 6　采用作业成本核算的盈利能力图——“利润悬崖”

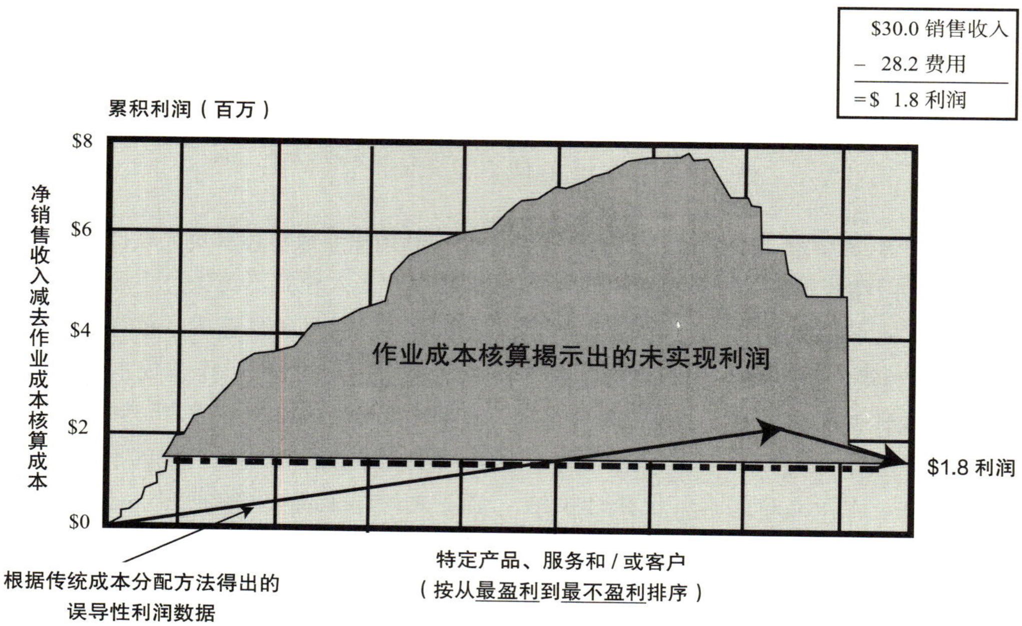

资料来源：Gary Cokins.

在分析“利润悬崖”时会引发一些问题，通过回答这些问题，我们可以对战略成本管理有所洞察。这些洞察能帮助我们论证哪些产品、渠道和客户应该发展、收购、扩建、保留和改进，哪些不应该。但是，在分析作业成本核算数据时，组织必须谨慎，不要对应该采取的行动得出不恰当的结论。最终，管理会计（包括作业成本核算）毕竟只是发现问题和聚焦问题的方法。改进管理会计也不能提供所有答案。它不会直接回答各种问题，而是能够提出更多、更好的问题。

下面是因草率地对作业成本核算数据作出反应而引发的三个问题：

- 人们必须意识到，计量一定期间（比如，一个月或一个季度）的成本和利润，并未确认一个产品、服务线和客户整个生命周期的成本和利润。因此，现在服务于一个明显不盈利的产品或客户可能是为了在未来发展盈利的产品或客户。生命周期盈利能力也必须予以分析，而作业成本核算单位成本对于这项分析至关重要。
- 在有些情况下，企业会有意亏本销售一些产品，以促进其他更盈利产品的销售。同样，保留或争取一些不盈利的客户是为了保留或吸引与其有关系的盈利客户。保留这些客户是一项管理决策，但是，重要的是要理解这些客户使公司付出了多大的成本。
- 放弃不盈利的产品和客户会降低作业成本，但是不会降低资源费用，它只是释放了那些资源的生产能力。要实现放弃产品或客户对利润的影响，闲置生产能力就必须用新的盈利订单填补，转换为其他价值增值工作，或者全部清除（例如，停止经营或者解聘员工）。因放弃不盈利的产品或客户而释放出来的闲置生产能力的资源成本不应该在ABC成本分配网络中重新分配给现有产品或客户，它们没有导致发生这些成本。它应该追溯给企业维持最终成本对象，即“闲置生产能力”。如果不按这种方式分配费用，就会高估现有产品和客户的成本，造成它们不盈利的假象，从而成为要放弃的新的候选产品和客户，人们把这种现象称之为“管理费用死亡螺旋”（overhead death spiral）。由于前期的摈弃而导致的放弃更多产品或客户的不恰当决策，有时会被归咎于作业成本核算的使用，其实这是因有缺陷的成本分配假设而造成的。

成本管理必须始终在绩效管理的广泛背景下进行，它为使现有客户和潜在新客户的价值最大化增添了时间、质量、风险、服务水平及其他战略目标的维度。

经营成本管理

图表 7 说明了图表 6 中的作业成本（每项作业最初从其资源费用追溯）如何被分配给每个成本对象，然后又如何被汇总。在图表 7 中，产品的真实成本不仅仅是其价格，还包括在当期发生的损失。它体现在位于图表 6 所描绘的利润悬崖右手边的呈下降趋势的产品。

管理者和员工团队都寻求提高成本的透明度和清晰度。采用作业成本核算计算出工作产出的可靠的单位成本，这对于把最佳实践确立为标杆十分有用，也有助于在考核绩效改进时报告趋势。图表 7 形象地说明了这种需要是如何得到满足的。它消除了管理费用必不可缺，看似自由、事实上却相反的假象。图表 7 还表明成本对象的成本可以降低（即降低汇总的成本），具体方法如下：

- 降低作业动因的数量、频率或强度（例如，减少检验数量就能降低“产品检验”作业成本）。
- 通过劳动生产率的提高降低作业动因成本（例如，缩短每次“产品检验”活动的时间）。

图表 7　全面追溯成本至成本对象

作业成本核算让人们能深入了解产品或服务的成本动因和动因数量。

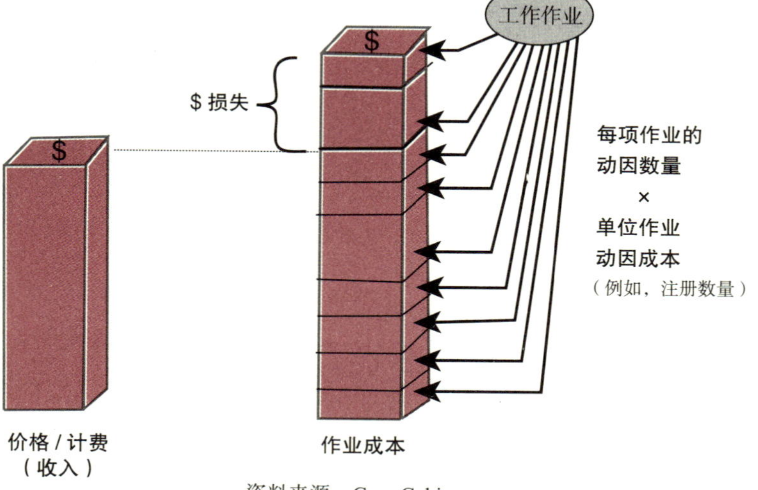

资料来源：Gary Cokins.

- 理解导致非增值作业浪费的来源和成因，以降低或消除它们（例如，解决要求第一时间“检验”的问题）。

这三项都是作业成本核算数据如何导致经营成本管理的例子。请注意这些行动如何支持经营和质量界所信奉的六西格玛质量管理与精益管理的持续改进原则。我们将在第十一节深入讨论改进经营和质量的流程图/价值流图。

作业成本核算的特点

利用作业成本核算商业软件实施作业成本核算获益更大。它能报告成本的另一个维度，即所花费的“金钱本色”。它通过标签或标记代码的方式把成本属性应用在作业上。在总账会计核算系统中，成本的这个维度不存在，因为成本属性附加在作业或成本对象上，而不是自愿费用上。

举例来说，标签可以表明一项作业是增值作业，还是非增值作业。再比如工作的五类“质量成本”（COQ），即无失误、预防、鉴定、内部失效工作和外部失效工作，它们的严重性依次增加。成本属性不会改变作业成本核算计算的任何事项的成本，而是方便了作业成本的分类，从而有助于集中管理层的注意力（例如，非增值成本），提出行动建议。作业成本核算商业软件能追踪工作作业的属性，并将其追溯给成本对象。例如，人们可能发现提供两种相似的服务线的单位成本基本相同，但是一种服务线消耗的非增值作业成本远远高于另一种。假设改善经营能降低非增值作业成本，这就意味着一种服务线在未来降低成本的可能性更大。如果采用总账成本中心报告所使用的成本平均分摊的方法，就永远不会发现这类问题。

九、客户盈利能力报告

有些客户采购的主要是低利润产品组合。在其所采购的产品和服务线分别加上“服务成本”之后，这些客户可能对于公司乃至扩展的价值链而言是不盈利的。采购较高利润的产品组合的客户又要求过多的额外服务，以至于他们也不盈利。人们该如何正确地计量客户和供应商的盈利能力呢？在确定了不太盈利的客户和供应商之后，必须采用“利润边际管理”技术把他们迁移到更高的利润领域。如果仍然不可能，就必须“炒他们的鱿鱼”。

如果两个客户在完全相同的时期内按完全相同的价格采购了完全相同的产品和服务组合，那么这两个客户的盈利能力也相同吗？当然不是。有些客户提交的是标准订单，没有额外要求；而其他客户则要求一切都是非标准的，例如特殊送货要求。有些客户只是购买标准产品或服务线，你

图表 8 ABC 利润贡献边际分层

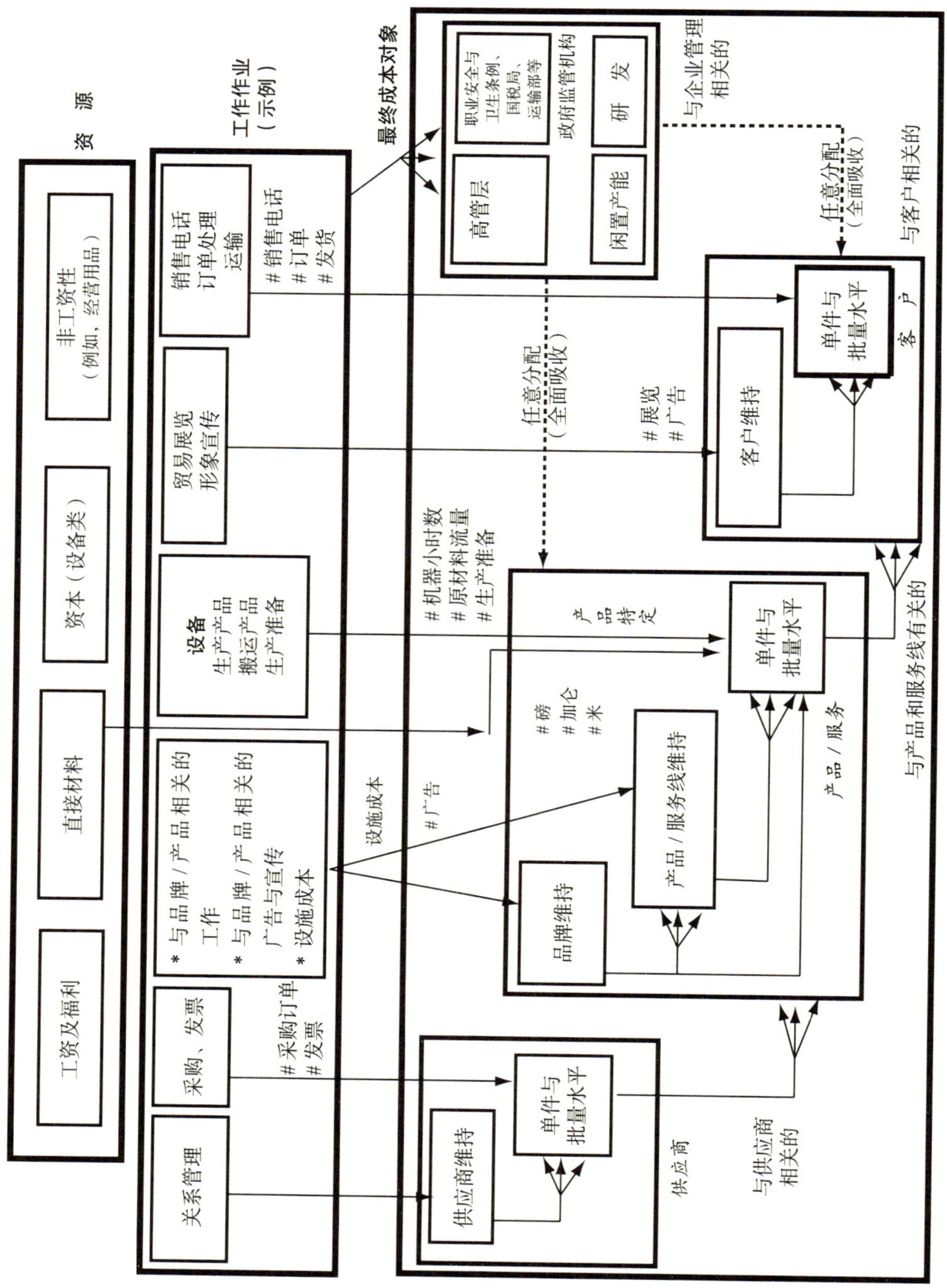

资料来源：Gary Cokins.

几乎不会听到他们的意见；而其他客户则总是与你联系——通常是改变送货要求、要求加快订单处理，或者退换商品。有些客户比其他客户要求提供更多的售后服务。在有些情况下，仅仅是客户的地理位置就产生极大不同。

哪种类型的客户既忠诚又盈利呢？哪些客户只是勉强盈利，甚至赔钱呢？战略作业成本核算就是一种把组织资源费用的消耗，以经济、准确的方式追溯给向公司提出不同要求的各类渠道和细分客户的公认方法。发现10%~20%的客户不盈利是很正常的。在有些情况下，不盈利的客户所占的百分比在40%或40%以上，特别是银行。在银行中，少数高盈利客户支撑着具有盈利潜力但目前不太盈利的客户。

图表8分解了图表5所示的ABC成本分配网络的最终成本对象模块网络。它展示了两层“嵌套式”成本消耗顺序，这种成本消耗顺序就像一个动物的食物链。在本图中，最终成本对象是客户，客户最终消耗了除企业维持成本以外的所有其他最终成本对象的成本。

每类主要的最终成本对象（例如，供应商、产品/服务线、客户）都有可分配给最终产品或客户的自身的“维持成本”。但是，在追溯这些“维持成本”时，人们无法应用可计量的产品或客户的特定数量。例如，营销部门的产品品牌计划可能只有选定的一类产品受益，但是品牌内的每种具体产品应该分配多少品牌成本呢？即使没有因果关系，这些“产品维持成本”也可以采用某种“共同”基础追溯（如销售量），或者也可以平均分摊。

随着成本从一个最终成本对象流向另一个，每条成本流都会消耗独特的上游成本对象组合。也就是说，一个客户的总成本（除直接服务成本之外）只包含他所采购的产品数量和组合。在ABC成本分配网络中，每种产品都会发生自身的作业成本，它具有因果关系，而不是任意的间接成本分配。因此，这就创造了一层层的成本，从而产生了许多利润边际层。

图表9是单个客户盈利能力报告的一个例子。采用作业成本核算，现在每个客户以及客户的逻辑细分或客户群都有了真实的损益表。每份报告和附注都极其详细。例如，人们可以详细审查单个产品和服务线。它们由基于自身单价和单位成本的高利润边际与低利润边际的产品混合组成。换句话说，在客户特定的损益表中，产品或服务线利润边际报告为复合平均值，要深入研究产品组合信息才能了解产品组合的细节。此外，用户还可以深入研究每个产品或服务线，以考察工作作业和原材料的内容和成本（即“成本账单”）。

图表 9　ABC 客户损益表

客户：XYZ 公司（客户编号：1270）

销售收入	$$$	利润边际 $（销售收入 − ∑成本）	利润边际占销售收入的百分比	
与产品相关的				
与供应商相关的成本	$ ×××	$ ×××	98%	与产品相关的成本
直接材料	×××	×××	50%	
品牌维持	×××	×××	48%	
产品维持	×××	×××	46%	
单件、批量 *	×××	×××	30%	
与分销相关的				
对外运输类 *	×××	×××	28%	与客户相关的成本
订单类 *	×××	×××	26%	
渠道类 *	×××	×××	24%	
与客户相关的				
客户维持	×××	×××	22%	
单件、批量 *	×××	×××	10%	
企业维持	×××	×××	8%	
			8% 经营利润	
资本成本 **	×××	×××	2%	
（存货、应收账款）			6% 经济利润（用于 EVA）	

* 作业成本动因分配采用作业产出的可计量数量（其他作业分配根据主观百分比追溯）

** 资本成本也可以直接计为产品和客户的应付利息。

资料来源：Gary Cokins.

所有这些信息都揭示了什么呢？首先，它量化了每个人可能已经怀疑的问题，即并非所有客户都相同。严格根据客户行为的苛求程度来看，有些客户可能更盈利或者盈利能力较差。虽然客户满意度很重要，但是更长期的目标应该是以盈利的方式增加客户。在管理客户服务水平以赢得客户满意度与这种行为对股东财富的影响之间，必须始终保持平衡。“以客户为本”与“客户至上”是有区别的，最佳的解决方案是以盈利的方式提高客户满意度。因为更多的客户会越来越多地期望和要求个性化的产品、服务和订单，而不是标准产品、服务和订单，所以理解这种平衡至关重要。作业成本核算数据促进了旨在实现这种平衡的讨论。

在图表9中，公司损益表的利润边际分为两个主要“层级”。

1. 所采购的产品和服务线组合；
2. 除独特产品和服务线组合之外的服务成本。

图表10提供了一个关于这两层利润边际的二维客户图。任何一个客户（或客户群）都可以根据这两个属性确定自己的位置。纵轴计量每次采购的“复合边际”（反映客户的净价格），横轴计量客户的“服务成本”。图表10揭开了“销售收入最高的公司一定也是利润最高的公司”之谜。

图表10还揭示出目标应该是使全部客户都更盈利，反映在图上，就是把客户都赶到左上角。虽然所列并不完全，但是使客户更盈利可以通过下列方式实现：

- 管理每个客户的“服务成本”，使之降至最低；
- 为“服务成本”过高的作业计收附加费或重新定价；
- 减少服务；
- 提高价格；
- 提高客户偏好的作业的成本；
- 把客户的采购组合转向更高利润的产品和服务线；

图表10　把客户迁移向更高的盈利能力

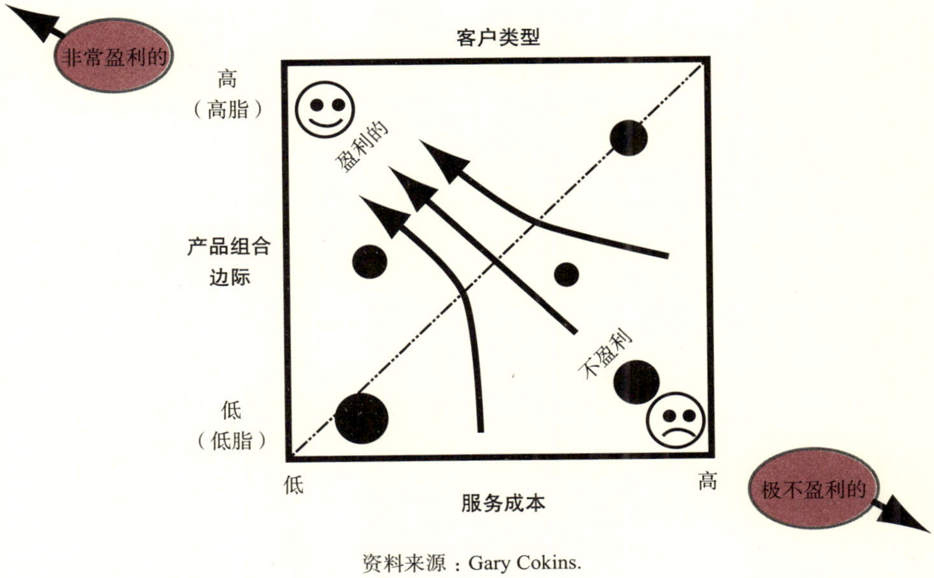

资料来源：Gary Cokins.

- 实行折扣，以增加“服务成本”低的客户量。

一种极端的行为是“炒掉”客户，即如果确定与其绝不会成为盈利关系，就终止关系。

请注意，把客户赶到左上角就等于把客户从图表6利润图的右边移向左边。如果要了解客户处于这个矩阵的什么位置，就需要作业成本核算数据。只有了解了数字背后的作业细节，才能实现转变。

十、作业成本核算系统项目规划

在回答了关于最初的作业成本核算系统模型设计和构建的问题之后，就可以进行作业成本核算系统项目的规划。如同任何组织范围的重大系统项目一样，正式的项目管理机构和项目规划也是有效实施的必要条件。项目管理机构应该包括由高管组成的管理委员会，其主要职责是确保作业成本核算系统符合组织的经营战略和需要，并且确保组织所有受影响的领域的参与和合作。项目经理向管理委员会报告，由跨职能团队支持。团队的规模及各成员的参与水平取决于项目的具体情况。重要的一点是，为了取得整个组织的支持和承诺，也是为了提高设计水平，组织所有受影响的职能都必须参与作业成本核算系统的设计和实施。

作业成本核算系统成功实施的一个重要因素是培训。虽然管理者不必是作业成本核算系统专家，但是，他们必须了解作业成本核算系统的需要、益处及其主要概念。另一方面，项目团队的成员，即那些实际设计和实施系统的人，必须全面了解作业成本核算系统的“方法”和“成因”。因为作业成本核算系统不仅是一门科学，而且是一项艺术，仅掌握机制还远远不够。设计者和实施者还必须理解适宜于本组织的成本效益最高的系统的各种方法及范围、准确度和详细程度。无论是在开发阶段，还是在可重复的报告系统的持续执行阶段，为系统提供信息的人都必须理解他们所提供的数据的重要意义。

最后，除非系统的用户理解作业成本核算系统所提供的新信息，否则系统就无效。在有些组织中，作业成本核算系统会与人们关于组织成本和利润边际的许多观念相抵触。例如，几十年来，大多数制造企业认为直接人工效率是反映劳动生产率的关键指标，而按照作业成本核算，这些企业大都发现，相对于间接费用而言，直接人工可能只是成本等式中一个不重要的构成部分，关注人工效率就会分散人们对重要问题的注意力。项目团队必须确保所涉及的任何人都理解新系统的产出，以及如何更好地利用它改善组织经营。

十一、采集作业成本核算数据

作业成本核算系统项目需要两种类型的信息，即概念型和交易型。概念型信息用于作业成本核算系统的总体设计；交易型信息用于模拟系统模型的成本流，还可用作开发和验证某些概念型信息的源数据。

数据采集活动的目的是积累必要信息，用以确定以下四方面：

1. 确定组织中的人和设备执行的工作作业（既适于成本分配观，又适于流程观）；
2. 确定组织的成本要素（适于成本分配观）和绩效指标（适于流程观）；
3. 决定各项作业与各项成本要素之间的关系（适于成本分配观）；
4. 确定和计量决定工作量（适于流程观），并使所归集的作业成本流向其他作业或组织的产品和服务的作业动因（适于成本分配观）。

1. 确定工作作业

即使小型组织也会确定出无数个作业。但是，确定工作作业的工作应该以重要性和作业成本核算系统的目标为指导。举例来说，如果目标是战略性的（例如，产品线盈利能力、定价政策），那么基本需要就是把成本准确分配给最终成本对象。在这种情况下，可以广义地定义作业。但是，如果目的是改善经营（例如，消除非增值流程），那么基本需要就是关于工作作业和中间成本对象的信息。例如，在采购部门，一份特殊订单、一份标准订单与一份一揽子采购订单的单位成本有什么差异？每份订单包含哪些作业成本？哪些作业动因导致了各项作业成本？在这些情况下，就必须狭义地界定作业。

重要性也影响作业汇总的界定。例如，如果一个组织的采购职能只由两个人承担，那么把这个职能划分为 20 个不同的作业所获得的收益，绝不会和采购职能由 50 个人承担的组织一样。

2. 确定成本要素

成本要素是组织资源的费用，包括人工工资、资本、机器、建筑物、原材料、用品、设备及公用设施等支出。组织的总账一般是关于这些成本要素的信息来源，但是它没有把这些成本要素按作业分解。这就是作业成本核算系统需要利用资源动因把资源费用重新分配为作业成本的原因。

3. 确定作业和成本要素之间的关系

作业成本核算系统的设计者必须把总账包含的费用数据分配给作业，这种分配是由各项工作作业与各项成本要素之间的关系决定的。我们前面曾提到过一种可供选择的设计，即有些作业成本核算模型首先把相似的费用归类，人们称之为“资源池”。成本要素或资源池可以按某种可直接计量的方式（例如，计量电力消耗量、通过工作订单计收维修费、对申请作业计收用品费）或者通过估计（通过问卷调查和访谈决定的）分配为作业。

应尽可能不要任意地分配成本，特别是采用平均分摊法，因为它们不能增加人们对执行作业的经济意义的理解。此外，过度平均化的分配还会扭曲成本对象的成本，高估一些成本对象的成本，而低估其他成本对象的成本（对于历史期间成本核算，必须是零和误差）。

4. 确定和计量作业动因

作业动因是基于消耗量的变量，它们解释了作业成本的习性和大小，反映了各项作业消耗的费用，以及其他作业、产品或服务消耗的作业。

由于追求精确，诱使作业成本核算系统的设计者选择了太多过于详细的作业（实际上是任务），每项作业都要求一个作业动因。人们必须在准确度的提高与付出的管理努力，以及运行一个更复杂的成本核算系统的难度之间作出权衡，并作出决策。

5. 作业成本核算系统的信息来源

开发作业成本核算系统所需的信息有三个主要来源，即人员、总账和组织的 IT 系统。

1. 从事工作的人能提供关于组织的作业、所消耗的资源及所使用的绩效指标的信息。
2. 总账提供关于组织的成本要素的信息。在有些情况下，作业成本核算系统能直接从总账系统汇总的工资单和应付账款系统中提取数据。
3. IT 系统提供计量产出的数据。从总体上看，组织的 IT 系统应该包含关于大多数成本对象、资源和作业成本动因的信息。例如，所支付的发票的数量（一个潜在的成本动因）就应该能从应付账款系统中获得。

在作业成本核算系统跨职能项目团队中吸纳来自 IT 职能的代表，有助于决定所需要的信息是否能从交易系统及其他 IT 系统中获得，这将促进信息的获取和处理。但是，在开发作业成本核算系统时所使用的一些数据来自对组织员工进行的访谈和问卷调查，因为他们是这种信息的最好来源。

作业成本核算系统项目团队在确定设计系统所必需的详细程度时应保持理性，这一点很重要。对相关项目的有根据的估计胜于对无关项目的精确计算。因此，团队成员不应该过度聚焦于细节，而应该时刻牢记重要性概念和帕雷托的“80-20”规则（80% 的结果可由 20% 的潜在可用信息解释）。

访谈流程可以辅之以流程图和价值链 / 价值流分析之类的工具，它们有助于记录数据采集流程的结果和组织信息，确保其完整性、可理解性及可随时分析。正如第七节所提到的，这些工具都是经营界和质量界所信奉的消除浪费、聚焦于增值工作和提高劳动生产率的工具。

因为价值链 / 价值流分析涉及作业成本核算，所以它要求把组织的流程细分为不同的战略作业，这基本上是把首尾相接的业务流程分解为属于每个流程的工作作业。这些作业提供了组织藉以为客户创造价值的构成模块。

把业务流程简化到适当的详细程度可能是一项挑战，会计人员往往会过度地分解。业务流程分解是推敲作业的动名词语法的结果。例如，“发票处理”作业就可以分解为“处理国内发票”和“处理国际发票”。在作业成本核算中，虽然每项作业所花费的时间和成本将被进一步汇总，但是区分它们能为利用每项作业自身的作业动因追溯每项作业提供更好的体系。结果将会是更准确地区分处理国内发票与处理国际发票的单位成本（由于涉及额外步骤，后者可能单位成本更高）。如果不分解每种类型的发票处理的单位成本，结果就会是两种类型的平均单位成本。作业成本核算实际上是一项“去平均化”的技术。但是，一旦达到一定的水平，理解的加深和成本准确度的提高与所付出的努力相比就不太值得。一般而言，你不会希望把作业划分为各项任务。切记，详细程度和对准确度的需要取决于成本数据所服务的决策。

如果战略工作作业占经营成本的比例很大，那么就应该独立出来区别对待。它们的成本习性是独特的，不同于竞争者所执行的作业，或者具有在市场上提供差异化产品或服务的潜力。[2]

流程图按时间顺序对作业进行排列。它不涉及把作业重新分配给最终成本对象——图表 5 所示的三种成本观最下面的一个。作业成本核算则要重新分配作业。相比之下，在任何期间，作业成本核算一般都不考虑作业在时间上的承继关系，即一项作业发生在另一项作业之前还是之后。在某种意义上讲，最终成本对象的作

2 关于价值链分析的更完整介绍，参见 John D. Shank & Vijay Govindarajan, “Strategic Cost Management and the Value Chain,” *Journal of Cost Management*, Winter 1992, pp. 5-21； 和 Shank & Govindarajan, “Strategic Cost Analysis: The Crown Cork and Seal Case,” *Journal of Cost Management*, Winter 1989, pp. 5-16。

图表 11　流程观

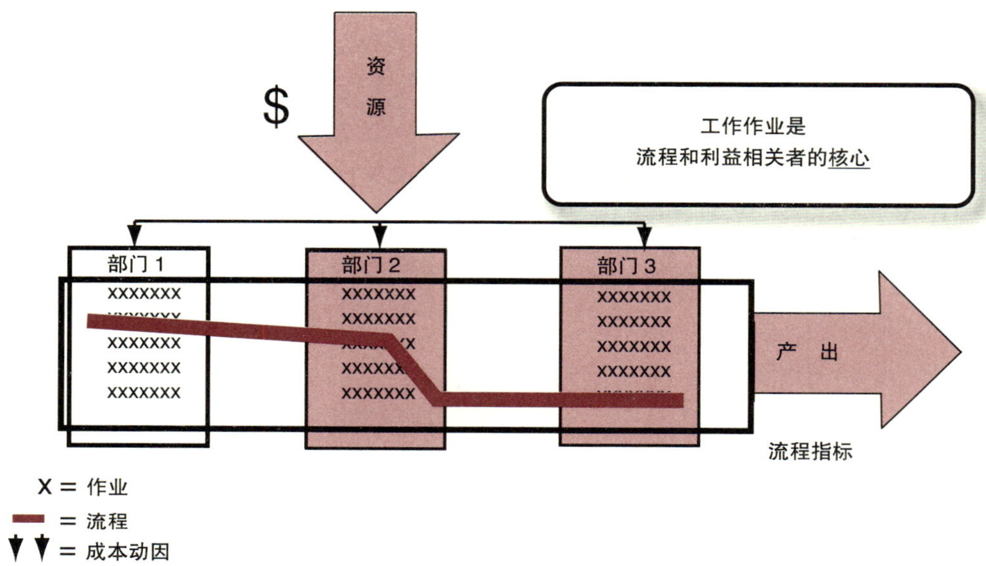

资料来源：Gary Cokins.

业成本核算观无视时间顺序，但对组合敏感；而作业的流程观则无视组合，但对时间顺序敏感。图表 11 和图表 12 说明了这种差异。

在支持运营人员的非正式系统的记录中还经常可以发现其他有用数据。之所以保有非正式系统，是因为他们不相信正式的会计系统，或者因为会计系统不采集他们所需要的数据。这些数据可能是财务性的，也可能是非财务性的。因为即使成本核算系统无效，这些人员也需要完成工作，所以他们经常积累大量相关数据，这有助于合理设计作业成本核算系统。

最后，理性的观察也是一项有价值的信息采集工具。如果深刻理解了作业成本核算的基本原理，在观察组织生产的产品或提供的服务时，观察者就能发现成本系统与现实世界的不一致。

十二、实施最终的作业成本核算系统

图表 5 所示的多阶段成本分配系统反映了作业成本核算系统项目团队必须设计

图表 12　最终成本对象观

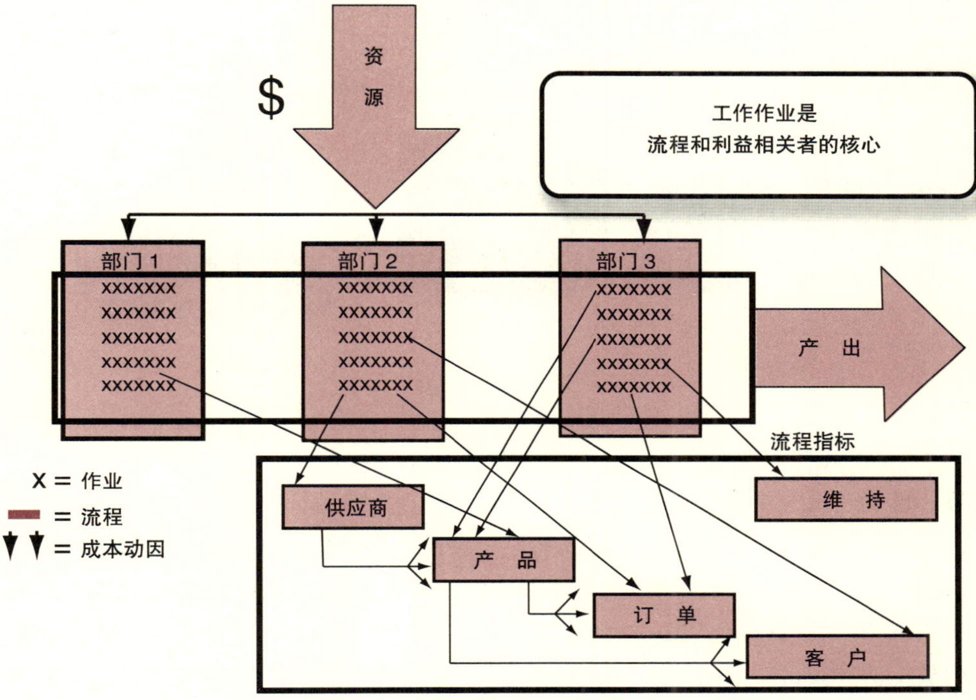

资料来源：Gary Cokins.

的系统的基本体系，但是还必须予以调整。这个模型必须扩充和分解，才能成为永久性的、可重复的生产成本核算系统。

图表 13 说明了利用迭代再建模快速建立 ABC 原型的方法，实践证明，这是一种成功的实施方法，避免了 20 世纪 90 年代作业成本核算系统的失败。以前的方法假设作业成本核算是一个大系统，要求付出几个月的时间建立主要构成部分，比如，员工时间采集系统，最终再全部集成。这种方法有时会失败，因为高管开始怀疑得到的结果是否值得，特别是就维持模型所需要付出的努力而言，因为最终结果太复杂，甚至连会计人员都看不懂。快速建立 ABC 原型法具有下列好处：

- 它防止了作业成本核算系统的过度设计和过度详细。成本准确度的主要决定因素是成本分配路径流程体系的设

图表 13　利用迭代再建模快速建立 ABC 原型

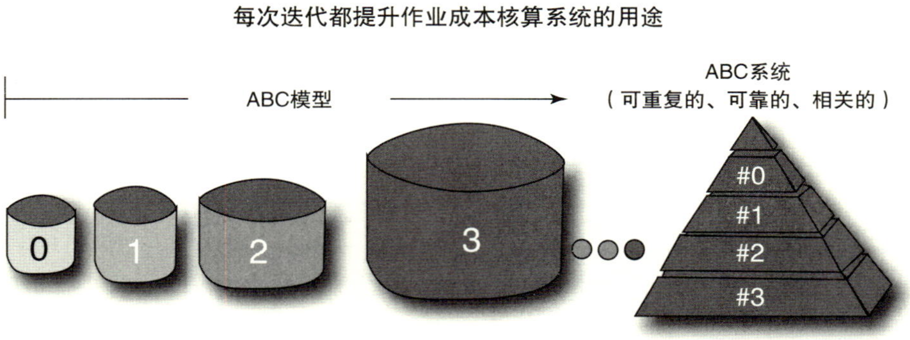

资料来源：Gary Cokins.

计。也就是说，成本准确度受建立正确的动因指标的影响较小。大家都知道，一定期间的总账费用转化为计算成本基本上是百分之百正确的。利用员工估计获得动因的适度不精确信息，而不是从其他业务系统的数据来源中提取更精确的信息，一般影响都极小，而且大部分误差都会在成本分配网络的后面部分消除掉（误差补偿）。如果不了解成本核算的这种特性（它确实有些违背常理，但是，在建立了作业成本核算模型之后，就会显而易见），结果就会导致为采集交易输入数据并转化为成本付出过多的管理努力。

- 最初的模型虽然尚未达到所要求的准确度（绝不应该是百分之百），或者也没有达到作业、产品、客户的必要分解水平，但是却能加速学习，把注意力从建立一个更完美的成本系统，转向决定对得到改进的成本信息有一个最佳使用，以支持利润边际分析决策（战略成本管理）和劳动生产率提高决策（经营成本管理）。这样，注意力就从争论如何得出新成本，转向了信息如何促进创造更多利润的决策。
- 管理者对作业成本核算的基本原理以及如何利用作业成本核算信息的组织学习会加速，因为较之通过虚构公司的案例学习，通过在本组织的应用来学习作业成本核算更具吸引力，他们熟悉组织现存的经营问题和流程。理论变成了现实。
- 构建最终的作业成本核算系统使之达

到恰当的水平，选择动因，以及决定哪些动因可以估计、哪些需要采集数据等还面临不少困难。利用迭代快速建立 ABC 原型法，允许在早期发生失误，从而避免在晚期发生失误，否则将要付出巨大的代价予以纠正。

- 有些员工可能害怕披露新的成本信息，或者觉得会受成本分配相对于现有报告成本的变化的不利影响。例如，产品经理可能会发现自己的产品不再是最盈利的产品了，而现在实际上在利润排名中更靠后了。这些员工就会受到威胁，从而表现出对变革的抵制。实施作业成本核算系统与其说是做作业成本核算的数学，不如说是行为变革管理。通过向选定的管理者介绍作业成本核算系统的早期原型，作业成本核算系统项目团队以及这些管理者就能制订减少风险的计划，以应对预期的员工抵制。
- 基于作业成本核算信息的决策更迅速，从而提高了作业成本核算系统项目的投资收益率。高管如果听取了有关作业成本核算系统早期成本迭代的介绍，就会发现这些信息不仅验证了他们凭直觉得出的结论（但却因现有成本系统不披露而被扭曲了），而且显示出所报告的成本与其观念截然相反（观念是因现有成本系统提供的有缺陷的成本而形成的）。有了这两种结果，他们可能就会实施变革，而这正是因初步的作业成本核算信息而产生的决策。提高任何一项投资或项目的投资收益率的主要影响因素是，通过收入增长或成本节约等创造现金流入的速度有多快。

常识会帮助我们完成把最新的作业成本核算系统迭代模型转化为永久性的、可重复的生产系统的余下实施步骤。届时，就要设计成本分配体系，确定全部动因，即资源动因、作业动因和成本对象动因。实际上，数据要求定义中的 IT 任务就完成了。

余下任务包括把数据输入自动化、纳入计算模型；把各项程序固定下来、程序化（如月周期），以及编制报告。庆幸的是，总账、销售订单和经营系统（例如，企业资源规划系统，或称 ERP 系统）的共同点在于，它们是 ABC 建模软件的原始交易数据来源。不太容易获得的，或者尚未计量的动因数据可以由熟悉流程的职能部门的员工估计。对于数额实质上不重大的费用或作业成本，采用合理估计并不会产生危害决策的重大成本核算误差。

十三、确保成功应用成为可持续系统

如果人们都不知道如何使用信息，最

好的作业成本核算系统也毫无价值。有个关于未经培训的终端用户的故事：该用户拿到一份作业成本核算报告后，回答道："我觉得像在看天书，我不知道我在看什么。"与设计和实施理论上正确、维护得当的系统同样重要的是要确保：（1）管理者都接受了有关作业成本核算系统的概念和用途方面的培训；（2）管理者收到的报告不仅有用，而且易于理解；（3）作业成本核算信息随时更新。

确保作业成本核算系统可持续性的一个重要步骤就是让管理者认识到旧的、有缺陷的成本核算方法不正确，这种核算方法使他们丧失了认识和理解大部分公司成本习性的能力，藉此在项目实施之初就赢得管理者的认可和支持。同样，快速建立ABC原型法也有助于赢得管理者的认可。随着新系统的发展和逐步应用，应该向这些人表明新的作业成本核算系统如何克服以前系统的缺陷和相关问题，以及新的成本核算系统如何提供促进每个管理者改善决策的信息。要实现这一点，方式之一就是利用相关数据编制新报告，废除那些虽公布但很少使用的旧报告。

在规划作业成本核算系统的实施时，最好先明确作业成本核算系统信息的主要目的，然后根据目的，从后往前推。也就是说，要为使用作业成本核算数据找到一个引人注目的理由，比如，获得更准确的报价利润边际估计。设计完善的作业成本核算系统还可以作为改进预算、规划和生产能力资源规划的基础。最终，管理会计信息可用于多种目的。如果实现了几个主要目的，其余的也就水到渠成了。

作业成本核算系统必须随时更新，以防止不知不觉地逐渐渗入不准确的成本。如果定期重新计算模型（一般为每月），用于更新的总账费用一般就是准确的。并非所有动因数据都必须重新采集，只采集经历了波动的数据，其余可以按季度或半年周期重新分析或重新估计。这样就降低了成本效益比等式中的分母，提高了作业成本核算系统的投资收益率。对于新流程、工作作业、产品、渠道和客户而言，对作业成本核算系统模型的维护保持警觉十分必要。

十四、作业成本核算系统商业软件

有些组织最初利用个人电脑和电子表格软件构建它们的作业成本核算系统模型。它们把总账费用账户归类，把尚未定义的作业划分为流程，按相似性把产品和客户细分。但是，由于作业成本核算电子表格模型的行列数学逻辑的局限性、多阶段成本分配的必要性，以及分解的必要性，就产生了太多的行列计算，这使作业成本核算电子表格模型"黔驴技穷"了。也正是在这个阶段，人们认识到作业成本核算电子表格绝不会从一个作业成本核算模型发展成为一个可靠的、可重复的作业成本核算系统。因此，作业成本核算系统商业软件包就成了唯一的选择。

作业成本核算系统商业软件旨在协调总账、销售和经营系统，比如，企业资源规划系统（ERP）。软件本身设计用于计算多阶段成本分配网络。然后加载原始交易数据，把繁重的成本计算自动化。

有些 ERP 软件包包括作业成本核算模块，但是许多动因数据都来自 ERP 系统外的众多不同的数据来源。此外，ERP 软件供应商优先考虑的一般是基于交易的运营和控制。作业成本核算系统商业软件的发展趋势是先进的建模能力。这些软件包一般都包含按多种观点报告成本的功能，以及形象地展示可迅速、灵活地再建模的成本分配路径的功能。随着作业成本核算系统软件的建模能力向反映关于数量和组合变化的费用和成本习性的方向发展，在预测和评估“推定假设情境”（即“如果……那么……”情境）的预测性分析的可靠性上也会进一步提高。

主要的作业成本核算商业系统建立在一个已经从不同来源提取并净化了数据的集成信息平台之上（虽然数据来源仍然可以直接使用）。因为管理会计只是现在普遍所称的用于企业绩效管理的商业情报系统的一个组成部分，所以把绩效管理组合的各个部分（包括客户关系管理分析系统）联系起来就会形成一种协同效应。作业成本核算系统为日益盛行的平衡记分卡和仪表板（dashboard）应用提供了关键绩效指标。作业成本核算系统信息不仅帮助监控仪表板上的关键绩效指标刻度盘，而且，更重要的是，它还移动它们。系统集成已没有必要，并且这些系统还能提供基于网络的强大的查询和报告能力。

十五、结束语

作业成本核算是应对传统成本核算和成本管理实践的失效而发展起来的一种强有力的管理工具。随着人们意识到总账的成本中心和会计科目表式的费用数据在计算成本、明晰成本和理解动因上存在着系统缺陷，作业成本核算就赢得了越来越多的倡导者。他们意识到，较之依据作业成本核算系统原理追溯成本，泛泛的成本分配会制造扭曲的、误导的成本。

商业产出（包括各类供应商、产品、服务、渠道和客户）的激增导致复杂性的增加，以及管理复杂性的间接费用的增加，从而推动了作业成本核算的普及。质量和精益管理呼吁销售同行实行“标准化”，但它不能克服客户对个性化的需求。以简化流程和消除浪费为己任的经营管理者意识到，作业成本核算数据有益于标杆管理，以及非增值成本和降低利润的质量成本的量化。

计量客户盈利能力和价值的需要正在与日俱增，而大多数企业则很少超越产品成本核算这个层面。对于大多数公司来说，产品正在变成商品，为了获得竞争优势，使股东财富最大化，它们必须转而为不同客户提供差异化服务。现在已不再仅仅是提高销售收入了，而是要以盈利的方式提高销售收入。作业成本核算的基本原理还适用于低于产品毛利润线的费用。我们有理由认为，理解与客户相关的服务成本比理解产品成本更重要。

但是，同样重要的是，作业成本核算不是万灵药。如前所述，成本管理应该始终置于集成了时间、质量、服务水平、风险、生产能力规划和成本的绩效管理的广泛背景之中。鉴于此，组织理解自身的成本结构就至关重要。建立一个有助于强化这种理解的管理会计系统（比如，作业成本核算系统），对于包括员工、社区、忠实的客户以及股东在内的所有利益相关者都至关重要。

术语表

作业动因（activity driver）：用于把成本从作业分配给成本对象的因素。它是反映成本对象对一项作业的使用频度和强度的指标。

生产能力（capacity）：可用于满足客户对产品或服务的需求的物理设施、人员和流程。生产能力一般指一台机器、一个人、一个流程、一个工厂、一项产品或服务的最大产量或生产能力。

成本动因（cost driver）：反映企业成本发生的成因的作业指标。例如，直接人工、机器小时数、占用车床数量、计算机使用时间、飞行小时数、行驶里程以及合同数。

成本对象（cost object）：需要提供成本数据，用于归集和计量流程、产品、工作、资本化项目等的成本的职能、组织分部、合同或其他工作单元。

成本对象动因（cost object driver）：反映其他成本对象对一个成本对象的需求频度和强度的最佳单个量化指标。

资源动因（resource driver）：反映一项作业所消耗的资源量的指标（例如，作业占用的厂房面积）。

参考文献

著　作

James A. Brimson, *Activity Accounting: An Activity-Based Costing Approach*, John Wiley & Sons, New York, 1997.

Gary Cokins, Alan Stratton, and Jack Helbling, *An ABC Manager's Primer: Straight Talk on Activity-Based Costing*, McGraw-Hill, New York, 1993.

Gary Cokins, *Activity-Based Cost Management: An Executive Guide*, John Wiley & Sons, New York, 2001.

Gary Cokins, *Activity-Based Cost Management Making It Work: A Manager's Guide to Implementing and Sustaining an Effective ABC System*. McGraw-Hill, New York, 1996.

Ernest Glad and Hugh Becker, *Activity-Based Costing and Management*. John Wiley & Sons, New York, 1996.

Douglas T. Hicks, *Activity-Based Costing: Making It Work for Small and Mid-Sized Companies*, John Wiley & Sons, New York, 2002.

Robert S. Kaplan and Robin Cooper, *Cost & Effect: Using Integrated Cost Systems to Drive Profitability and Performance*. Harvard Business School Press, Boston, Mass., 1998.

Michael C. O'Guin, *The Complete Guide to Activity-Based Costing*, John Wiley & Sons, New York, 2001.

教 材

Edward Blocher, *Cost Management: A Strategic Approach*, 5th edition, McGraw-Hill, New York, 2006.

Ronald, W. Hilton, *Cost Management: Strategies for Business Decisions*, 3rd edition, McGraw-Hill, New York, 2006.

文 章

Peter C. Brewer, Paul E Juras, and E. Richard Brownlee Ⅱ, "Global Electronics, Inc.: ABC Implementation and the Change Management Process," *Issues in Accounting Education*, February 2003, pp.49-69.

Stephen Bruesewitz and John Talbott, "Implementing ABC in a Complex Organization," *CMA*, July/August 1997, pp. 16-19.

Gary Cokins, "Identifying and Measuring the Cost of Error and Waste," *Journal of Cost Management*, March/April 2003, pp. 6-13.

Gary Cokins, "Measuring Profits and Costs across the Supply Chain for Collaboration," *Journal of Cost Management*, September/October 2003, pp. 22-29.

Gary Cokins, "Measuring Customer Value: How BPM Supports Better Marketing Decisions," *Business Performance Management*, February 2006, pp. 13-18.

Robin Cooper and Regine Slagmulder, "Designing ABC Systems for Strategic Costing and Operational Improvement," *Strategic Finance*, August 1999, pp. 18-20.

Robin Cooper and Regine Slagmulder, "Activity-based Budgeting—Part 1,"

Strategic Finance, September 2000, pp. 85-86.

Robin Cooper and Regine Slagmulder, "Activity-based Budgeting—Part 2," *Strategic Finance*, October 2000, pp. 26-28.

Robin Cooper and Regine Slagmulder, "Activity-based Cost Management System Architecture—Part Ⅰ," *Strategic Finance*, October 1999, pp. 12-14.

Robin Cooper and Regine Slagmulder, "Activity-based Cost Management System Architecture—Part Ⅱ," *Strategic Finance*, December 1999, pp. 69-70.

Robin Cooper and Regine Slagmulder, "Activity-based Cost Management System Architecture—Part Ⅲ," *Strategic Finance*, February 2000, pp. 63-64.

Edward Forrest, "How to Implement a Successful ABM Program," *Accounting Today*, August 25-September 7, 1997, pp. 16,34.

Michael Gering, "Activity-based Costing Lessons Learned Implementing ABC," *Management Accounting*, May 1999, pp. 26-27.

Ernest Glad, "Implementation Considerations for an ABC System," *Management Accounting (UK)*, July/August 1993, pp. 29.

David E. Keys and Robert J. Lefevre, "Why Is 'Integrated' ABC Better?" *Journal of Corporate Accounting & Finance*, March/April 2002, pp. 45-53.

John Krieger, "Establishing Activity-based Costing: Lessons & Pitfalls," *Newspaper Financial Executives Quarterly*, Third Quarter 1997, pp. 14-17+.

Raef Lawson, "Beyond ABC: Process Based Costing," *Journal of Cost Management*, Fall 1994, pp. 33-43.

Raef Lawson, "Process Based Costing at Community Health Plan," *Journal of Cost Management*, Spring 1996, pp. 31-43.

Mohan Nair, "The Keys to Implementing Activity-based Management," *Journal of Corporate Accounting & Finance*, March/April 2000, pp. 37-42.

Mohan Nair, "Helping Ensure Successful Implementations of Activity-based Management," *Journal of Corporate Accounting & Finance*, January/February 2002, pp. 73-86.

Paul M. Nolan, "Critical Success Factors for Implementing an Enterprise-wide ABC Solution," *Journal of Performance Management*, vol. 17, no. 3, 2004, pp. 15-22.

Matti Sievanen and Katja Tornberg, "Process-based Costing: The Best of Activity-based Costing," *AACE International Transactions*, 2002, pp. CS151-CS156.

Ken Whittaker, "Five Keys to Deploying Activity-based Costing," *The Armed Forces Comptroller*, Winter 2005, pp. 6-8.

【杨继良、周学园审校】

STRATEGIC COST

题目

计量生产能力成本

鸣谢

本公告经美国管理会计师协会管理会计委员会批准发布。美国管理会计师协会感谢加拿大管理会计师协会先进制造国际联盟（CAM-I）的支持。此外，还要向本公告的起草者百森商学院的 C.J. McNair 和罗得岛大学的 Richard Vangermeersch 表示感谢。特别感谢加拿大管理会计师协会负责《管理会计指南》的经理 Randolf Holst 对本公告制定的监督和指导，以及工作小组的成员对本公告提出的宝贵建议。美国管理会计师协会参与工作小组的代表是：管理会计委员会主任 Alfred King，管理会计委员会委员 Sally Claybourn-Evans 和 Dennis Daly，应用研究基金会理事 Lou Jones；Alan Vercio 代表先进制造国际联盟（CAM-I）参加了工作小组。

Published by
Institute of Management Accountants
10 Paragon Drive
Montvale, NJ 07645-1760
www.imanet.org

ima
The Association of Accountants and Financial Professionals in Business

计量生产能力成本

目 录

图 表

STRATEGIC COST

一、引言

每个组织都有从事生产的能力或潜力。无论公司拥有什么资源，或者提供什么类型的商品或服务，最大限度地利用这种生产能力都是一种必要，而不是一种选择。在竞争激烈的全球市场，消除各种形式的浪费都是赢得并维持可持续竞争优势的关键。

最大化组织创造的价值要从理解公司所有资源的性质和能力开始，这种理解从未像今天这样难以获得。竞争、资本衰减和技术爆炸正在迫使价值创造过程更快地变革，正如产品生命周期缩短一样。由于这些驱动力量，同时也由于工程和一般商业实践的发展，连企业的生存都要取决于公司实物资产、人力资源和业务流程的有效运用，更不用说企业的发展与繁荣了。

有效管理生产能力成本是释放公司资源的价值创造潜力的关键，这个概念关注发现改进机会。因为由一系列旨在为客户提供更好、更快、更廉价的产品和服务的行动型工具组成，所以建立生产能力管理系统就意味着管理会计的最佳管理实务。实现这个目标是一个旅程，而不是终点。在复杂的现代化组织中，没有一个普适的生产能力管理和计量模型、指标或方法。

二、范围

本指南旨在实现多个目的。第一，本指南的制定旨在提高人们对各种各样的生产能力成本计量实务的认知和理解。

第二，本指南从多个不同角度定义了生产能力，并介绍了组织更好地确定生产能力利用成本所能采用的各种方法。

第三，本指南概述了各种实施问题，以及生产能力成本计量中体现的各种组织和管理会计挑战。

本指南中所介绍的各种概念、工具、技术和范例适用于生产和销售产品（或提供服务）的任何组织，包括：

- 大型和小型组织；
- 各行各业的企业；
- 任何管理层级或组织层级。

本指南将帮助管理会计师及其他相关人员：

- 理解生产能力成本计量与组织经营宗旨、战略和目标的关系；
- 理解生产能力成本计量内在的组织和管理会计挑战；
- 拓宽员工对更有效地计量和报告生产能力成本的认识，并赢得其支持。

三、定义生产能力成本管理

本指南基于生产能力和生产能力成本管理本质上是一个晦涩难懂的概念这样一个基本观念。没有哪一种生产能力成本管理工具或观点是最佳工具或观点，也没有哪一种神奇的生产能力数字适用于所有企业、所有环境或所有决策背景，而是一种生产能力理念支撑着公司不断通过改善对资源的管理和利用来提高绩效。

作为一个起点，生产能力成本管理涵盖了基本的市场经济学。市场价格受客户为一项产品或服务所提供的感知价值的支付意愿的极大影响。如图表 1 所示，市场价格代表公司可用于向客户提供商品和服务的资源数量的上限。如果公司耗用了过多的资源，它就会蒙受损失。无论是公共服务领域还是私营企业领域的组织都受市场逻辑的支配。[1]

图表 1 还说明了市场价格基于一系列核心增值作业（VAC）和产品或服务的特性。如果核心增值作业减少了，市场价格就会下降；而提高核心增值作业的质量和数量就会产生相反的影响，即市场价格就会上升。因此，理解核心增值作业是确保公司长期成功的实质性的第一步（在运用这个逻辑时，关键要注意客户价值不等于也不应该等于供应商的成本）。

利润、浪费和非增值作业填充了核心增值作业和市场价格之间的区域。有效管理组织所有要素及价值链的利用（即其生产能力）就能增加利润；而无效管理和浪费则会减少利润。

从这个角度来看，生产能力成本管理的本质是：

> 以支持企业战略发展方向的方式有效管理组织的价值创造能力、流程和生产能力。

公司通过追求下列目标实现这个目标：

> 最小化核心增值作业的单位生产成本，并且通过建立适当的标杆、改进相关流程和更有效地利用资源最小化浪费。

生产能力成本管理始于产品或流程的最初设想，一直持续到下游的处置或资源再分配。有效生产能力成本管理要求：

- 在短期内，最优化资本决策和投资的有效、灵活使用；

1 在把图表 1 应用于公共服务领域时，一项活动所消耗的总资源的市场约束性障碍概念仍然存在。但是，公众缴纳税金、支持构成政府服务的个人和项目的意愿是约束因素，而不是“价格”。无论组织活动的资金来源于哪里，它都受“市场”的持续评估和需求的影响。

图表 1　企业基本经济学

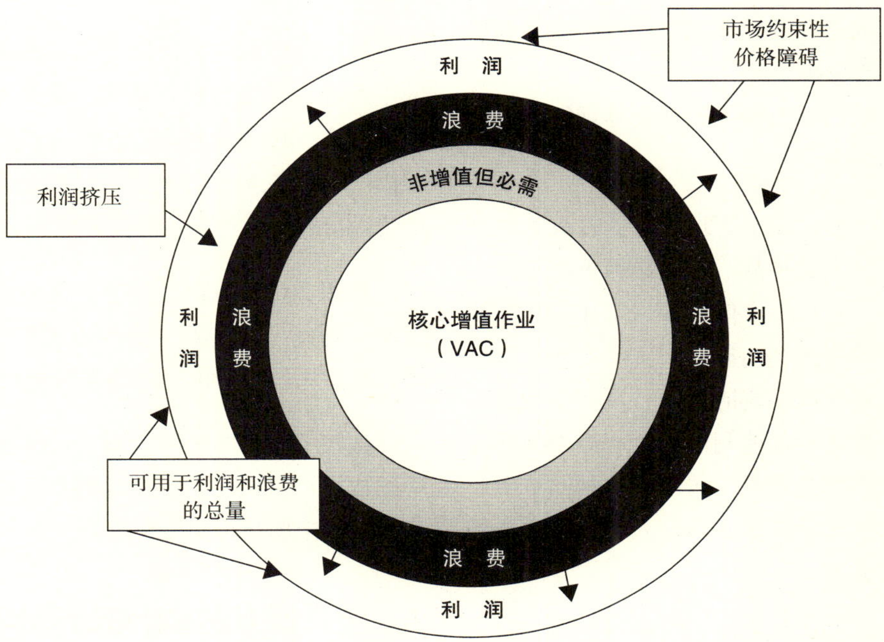

资料来源：McNair, 1995.

- 最大化客户价值；
- 帮助最小化未来投资需求；
- 支持公司资源与现有和未来市场机会的有效匹配；
- 弥补市场需求与公司能力之间的差距。公司有时可能拥有过剩能力，而有时则可能存在短缺，这些能力可能是实物（有形资产）、劳动力、技术或资本；
- 在短期、中期和长期内消除浪费；
- 提供关于当前流程成本与当前或未来投资建议的有用成本核算信息（例如，不投资于能改进生产能力 / 成本结果的新资产的机会成本）；
- 支持生产能力利用计量，确定生产能力成本及其对经营周期和公司总体绩效的影响；
- 确定必要的生产能力，以符合战略和经营目标，估计现行可用生产能力；
- 细化闲置生产能力的机会成本，建议

核算这项成本的方法；

- 支持变革努力，提供关于所规划的变革的潜在资源和成本意义的决策前信息与分析；
- 为生产能力成本管理及其理解建立通用的术语。

生产能力成本管理为企业各级管理都带来了巨大的挑战。组织必须重新定义生产能力，集中生产能力管理工作，从而使人们理解当前利用率和闲置的实际成本和意义，并采取相应的行动。只有已利用的生产能力才能创造利润。生产能力的其他任何状态都会降低公司的潜在利润。生产能力成本计量系统必须使人们了解这个基本经济事实。

四、管理会计师的作用

管理会计师与其他人员进行跨职能合作，建立、实施、监控生产能力成本计量以及报告政策与实务。因为管理会计师对成本及其在不同经营条件下的习性有深刻了解，所以他们能够提供关于公司资源的价值创造潜力的基本信息和估计。

管理会计师可以支持提高生产能力利用的项目，为提高或修改现有生产能力的各种计划的风险和回报提供有力的经济与战略分析。通过定义和报告闲置、非生产性生产能力的成本与成因，管理会计师能够把人们的注意力和活动引向提高组织的总体绩效上来。

管理会计师应该协助定义和建立综合的生产能力计量与报告系统，提供关于当前利用率、按闲置和非生产性生产能力的成因归集的成本、按经营单元和流程归集的当前可利用生产能力的重要信息。

管理会计师可以预测生产能力成本和限制，藉此发起涉及产品生命周期 / 市场增长和市场份额的再评估的战略规划。

这些工作都能增强管理会计师在组织中的作用，从而使管理会计师帮助组织提高短期、中期和长期盈利能力。

五、生产能力成本计量的基本概念

如果在讨论和计量生产能力利用时没有一套基本概念与术语，就难以实现生产能力成本计量的本质。虽然不同的背景或环境可能改变生产能力成本计量的焦点和关键成功要素，但是指导这个领域的最佳管理实务的基本定义和概念却始终不变。

六个主要问题共同建立了生产能力成本计量的基本概念，它们是：

- 资源能力；
- 基准生产能力指标；
- 生产能力部署；

- 生产能力利用指标；
- 分析的时间框架；
- 组织的焦点。

资源能力

企业必须有资源及使用资源的组织体系才能运转。这些资源提供了创造收入的能力。资源的灵活性，以及把资源与组织和客户的特定需要匹配起来的能力，限定了生产能力管理。具体的资源概念和定义包括：

- 资源——组织购进并用于支持其经营活动和产出的价值创造潜力。
- 资源能力——资源所能支持的工作的数量和类型；资源的可储备性、灵活性和使用寿命。
- 准备成本——为作业或使用而准备资源的初始和持续成本。
- 估计成本——在一定期间内执行一项作业所耗费的全部资源的总经济价值，或者：

$$\text{完成的每项作业的估计成本}=\frac{\text{所需要的资源的总成本}}{\text{所能支持的作业的最大数量}}$$

- 成本习性——投入（资源）与其所支持的产出（作业、产品和服务）之间模式化的配比。
- 成本可变性——所完成的工作量与所消耗的资源单位或数量（以实物单位或时间表示）之间的关系；它是指公司为客户每多生产一个单位的产出或者每多提供一个单位的服务，总成本发生的变化。
- 相关范围——成本估计在其间保持适度准确的产量、假设或实践的范围。

资源及其支持价值创造的能力是生产能力成本管理的核心。终极目标是确保每项资源的利用都既有效率，又有效益。资源准备的收益必须超过成本。

基准生产能力指标

资源反映完成工作的能力。把资源应用于特定流程和产出，就决定了这种能力有多少可以转化为利润。与准备成本的规模同样重要的是关于这些资源能支持多少工作或产出的假设。生产能力管理系统的预期工作总量或者基准生产能力指标包括下列一种或多种指标，图表 2 给出了图示说明：

- 理论生产能力；
- 实际生产能力；
- 标准生产能力；
- 年预算生产能力；
- 实际生产能力利用率。

- 理论生产能力——在每周 7 天、每天 24 小时运转且零浪费的条件下，一个流程或工厂所能完成的最优工作量，

图表 2　基准生产能力指标

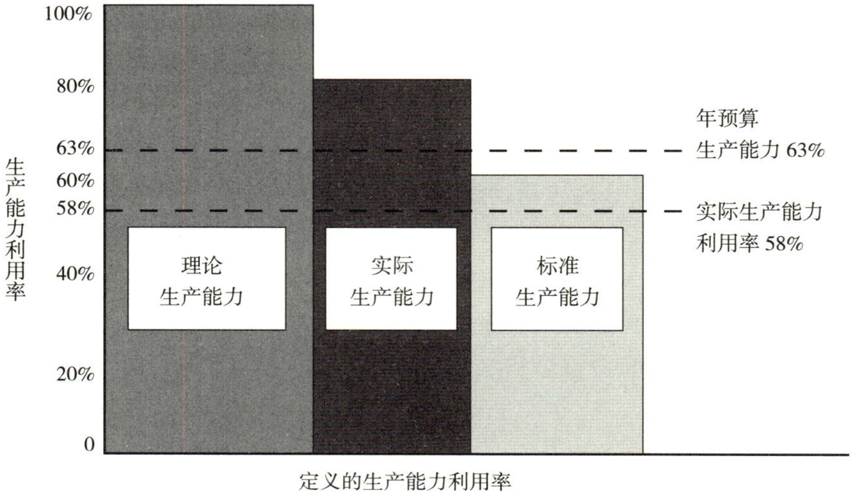

即在不允许调整预防维修、计划外停工等条件下的最大生产能力。因为根据定义，理论生产能力的非生产性生产能力为零，所以只有在这种情况下，生产性生产能力才与总生产能力百分之百相等。生产能力的所有其他定义都是由生产性和非生产性生产能力构成的。

- 实际生产能力——一个流程一般能达到的产出水平，即理论生产能力因不可避免的非生产时间下调，比如，生产准备、维修或故障。
- 标准生产能力——一台机器、一个流程或工厂 / 经营单元在规定期间内（日、周、月、年等）的平均预期利用生产能力。
- 年预算生产能力——一台机器、一个流程或工厂 / 经营单元在未来一年内计划利用的生产能力，经常用计费小时数、机器小时数、产出量或标准生产能力百分比表示。
- 实际生产能力利用率——一定期间实际利用的生产能力，经常用计费小时数、机器小时数、产出量、预算或标准生产能力百分比表示。

基准生产能力指标的选择对生产能力的计算成本及总体管理政策和程序具有重要影响。虽然公司采用各个基准生产能力指标，但是最佳实务是在管理报告中定义和利用理论生产能力。理论生产能力基准确保所有价值创造潜力都得到积极管理，从而降低了不必要的工厂扩建以及发生其他形式的浪费的可能性。[2]

这些基本定义确立了所报告的生产能力成本的性质和大小。由于反映了一个流程的基准生产能力，这项指标为确定和评估各种形式的生产能力部署的价值及其对总体利用率的影响提供了一个框架。

生产能力部署

在确立了一个流程的基准生产能力之后，生产能力成本管理就转向了规划、评估和管理公司价值创造潜力的部署，以满足客户的需要。[3]有效的生产能力部署要求人们理解下列概念：

- 生产性生产能力——为客户提供价值的生产能力。生产性生产能力用于生产产品或提供服务。它必须基于公司资源的理论价值创造能力或最大价值创造能力。
- 非生产性生产能力——既不处于生产状态，又不处于任何一种定义的闲置状态的生产能力。非生产性生产能力包括生产准备、维修和废料。
- 计划非生产性生产能力——因流程变化而临时不用的计划利用的生产能力，比如，原材料短缺、机器或流程故障及耽搁。
- 计划闲置生产能力——当期不计划利用的生产能力。计划闲置生产能力可计划用于预防维修和过剩生产能力。
- 过剩生产能力——在现有经营、市场或政策条件下不能销售或利用的永久性闲置生产能力。

通过有效部署和设计工作与日常管理流程，组织就能有效利用为或有事件储备的许多生产能力。从成本管理的角度来看，这种调整生产能力的机会最具吸引力，因为它利用了现有生产能力的内在灵活性。例如，通过缩短流程时间，组织就能在不增加任何固定资产投资的条件下有效地增加可利用的生产能力。

控制生产能力成本的最佳时间是在生产能力的最初决策和设计期间。设计决定

---

2 在建立和使用理论生产能力基准时需要确认几个问题。首先，在服务行业，可能极难确定一个人在所分配的时间内所能完成的“最大”工作量。此外，要注意“每周 7 天、每天 24 小时、尽最大努力”不是一个适用于个人的概念，而是一个适用于整个团队和流程的概念。

其次，同样重要的是，“‘理论上’说起来容易，但由于工作和资源不断变化的性质，在任何环境中，理论生产能力都难以被区分开来。”诸如“模糊集理论”之类的新概念提供了一种确认生产能力不确定性的方法（参见 Siegel, 1995）。

3 在任何时候，公司的价值创造能力都不应该等同于在当前资产和流程条件下的经营成本。生产能力成本管理的目标是确保浪费最小化，并通过提高管理意识和改进管理技术，提高公司盈利能力和可销售能力中所反映的成本价值比。

了生产能力成本。储备生产能力也决定了成本，而不仅仅是在很久之后利用生产能力满足日益增长需求时才决定成本。如果需求疲软，或者产品创造客户价值的能力的性质发生了变化，过剩或储备的生产能力就会增加组织必须承担的负担。

评估具体生产能力投资始于组织消除了所有协调生产能力的选择且降低了生产能力要求之后。重要的是，评估所建立的生产能力是否是恰当的投资，以及实现投资目标的相关风险是否可接受。这种风险是由组织在资本投资分析的传统界限之外遇到的情境所导致的，包括经济、商业、技术和实施问题。

低估或未估计到风险的影响可能会完全消除管理生产能力所追求的任何收益。组织风险可能包括培训、与持续生产同步以及组织绩效责任等方面。

在制定生产能力决策时，组织必须平衡决策对各项客户价值计量指标的影响，比如，缺陷逃逸率（defect escapes）、产品配送绩效和产品价格。改变生产能力利用率的决策，应该与公司根据当前和未来市场需求改变生产能力利用率的能力相匹配。

生产能力利用指标

一旦流程或系统建立或处于主要生产状态之一，生产能力成本管理的焦点就转向追踪和报告当期生产能力利用及其对利润与成本的意义。评估生产能力利用的关键因素包括：

- 有效产出——在一定期间内从一个流程中获得的价值总量，即一个系统通过销售创造收入的速度；
- 活力——一个流程在一定期间内运转或被物理使用的时间总量，无论产出是否是满足客户需求所必要的（例如，返工反映的就是生产能力的活力，而不是生产能力的利用）；
- 浪费——公司资源的非生产性使用；
- 效率——生产能力利用总量占基准生产能力的百分比；
- 备用生产能力——即过剩生产能力，吸收总作业的计划外变动及其他形式的变动对流程影响的缓冲器；
- 可影响生产能力——一个管理者或管理团队可以影响从而提高或降低资源总需求的生产能力利用；
- 生产能力成本——维持一个流程处于运转或准备的一定状态所需要的全部资源的总经济价值。

生产能力利用成本不仅限于机器或资产的折旧费，还包括为了使流程维持在准备状态而需耗费的所有间接资源或管理费用。理论生产能力来源于能维持全天候运营的实物资产、工具和资源。因为人们无法达到这个可维持的运营水平，所以它们应该被视为理论生产能力的变动贡献。区分占用生产能力成本（在短期和中期内不可避免的成本）和可控生产能力成本（在短期和中期内可避免的成本）对于建立有效的生产能力成本管理系统至关重要。

一个处于计划闲置状态的流程的估计生产能力成本应该低于其生产期间发生的成本。生产能力成本管理的成本估计应该反映当期生产能力利用对实际资源的意义，以及计划闲置生产能力和过剩生产能力的机会成本（即放弃的利润）。

生产能力利用指标反映实际绩效及其效益，是编制管理报告的原始数据和公司总生产能力的未来规划与部署的基础。

如果与生产能力成本的适当估计相匹配，生产能力利用指标就能为管理者提供关于当期运营的效率与效果，以及短期、中期和长期利润提高潜力的详细信息。

组织应该评估支持生产能力成本计量系统的影响。这种评估包括哪些信息必须持续提供，而不是临时提供。这种评估还应该包括公司为什么在抽查合格的条件下强迫会计系统持续采集数据。这种分析本身就能节约资源，从而提高公司满足客户需求的能力。

分析的时间框架

决策分析的时间框架对公司改变生产能力成本的能力及生产能力成本管理系统所针对的关键问题具有重要影响。

在短期内，理论生产能力是常量，什么也不能改变一个流程的理论生产能力。生产能力成本管理聚焦于提高现有资源和流程的利用（例如，消除浪费）。

随着时间框架延长至中期，公司就能采取行动改变流程的运作方式。这些改变能影响流程的生产能力。但是，从中期看，流程的物理结构也无法改变。从长期讲，整个流程则能重组。这里，理论生产能力就能完全改变，从而形成新的流程结构、新的流程和新的潜在产出水平。生产能力成本管理的核心是为了降低未来投资需求，最大化现有流程的灵活性。

从长期看，有可能运用广泛的技术和成本核算方法支持管理者调整生产能力及其利用的努力。这些技术包括购置新生产能力、外包、出售过剩生产能力、出租厂房和人员、许可现有产品和流程的再设计等，以及提高当前和未来利用的相关方法。

生产能力成本估计的第二项要素是支持流程所必需的资源。由于在短期内大多数成本都是固定的，人们难以改变生产产品或提供服务所需要的资源的类型和数量。而从中期看，公司就可以开始改变所使用的资源的类型和数量。由于流程进行了修订，所以资源需求也要修订。最后，从长期看，所有成本都是变动的。正如可以影响整个流程的生产能力一样，提供生产能力所使用的全部资源也都可以以同样的方式改变。

组织的焦点

生产能力成本管理的另一个重要维度是组织的焦点。在流程层面影响生产能力成本管理的问题不同于考察整个行业价值链时所面临的问题。[4]一般要考虑四个具体层面，包括：

- 流程层面；
- 工厂或经营子单元层面；
- 公司层面；
- 价值链层面。

前三个层面由组织及其现有的组织结构和能力所界定。流程层面聚焦于每个产出单位，包括一项任务乃至一条组装线。工厂或经营子单元层面表明多个流程和多个独特类型的产出（例如，不同生产线）。在公司层面或战略经营单元，许多不同的工厂或经营子单元（例如，战略经营单元）共同创造了一个提供多种不同类型的产品和服务来服务于多个市场的复杂组织。

最后，价值链层面又回到了产品或产品线焦点，但是却把注意力转向了商品交付客户的整个过程中所利用的组织的所有活动和资源。

六、生产能力成本计量工具和技术

如果把基准生产能力指标、分析框架和组织的焦点等问题综合起来，就形成了分析生产能力成本管理问题的框架，以及各种生产能力计量模型的分类与选择的框架，如图表 3 所示。这些模型按照所强调的生产能力基准指标归类，即理论、实际或标准生产能力。所列的每种成本计量工具或模型都对生产能力成本计量问题采用了不同的观点。

这些工具和技术并不是相互排斥的。有效的生产能力成本管理可能同时要求多种模型评估当前绩效、规划未来生产能力部署和利用。[5]

4 “价值链”一词是指从原材料自地上挖掘出直到将最终产品或服务提供给终端客户的整个价值创造过程。这种方法是波特有关组织的著作中所采用的方法。如果对产品的生命周期进行这种分析，它还要拓展，包括产品“从摇篮到坟墓”或者说从最初设计到最终处置的成本和绩效模式。

5 人们应该认识到所选择的这 12 种工具和技术反映了迄公告制定之日的最佳实践，绝不能被视为公司可利用的唯一方法。在启动生产能力成本计量项目之前，公司应该分析其目前需求、战略目标和约束，然后搜索面临并解决了类似挑战的其他公司或者满足自身需要的现成模型。随着人们对生产能力成本管理的兴趣越来越浓厚，未来还会涌现更多的工具和模型。

图表 3　计量生产能力成本的工具和技术

特点 模型	所强调的生产能力基准	基本的分析时间框架	组织的焦点
资源效益模型	理论生产能力	短期到长期	流程 / 工厂 / 公司层面
生产能力利用模型	理论生产能力	短期到中期	流程 / 工厂 / 公司层面
生产能力差异模型	理论生产能力	短期到中期	流程 / 工厂层面
CAM-I 生产能力模型	理论生产能力	短期到长期	所有层面（潜在）
CUBES 模型	理论生产能力	短期到中期	流程 / 工厂 / 公司层面
成本控制模型	隐性理论生产能力	中期	所有层面（潜在）
甘特闲置图	实际生产能力	短期	流程层面
补充费用标准法	实际生产能力	短期	流程 / 工厂层面
约束理论生产能力模型	实际生产能力（可销售的）	短期到中期	流程 / 工厂 / 公司层面
标准化成本核算法	标准生产能力	中期	流程 / 工厂层面
作业成本核算与生产能力成本计量	标准生产能力	短期到中期	流程 / 工厂 / 公司层面
约束理论和作业成本核算集成模型	多种	短期到中期	流程 / 工厂 / 价值链层面

管理生产能力成本不仅仅是应用某个生产能力计量模型理解现有生产能力利用，还包括整个战略规划过程。虽然本指南所讨论的工具和技术适用于追踪当前生产能力利用和成本，但如果将其纳入中期和长期规划过程，受益会更大。此外，根据机器或流程的生产能力列示的各种模型也适用于评估整个价值链的绩效。

按照这种方法，组织可以利用这些模型评估生产能力在多大程度上实现了原始目标及其对经营风险的影响。有一种统计过程控制趋势图，可追踪流程的生产能力如何对原始投资中所使用的风险因素作出反应，它是在更广泛的环境中应用这些生产能力成本管理模型的方法之一。

这些模型所提供的信息可用于影响未来决策、控制过去的决策，或者为管理者提供在决策前分析提高或降低利用率的各种备选方法的影响的能力。生产能力成本管理是一贯地应用于流程、产品或价值链的生命周期各个阶段的一系列鲜活的技术。

以理论生产能力为中心的模型

资源效益模型

资源效益模型（resource effectiveness model）是指分析生产能力管理决策对公司绩效的经济影响的生产能力成本计量模型。因为资源效益模型主要关注支持对当前和未来生产能力投资的规划和分析，所以希尔宠物食品公司（Hill's Pet Food）采用资源效益模型支持其短期、中期和长期生产能力决策。

这个模型追踪四个主要指标，即资源效益、资产利用率、经营效率和运行效率，如图表 4 所示。标准运行效率是指不同经营假设下可利用的总时间的百分比。例如，资源效益将标准运行效率与纯粹理论生产能力作比较，而资产利用率则调整这个等式，调整由于管理政策而导致的理论生产能力的降低，为工厂获取可利用的时间。

通过按所消耗的流程时间分钟数而不是等价的生产单位来定义的流程成本核算模型，这种基于时间的分析所得出的结果很容易转化为实实在在的收益。经营数据和财务数据的结合为分析和决策提供了强有力的基础，它们很容易被纳入资本投资模型。

资源效益模型的主要特点是：

- 分析生产能力管理决策的经济影响；
- 支持任何时间框架下的决策；
- 假设目标是“零浪费”；
- 提供一个关于资源决策一体化的财务和经营分析。

如果组织把这个模型中的信息与车间的实时数据采集和报告结合起来，就能获得跨组织各个层面、各个时间框架的生产能力信息。

就像生产能力成本管理的几种新方法一样，资源效益模型也认为公司只有在充分利用了现有资源之后才能进行新资本投资。建议所有采用流程、单元或装配线制造方式的企业都可采用这种方法。

生产能力利用模型

依照持续改进的理念，最大化生产能力利用所基于的观念是：未利用资源或以未提高客户价值的方式利用的资源都是浪费。生产能力利用模型（capacity utilization model）聚焦于利用石川鱼骨图确定各类生产能力浪费，如图表 5 所示。

- 结构性浪费——因公司实际生产能力与最有效地满足需求所需要的生产能

图表 4 资源效益模型

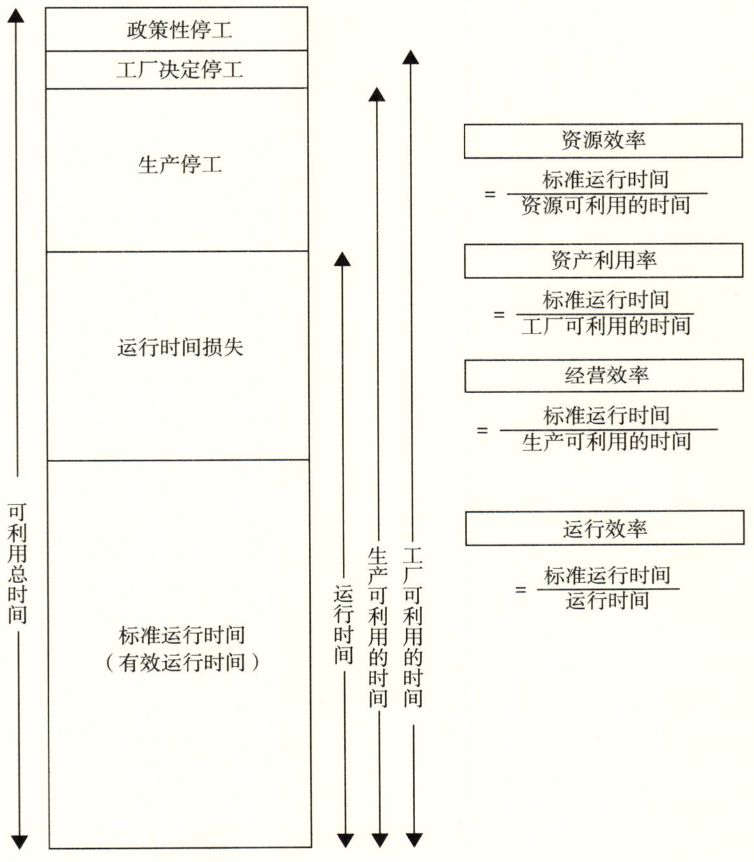

力之间的不匹配而造成的浪费。从中期到长期来看，它是应该消除或重新配置给其他产品或服务的过剩生产能力。

- 定义性浪费——因选择生产能力基准指标所致而不是理论生产能力造成的浪费。
- 技术性浪费——因组合变动或不平衡的生产而导致的浪费。
- 会计性浪费——聚焦于过剩存货、包含废料或浪费的标准，以及在组织中影响行为和决策的相关计量问题。
- 管理性浪费——因现有政策而导致的浪费（例如，5 天 2 班倒运营与 7 天

图表 5　诊断生产能力利用

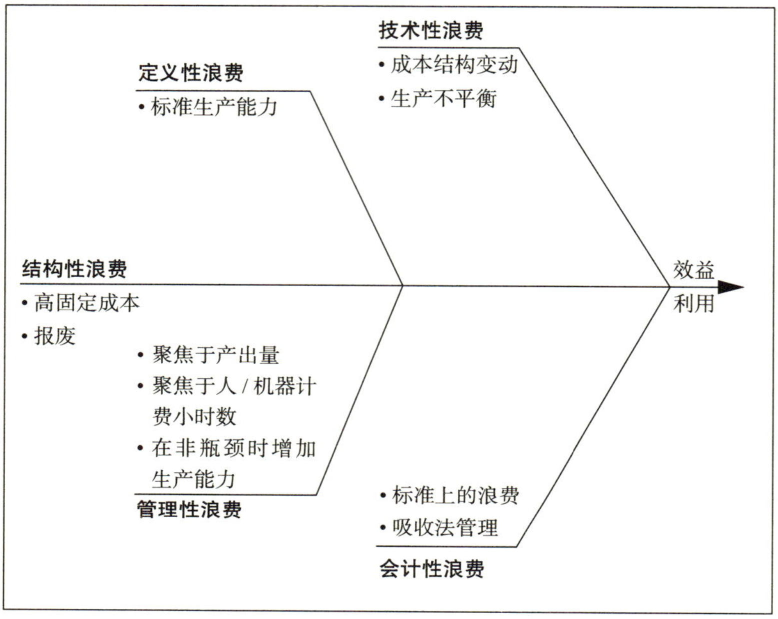

24 小时运营法）。它会受短期和中期决策的影响。

生产能力利用模型的重要特点是：

- 聚焦于浪费，把它作为关键生产能力指标；
- 按时间框架和可控性区分生产能力浪费的成因；
- 支持对主要生产能力问题的分析和确定优先级；
- 由各种系统生产能力指标组成。

虽然许多生产能力成本追踪模型都聚焦于把财务与非财务指标联系起来，但是，生产能力利用模型却聚焦于流程或系统内在的浪费。浪费是强调公司的资源损失而不是当前完成的工作的系统指标或全组织性指标。

Helene Curtis 公司就采用这个模型，更好地理解本公司的生产能力利用和改进机会。作为一整套基于浪费的指标的一部分，这个模型为生产能力管理问题提供了一种独特的观点。建议同其他支持持续改进的生产能力模型结合使用，比如，约束理论模型。

生产能力差异模型

生产能力差异模型（capacity variance model）强调潜在有效产出或产量与实际结果之间的差异。传统的差异分析对于会计人员来说是一种自然而然的方法，但是对于会计数据的使用者来说则意义甚微。图表 6 表明了一种提供生产能力差异信息的替代方法。啤酒厂运营的四个不同部门（酿酒车间、陈化车间、发酵车间和装瓶车间）被合并至一个报告中。

第一组指标反映了这连接在一起的四个部分的理论生产能力。图表 6 表明整个工厂都受酿酒车间的生产能力的约束。陈化、发酵和装瓶车间都存在过剩生产能力，除非扩大了酿酒车间的生产能力，否则不能利用。

图表 6 所表明的第二个关键点在于，基于效率的生产能力浪费是相对于理论生产能力的一种损失。无论工厂运转多长时间，效率损失都会葬送总有效产出。正如图形化的差异分析一样，工厂运转不足每周 7 天、每天 24 小时的管理决策可以从理论生产能力到可利用生产能力的骤降中清晰地体现出来。实际生产能力利用很有趣，因为啤酒厂的四个主要车间的有效产出第一次“持平”。最终，工厂不是受酿酒车间的约束，而是受发酵车间的约束。

最后一栏细化了平衡系统的机会，或者说潜在生产。

生产能力差异模型的主要特征是：

- 细化了相对于理论生产能力的实际绩效；
- 确定了生产能力损失的成因；
- 支持机会成本分析；
- 可以根据改进目标追踪。

生产能力差异分析易于与现有月度或季度报告相结合，提供关于持续绩效较之理论标准的信息。虽然这个模型主要聚焦于短期控制型报告，但是所建立的指标也可以作为持续改进计划的一部分进行长期追踪。

建议希望对现有管理报告系统增添一定水平的生产能力成本管理报告的公司采用这种方法。美国最大的啤酒生产商安霍伊塞－布希公司（Anheuser-Busch）正在探索把这个模型作为现有报告系统的补充。

CAM-I 生产能力模型

CAM-I 生产能力模型主要是一种战略沟通工具。它旨在通过帮助管理者理解和定义生产能力的多种状态，计量这些状态，然后以简单的形式传达此类信息来支持战略决策过程。

CAM-I 生产能力模型可用于年度规划过程及过渡性的季度更新过程。管理者

图表 6　生产能力差异分析

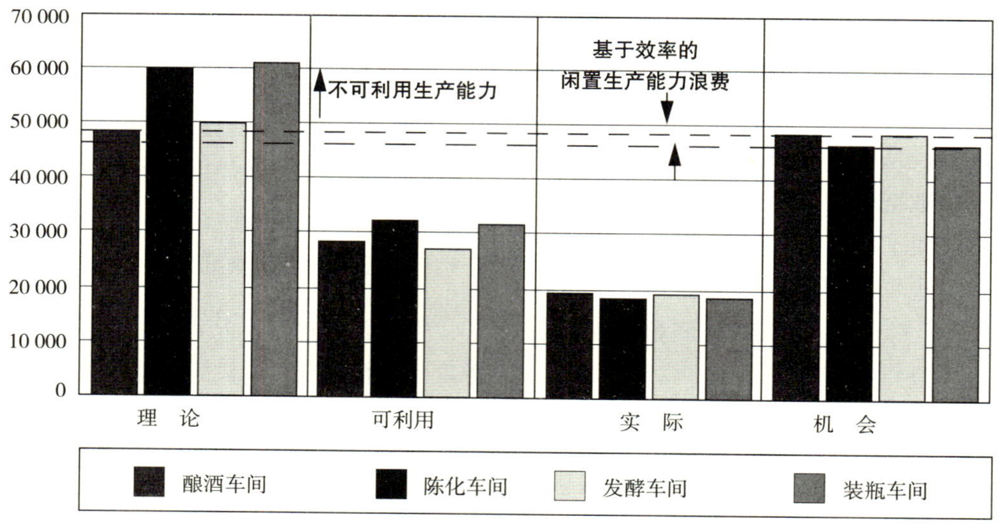

可以利用这个模型评估当前的生产能力状态，确定趋势，规划生产能力变化。制造部门可以利用这个模型宣传和兜售需要投资与经营变革的新项目建议。它还可用于评估不同生产能力绩效水平的成本、成因和责任。

CAM-I 生产能力模型是根据可以采用多种不同形式报告的经营层面的活动建立的。它是由先进制造国际联盟（CAM-I）[6]和德州仪器共同开发的，这个模型是一个生产能力数据集合，包括生产能力的供应、特定产品对生产能力的需求，以及限制商品生产的流程的约束。

这个模型通过一系列模板实施，它们是生产能力成本管理数据库的中流砥柱。基本的 CAM-I 模型可以用一个简单的公式来表示，如图表 7 所示：

额定生产能力 = 闲置生产能力 + 非生产性生产能力 + 生产性生产能力

- 闲置生产能力：当前未计划利用的生产能力。CAM-I 模型把闲置生产能力分解为三类：不可销售的（不存在市场或者管理层制定了决定退出市场的

6　先进制造国际联盟（Consortium for Advanced Manufacturing-International, CAM-I）是一个非营利性的合作式会员组织，旨在支持对制造行业具有战略意义的领域的研究和开发。它的总部位于美国得克萨斯州的阿灵顿市。

图表 7　CAM-I 生产能力模型

<table>
<tr><th>额定生产能力</th><th>简化模型</th><th>行业特定模型</th><th>战略特定模型</th><th>传统模型</th></tr>
<tr><td rowspan="10">额定生产能力</td><td rowspan="2">闲置</td><td>不可销售的</td><td>过剩，但不可利用</td><td rowspan="2">理论</td></tr>
<tr><td>禁区</td><td>管理政策
合同规定
法律规定</td></tr>
<tr><td></td><td>可销售的</td><td>闲置，但可利用</td><td>实际</td></tr>
<tr><td rowspan="4">非生产性</td><td>备用</td><td>流程平衡
可变性</td><td rowspan="7">计划</td></tr>
<tr><td>浪费</td><td>废料
返工
产量损失</td></tr>
<tr><td>维 修</td><td>计划内
计划外</td></tr>
<tr><td>生产准备</td><td>时间
产量
转换</td></tr>
<tr><td rowspan="3">生产性</td><td>流程开发</td><td></td></tr>
<tr><td>产品开发</td><td></td></tr>
<tr><td>有效产出</td><td></td></tr>
</table>

资料来源：CAM-I, 1995.

战略决策）、禁区（不可利用的生产能力）和可销售的（存在市场但生产能力闲置）。

- **非生产性生产能力**：未处于生产状态或未处于任何一种定义的闲置状态的生产能力。非生产性生产能力包括生产准备、维修备用、计划停工、计划外停工、返工和废料。可变性是非生产性生产能力的主要成因。
- **生产性生产能力**：为客户提供价值的生产能力。生产性生产能力用于改变产品或提供服务。生产性生产能力最终导致产品或服务的交付。它还可能反映用于流程或产品开发的生产能力。

CAM-I 生产能力模型的主要特征是：

- 集成了多个维度的生产能力数据；
- 与财务报告系统联系起来；
- 细化了生产能力损失的责任；
- 用时间作为一个统一标准。

CAM-I 模型采用了生产能力综合分析方法。它适用于简单的设置中依赖于小型的、集中的关系型数据库结构。它更详细，可以使公司最大限度地利用数据库生产能力，为整个组织提供集成的、灵活的报告系统。

CUBES 模型

生产能力利用瓶颈效率系统（Capacity Utilization Bottleneck Efficiency System, CUBES）是由 John Konopka 在美国半导体制造商 SEMATECH 工作时开发的。这个模型是为资本密集型环境开发的，它既聚焦于生产能力规划，又聚焦于确定（实施）生产能力利用的持续改进。CUBES 模型结合了生产周期分析与作业分析的逻辑，形成了一种关于生产成本管理问题的集成观，它超越了流程层面，涵盖整个行业价值链的主要机会。

这个模型是根据半导体流程的有效运行所要求的丰富数据库建立的，它结合了静态生产能力指标和模型与预测各种假设和经营条件下的生产能力利用的动态模拟。

图表 8 说明了潜在生产能力利用的 CUBES 分析。按多个主要维度（计划外、备用等）定义的管理政策，以及流程的现有生产能力（例如，理论工具速度），都是构成系统的潜在有效产出约束的输入信息。给定这个潜在的有效产出，然后这个模型就会分析可用生产能力的利用。CUBES 效率由理论工具速度百分比与运行小时数百分比的乘积确定（例如，0.58 × 0.67 = 0.39 效率额定值）。

结果表述为当期经营计划的产量，以及对生产能力的各种形式的生产性、非生产性、闲置和浪费要素的相对影响。这个模型能够使公司把总体效率绘制成图，按类别分解效率损失的成因。

CUBES 模型的主要特征是：

- 集成了财务和非财务数据；
- 根据作业成本建立；
- 利用了约束理论或约束的逻辑；
- 提供了一种动态分析和成本最低的解决方案。

CUBES 模型和 CAM-I 模型是解决生产能力成本管理问题的两种可比方法。CUBES 模型是更直接地根据作业逻辑建立的，并且提供了模拟能力；而 CAM-I 模型则用一个静态模型强调责任会计问题和沟通。CUBES 模型更适合那些面临与半导体行业相类似挑战的公司（高资本性投

图表 8　潜在生产能力利用的 CUBES 分析

CEBES（E10 模板）效率分析图

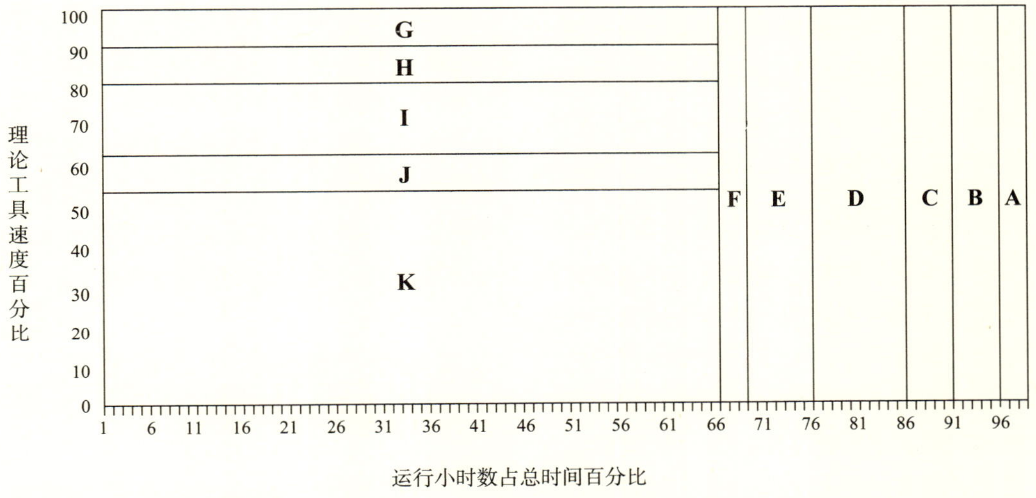

A 非计划时间　　　　　G 工具速度损失（计划与理论）

B 计划停工时间　　　　H 工具速度损失（实际与计划）

C 工程时间　　　　　　I 批量损失

D 计划外停工时间　　　J 质量损失

E 备用 / 闲置时间　　　K CUBES 效率（%）

F 其他时间损失

资料来源：Konopka, John M. 1995. Capacity utilization bottleneck efficiency systems——CUBES, IEEE Transactions on Components, Packaging, and Manufacturing Technology (18 September): 484-91.

资、产品生命周期短的企业）。

成本控制模型

在本指南所介绍的模型中，有几个适用于服务型公司或者适用于分析制造业的服务或支持领域的生产能力利用。但是，一个流程或一项作业的独特性偶尔会使人们难以准确评估基准生产能力指标或生产能力的实际利用。在这种情况下，公司可以聚焦于投入某项作业的资源总量，或者总支出的效益。此外，控制服务成本的增长，往往要比在下游消除这些成本容易得多。

成本控制模型（cost containment model）的目的是通过把非增值作业从增值作业中分离出来，而不是通过强制实施全面的成本削减计划来分析和控制未来支出。支出指南是实施成本控制方法的基础。这些指南可以基于内部分析、最佳实践标杆管理、客户调查或者管理者的判断。

图表 9 说明了这种逻辑的此类影响。在这个送货实例中，对增值作业或者说最优先作业的分析表明，公司在增值工作上花费的资源太少。为了保持服务客户的总成本的现有水平，增值工作支出中不足的 7% 必须通过非增值作业支出的降低来补偿。实现节约的最明显的地方就是客户不重视的第 3 级和第 4 级作业。

在图表 9 中，这些项目在流程的总成本中占 \$350 000，它足以满足最优先作业支出中 \$305 000 的差额，而且还可能使总支出降低 \$45 000。

成本控制模型的主要特征是：

- 聚焦于支持 / 服务成本；
- 支持作业成本核算，并实现集成；
- 基于市场型增值模型建立；
- 支持多种环境中的分析和成本控制。

这个模型已经被苹果电脑和容错电脑（Stratus Computer）之类的公司所采用，帮助确定公司在哪些方面没有支出足够的资金以满足客户需求，并决定在哪些地方把资源从非增值工作转向增值作业。

控制服务的生产能力成本一般是一个议定、妥协、反省和分析的持续过程。建议刚刚实施内部服务竞价的公司、进行以单个流程 / 单项作业成本为关键数据点的标杆管理研究的公司，以及追求持续改进服务质量并降低或控制提供这种服务水平的总成本的公司，均可采用这个模型。

以实际生产能力为中心的模型

甘特闲置图

亨利 · 甘特（Henry Gantt）是 20 世纪初的一位产业工程师，他开发了最早的生产能力成本计量工具。甘特闲置图（Gantt Idleness Chart）的目的是确定和消除机器或流程层面的可避免的闲置时间。甘特的方法聚焦于经营，并采用标准成本估计把它转化为财务术语。

图表 10 说明了甘特闲置图。闲置生产能力按部门或机器类别报告，首先聚焦于实物生产能力利用，以百分比和条形图的形式表示；在闲置图接下来的一部分，细化了由于各种一般成因所造成的闲置费用，比如，缺少人工、维修和计划不周；然后把闲置费用划分为不可避免和可避免的部分，从而使公司可以采取相应行动提高绩效。

图表 9　支出效益：成本控制实例

邮购业务

第一步：细化价值链

客户 电话订购	在线存货 和 信用核查	订单处理 打印包装单	库房 取出商品	延期交货 注明送货 日期	订单 打包	封装 贴标签	包装箱称 重并完成 各项手续	送至 提货区	送交 客户	发票	收回 现金

第二步：把资源与作业联系起来，然后根据客户定义的价值评估这些支出水平。

作　业	年资源耗用量	占总资源百分比	客户定义的价值
1. 接听电话	$ 25 000	不到 1%	1（最优先作业）
2. 接受订单 / 核查信用和存货	500 000	11.6%	1（最优先作业）
3. 处理订单 / 送至仓库	150 000	3.5%	3（低价值）
4. 从仓库提货	750 000	17.4%	1（最优先作业）
5. 注明延期交货及预期送货日期	750 000	17.4%	2（低价值，应予以纠正）
6. 包装订单商品	500 000	11.6%	1（最优先作业）
7. 封装并贴标签	125 000	2.9%	2（低价值，应予以纠正）
8. 称重并完成各项手续	125 000	2.9%	3（低价值）
9. 送至提货区	75 000	1.7%	4（无价值）
10. 送货	500 000	11.6%	1（最优先作业）
11. 发票	350 000	8.1%	2（低价值，应予以纠正）
12. 收回现金	450 000	10.5%	2（低价值，应予以纠正）
	$4 300 000	**100.0%**	

第三步：确定支出差距

资源耗用总量： $4 300 000
最优先作业支出百分比： $2 275 000/$4 300 000 = 53%
最优先作业的期望支出： 60% 或者 $2 580 000
支出差距： 7% 或者 $305 000

资料来源：McNair, 1995.

图表 10　甘特闲置图

工作期间 4 周 22 天 192.0 小时________期间截至 1927 年 5 月 28 日

纺织公司耗用的机器费用总额 56 713.46　未利用总额 16 112.21

生产能力利用率 77.9%　总信用 0.092%

符号	部门或机器类别	计划实现的生产能力利用 %	日生产能力利用 %	按闲置费用成因细分		
			10 20 30 40 50 60 70 80 90	缺乏订单	缺少帮助	缺少原材料
B	200 - 45″ 织机	80		F47 32 2892 31	136 10	
C	687 - 54″ 织机和 58″ 织机	80		F267 80 854 76	1473 52	
D	136 - 65″ 织机和 68″ 织机	80		F142 62 432 83	441 94	
E	9 - 58″ 织机	70		F5 53 376 19	24 95	
F	111 - 68″ 织机和 72″织机	70		F194 68 1088 22	725 36	
G	1 - 72″ 织机	80		c52 82		
H	1 - 58″ 织机	80		C30 12	10 90	

符号	按闲置费用成因细分			闲置费用				
	缺少原材料	维修	计划不周	总计	不可避免的 %	不可避免的 数量	产品费用增加 %	可避免的
B	19 40	20 92	6 39	3122 44	20	868 31	18.2	2254 12
C	A 15 54 194 14	493.89	136 42	3436 07	20	5646 65	18.2	2210 58
D	A 1 28 3 55	41 32	6 30	42 39 1069 83	20	7 71 1151 66	18.2	50 10 81 83
E	4 65	14 30	38 99	463 67	30	207 02	36.0	256 65
F	A 84 319 57	288 53	271 15	24 77 2888 35	30	8 92 3895 80	36.0	33 69 1007 45
G		1 95		54 78	20	9 92	18.2	44 86
H		48		41 50	20	3 10	18.2	38 40

甘特闲置图的主要特征是：

—— 有效突出了关键生产能力问题；

—— 以经营和财务术语总结了绩效；

—— 细化了闲置的成本和成因；

—— 易于实施和运用。

甘特闲置图的主要特征是：

- 有效突出了关键生产能力问题；
- 以经营和财务术语总结了绩效；
- 细化了闲置的成本和成因；
- 易于实施和运用。

甘特闲置图包含海量信息，可供管理者使用。虽然甘特闲置图是75年前设计的，但是它很适合于采用部门制或单元式制造方法的现代工厂。正如所设计的那样，甘特闲置图是由生产车间工人维持的计量方法的有益补充。在这种环境中，其价值在于强调采取行动时的变动或计划外闲置的成本。

补充费用标准法

补充费用标准法最初是由 A. H. Church 于20世纪初作为一个综合的成本核算系统的一部分建立的。补充费用标准法关注用同一组数字满足内部和外部报告的需要，它为刚刚开始探索本组织或工厂/流程层面的闲置生产能力及其成本的公司提供了一个有益的模型。

这个模型采用两种管理费用标准：一种是工厂或部门按基准生产能力运行的费用标准，另一种是把闲置生产能力成本计入当期生产的补充费用标准，如图表11所示。这种方法不仅为外部报告提供了全面吸收成本，而且为管理者提供了一个反

图表 11　补充费用标准法

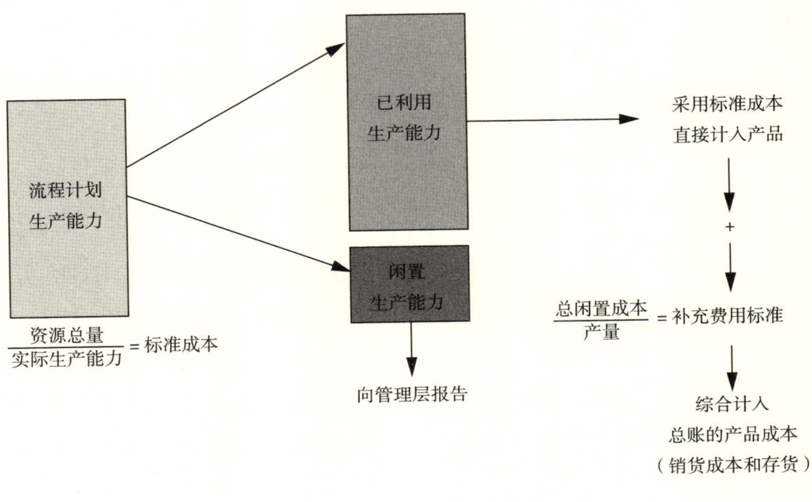

映闲置生产能力成本大小及其对公司利润影响的有用指标。

补充费用标准法的主要特征是：

- 支持内部和外部报告；
- 易于在现有系统中实施；
- 关注闲置生产能力对利润的影响；
- 提供一定期间的闲置总成本的简化报表。

Church 的补充费用标准法是先行追踪数量差异，然后计入当期产量的会计方法的一种变形。这种方法不同于传统的会计方法，它坚持把实际生产能力作为基准生产能力指标，而大多数传统会计核算系统则使用预算生产能力。

对于易于定义生产能力成本及问题的小型公司，补充费用标准法提供了一种低成本确定和评估闲置生产能力成本对总体绩效影响的手段。

约束理论生产能力模型

约束理论模型（TOC model）的目的是支持整个组织的持续改进。约束理论模型所基于的几个主要原则是：

- 有效产出能力按系统的基本约束定义，它本质上可能是有形的（瓶颈），也可能使无形的（政策、计量、培训）；
- “目标”是在满足员工和客户需求的条件下增加有效产出，同时减少投资（存货）和经营费用；
- 组织的生产能力是无限的，为了使组织更接近其目标，约束理论聚焦于消除阻止改进的根本问题；
- 闲置生产能力的成本不是机会成本，除非客户存在没有执行的客户订单。

图表 12 细化了可用于约束理论环境中的一类报告。基于约束理论所倡导的成本核算方法，所强调的重点是一个订单（它的有效产出）的贡献，以及这种贡献与订单对约束资源的影响之间的关系。目的是通过积极、有效地管理瓶颈资源，使有效产出乃至利润最大化。

约束生产能力模型的主要特征是：

- 通过人员和机器满负荷运转，强化公司盈利能力；
- 突出妨碍流程绩效的关键约束；
- 适用于管理流程中采用约束理论的工厂或流程；
- 为行动提供可靠的基准；
- 对效益的准确追踪记录。

约束理论模型为采用系统方法或流程方法管理的公司提供独特优势。通过把注意力集中在主要流程约束或瓶颈上，约束理论力求防止因在对产出没有任何真正需求的情况下运用资源而导致的浪费。建议

图表 12　约束理论模型的贡献报告

订单贡献报告（1993 年 6 月 20 日～1993 年 6 月 21 日）
报告日期：1993 年 6 月 21 日

订单号	销售毛收入	变动成本	有效产出	约束小时数	每小时有效产出
切割机床					
41631	796	394	402	N/A	N/A
41910	156	40	116	0.51	227
42424	306	41	265	1.50	177
42659	262	79	183	0.66	278
42692	288	61	227	0.34	668
43227	422	63	359	0.50	718

资料来源：Noreen et al, 1995.

公司在组织的其他地方也采用约束理论方法，尤其是在现有信息系统能支持传统的、基于约束理论的外部管理报告的情况下。约束理论模型在美国冠军纸业公司（Champion Paper）得到了广泛应用。

以标准生产能力为中心的模型

标准化成本核算法

标准化成本核算法（normalized costing approach）是一种生产能力计量模型，在计算时，它利用一定时期的平均绩效，调整特别事件。标准化成本核算法的关键要素是：

- 资产折旧按机器使用小时数计算；
- 特别费用要从经营费用中剔除（例如，工厂更新改造成本）；
- 流程的成本习性由公式决定和定义，这个公式确认影响流程的生产能力成本的各项关键要素；
- 然后采用三年期至五年期的实际生产能力基准确定流程的生产能力；
- 然后综合成本和生产能力信息确定标准化成本，以建立一定经营条件下的成本估计。

所得出的生产能力成本指标代表一个多年平均值，它不把闲置生产能力成本计入当期生产，如图表 13 所示。闲置成本汇总在一个单独的账户中，管理者的责任就是消除或重新配置它们。

图表 13　标准化成本核算法

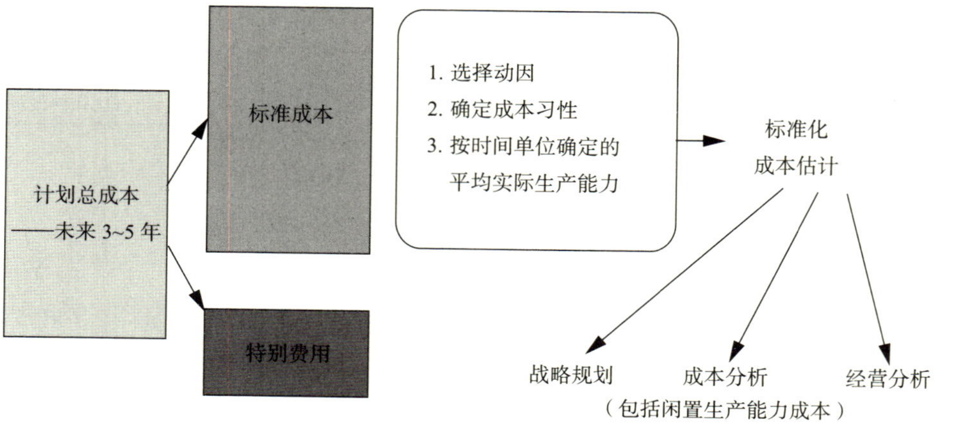

美国卡特彼勒公司（Caterpillar）发现这种方法是构建管理会计信息的一个可行的基础。在纳入一个精心设计、详细、灵活性强的管理信息系统之后，标准化成本核算法被用于卡特彼勒公司的所有管理报告。建议复杂的制造业公司采用这种方法。

作业成本核算和生产能力成本计量

作业成本核算是北美和欧洲许多大、中、小型公司都正在实施的一种成本核算方法的重要创新。正如其主要倡导者 R. Cooper & R. Kaplan（1992）所指出的："作业成本核算系统估计组织生产产品的流程中所使用的资源的成本。"闲置或者未利用的生产能力是作业成本模型与用于对外报告的总账系统之间的主要联系。具体而言也就是：

作业可利用能力 = 作业用量 + 未利用生产能力

按照这个公式，未利用生产能力表示实际用于完成各种作业的资源的成本与完成工作可利用的资源的成本之间的差异。未利用生产能力，或者称闲置生产能力，是以财务术语表示的可能完成的工作与实际完成的工作之间的差距。

按照作业成本核算建立的信息可以用类似于图表 14 的形式展示。成本分类为已利用和未利用两类，表示耗用了额外的资源。该图还突出了未利用作业生产能力对经营利润的影响。若与其他形式的报告相结合，这个模型就可以用于强调经常被忽略的子单元或组织生产能力的构成部分。

图表 14　作业成本核算损益表

销售收入			$20 000
减：**已利用的供应资源费用**			
原材料	7 600		
能源	600		
短期人工	900		9 100
贡献边际			10 900
减：**作业费用：占用资源**	已利用生产能力	未利用生产能力	
永久性直接人工	1 400	200	
机器运行时间	3 200		
采购	700	100	
入库 / 存货	450	50	
生产运转	1 000	100	
客户管理	700	200	
工程设计变化	800	(100)	
零部件管理	750	150	
占用资源费用总额	9 000	700	9 700
经营利润			$1 200

资料来源：Cooper and Kaplan, 1992.

在使用这个模型时，组织可以追踪与作业直接耗用的资源相关的生产能力成本。它们还可以更好地管理核心作业未直接利用的资产。

作业成本生产能力计量法的主要特征是：

- 适于作业成本模型；
- 既报告闲置生产能力的数量，又报告其成本；
- 支持生产能力问题的替代解决方案的分析；
- 极力强调资源。

作业成本核算能够帮助管理者预测销量和销售组合的变化、流程变化和改进、新技术引进及产品和流程设计变化对作业成本的影响。作为连接较传统的生产能力成本管理观与作业成本管理之间的一座有益桥梁，这个模型适用于任何采用或实施作业成本核算的公司。惠普公司就是一个广泛应用这个模型的例子。

约束理论—作业成本核算整合模型

Robert Kee 最近开发了一种新的生产能力模型，它整合了约束理论和作业成本核算模型的基本概念，为生产能力利用问题创造了一种成本最低的数学解决方法。[7] 该模型利用混合整数规划法，给出了在组成公司生产体系的各个作业的生产能力条件下的最优生产组合。

在这个模型中，单位成本和资源视为连续变量，而批量成本和产品成本则视为离散变量。由此得出的等式和模型反映了成本、实物资源和生产作业的生产能力之间的相互作用，它有效地整合了作业成本核算和约束理论，如图表 15 所示。

就公司经济现实的假设和处理而言，由作业成本核算法和约束理论法的数学结合得出的解决方案反映了两个领域的最佳实践。具体而言，人们利用资源的机会成本决定最优产品组合，即公司可以为瓶颈作业选择单位贡献边际最高且单位利润也最高的产品组合。利用瓶颈作业资源的机会成本反映在每种产品计算出的相对盈利能力上。

约束理论—作业成本核算整合模型的主要特征是：

- 利用数学建模解决最优生产能力利用问题；
- 有效地结合了生产能力问题的经营观和财务观；
- 易于添加到现有的作业成本核算系统的应用中；
- 如果至少存在一种瓶颈作业，就提供了比单纯的约束理论法或单纯的作业成本核算法更优的解决方案；
- 把边际收入作为决策基础。

七、选择生产能力成本计量模型

从本指南所介绍的生产能力成本计量模型中选择一种模型是部署生产能力成本管理的二级决策。只有在为整个价值链发展制定了战略之后（即确保绩效按照客户定义的价值最大化的战略），管理者才能把注意力转向现行的利用模式。

本指南所介绍的 12 种模型既可以单独使用，也可以结合使用，作为组织生产能力成本管理系统的基础。没有哪一种模型适用于全部情况，也没有哪一种模型能满足管理者生产能力成本分析的全部需要。在选择模型时，公司应该考虑下列问题：

7 Kee，1995.

图表 15　作业成本核算、约束理论及整合模型的比较分析

	作业成本核算模型	约束理论模型	拓展的作业成本核算模型
产品组合：			
X_1	-0	50 000	30 000
X_2	-0	100 000	100 000
X_3	-0	25 000	30 000
X_4	20 000	-0	-0
过程资源：			
组装（人工小时数）	100 000	-0	10 000
精加工（人工小时数）	100 000	55 000	55 000
生产准备（小时数）	-0	-0	-0
采购（订单）	200	235	200
工程设计（图纸）	500	500	500
利润：			
预测收益	$3 180 000	$2 280 000	$4 620 000
来源于过剩资源的成本节约 *	-0	2 307 000	-0
可利用收益	$3 180 000	$4 587 000	$4 620 000

* 来源于过剩资源的成本节约按每项作业的过剩生产能力乘以各自的成本动因费用标准计算。在作业成本核算模型和拓展的作业成本核算模型中，过剩资源的成本不计入收益。

资料来源：Kee，1995.

- 生产能力成本计量系统最重要的目标或者中心是什么？
- 要求从短期、中期还是长期计议呢？（有些模型非常适宜于短期，但是对于战略决策却无大裨益。其他生产能力成本计量模型最适宜于中长期，但对短期经营决策却无大裨益。）
- 主要的生产能力问题适用于流程层面、经营单元层面、公司层面还是价值链层面呢？
- 公司还实施了其他什么项目（例如，约束理论、持续改进、作业成本核算）？
- 公司的信息处理能力如何？
- 现存多少支持生产能力成本计量系统的数据？是什么类型的数据？
- 可用于支持生产能力成本计量系统的开发和维护的资源有多少？

- 生产能力成本计量主要是一种规划工具，还是可以成为管理控制系统的一部分？
- 把生产能力成本与现有财务和经营报告、绩效指标联系起来有多重要？

对这些问题的回答，将会把可利用的模型的范围缩小到几个能最有效解决公司特定生产能力管理问题的模型，如图表 16 所示。此外，随着公司越来越多地了解自身的生产能力成本，还可以增加更复杂的模型，或用其替代现有模型。

在任何环境中，最佳的生产能力成本计量模型都是能促进管理者按照客户期望持续改进的模型。主要目标是提高客户定义的价值，而不仅仅是提高内部效率。因此，如果生产能力决策未增加成本，但却按照客户期望提高了公司绩效，那么它就会提高公司价值创造能力，乃至生产能力。

八、确定闲置生产能力的成本

生产能力模型的选择仍然没有解决确定闲置生产能力成本的关键问题。因过多的闲置生产能力而导致的高成本可能会使公司丧失竞争力。传统指标通常不能为管理者或经营者提供关于闲置生产能力的数量和成本的重要信息。

影响闲置生产能力成本的主要因素是：

- 使流程维持在各种备用状态的资源总量；
- 这些资源在短期和中期的成本习性；
- 从一种备用或可利用总生产能力水平提升到另一种水平的增量成本；
- 受影响的资源的弹性或可储备性。

每个公司的资源类型、数量和总体弹性都截然不同。确定闲置生产能力的成本应基于下列基本规则：

- 流程生产能力及其利用所导致的资源使用总量应该计入生产能力成本集；
- 生产能力成本集所选择的分母或作业水平应该是理论生产能力（即 7 天 24 小时）；
- 应该明确具有弹性、可储备的资源（例如，能为未来使用而保留且不丧失价值创造潜力）或变动资源（根据需要采购和消耗）；
- 在计划闲置期间，无论闲置原因是什么，只有不可避免的成本（即固定的、无弹性的或不可储备的资源）才能计入闲置生产能力；
- 在生产和计划外闲置期间（无论这种非生产性时间的成因为何），闲置生产能力都应按每分钟或单位时间的“全面成本”计量。

评估闲置生产能力对公司绩效的影响，其目的是把资源消耗与满足客户需要

图表 16 生产能力成本计量模型比较

特征 / 模型	所强调的基准生产能力指标	模型关注焦点	建议的闲置成本会计处理	支持的其他项目	信息系统能力要求	数据要求	资源要求	规划还是控制？	建议与财务和经营建立密切联系
资源效益模型	理论生产能力	资源利用	计入损益	持续改进 TOC & ABC	中等	中等	中等	规划	是
生产能力利用模型	理论生产能力	生产能力利用	计入损益	持续改进 & ABC	中等	中等	中等	二者兼具	是
生产能力差异模型	理论生产能力	绩效分析	无	持续改进	最低	低	最低	控制	是
CAM-I 生产能力模型	理论生产能力	沟通	计入损益	持续改进 & ABC	复杂	高	中等～高等	二者兼具	是
CUBES 模型	理论生产能力	流程利用	无	持续改进 &ABC	复杂	高	中等～高等	二者兼具	是
成本控制模型	隐性理论生产能力	每项作业总成本	无	持续改进 & ABC	中等	低	最低	规划	否
甘特闲置图	实际生产能力	效率	计入损益	持续改进	最低	中等	最低	控制	否
补充费用标准法	实际生产能力	支持内部和外部报告	计入损益	持续改进	最低	低	最低	控制	是
约束理论生产能力模型	实际（可销售）生产能力	有效产出	无	持续改进	最低	低	最低	二者兼具	否
标准化成本核算法	标准生产能力	决策分析	计入损益	持续改进 & ABC	中等	高	中等～高等	二者兼具	否
作业成本和生产能力成本管理	标准生产能力	每项作业的资源成本	计入损益	持续改进	中等	中等	中等	规划	是
约束理论—作业成本核算整合模型	多种	最小化边际成本	无	持续改进 & ABC	中等	中等	最低	二者兼具	是

的各种备用和利用状态匹配起来。

在报告这种信息时，公司确认各种形式的闲置生产能力成本在不同管理层面都是可控的，或者说是可以影响的。维持备用生产能力的决策本质上是战略决策。要改变这些成本，必须由高管采取行动。

相反，由于设备故障而产生的计划非生产性生产能力则是经营问题，最好由工厂和车间解决，至少在短期内如此。为了保持相关性，生产能力成本管理数据（包括闲置生产能力成本）必须是可控的，并且聚焦于发现改进机会。[8]

九、评估生产能力成本计量对组织行为的影响

对于改进产品成本核算、最大化生产能力利用、消除浪费及赢得和维持可持续竞争优势而言，生产能力计量与对生产能力成本的单独核算和报告是必要的。

但是，指标影响组织行为。如果这些指标用作绩效考核过程的一部分，那么其影响就更深远。在设计和使用生产能力成本计量系统时，关键是评估各种类型的指标和报告对每个管理者的决策与行为的影响。例如，基于人工效率的生产能力指标会促使公司生产在产品，即使产品当前或未来都没有需求。在这种情况下，生产能力计量就会促使人们忙忙碌碌，但又未必创造价值。

在选择具体生产能力计量模型时应考虑的主要行为因素包括：

- 如果我或者我的主要经理能使用这个指标，它可能会造成什么反应？
- 指标强化并奖励持续改进和学习吗？
- 指标会造成什么失控行为？
- 指标将用于绩效考核过程吗？如果是，它公平、客观吗？
- 指标可控吗？如果可控，由谁控制呢？
- 从长期讲，各项指标始终表现优良具有什么意义？
- 指标支持其他管理项目和管理目标吗，还是与其抵触呢？

生产能力成本管理的目标是支持提高流程或组织的盈利能力和生产能力。

要实现这个目标，就必须认真关注具体的生产能力成本指标和报告形式。最后，“公司考核和奖励什么，就会得到什么。”

十、组织和管理会计的挑战

在实施有效生产能力计量系统的时

8　全球闲置生产能力不同于本地闲置生产能力。全球闲置生产能力是可销售的、政策性的或者意味着放弃机会。本地闲置生产能力不能用于销售，也不是政策性的或意味着放弃机会。

候，最主要的组织挑战也是所有变革管理共有的挑战。高管必须支持，保障所需的资源，实施可行的解决方案。变革过程应该避免玩弄政治和人为操纵。如果生产能力利用率提高了，每个人都是赢家。最后，因实施和利用生产能力成本管理系统而提出的建议和变革，必须通过鼓励有效资源利用的激励与奖励系统予以强化。

生产能力成本计量中所体现的管理会计挑战促使设计和实施有效的成本核算系统，以满足组织内部需要，同时保留遵守基于美国公认会计准则的对外财务要求与法律实体税务会计要求所必需的记录和系统。

管理会计必须认识并改变美国公认会计准则所要求的全面吸收产品成本核算法及禁止把闲置生产能力成本直接计入损益表的错误观点。规范生产能力报告的《美国公认会计原则》实际上只是建立在公认实务的基础之上的。在美国，除了下面所提到的，财务会计准则委员会（FASB）、联邦税务局（IRS）[9] 和证券交易委员会的各种法令并未在任何准则或法规中要求采用全面吸收产品成本核算法。[10] 拥有美国政府合同的公司必须遵守联邦采购法（FAR），还要遵守成本会计准则委员会（CASB）的要求。在选择全面吸收法之外的成本方法之前，这些公司应该与政府代表商讨关于分配给政府合同成本的相容性的影响。

影响加拿大企业的任何法规都不要求这种极端的成本处理，也不要求采用全面吸收成本核算法，这只是一个惯例。因此，它不会为实施更有效、更相关的生产能力成本计量系统造成任何障碍。美国政府合同所代表的只是这种总括准则的一个重要例外。美国政府合同法规要求在议定合同

9 在 1987 年，美国联邦税务局通过了一项防止采用实际生产能力（及隐性理论生产能力）作为生产能力基准的法规。鉴于大多数公司出于税收和财务 / 管理之目的都已经维持了单独的存货和成本记录，这项法规的影响最小。虽然选择标准或预算生产能力作为基准指标，就意味着管理费用资本化的增加，并且会影响税后现金流，但是最小化在产品和产成品存货的持续努力表明这种影响也是可以解决的。

10 最适用的会计准则是 ARB 43，它针对的是存货定价。这项准则中的主要评注是：就存货而言，成本原则上是指使一件东西达到现有状态和地点所直接或间接发生的适用支出和费用的总和（28）；……在有些情况下，诸如闲置设施费用之类的项目……可能太特别，从而要求作为当期费用处理，而不是计入存货成本（29）；我们还应该确认把所有管理费用都排除在存货成本之外并不构成公认的会计程序。（29）这项分析的一个关键要素是“特别”这个概念。Paton & Littleton（1941）的专著，也是会计理论的开创性著作，阐释了 ARB 43 的措辞，明确指出“特别”由现行管理政策定义，会计记录不应该试图隐匿由于管理决策而导致的效率低下的成本。最后，管理会计师还必须决定这些指南的哪种解释最适宜于管理者，并支持其决策，不管这些成本在对外财务报告中如何处理。

价格时采用全面吸收成本核算法。为了在合同定价时应用相关的生产能力成本计量系统，就必须对合同作出特别安排（比如，为生产能力成本订立单独的合同或者合同单项定价）。

管理会计师必须重新开展关于生产能力成本管理的“最佳实践”的争论，即在20世纪初导致人们采用详细的闲置生产能力报告的争论。管理会计师必须认识和思考人们目前对《美国公认会计原则》的误解及其对生产能力报告实务的意义，公开寻找更好地在报告中反映经济现实的方法。

在支持生产能力成本计量所要求的一般报告实务中，那些重要和有效的变革包括：

- 采用理论生产能力而不是年预算生产能力作为生产能力基准指标。
- 从产品成本中剔除闲置生产能力成本。如果过剩和闲置生产能力成本计入产品，这些费用及其对长期增长的意义就会被掩盖。
- 分析和报告处于不同备用状态的生产能力成本。
- 报告所有闲置、非生产性和生产性生产能力及其成本：虽然许多非生产性成本（比如生产准备时间）都是所生产产品的逻辑结果，并且应该附加在所生产的产品上，但是这些作业的当期成本必须认真追踪并向管理者报告。虽然非生产性成本是经营的必要部分，但是只有当组织认识到其对有效生产能力利用乃至公司盈利能力的影响时才能将其最小化。
- 确认超出设备折旧或固定费用的生产能力成本。生产能力成本包括由流程维持在一定的备用状态的决策所导致的全部成本。
- 采用新类型的生产能力成本指标，其中包括现实的折旧方法，即把成本公平地分配给利用生产能力的所有产品，并考虑所有生产能力的利用。使用寿命非常保守的现行加速折旧法适用于财务会计，但是不适用于生产能力成本管理。管理会计的目标是反映采用“平均和公允”价值的生产能力建模方式。
- 以非数字形式建立突出关键生产能力问题的非传统报告形式。数字是支持不同类型和形式的报告的辅助数据。
- 改进成本报告，纳入更有效地反映组织的主要流程、约束及作业的因素和经营问题。
- 增加对分析和评估未来生产能力决策的潜在成本与机会成本的强调。

十一、结束语

在赢得可持续竞争优势的竞赛中，公司需要一种能更好利用资源的方式。价值创造并不意味着把公司所能汇聚的所有资源都投入生产过程，而是指实现产品和服务的长期改进，同时降低向客户提供这些产品和服务的长期平均成本。

生产能力成本管理是公司战略和经营工具及模型中的一个重要组成部分。由于聚焦于改进现有生产能力利用以及降低对未来投资的需求，生产能力成本管理使公司提高了资源利用，以满足客户需求。

动态生产能力成本计量把管理者的注意力集中在改进机会上，要么通过利用现有流程的生产能力，要么通过降低提供必要的备用水平的生产能力所要求的资源总量。生产能力成本计量针对利润等式中最关键的要素，即创造收入所耗用的资源的数量和类型。它通过确定和支持消除资源的非增值利用，以精确、集中的方式解决这个问题。

在激烈竞争的全球市场中，公司需要关于其实际绩效及其价值创造过程的确凿事实。对生产能力利用及这种基本价值创造能力浪费的有效报告，无疑是推动公司取得可持续竞争优势的一个关键要素。最后，有效的生产能力成本管理是一个旅程，而不是终点。

术语表

会计性浪费（accounting-based waste）：成本标准中所包含的废料、停工、效率低下和浪费；计入产品的闲置生产能力成本。

利用中的生产能力（activated capacity）：正在利用的满足订单或客户要求的生产能力。

基准生产能力指标（baseline capacity measure）：公司定义的流程生产能力。

成本习性（behavior of costs）：投入（资源）与其所支持的产出（作业、产品和服务）之间的匹配模式。

生产能力（capacity）：流程完成工作的潜力；流程的价值创造潜力。

生产能力成本信息（capacity cost information）：即成本数据，这些数据在工厂或流程中细化应用或闲置各种产能的经济影响。

生产能力成本管理（capacity cost management）：组织以支持企业战略方向的方式对价值创造竞争力、流程和能力的有效管理。

生产能力灵活性（capacity flexibility）：工厂、流程或机器迅速、有效地适应其他增值作业或用途的能力。

生产能力模型（capacity model）：在流程、经营单元、公司或价值链层面计量和管理生产能力的预先定义的、聚焦的方法。

生产能力规划（capacity planning）：按其对成本、生产能力利用水平和效益的影响分析未来经营。

定义性浪费（definitional waste）：因未采用理论生产能力作为基准生产能力指标而导致的浪费。

全面吸收产品成本（full absorption product cost）：在产品单位成本中包含固定制造费用的成本核算系统。闲置生产能力可以并且也应该排除在管理性产品成本核算的这些计算之外。

闲置生产能力成本（idle capacity costs）：未用于生产产品或提供服务的资源的经济价值。

管理性浪费（management-based waste）：因关于运行时间、班次、休息等的管理政策而导致的生产能力浪费。

可销售闲置生产能力（marketable idle capacity）：存在产品或其他形式的市场需求的生产能力。

非生产性生产能力（nonproductive capacity）：既未处于生产状态、又未处于任何一种定义的闲置状态的生产能力。非生产性生产能力包括生产准备、维修和废料。

禁区生产能力（off-limits capacity）：在CAM-I生产能力模型中，这种生产能力不能利用。例如，政府法规、管理政策和合同安排。

计划非生产性生产能力（planned nonproductive capacity）：计划利用但由于流程变动性而临时未利用的生产能力，比如，缺乏原材料、机器故障或流程延迟。

备用性（preparedness）：流程完成设计工作类型和工作量的能力。

额定生产能力（rated capacity）：制造商或行业工程设计估计的机器或流程的产出能力。额定生产能力 = 可利用小时数 × 效率 × 利用率，其中利用率是计划生产的函数，可利用小时数是正常运行时间的函数。

必要生产能力（required capacity）：满足当前生产进度 / 计划或者满足客户要求所需要的生产能力。

服务生产能力（service capacity）：一项服务或支持系统在需要追加资源之前所能提供的工作量。

备用生产能力（standby capacity）：在 CAM-I 生产能力模型中，这种生产能力是应对变动性所必需的缓冲生产能力，比如，原材料的运抵或者停工的分配。它还包括由能以高于流程 / 工厂约束的产出标准生产的流程 / 工厂领域而形成的生产能力。

结构性浪费（structural waste）：因缺乏平衡或者所使用的资源的内在性质 / 能力而导致的系统或流程中的浪费。

补充费用标准（supplemental rate）：用于向产品分配未吸收的管理费用的第二个期末费用标准。

增值（价值创造）作业（value-adding/creating activities）：生产客户愿意购买的产品或服务的工作或作业。许多作业（例如，非增值但必要的作业）都对企业的有效管理很重要，但是客户认为不直接创造价值。

浪费（waste）：虽消耗但并未增加客户价值的资源；不必要的工作、生产能力或产出发生的成本。

参考文献

Blackstone, John H. 1989. *Capacity Management*. Cincinnati, OH: South-Western Publishing Co.

Church, A.H. 1931. Overhead—The cost of preparedness. *Factory and Industrial Management* (January): 38-41.

Consortium for Advanced Manufacturing — International (CAM-I). 1995. *Capacity: A Manager's Primer*. Arlington, TX: CAM-I.

Cooper, R., and R. Kaplan. 1992. Activity-based systems: Measuring the cost of resource usage. *Accounting Horizons* (Spring): 1-12.

Coughlan, P., and J. Darlington. 1993. As fast as the slowest operation: The theory of constraints. *Management Accounting United Kingdom* (June): 14-17.

Goldratt, E., and J. Cox. 1984. *The Goal: A Process of Ongoing Improvement*. Croton-on-Hudson, NY: North River Press.

Institute of Management Accountants (formerly NAA). 1963. *Accounting for Costs of Capacity*. Research Report 39 (May 1). Montvale, NJ: Institute of Management Accountants.

Kee, Robert. 1995. Integrating activity-based costing with the theory of constraints to enhance production-related decision-making. *Accounting Horizons* (December): 48-61.

McNair, C.J. 1995. *The Profit Potential: Taking High Performance to the Bottom Line*. New York: Wiley and Sons.

——. 1994. The costs of capacity. Journal of Cost Management Vol. 8. No. 1 (Spring). This entire issue is dedicated to capacity cost management issues.

McNair, C.J., and R. Vangermeersch. Forthcoming. *The Movable Feast: The Past, Present and Future of Capacity Reporting*. Montvale, NJ: Institute of Management Accountants.

Miller, J., and T. Vollmann. 1985. The hidden factory. *Harvard Business Review* (September-October): 142-150.

Noreen, E., D. Smith, and J. Mackey. 1995. *The Theory of Constraints and Its Implications for Management Accounting*. Montvale, NJ: The Institute of Management Accountants.

Siegel, P., A. de Korvin and O. Khursheedomer. 1995. Applications of Fuzzy Sets and the Theory of Evidence to Accounting. Greenwich, CT: JAI Press.

STRATEGIC COST MANAGEMENT

题 目

实施作业成本核算/作业成本管理的工具和技术

鸣 谢

本公告经美国管理会计师协会管理会计委员会批准发布。美国管理会计师协会感谢安达信会计师事务所成本管理竞争力中心的合作。此外，还要向本公告的起草者巴布森商学院的 C. J. McNair 博士（CMA）表示感谢。特别感谢安达信的知识经理 Randolf Holst（CMA）对本公告进行始终如一的监督和指导。美国管理会计师协会感谢先进制造国际联盟（CAM-I）在本公告制定过程中给予的支持，以及管理会计委员会委员们所作的贡献。

Published by
Institute of Management Accountants
10 Paragon Drive
Montvale, NJ 07645
www.imanet.org
IMA Publication Number 98334

ISBN 0-86641-271-9

ima The Association of Accountants and Financial Professionals in Business

管理会计公告

Statements on Management Accounting

战略成本管理

实施作业成本核算 / 作业成本管理的工具和技术

目 录

图 表

STRATEGIC COST

ima

The Association of Accountants and Financial Professionals in Business

一、引言

作业成本核算（ABC）和作业成本管理 (ABM) 在 20 世纪 90 年代就已受到人们的赞赏，并将随着我们跨入 21 世纪继续快速地发展。在私营领域，已有成千上万的公司采用了作业成本核算和作业成本管理来控制成本、提高收入。许多规模不同、经营重点不同、多元化程度也不同的公司都纷纷进行这种尝试，比如，贺曼贺卡公司（Hallmark）、塔帕电气公司（Tampa Electric Company）、约翰迪尔公司（John Deere）、美国快递（American Express Inc.）和美国邮政。为了彻底改革政府机构，地方性和全国性公共服务组织也开始应用作业成本管理。

要最大限度地从作业成本核算 / 作业成本管理中受益，关键在于评估、设计和实施基本的数据采集与分析系统。有效的作业成本核算 / 作业成本管理系统（ABCM）聚焦于提供有关组织所面临的战略经营问题以及满足组织决策者对经营数据要求的信息。

健全、有效的作业成本核算 / 作业成本管理系统设计始于实施方案的最初设计阶段，并贯穿于系统随着组织需要变化而持续改进和调整的始终。

二、范围

本公告适用于财务人员及其他可能领导或参与其所在组织的作业成本核算 / 作业成本管理实施工作的人员。它是美国管理会计师协会发布的两项管理会计公告的补充，具体来讲是指：

- 《实施作业成本核算》，于 2006 年发布。它介绍了作业成本核算术语和基本实施过程；
- 《实施作业成本管理：避免陷阱》，于 1998 年发布。它介绍了作业成本管理的每个实施阶段的主要陷阱，以及如何避免这些陷阱。

本公告聚焦于作业成本核算 / 作业成本管理成功实施所需要的工具和技术。虽然还有其他工具和技术，但是本公告所强调的是绝大多数作业成本核算 / 作业成本管理举措的基本工具和技术。

本公告所作的讨论假设读者已经熟悉了作业成本核算 / 作业成本管理的基本概念。它面向那些已经决定实施作业成本核算 / 作业成本管理并且深刻理解了实施成本、效益和挑战的组织。本公告所介绍的工具和技术适用于：

- 企业各个层级，无论企业规模大小；
- 企业的各个职能；
- 各行各业的企业。

本指南也有助于那些领导或参与作业成本核算/作业成本管理实施工作的人员。它将帮助其：

- 建立规划和管理作业成本核算/作业成本管理系统实施的框架；
- 学习使用提高作业成本核算/作业成本管理项目效益的核心工具和技术；
- 理解财务人员在作业成本核算/作业成本管理实施项目中的职责和作用。

三、管理会计的作用

财务人员在评估、规划、设计、实施和维护作业成本核算/作业成本管理系统方面起着重要作用。作为实施团队中的财务专家，财务人员不仅可赋予这项工作独特的视角，而且可带来弥合传统财务信息与新方法要求之间的差距的能力。确定需要什么样的信息（财务信息、经营信息等）、寻找已经存在的数据以支持这些要求，以及设计新数据采集和报告系统，仅仅是财务人员所支持的活动中的几个。

管理会计在作业成本核算/作业成本管理实施工作中的作用一般包括以下方面：

- 确定作业成本核算/作业成本管理系统的主要信息要求；
- 评估现有数据来源及其在新系统中的适用性；
- 为新数据来源建立数据采集方法；
- 设计和建立作业成本核算/作业成本管理系统数据库/模块；
- 分析并设计报告形式和结构；
- 集成作业成本核算/作业成本管理系统数据与现有财务和非财务系统；
- 评估与监控作业成本核算/作业成本管理系统的数据完整性；
- 建立并实施教育计划，培训组织各部门的人员如何最好地获取、使用和解读作业信息；
- 支持设计和实施团队开发作业成本核算/作业成本管理系统及向直线经理开放的桌面决策支持工具；
- 追踪记录作业成本核算/作业成本管理系统在实施中及实施后提供的结果、成本和效益。

管理会计推动了许多组织的作业成本核算/作业成本管理举措，但关键是只有非财务人员支持者一开始就参与项目，这项举措才不致被视为“只不过又是一个财务项目”。作业成本核算/作业成本管理的价值是由用户定义的。如果要使系统制度化，并从中获益，那么理解组织决策者的需要并赢得他们对系统的认可和支持就很重要。

四、项目实施步骤

任何基于作业的项目实施都有七个关键步骤。这七个步骤，再加上项目前期准备工作，就构成了实施作业成本核算 / 作业成本管理系统的标准工作计划、培训框架和基本体系。

虽然每个作业成本核算 / 作业成本管理项目都是独特的，但是组织的实际实施计划可能包括图表 1 所示的七个步骤中的大部分，不过未必完全按图所示的顺序。例如，作业分析有时在资源分析之前完成，有时要先完成资源分析，而有时它们又同时进行。有鉴于此，作业成本核算 / 作业成本管理系统实施的七个步骤是：

- 规划项目；
- 确定财务和经营资源；
- 定义作业和流程；
- 成本模型概念设计；
- 实施并验证成本模型；
- 解读新信息；
- 确保持续系统要求。

虽然各组织为了满足具体情况的需要，可以修订这些步骤的顺序和重点，但是我们建议将这七个步骤作为实施基于作业的各项举措的指南。

五、实施工具和技术

规划项目

虽然作业成本核算 / 作业成本管理实施的规划阶段只是整个项目所付出的时间和精力的一小部分，但是它对项目实施的总体成功具有重要影响。项目规划阶段的主要目标有几点。

图表 1　作业成本核算 / 作业成本管理项目实施步骤

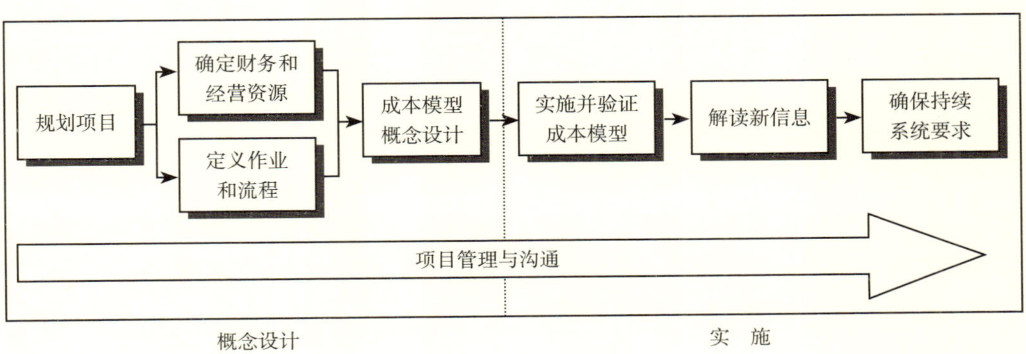

- 确定经营需要；
- 确认项目目标和范围；
- 确定和教育主要利益相关者与发起者；
- 组织和教育项目团队；
- 制订工作实施计划和时间表。

沟通、高管和发起者的支持，以及让项目团队了解作业成本核算 / 作业成本管理系统的目标和好处，都为下游人员对作业信息的认可和使用奠定了基础。无论作业成本核算 / 作业成本管理基本信息有多么好，只要得不到有效的认可和使用，就对组织没有任何价值。

在规划阶段，用于改进总体实施效果的核心工具和技术包括：

- 商定的项目目标和范围；
- 项目团队；
- 作业成本核算 / 作业成本管理系统实施、教育与培训。

商定的项目目标和范围

在实施作业成本核算 / 作业成本管理之前，管理者必须规划如何使用它，否则就会失去效果。作业成本核算 / 作业成本管理实施的最终成功，要求人们明确总体目标并达成共识，以便既有效率、又有效益地协调各项工作和各种资源。目标为设计和实施作业成本核算 / 作业成本管理系统的成本和报告体系建立了框架。

如果合理界定了所建议的作业成本核算 / 作业成本管理系统的目标（即提高个性化产品供应或客户服务的成本估计的准确度，无论是按地域划分，还是按种类划分），那么系统设计者和使用者就应该精确定义所需要的数据，以及如何使用由此产生的信息。如果没有明确定义的目标和范围，作业成本核算 / 作业成本管理系统就难以设计、实施或使用。项目目标和范围应该包括下列事项：

- 经营需要；
- 信息的计划用途；
- 信息的使用者；
- 产品和服务信息；
- 焦点单位；
- 实施方法。

经营需要。因为作业成本核算 / 作业成本管理系统的主要目的是为组织创造价值，所以应该根据它所提供的效益大小予以论证。要使作业成本核算 / 作业成本管理系统有效，就必须能为管理组织提供新的、有用的信息。也就是说，它必须能够生成有助于追求成本和盈利能力方面的劳动生产率提高的信息。在设计作业成本核算 / 作业成本管理系统模型时，必须牢记这一点，以及这些分析要求。

例如，美国宾夕法尼亚的蓝十字 / 蓝

盾协会（Pennsylvania Blue Cross/Blue Shield）在启动作业成本核算 / 作业成本管理系统项目时，推动这一变革的各种问题及优先考虑的相关事项涉及从客户到产品盈利能力。这一分析通过聚焦于高价值创造作业完成，如图表 2 所示。基于所确定的信息的级别，就形成了一个作业成本核算 / 作业成本管理系统模型的框架。

信息的计划用途。下游对作业成本核算 / 作业成本管理信息的使用推动了系统和报告的设计。需要提出的问题包括：

- 将提供什么具体信息？
- 信息将如何使用？
- 使用者要求的报告形式、精确度和报告频率是什么？（即全部成本、核心成本与支持成本等）

信息使用者。确定作业成本核算 / 作业成本管理系统的主要与次要使用者很重要，目的是定义其具体需要，确保一切必要的决定支持信息都纳入了模型和报告体系。例如，国家纸业及包装公司（National Paper & Packaging）就有意识地决定采用

图表 2　经营需要及其对设计的意义

经营需要	对设计的意义
产品与客户 / 盈利能力及定价	• 低于成本中心级别的作业 • 产品或赔偿敏感型成本动因 • 定价决策的固定与变动贡献的意义 • 在线询问和“推定假设”的能力
合同年度基于销量的预算和规划以及有效控制	• 用固定与变动成本理解增长优势 • 用于比较“销量敏感性”预算与实际的标准单位成本 • 更及时地报告成本会计信息
管理费用（特别是公司层面的）的管理与控制	• 只有成本中心经理可控时才分配成本 • 以有意义的语言向使用者解释成本分配 • 管理流程与文化变革
获取技术和业务流程改进带来的好处	• 在流程发生重大变化时定期更新单位成本估计 • 严格基于作业评估技术对作业水平及成本的影响
量化“有管理的谨慎”行动的成本 / 效益	• 系统追踪并汇总各成本中心（CCs）的服务作业（例如，成本控制） • 在线调查（例如，医疗政策、审核及客户服务）
把资金集中在高价值作业和质量上	• 系统追踪并汇总作业及主要质量问题的成本（例如，被拒绝的理赔） • 在线调查和“推定假设”的能力

资料来源：Angela Norklewicz, April 1994: 29.

一个模型较简单、信息详细程度适中的作业成本核算/作业成本管理系统。这种选择基于国家纸业及包装公司的信息使用方式，以及谁将应用信息。因为绝大多数使用者为非财务人员，所以模型必须要对经营人员有意义。

这种先见之明为国家纸业及其员工带来了明显的好处。其中包括：销售人员对流程和信息的便捷使用和高度认可，这可以由销售人员积极参与客户利润改进计划的制订和实施来证明；（2）模型用于量化替代供应链计划的潜在影响并向供应商说明其好处，从而使两个渠道合作伙伴都大幅度地增加了销量和利润。

产品和服务信息。如果了解了可以获得什么产品和服务信息、如何组织产品或服务进行分析、可能持续制定哪类产品/服务决策，以及组织的哪些部门制定这些决策，那么就提供了数据采集流程的基本体系及分析框架。基于产品或服务的一般体系包括：

- 产品线；
- 所提供的服务；
- 销售渠道[直接销售、增值分销商（VAD）或者增值转售商（VAR）]；
- 客户类型；
- 地理市场细分。

例如，美国国家汽车租赁系统公司（National Car Rental System Inc.）选用以客户为中心的设计方法构建本公司的作业成本核算/作业成本管理系统模型和管理报告系统。这使组织更好地理解了自身的服务成本及相关客户群的盈利能力。通过细化各种购买特征的成本，公司可以生成有助于评估针对某个客户群的营销活动过去及未来盈利能力的成本估计。

这些有针对性的、准确定义的数据属性成为下游报告与分析数据的标签，通过使用这些数据属性，就可以把所有这些维度或其中之一纳入作业成本核算/作业成本管理系统。

焦点单位。作业成本核算/作业成本管理系统的规划与设计的另一个重要维度是确定应纳入其范围内的职能和流程。整个经营单元、经营单元内的一个或多个经营场所，或者一个产品/服务线，都可以作为作业成本核算/作业成本管理项目的基本焦点单位。

美利迪亚家庭护理服务公司是总部位于美国克利夫兰市的一个医疗保健机构，在确定焦点单位时，围绕确定公司中哪部分需要核算成本以及该部分应该如何分类来开展。最后，项目团队确定公司的关键职能为作业成本核算/作业成本管理项目的焦点，如下页所示。

图表 3 自上而下的作业成本核算 / 作业成本管理项目组织体系

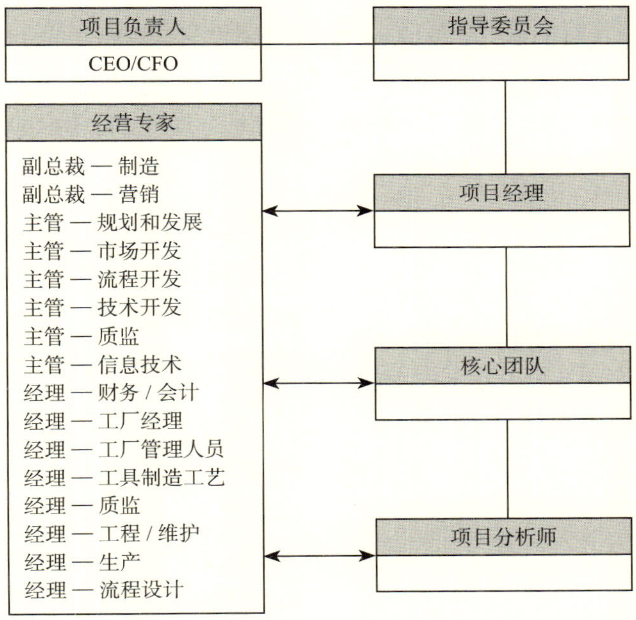

标准家庭护理

特殊服务：肺病

特殊服务：心理健康

特殊服务：妇产科

特殊服务：注射疗法

特殊服务：创伤护理

特殊服务：糖尿病教育

以这种方式确定要核算成本的体系，使美利迪亚公司能够获得提出医疗保健建议所需要的关键数据，以及对机构按服务领域或供应商进行综合盈亏平衡分析的能力。

实施方法。大多数组织都从下列实施方法中选择一种。

- 原型法：根据范例说明作业成本核算 / 作业成本管理的概念和原理。
- 试验法：通常采用实际或预算成本制订作业成本标准和产品成本，在焦点单位层面实施的一种方法。
- 阶段法：通常在一组焦点单位实施的一种方法。它拓展了试验法，把它发展成为企业的持续经营活动。在高级阶段，它可能包括采用作业成本核算 /

作业成本管理进行定价、绩效考核、流程价值分析、作业预算或差异分析。

- 完全法：通常在整个组织实施的一种方法。完全法的优势在于所有人一开始就同时使用新系统，这是一种需要大量投入时间和资源的选择。

项目团队

对作业成本核算/作业成本管理树立一种跨职能观并进行跨职能应用要从项目团队开始。如果要使作业成本核算/作业成本管理项目不仅仅被视为另一项财务举措，项目团队就必须包括来自不同职能部门和管理层级的人员。

虽然不同组织、不同的实施方法可以并且也确实有不同的项目团队组织体系，但是如果要使作业成本核算/作业成本管理项目顺利进行下去，就必须确定几项基本职责，如图表3所示。这种组织体系的优势在于它把作业成本核算/作业成本管理结果的责任和职责都指派给各级管理人员。这种项目团队组织体系可以成为消除现有障碍、传达作业成本核算/作业成本管理系统的战略目标的一个重要因素。最后，它自上而下地传达个人对项目结果的责任，并且强调高管的参与。

项目负责人。项目负责人在作业成本核算/作业成本管理项目实施中发挥着关键作用，负责与高管沟通，并争取他们对项目的承诺。项目负责人的主要职责是为项目团队提供全面指导。项目负责人一般应该是坚信财务信息的改进能提升战略、改进经营决策过程，并且能为量化项目和组织绩效提供更好指标的高管。

指导委员会。指导委员会的主要职责是从高层面指导、监督项目并审查项目对战略目标的遵守情况，以及解决跨组织或跨职能的政策问题。指导委员会最好由首席执行官或项目负责人任命。

在宾西法尼亚蓝盾协会，指导委员会由来自组织各方面的高级经理组成。在项目初期，他们经常一起开会，制定发展方向，制定有关作业成本核算/作业成本管理信息的使用的决策。然后，他们从自己的员工中抽调人员组成核心团队。

项目经理。项目经理的主要职责是协调整个项目，确保各项活动得以实施，从而实现项目目标，满足时间期限和预算要求。项目经理的一部分核心职责是在提供成本管理专家经验或者确保项目团队可随时利用这种专家经验的同时，保持与项目负责人和组织的坦诚沟通。

据成功的作业成本核算/作业成本管理项目实施者讲，项目经理是项目团队中最重要的成员，其对组织作业成本核算/作业成本管理实施项目的成败负有70%以上的责任。

项目分析师。项目分析师通常为全职的项目团队成员。项目分析师的职责是记录团队活动，建立作业成本核算 / 作业成本管理系统模型。

核心团队。核心团队负责项目实施方法与计划中规定的日常工作。核心团队也是组织的联络员，负责向其他经理及受影响的有关各方说明项目成绩、效益和进展情况。推动核心团队成功或失败的两个因素是：（1）团队构成和团队承诺；（2）团队的“沟通工作”。

- 团队构成和团队承诺。团队应为跨职能团队，这一点是关键。仅有财务人员的团队注定会失败，因为终端用户缺乏控制权，财务人员缺乏全面理解，以及非财务人员缺乏对“仅仅是另一个财务项目”的兴趣。核心团队在项目持续期间作出全面承诺也很重要。
- 沟通工作。团队必须在整个组织宣传其实施工作，因为作业成本核算 / 作业成本管理项目将彻底改变组织看待成本管理及产品 / 服务成本的方式。

经营专家。在作业成本核算 / 作业成本管理项目团队中，经营专家的职责是向项目核心团队提供经营或技术方面的专家经验。经营专家应该只“在需要时”参与项目。在出现具体的项目实施挑战时，经营专家就可以协助核心团队确定既反映组织现实又被受影响人员认可的解决方案。

作业成本核算 / 作业成本管理系统实施、教育与培训

培训是重要的实施工具，因为其中大部分分析都与传统成本会计中所使用的分析截然不同。在任何作业成本核算 / 作业成本管理项目的初期，都必须考虑三个层面的教育和培训，即高管、使用者和项目团队成员。作业成本核算 / 作业成本管理项目若要取得成功，就应该特别考虑其中每个群体及其独特的教育需要。培训范围取决于各类参与者的现有知识和技能及其与系统的互动性或者对系统的依赖性，如下所述。

高管。高管培训的重点应该放在适用于整个组织的作业成本核算 / 作业成本管理信息的定义和用途。高管培训的基本目标是确保管理层对项目及其目标的积极支持和认可。

高管应该明确理解作业成本核算 / 作业成本管理项目能实现什么、不能实现什么，这一点很重要。对系统的能力及其所提供的信息的类型的误解，可以在培训阶段予以澄清，从而预防许多下游问题发生。相反，作业成本核算 / 作业成本管理项目的教育过程可以针对需要改进的领域。

信息的使用者。作业成本核算 / 作业

成本管理系统的最终使用者要比高管更深入了解模型，包括数据报告形式和系统能力。应该传递信息的类型通常可以由两种形式获得，即纸质报告和管理信息系统（EIS）。使用者培训包括下列部分或全部事项：

- 从作业成本核算中可以获得什么信息；
- 作业信息应该如何用于决策；
- 作业成本数据的局限和基本成本习性；
- 如何利用作业数据进行敏感性分析；
- 作业成本核算 / 作业成本管理系统的报告体系是什么样的，支持哪些类型的专项报告；
- 各种估计的可靠性和准确性；
- 如果假设影响由此产生的决策，那么用于估计的假设是什么；
- 如何解读不同条件下的作业成本核算 / 作业成本管理系统信息。

理解作业成本核算 / 作业成本管理系统信息、理解它与现有成本数据有哪些区别，以及由此产生的信息应该如何用于决策，是使用者教育的核心要素。

核心团队成员。核心团队的成员应该接受岗位培训。培训不一定需要按顺序进行，也不必团队的每个成员都接受基本系统的软件或其他细节方面的培训。例如，许多软件工具都可用于作业成本核算 / 作业成本管理系统，而每个软件工具都要求实际使用软件的人员进行专门培训。

如果把团队成员培训的重点放在必要技能上，就会使时间效用最大化，确保项目不会对团队成员的时间或资源提出不必要的要求。

确定财务和经营资源

作业成本是通过确定完成作业所消耗资源的成本计算出来的。因此，作业成本核算 / 作业成本管理系统实施的一个重要步骤就是理解并定义作业所消耗的经营与财务资源，比如，设备、技术、设施、原材料、人工、物料用品及完成一项作业所使用的任何其他资源。作业成本核算 / 作业成本管理系统实施的资源分析阶段的目标是：

- 理解组织的财务与经营资源；
- 确定资源动因。

为此，最好获得最新的经调整后的组织人员数量、生产布局计划，以及设备与计算机系统应用存货。这些信息是确保正确反映组织资源的各个方面的必要信息。项目的这个阶段所使用的几个核心工具和技术包括：

- 总账和工资系统信息；

- 人工与非人工资源模板；
- 资源等级。

总账和工资系统信息

总账是作业成本核算模型的基本成本信息来源。大多数总账都是按账户、明细账户的等级组织的。一般账户可能包括“人工”、“折旧”、“场地占用”和“原材料”。明细账户则包含更详细的账户信息。例如，“人工”明细账可能包含合同人工、福利、加班和假期。在大多数情况下，在作业成本核算／作业成本管理系统模型中，明细账都利用所谓的资源动因描绘资源成本要素。

如果有必要确定一个成本中心的独特人工分类，就需要工资信息。例如，如果工具和模具修理机械师和机器操作工同属一个成本中心，那么就利用工资系统区分资源，以便把其成本分配给各自的作业。在任何情况下，无论是预算的，还是实际的，都必须绘图反映期间费用。

人工与非人工资源模板

经营资源的关键数据要素是部门人工和非人工成本，可以建立数据模板来分配这些资源。

一般的人工模板可能包括人工分类、工资水平、技能水平、部门、作业所耗工时或时间百分比。这种模板不必包括人员姓名，而应该把重点放在所耗用的人工的一般类型、耗用的地方及其支持的作业和结果上。图表 4 就例举了一般的人工资源模板。

非人工模板也可以以相关的方式建立，用以确定原材料、设备、场地占用、物料用品的安排、成本、能力和当前使用状况，以及相关的支持成本。非人工成本应该尽可能地直接分配给消耗它们的作业。编制数据表能提高作业成本核算／作业成本管理系统数据库的效率和效用，作为对作业成本核算／作业成本管理系统实施与维护的支持。

资源等级

如果指定资源属性，藉此对资源分类，然后按等级进行组织，就能为审视信息和制定决策提供一种有用方式（如图表 5 所示）。图表 5 说明了在通用汽车公司，资源如何按维修配件业务的不同层级分类和耗用。确定组织每个层级的产出以及资源消耗类型和数量，是作业成本核算／作业成本管理系统设计的一项关键技术。

定义作业和流程

在成本模型的概念设计阶段，必须确定作业和作业动因。无论组织的规模大小或员工数量多少，可能选择的作业都几乎有无限组。

图表 4　人工资源模板

业务部门：线务员 CSA (Dave Willson & Bill Stewart)

时间分配百分比					
作　业	班　长	线务员	电　话	运输工具	PC 机 / 网络
岗位数		22			
计划工作日	10	5			×
停产工作日	5	5		×	×
上下班路程	10	10		×	
参加必要会议	5	5			
直接与控制配送工作	20		×	×	×
卸载 / 固定 / 搬移电线杆	10	15		×	
安装 / 搬移固定桩	15	15		×	
架设电线杆 / 电线	20	40		×	
设置个人保护装置	5	5			
合　计	100	100			

由于所定义的目标和所要求的信息，作业的选择及作业数量会依信息用途的不同而变化。例如，提高产品成本准确度或决策质量往往不需要详细定义作业。而对于希望利用这种信息管理工作量的运营经理来说，则需要较详细的作业成本数据。

最终的作业清单和作业定义应该多详细？在各种情况下，人们所要权衡的都是详细程度增加所带来的收益与收集和维护更多数据的增量成本。根据经验，则是把作业定义为一般占某人的工作量的 5% 或以上的工作，把任务定义为完成一项作业所需要的工作要素。因此，流程就定义为相关作业的集合。作业和流程分析的目标包括：

- 确定作业和业务流程；
- 定义产出与产出指标；
- 定义作业属性；
- 确定作业成本动因。

在作业和流程分析中常用的几种核心工具和技术包括：

- 通用分类表；
- 作业词典；

图表 5　作业成本核算对资源成本的分类

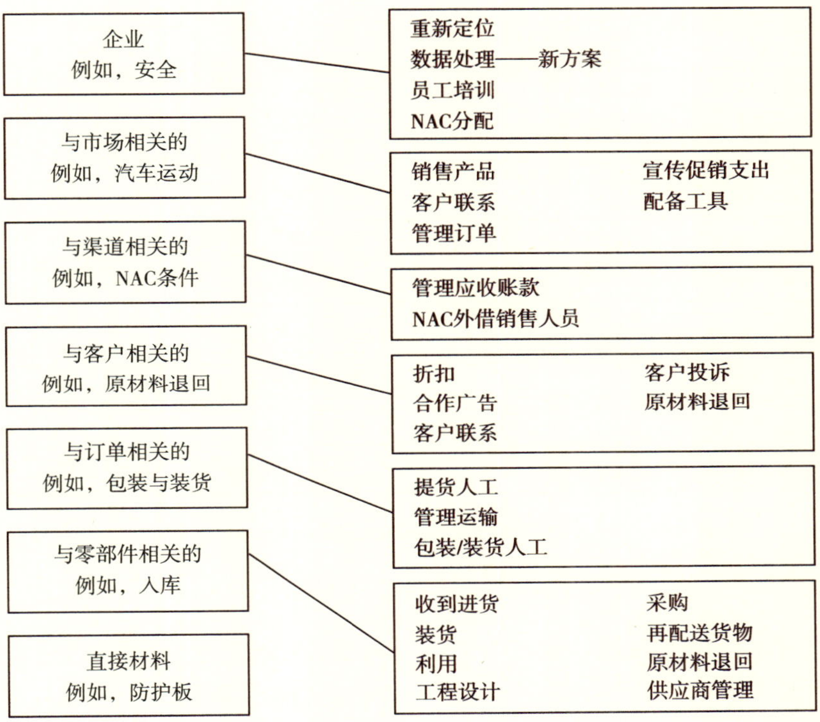

- 作业量分析工作表；
- 作业属性分析；
- 流程图；
- 流程概况表。

通用分类表

通用分类表可用于帮助把组织的各项作业划分为正确的业务流程。如图表 6 所示，通用分类表包含 13 个业务流程，它几乎适用于任何市场中的任何组织。

前 7 个流程是公司开发产品并推向市场所遵循的经营流程。这些流程包括理解市场和客户、设计产品和服务，以及营销。后 6 个流程是使组织的经营流程得以有效运行的管理和辅助流程。这些流程包括人力资源管理、信息系统管理以及财务和会计。

除了这 13 个高层级的业务流程之外，还有一个进一步定义各类作业的子流程等

图表 6　通用分类表

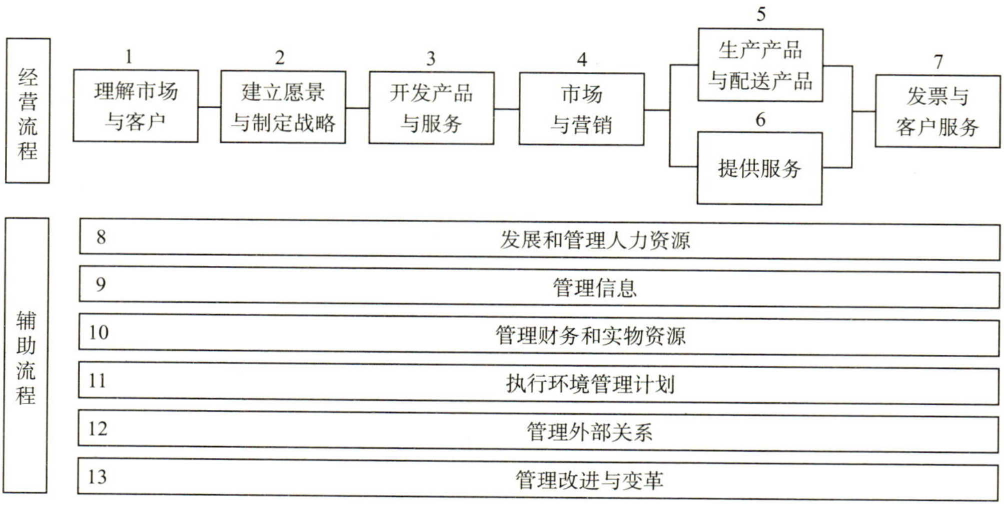

资料来源：Arthur Andersen and International Benchmarking Clearinghouse.

级体系。例如，“产品配送”流程的子流程，如图表 7 所示。

不同组织利用流程分类表的目的也不同，比如，为了决定作业成本核算 / 作业成本管理分析的范围，或者为了标杆管理。分析的范围由组织希望通过作业成本核算 / 作业成本管理系统实现的目标及其希望能够根据作业成本核算 / 作业成本管理信息回答的问题决定。

例如，美国福麦公司（Furst-McNess）是一家农用饲料和日用品的主要分销商。在福麦公司，作业成本核算 / 作业成本管理项目的主要焦点在于确定与其如何“走向市场”相关的主要作业、成本及成本动因，并把它们联系起来。公司仅将与其“走向市场”战略相关的流程纳入了作业成本核算 / 作业成本管理项目范围。

作业词典

在任何一个作业成本核算 / 作业成本管理项目中，作业词典都是一个绝对重要的工具。它全面列示了定义的所有作业，包括作业的描述、属性标签（如果有的话）、成本动因、供应商、客户，以及任何输入和输出指标。在把作业分析工作表发放给员工时，作业词典还可以作为有效的沟通工具。

图表 7　产品配送子流程

5	产品配送
5.1	配　送
	5.1.1　安排产品装运
	5.1.2　向客户交付产品
	5.1.3　安装（如有规定）
5.2	管理配送流程
	5.2.1　记录并监控订单状况
	5.2.2　管理存货
	5.2.3　监控质量
	5.2.4　安排并进行维修
	5.2.5　监控环境约束

图表 8 所示的就是作业词典范例，它从核心团队主持的员工访谈开始。员工访谈确定员工如何在所执行的向最重要的 10~15 个作业分配时间。根据确定时间百分比的经验，每项作业占用的时间均不少于一天的 5%。团队为这些详细的作业编制一份综合列表，然后把每项作业列入工作表的“作业”栏。一般而言，作业都用动词或动词词组描述。然后，团队在“作业描述”栏列出与每项作业相关的任务，从而加深对作业的认识。

作业词典的下一个要素是“作业动因”栏。作业动因是一种计量单位，它反映成本对象对作业需求的频率和强度。这样，组织就能够计量作业的资源消耗量。例如，为了计量“发票处理”作业，许多公司都使用作业动因——“已处理发票数量”。

为了说明作业词典与流程分类表之间的联系，图表 8 所示的作业词典中多加了两栏。这两栏涉及所例举的组织的仓库和配送员工执行的作业。

作业量分析工作表

一旦作业词典编纂完成，下一步就是从组织的员工那里收集他们在每项主要作业上花费了多少时间的信息。这一步通常

图表 8　产品配送的作业词典

作　业	摘　要	动　因	流　程	流程步骤
1. 执行订单	从仓库货架上取下所列全部产品，备货并放置在装运区域	订单所列产品数量	5.1	5.1.1
2. 用 UPS 递送货物	从系统中打印 UPS 标签；在包装箱上贴标签；包装箱封装；通过 UPS 或其他快递公司给客户送货	以 UPS 递送的货物数量	5.1	5.1.1
3. 卸车 / 入库	将来自供应商的材料卸载并将货物放在仓库的货架上；将收到的货物输入系统；货架上的存货不多时，再补充存货	收到的货物数量	5.2	5.2.2

用作业量分析工作表来完成。图表 9 所示的就是一个工作表范例。

作业数据可以从各种不同来源获得，其中包括经营记录、头脑风暴、程序手册、质量研究、岗位说明、人工报告、流程图、访谈和研讨会。方法的选择取决于完成工作所允许的时间，以及分配给各个层级的作业确认与分析资源（人力资源和软件）。

作业量分析工作表一般以某种计算机应用形式编制，比如，工作表或模型。作业量分析工作表可以调用，然后在适当层面与工资和总账信息联系起来，计算员工、团队、部门，乃至整个组织的作业成本。每个模型的总成本应该与总账核实。

作业属性分析

如果组织对利用作业成本核算 / 作业成本管理改进绩效感兴趣，就可以采用分级法评估对产品和服务的产出有贡献的作业。这些分级法评估作业是否必要，是否支持关键战略成功因素，或者是否得到了有效执行。采用作业属性分析为报告提供了一种有序的方法。属性量化了业务流程的不同方面，从而可以从多个视角对组织工作和结果进行集中、优先排序、分析和计量。

作业属性分析采用各种编码方法评分和评估。有一种很简单的方法，即增值 / 非增值法，它强调再评估非增值作业以及优化投入增值工作的时间和资源的必要性。还有更为复杂的差异化方法，它们采用多重标准为作业评分、评级。作业属性最普遍的差异化分类包括：

- 影响。每项作业都可以根据其对组织

图表 9　作业量工作表

岗位作业汇总表　　　　　　　　　　　　　　　主管：__________

职能部门 / 团队：__________　　　　　　　　　制表人：__________

电话号码：__________

日期：__________

每项作业填一张表格。

必要时，填写之前先复印。

1. 作业编号：________ 作业（简要说明）：

____

（必须与岗位作业汇总表上的作业编号和名称一致）

2. 详细描述作业（主要程序或行动）：

____

3. 谁 / 什么启动了该项作业？（如，收到的报告 / 信息）

名称 / 说明	来源（部门）	次　数
______	______	______
______	______	______

4. 这项作业多长时间执行一次？每日一次 _____ 每周一次 _____ 每月一次 _____ 每年一次 _____ 其他 _____（请选择）

5. 这项作业在什么时候执行？（如，星期五、期末等）

____

6. 主要数量指标是什么？（如，已处理发票数量等）

	数　量
______________	______
______________	______

7. 这项作业的好处是什么？

____

____

的近期和远期影响及其效果分级，具体可分为高、中、低或没有明显影响。

- 增值内容。这种评分表从客户角度评估一项作业的增值工作所占的比重（例如，高、中、低或无）。它还可以用于从产品或流程角度为一项作业的价值创造能力评级，以及从所有这三种角度决定一项作业是否是非增值作业。增值内容也可以包括对一项作业中增值工作所占比重（例如，50% 增

图表 10　增值内容评分表

部　门	作　业	总成本	增　值	非增值
装配部	最终装配	$ 653 000	$ 653 000	
	准备组件	389 000	389 000	
	检查在产品	128 000		$128 000
	返工零部件	62 000		62 000
	准备特殊订单	45 000	45 000	
	部门合计	$1 277 000	$1 087 000	$190 000
发货 / 收货部	发出产品	$253 163	$253 163	
	接收原材料	113 050	113 050	
	为特殊订单发货	40 425	40 425	
	检查原材料	24 500		$24 500
	原材料退回供应商	6 362		6 362
	部门合计	$437 500	$406 638	$30 862

值、50% 非增值）的估计。图表 10 例示这种用途的属性。请注意诸如检查、返工和原材料退回供应商之类的非增值作业。

- 作业执行效果。这个作业属性强调组织在完成了一项作业或流程步骤后，根据客户或流程期望评估其做得如何。强调在正确的时间完成正确的作业，而不是正确地完成作业（效率），正是应用这一属性的原因。这一属性突出了时间、质量、成本及作业执行的总体可靠性的效果。
- 在支持管理层战略规划中的重要性。将作业与管理层的战略目标匹配（即关键的、基本的、必要的或者可延迟的），是这个作业属性的焦点。可用于评估作业的这个方面的测试问题是：“如果我们完全取消了这项作业，将产生什么后果？”如果一项作业没有得以执行或者没有得以有效执行，就会对实现管理层的战略目标产生潜在的重大负面影响，那么在设计和实施作业成本核算 / 作业成本管理系统时，这项作业就应该引起特别注意。
- 质量内容。强调质量特征的作业属性根据公认的全面质量管理（TQM）分

图表 11　利用作业属性把握质量成本

	合　规		不合规	
	一 预防	二 评估	三 内部故障	四 外部故障
定 义	• 旨在防止生产和配送中的失误和错误的作业	• 旨在审查、审计、评估或计量以确保合规的作业	• 旨在客户收到货物之前更正失误的作业	• 旨在客户收到货物之后更正失误的作业
作业群范例	• 培训 • 先进质量规划 • 实施统计过程控制 • 防呆法	• 来料检验 • 流程审查 • 生产线检查 • 审批 • 产成品检验	• 流程报废量 • 返工 • 计划外停工	• 处理投诉 • 保修费 • 流程退回 • 加速处理延迟订单 • 诉讼

资料来源：摘自 Gary Cokins, 1996: 108.

类对每项作业进行分类，如图表 11 所示。质量成本属性旨在帮助组织以尽可能低的成本生产或提供尽可能高质量的产品或服务。这些明显彼此冲突的目标主要通过计量不合规行为（即未达到质量标准）所产生的当前估计成本来实现，比如，返工、退回和丧失的订单。

- 成本影响内容。评估一项上游作业与某项下游作业之间的关系是这个作业属性的焦点。强调一项作业与另一项作业的因果关系是使用成本影响属性的原因。最好是从客户的角度理解一个流程中的不合规行为对整个系统的影响。在许多情况下，人们发现一个流程开始时出现的失误会导致产品或服务总成本成百倍地上升。缺陷通过流程慢慢传播开来，使人们不得不付出更多的工作，从而造成额外成本。

流程图

流程图是指记录一个流程或子流程在把输入转化为输出的过程中不同职能单元所采取的步骤的顺序。流程图表明了流程所涉及的经营单元、所采取的步骤以及主要决策，如图表 12 所示。流程图与价值

图表 12 当前"实际状态"流程图

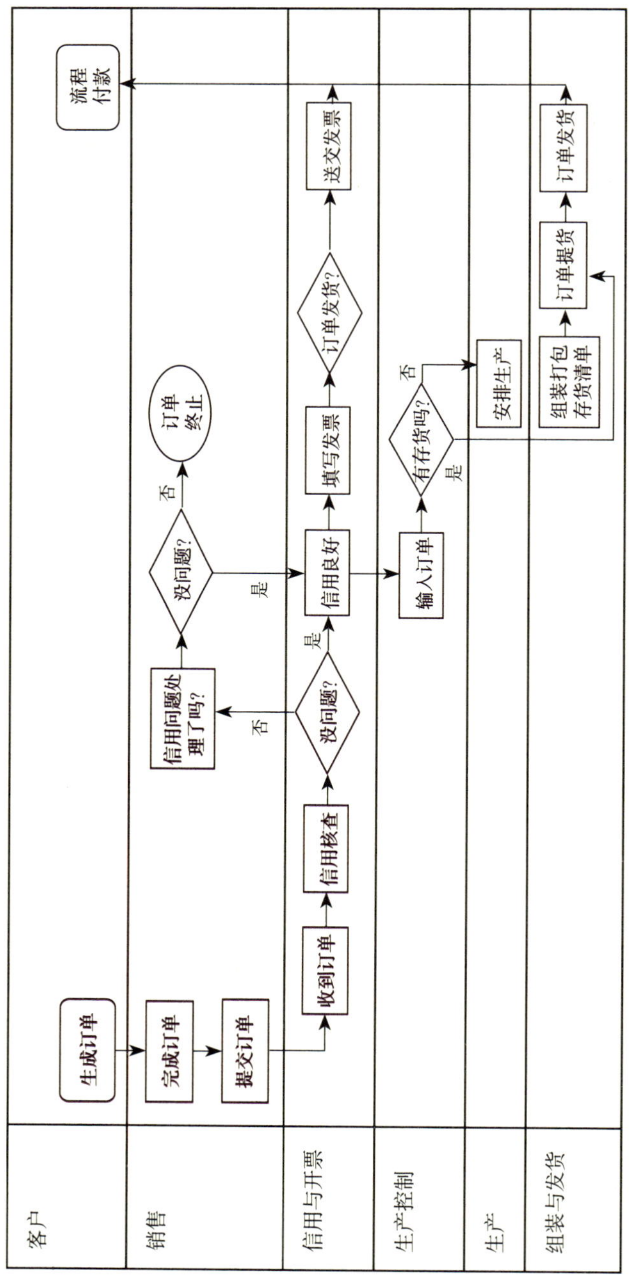

资料来源：V. Daniel Hunt, 1996:9.

链分析同义，它可以帮助组织作业和流程信息，确保流程信息完整、可理解且易于分析。

流程图应该定在作业层面。这同样也是采集、计量和报告作业成本信息所聚焦的层面。事实上，作业成本核算 / 作业成本管理系统的流程图旨在定义组织中各项作业的顺序，以及每项作业的相关成本。这样，把作业数据与流程流转联系起来，就能为组织提供有关改进机会的重要信息。

流程概况表

为了帮助分析和组织流程图绘制工作，组织可以利用流程概况表。图表 13 所示的流程概况表列示了流程及其相关重要信息，比如，任务、输入、输出、部门和绩效考核。

- 流程：流程名称。
- 流程任务：流程的目的和职能。
- 输入：列出支持流程的所有表格、记录、报告和文件。
- 输出：列出作为流程结果的所有表格、记录、报告和文件。
- 所涉及部门：列出流程所涉及的所有部门或分部。
- 绩效考核：
  - √ 指标：考核流程绩效的指标是什么？
  - √ 目的：通过追求这项指标，管理层希望这个流程实现什么结果或行为？
  - √ 单位：指标计量单位是什么？
  - √ 目标：这个流程的标杆或目标是什么？
  - √ 现状：流程绩效目前的状况是什么？
- 预见的问题：列出团队成员或管理层预计流程可能发生的问题。

成本模型概念设计

概念设计阶段可能是最关键的阶段，因为模型设计决定包含哪些数据以及如何使用结果。作业成本核算 / 作业成本管理系统必须被设计成用于满足组织的需要和要求。系统的目的和用途决定了必须收集的信息的数量及获取细节。

一般来说，与流程和绩效相关的作业成本核算 / 作业成本管理系统应用，比如，流程改进、再造、项目管理、作业绩效和标杆管理，比像产品成本核算、资本论证和目标成本管理这样的与决策相关的应用要求的报告更详细、更频繁。在概念设计阶段，必须高度重视对系统目的和用途的确定，它包括下列步骤：

- 确定成本对象、作业和资源等级体系；
- 确定资源与作业之间的关系；

图表 13 流程概况表

流程： 应付账款

流程任务： 确保根据采购时商定的条件向供应商付款。

输入： 商品发票
费用发票
商品收据
采购订单

输出： 系统生成的支票
手工填写的发票
电汇

涉及部门： 应付账款、采购、管理信息系统、存货控制、门店业务、数据输入

指标	目的	单位	目标	当前
已处理发票数量	处理速度	发票	2 000	1 500
不匹配发票数量	产生例外情况	发票	25	250
签写的支票数量	经营单元输出	支票	1 500	500
支票的截止天数	及时付款	天数	10	28

预见的问题： 商定的付款条件没有得到履行。
发票丢失。
向某些供应商超额或重复付款。
有关人员缺乏对应付账款的理解。
公司其他部门缺乏对应付账款流程的信任。

- 确定作业与成本对象之间的关系；
- 定义成本模型数据要求；
- 确定数据采集方法；
- 确定计量、计算和原型报告；
- 确定模型的属性和计量单位；
- 建立成本模型并验证其运行流程。

用于提高本步骤效果的核心工具和技术包括：

- 考虑系统设计；
- 将总账和工资系统信息转化为资源成本要素；
- 成本流转图。

系统设计考虑

在产品或服务成本应用中，在一定期间内（即月度、季度、年度）基于前瞻性考虑必须收集的最低限度的基础信息包括：

- 实际消耗的资源；
- 人们怎样安排作业时间；
- 机器时间如何分配给作业；
- 作业如何使用各项设施；
- 其他成本如何追溯给作业；
- 作业产出数量；
- 所确定的成本对象如何消耗作业产出。

除了需要产品/服务成本核算这项最低限度的基础信息之外，作业绩效指标、成本动因和标杆对于与流程改进相关的应用往往也是必要的。在成本模型概念设计中还需要考虑的其他问题包括：

- 准确度；
- 更新频率；
- 相关性。

准确度。作业成本核算/作业成本管理系统所要求的准确度取决于输入系统数据的准确度。高准确度要求实事求是的、可靠的数据。这就是为什么在有些要求高度准确的组织，人们定期更新他们在每项作业上花费的时间。

更新频率。频繁更新主要视作业成本核算/作业成本管理系统的目的和用途而定。有些组织只是把作业成本核算/作业成本管理系统视为一项战略工具。作业信息每年更新一次，用于制定目标，以及为资本分配及产品组合、定价和生产能力方面的产品/服务决策协调资源。其他组织也看到了作业成本核算/作业成本管理系统信息的价值，并辅之以季度更新，作为监控作业绩效和产品/服务成本的一种方式。

相关性。要使作业成本核算/作业成本管理系统有用，它就必须聚焦于组织的重要方面，即与持续改进相关并服务于决策。作业成本核算/作业成本管理系统的设计应该让使用者能够比较作业的相关内部成本和绩效指标与外部驱动的目标，这样就可以比较内部成本和计量指标与外部标准和要求，因而管理层就可以为一项作业或业务流程制定标准，或强调其绩效差距。

将总账和工资系统信息转化为资源成本要素

建立作业成本核算/作业成本管理系统的下一步是确定组织目前的人工作业和成本及其消耗的资源，这要从深入审核总账和工资系统的人工成本开始。这两个系统为作业成本核算/作业成本管理系统模型提供成本数据。如果成本中心的人工需要独特的定义，那么工资系统就会发挥作用，因为总账系统通常不会提供这些信息。成本数据往往必须进行转化，目的是将其组织成有用信息，原因如下：

- 总账一般围绕支出而不是作业组织；
- 总账极其明细，一般超出了作业成本核算 / 作业成本管理系统所要求的程度；
- 有些总账账户可能是汇总的，需要分解（例如，分部层级的工资、场地占用费和折旧）；
- 总账成本的设计针对的是财务要求，而不是资源的真正经济用途和消耗。

在作业成本核算 / 作业成本管理系统中转化总账成本须遵循一些基本指导原则。

合并账户。对于服务于共同目的、以类似的方式分配给作业的账户，予以合并。例如，工资和津贴，包括福利，一般都合并为一个称为“人工成本”的账户。这样就迅速界定了纳入模型的账户的数量，简化了设计、维护和信息输入要求。

调整账户以强调经济现实。作业成本核算 / 作业成本管理系统的设计并不是为了满足财务报告的要求。因此，有必要将出于报告而非经济消耗设计考虑的总账项目进行转化。折旧费和产品设计费就是两个典型的例子。

将成本分解到部门层级。在高于所考察的焦点单元或职能领域的层级维持的成本项目必须分解到经营单元和部门层级。只有了解了成本项目的习性，才能做到这一点。成本项目分解到所定义的作业层级就可以停止，而这往往就是从中获取作业数据的部门层级。

成本流转图

成本流转图是对组织创造产出的资源、作业和流程的流转方式的图示。成本流转模型描述了一定时点存在的各种运行关系，因此应视情况予以更新。

成本流转图定义了作业成本核算 / 作业成本管理系统的软件模型架构及数据要求。它还定义了必须在模型中予以控制的复杂程度和详细程度。

纸面上的成本流转图更易于理解。它可以用作建立作业成本核算 / 作业成本管理系统软件的输入数据文件的基础。在由成本流转图确定的全部数据要素中，大约 75% 是非财务的，包括作业动因和作业产出量。

例如，图表 14 例示了美国 AT&T 百灵达公司（AT&T Paradyne）建立的成本流转模型，该公司专门提供数据通信设备和服务。该模型由 4 个主要成本要素（原

图表 14 成本流转图——建立调制解调器

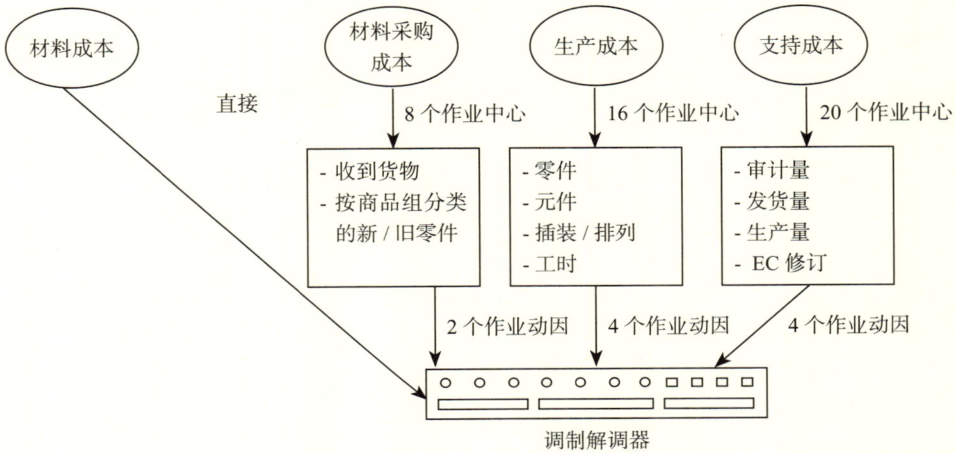

资料来源：Steve Player & David Keys, 1995: 158

材料、原材料采购、生产和客户支持)、44 个作业中心和 10 个作业动因组成。

实施并验证成本模型

作业成本核算 / 作业成本管理项目的下一个重要步骤是实施并验证成本模型。在收集、组织了数据并完成概念设计之后，组织就可以准备将数据输入软件模型了。在这个阶段所追求的目标反映了其执行性，以及通过应用和验证再次证实概念设计的必要性。本实施阶段的目标包括：

- 将数据输入成本模型；
- 验证成本模型数据。

要实现这些目标，就必须采用一系列强调成本数据可靠性的核心工具和技术，具体如下：

- 在成本模型中组织数据；
- 数据输入技术；
- 采用成本模型数据验证技术。

在成本模型中组织数据

在加载作业成本核算 / 作业成本管理系统软件模型时，一般都要定义软件中的资源、作业和成本对象，并建立体系。这些数据体系中的各种联系是通过定义动因关系及其消耗量来建立的。类似地，一些作业与其他作业之间的关系，以及作业与成本对象之间的关系，都必须在软件中定义。

图表 15　作业成本核算 / 作业成本管理系统模型数据体系

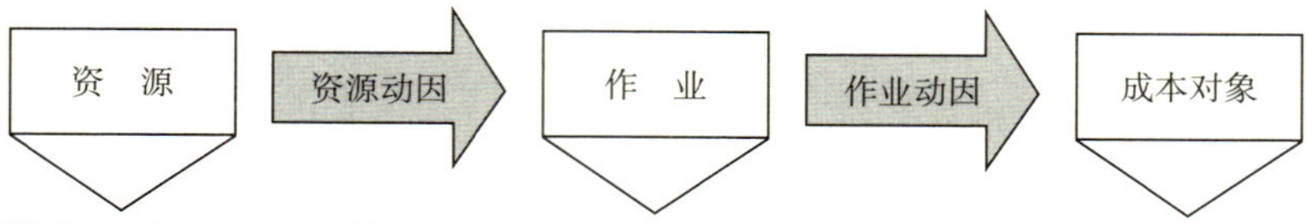

资源：

- 能源输送
  - 能源输送业务
    - 东部输送小组
      - 东部输送小组
        - 主管工资
        - 主管津贴
        - 运行人员工资
        - 运行人员津贴
        - 行政人员工资
        - 行政人员津贴
        - 机动车（轻型）
        - 机动车（重型）
        - 外部采购
        - 外部服务
        - 储备问题
        - 其他费用
        - 场地占用费
        - CIAC
        - IT/ 电信

作业：

- 输送能源
  - 建设设施
    - 建设输送设施
      - 安装 UG 输送
        - 安装 UG 输送—ESA
          - 计划工作日
          - 差旅
          - 建立工作环境保护设施
          - 安装组合式变压器
          - 安装开关设备 / 保险丝
          - 安装导线管
          - 架设电缆 / 通电
          - 打探孔

成本对象：

- 能源输送
  - 网络基础设施
    - 基础设施发展
      - 新客户服务
        - 新住户服务
          - 新子分部
            - 单一家庭
            - 多家庭
            - 流动家庭

这项任务是通过将信息输入软件应用程序以定义各种关系及其基本数值（例如，动因数量）来完成的。图表 15 例示了一个典型的作业成本核算 / 作业成本管理系统模型数据体系。

将数据输入成本模型

一旦建立了成本模型的数据体系，就可以加载数据了。此刻出现的一个实际问题是寻求将新数据输入选定的作业成本核算 / 作业成本管理系统软件的最有效方法。数据输入总会发生成本，但是这项成本因系统设计和数据来源的不同而变化。有鉴于此，将数据载入系统的两种基本方法是自动下载和手工输入。

自动下载。在大多数情况下，作业成本核算 / 作业成本管理系统商用软件都允许从其他信息系统调入经营与财务数据。

如果已经存在与作业成本核算/作业成本管理系统模型的格式兼容的电子格式数据，那么数据的电子传输就是一种理想的方法。数据链接的最初定义可能要求直接编程，但是，一旦建立了这些链接，系统的下游使用和维护就会更容易。

总账界面对于大多数实施工作是通用的。通过直接链接从其他信息来源获取信息不太实际，但是仍应该予以调查，因为这种方法的长期收益通常大于建立链接的成本。例如，成本动因可能是以“已售产品”的数量计量的销量，这项信息一般保存在销售报告系统。如果这是要求从销售系统获取的唯一信息，那么就不值得建立一个界面，而某种形式的手工数据输入则更合乎逻辑。

手工输入。在将数据输入作业成本核算/作业成本管理系统数据库时，最耗时但也最灵活的输入方法是直接以手工方式输入系统。系统越复杂，这项工作就越繁重。但是，在许多情况下需要数据处理，以便将现有信息转化为系统可以使用的格式。因此，手工输入可能就是最理想的输入方式。但是，一般而言，应尽可能地运用自动化界面。如果最初要求手工输入，那么重要的是找到一种实现持续数据输入及维护自动化的方法，以便提高可靠性，减少系统更新的工作量。

验证成本模型数据

一旦建立了作业成本核算/作业成本管理系统模型，加载了数据，就有必要验证系统的所有要素，以确保模型准确，并且确保基本数据库包含的数据要素的格式和结构都正确，符合持续使用的要求。作业成本核算/作业成本管理系统模型中的合计数与总账合计数之间的核对是一个重要步骤，它可以确保数据体现完整性。

核心团队必须对任何从直觉上看毫无意义的系统结果保持高度敏感性。核心团队必须严格测试任何违背直觉的结果，换言之，就是进行“理性检查”。这些结果合理吗？如果不合理，为什么？模型的数据核对包括验证资源、作业和成本对象数据。

验证资源数据。验证的目的是评估下列资源数据要素的准确性和可靠性：

- 总成本正确输入模型了吗？
- 资源被准确地分配给作业和成本对象了吗？
- 部门成本得到正确反映了吗？

验证资源数据可以使用多种报告，其中包括：

- 部门资源成本；
- 资源帕雷托：固定/变动；
- 资源帕雷托：部门；

- 资源帕雷托：成本类别（人工、非人工等）；
- 资源帕雷托：动因（列出使用每种动因的资源和使用每种动因的资源的总成本）。

一般会发生的资源数据核对问题包括：

- 直接人工人员数量不正确，但是已全部计入总账；
- 电力消耗似乎已全面核算，但按每千瓦时计算出的成本太高。

验证作业数据。在评估作业数据的有效性时所面临的主要问题包括：

- 所有作业确认了吗？
- 作业时间百分比合理吗？
- 作业成本合理吗？
- 作业属性正确吗？

保证作业成本数据的有效性可以使用许多不同形式的报告，其中包括：

- 流程作业成本（包括单位成本）；
- 作业帕雷托：流程属性；
- 作业帕雷托：价值属性（增值 / 非增值），质量成本；
- 作业帕雷托：主要 / 次要指标；
- 资源贡献报告（含属性与不含属性）。

显示作业分析结果的常见方式是绘制

图表 16　出具账单部门数据的帕雷托分析

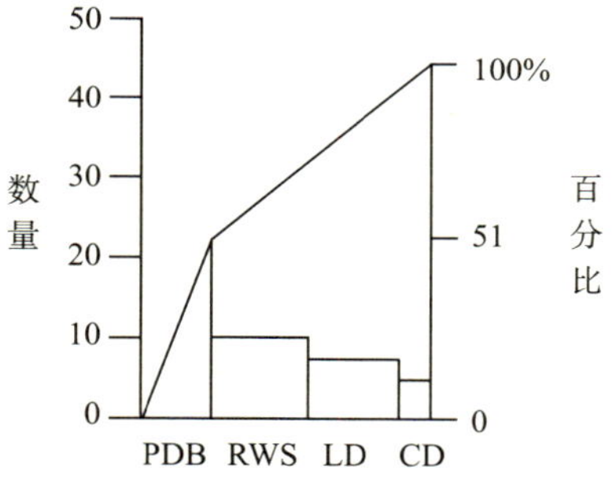

作业	数量	百分比
PDB	22	51
RWS	10	23
LD	6	14
CD	5	12
	43	100%

作业编码图例

PDB = 流程拒付的账单（需重新提交）
RWS = 主管审核
LD = 查找记录
CD = 复制记录

资料来源：Judith J. Baker, 1998: 143.

帕雷托图。帕雷托图从最高至最低（或者从最重要至最不重要）依次显示变动的重要原因。图表 16 举例说明了美国一家大型医院为验证重新提交拒付账单所涉及的作业而绘制的帕雷托图。

验证成本对象数据。以相关方式嵌入作业成本核算 / 作业成本管理系统设计和数据库中的成本对象数据也需要在终端用户报告之前进行验证。在这个阶段需要考虑的问题包括：

- 作业与成本对象正确地联系起来了吗?
- 成本对象的成本合理吗?
- 成本对象的成本与预期有很大出入吗?

针对这些具体问题的报告包括：

- 成本对象成本汇总表（所有成本都分配了吗? ）;
- 成本对象属性成本；
- 作业贡献报告（含属性与不含属性，包括增值、非增值、流程及相关因素）;
- 本期成本和单位成本。

验证了这些结果之后，作业成本核算 / 作业成本管理项目团队现在就可以把注意力转向学习如何报告和使用这一新的成本信息来源。

图表 17　成本 / 效益矩阵

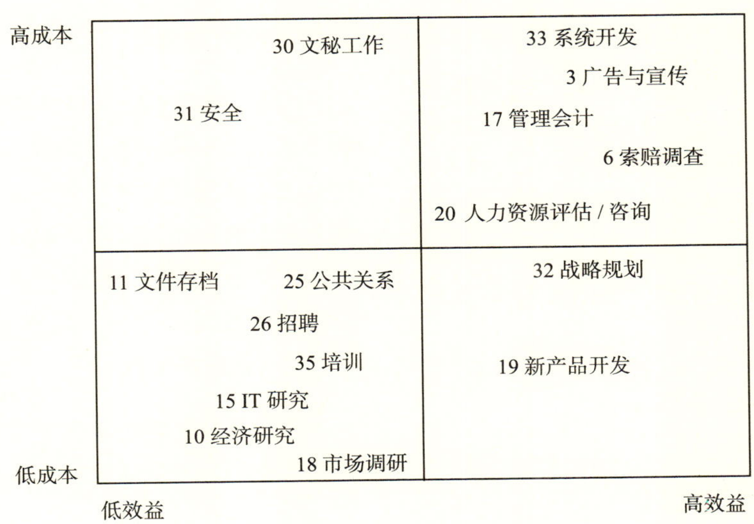

位　置	A	B
审核人员计费小时数合计	38 000	24 000
减：假期、假日、病 / 事假小时数	(4 340)	(2 160)
审核人员工作小时数合计	33 660	21 840
减：审核人员非生产性工作小时数（休息、会议、培训等）	(8 580)	(7 450)
审核人员生产性工作小时数合计	25 090	14 390
审核人员工作小时数百分比	75%	66%
每个全部编码项目处理小时数	1 870	1 870
审核人员编码项目合计数	18	12
编码项目	63 753 360	27 182 170
每生产性工作小时的编码项目	2 542	1 889
人员费用合计数（加津贴）	$474 240	$271 920
每小时每个全部编码项目人员费用合计数	$12.48	$11.33

资料来源：Mays and Sweeney, 1997: 25.

解读新信息

一旦发布了作业成本核算 / 作业成本管理系统的结果，任何人都不可能对其持中立态度。因为作业成本核算 / 作业成本管理系统提供了一种截然不同的成本观，所以在分析结果时就应该强调利用它们寻找改进机会，而不是为其辩护。有几种核心工具和技术可用于帮助人们解读新信息，其中包括：

- 成本 / 效益矩阵；
- 根本成因分析；
- 成本改进计划；
- 流程成本改进机会跟踪表。

成本 / 效益矩阵

成本 / 效益矩阵帮助管理者把注意力集中在属于不同标题、经营单元和职责的作业上。这项技术本身很灵活，它需要就赋予每项作业在实现组织战略目标中的价值达成共识。然后，根据作业之间的关系排序，形成一份报告，类似于图表 17 所示的保险机构的报告。

管理者最初应该聚焦于高成本、低效益的作业，为了降低成本、提高赋予作业的价值，可以将其消除、减少、改进或自动化。高成本、高效益的作业也应该审查，以确定降低成本或提高作业效率和效果的方法。

管理者还应该考虑低成本、高效益的作业，可以将其提升、增加或改进，以增加其为组织带来的好处。最后，管理者还应该审查低成本、低效益的作业，以确定其是否可以改进。

审查成本/效益矩阵所确定的作业以及发现降低成本、提高效率的机会是作业成本核算/作业成本管理系统的成本改进措施中最重要的步骤之一。

根本成因分析

根本成因分析是指在确定什么因素导致了工作和成本的发生时确定成本动因及其关系。成本动因之间的关系也可用作产品和客户盈利能力分析、作业预算、产品和服务线成本核算以及“推定假设”式的情境规划。

根本成因分析是一项流行的“头脑风暴”技术，项目团队可用其分析和理解在现有流程中想要提高绩效，哪些地方需要变革。根本成因分析使人们能够比较现有流程与客户期望。例如，在田纳西第一国民公司（First Tennessee National Corporation，一家银行控股的地区性公司），以前曾在营业点“A”将作业成本核算/作业成本管理系统应用于一项操作的成本管理人员，通过访谈适当人员以了解这项操作来研究营业点“B”的同一职能。这个方法强调了产品构成部分的单位成本以及所列适用的成本动因。他们的分析表明营业点“B”的处理效率低于营业点“A”。

由此产生的鱼骨图如图表18所示，它列示了产生营业点“A”与“B”操作差异的根本成因。标有“技术”、“人员”、“方法”和“环境”的分支分别代表营业点“B”处理效率较低的主要几类原因。

在该图中，原因反映一项作业发生的原因，而结果则描述原因所导致的作业。作业成本核算/作业成本管理系统数据揭示的结果要多于原因。成本其实是更根深蒂固的流程问题的表现。

成本改进计划

掌握了更准确的流程成本，组织就能够安排流程重组工作的优先顺序，并为其制定现实的成本目标。在流程重组之后，模拟并追踪实际绩效的能力也同样重要。图表19举例说明了美国德科电子公司（Delco Electronics）制订的成本改进计划。

流程成本改进机会跟踪表

一项关键职能是根据成本改进计划记

图表 18　鱼骨图

作业鱼骨图
营业点“B”

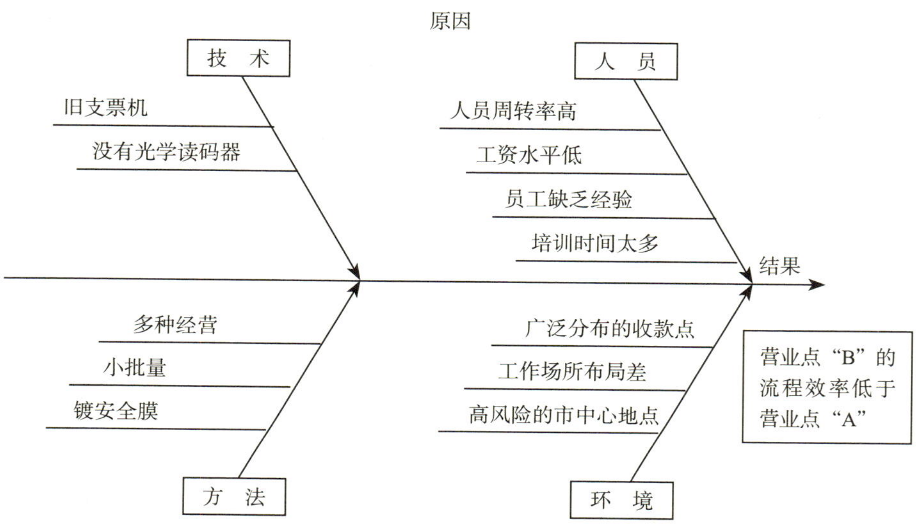

资料来源：摘自 Mays and Sweeney, 1997: 25.

录和监控流程。流程成本改进机会跟踪表就是用于这项工作的一种工具。部门和流程负责人一般用跟踪表记录具体行动。跟踪表记录特定流程单位成本降低的进展情况（如图表 20 所示）。

除了记录旨在改进整个业务流程成本的行动计划外，变革计划的其他重要方面也需要详细记录。其中包括：

- 量化预期收益。基于作业分析，它确定了当前的流程单位成本、作业单位成本及实施行动计划希望实现的估计成本净节约总额目标。
- 实施责任。应该指派专门人员负责监督实施工作。虽然这个负责人未必控制实施工作的方方面面，但是他应该负责确保实施计划的执行。
- 对其他领域的影响。实施变革会带来一定的风险，即既对一个领域的作业或流程产生积极影响，同时又给另一个领域造成不可预见的、消极的后果。例如，如果规定订单截止时间为下午 2 点，那么就可能提高仓库劳动生产率，但是如果客户直到第二天才能提

图表 19　成本改进计划

部门编号：100

作　业	基年成本	计划 成本改进	负责人	目标 实现日期	年金化 成本节约	状　态
质量	$2 508 000	操作员进行统计过程控制 消除烧机 增加 100% 视觉 消除 100% 视觉	Joe/Tom Sally Jeff Jeff	1995 年 5 月 1995 年 12 月 1995 年 2 月 1995 年 6 月	$ 240 000 500 000 (175 000) 175 000	培训开始 试验过程中 控制到位 正进行根本成因分析
人员管理	181 830			1995 年 5 月	200 000	
铅棒 / 石墨	5 083 800	无清洗 把 3 个零部件移至 SMT 减少转换器上的螺钉	Fred/Sue Harry Tim	1995 年 4 月 1995 年 9 月 1995 年 6 月	75 000 90 000 145 000	等待认证 完成 重新设计流程
热浸镀锌	890 340	实施选择镀锌 改进清除流程	Tom Tom	1995 年 3 月 1995 年 2 月	30 000 60 000	正在确定领域 完成
合计	$8 663 970				$1 340 000	

交订单，也可能会对客户满意度产生消极影响。因此，在制订行动计划时，考虑计划变革对客户满意度、质量、成本、收入、上市时间和员工满意度的影响很重要。

确保持续系统要求

作业成本核算 / 作业成本管理系统成功实施的最后一个步骤是决定如何维护系统。大多数作业成本核算 / 作业成本管理系统实施对建立持续收集和报告作业信息的必要制度、程序和方法重视不足。因此，所建立的程序和方法往往不能对使用者的需要作出反应，难以更新和维护，从长期看也不可靠。

同任何信息系统一样，作业成本核算 / 作业成本管理信息系统也必须持续地予以更新和验证。作业会随着时间的推移而变化。新作业会增加。动因会随着时间的推移发生变化，或者反映它们的指标会修订。改进措施可能会消除非增值作业。作业绩效指标会随着时间的推移进行改进和变革。新产品和服务会问世，而另一些产品和服务则会停止供应。如果要使作业成

图表 20　流程成本改进机会跟踪表

业务流程：________________

当前流程单位成本：________________

目标流程单位成本：________________

部　门：________________

作　业：________________

机　会：$________　　这种变革对下列事项有何影响：

改进类别：

- □ 消 除
- □ 简 化
- □ 合 并
- □ 增加新作业

- • 客户满意度
- • 质量
- • 降低成本
- • 投入市场的时间
- • 员工满意度

行动计划：

____

____

改进机会负责人：

____

需要的投资：

____

完成截止期限：

____

对其他领域的影响：

____

资料来源：Steve Player and James W. Gibson, Jr., 1997: 125.

本核算 / 作业成本管理系统保持相关性、可靠性、准确性，这些仅仅是需要在系统中考虑的潜在变化里很少的几个而已。作业成本核算 / 作业成本管理系统实施的维护阶段的主要目标包括：

- 确定改善模型的改进领域并予以集成；
- 确定模型持续更新和维护的责任；
- 建立关于使用者行为的反馈。

为了实现这些目标，可以运用多种核心工具和技术。

- 定期系统评估；
- 更新访谈和指标核查；
- 常设作业成本核算 / 作业成本管理系统团队。

定期系统评估

随着推动数据库系统的计算机技术和软件的发展创新，数据库系统也在不断改进。这些宏观趋势的发展结果是，必须每年重新评估一次作业成本核算 / 作业成本管理系统，以决定它们是否仍然最适合组织。

定期评估需要考虑许多因素，其中包括：

- 使用者对现有系统性能的满意度；
- 现有系统的利用程度；
- 新系统更大地激励非使用者把作业成本核算 / 作业成本管理系统信息纳入决策过程的可能性；
- 新系统较之现有系统的效果和效率；
- 安装新系统的成本相对于更新现有系统的成本。

转换系统的决策会产生新作业、修订实施计划。这项在系统评估结束时制定的决策应基于转换为改进的作业成本核算 / 作业成本管理系统的成本与由此而产生的效益（即速度加快、效率提升、性能提高、更新成本降低）之间的权衡。

更新访谈和指标核查

个人访谈和指标核查应定期更新，具体视报告的频繁程度而定。有些组织决定在审查和更新之间间隔一年，再把作业成本核算 / 作业成本管理系统数据的修订运用到本已属于公司作业的一部分的预算过程。还有些公司则实施月度或季度数据采集方法，不断更新作业成本核算 / 作业成本管理系统数据库，比如，采用员工时间报告。虽然没有一种方法是在任何环境中都是最优的，但是在制定关于更新间隔期的决策时可以运用经验法则，具体包括：

- 作业成本核算 / 作业成本管理系统数据是持续决策分析的一个复杂组成部分吗?
- 组织正在实施重大重组吗?
- 制定和实现的改进目标激进吗?
- 组织的大部分产品 / 服务都面临着较短的生命周期吗?
- 客户群会迅速转变吗?
- 客户需求在短期内会发生显著变化吗?
- 新的时间和作业报告制度能用来提高绩效并使组织及其管理者了解市场和客户服务需求的转变吗?
- 公司文化会对新的时间和作业报告制度作出积极反应吗?

如果对上述问题中的一个或多个的回

答都是肯定的，那么较频繁的更新可能会使公司受益，因为所提供的支持管理者决策的信息质量提高了。

访谈和作业量分析数据的更新不必像初次实施访谈那么详尽。事实上，在第一轮信息收集中详细描述的作业可以被作为建立定期更新调查的模板。这种有针对性的方法的优势在于它不仅增加了所采集的数据的可比性、减少了验证信息所需的时间，而且还可用于确定新作业或不再有效执行的作业。

完成更新后，应该特别注意诸如作业动因的任何变化或所有变化、所执行作业的类型或性质的任何变化（例如，发生、频率、任务内容或时间 / 资源消耗）、主要作业中心的转变（即建立共享服务中心或外包辅助流程），以及新产品的开发或现有产品的放弃之类的问题。

常设作业成本核算 / 作业成本管理系统团队

一旦实施了令人满意的作业成本核算 / 作业成本管理系统，并且整个组织的管理者都定期使用系统，项目团队就必须持续集会，随时为新员工提供培训、评估软件或系统变化，以及进行更新。要保持系统的可靠性和准确性，就必须根据组织需要和实际情况的变化不断审查、分析和修订。

为了确保这些核心领域的持续性，最初作业成本核算 / 作业成本管理系统核心团队中至少应该有两名成员继续积极参加常设的作业成本核算 / 作业成本管理系统团队。他们应该和其他人员一道提供跨职能的观点、洞见和技能。实践证明，团队中吸收轮岗人员对于许多公司来说都是一种成功的方法，因为它提高了人们对获取并保留必要资源的系统的认识和兴趣。

许多公司为个人委派全职作业成本核算 / 作业成本管理系统工作职责，使作业成本意识更加深入组织。较之轮岗人员或临时审查团队，常设人员还必须提供更多持续的支持和关注。

无论常设作业成本核算 / 作业成本管理系统团队的最终性质、结构或参与情况如何，其职责都应该包括：

- 更新作业成本核算 / 作业成本管理信息；
- 定义或更新成本动因；
- 估计未来产品及其作业 / 资源需求；
- 制订成本改进计划；
- 提供持续的系统使用者培训和支持；
- 执行例行的更新工作；
- 评估系统软件，确保它始终是组织的最优选择；
- 实现成本改进目标；

- 支持或引领实现作业成本核算/作业成本管理系统全面集成的工作。

六、结束语

虽然本公告总结了改进作业成本核算/作业成本管理系统实施过程使用的核心工具和技术，但也不是无所不包的。每个作业成本核算/作业成本管理系统的实施过程都不同，其所强调的重点以及所包含的要素也视组织及其应用而定。

附录：编纂作业词典——一般指南

一、原则

动词。作业表示行动。它们是指人和机器所做的事情。它们消耗资源。动词是唯一表示行动的词汇形式。如果一项作业不以动词开头，就不称其为一项作业。

作业跨越组织的界限。作业不受任意设置的组织界限的限制。作业常常跨越这些界限。

作业等级体系。大多数作业词典都是等级式的。它们选取企业的全部或部分，定义一系列第一级（即最高级）流程；在每个最高级流程之下，定义一系列第二级流程；在每个第二级流程之下，确定一系列第三级作业，以此类推，直到完成作业词典。形象地说，作业词典就像一棵树的根。

完整性。整个企业或企业的一部分所执行的每件事都应该体现在作业词典中。作业词典应该完整。最后，对“这是我们所做的一切吗”这个问题的回答应该是“是的”。

详细程度。人们编纂作业词典时会自然而然地编得过于详细。对于详细到何种程度适当，也没有具体的规则，只是应该避免过于详细。没什么人（或小型组织）真正做10件以上的事。此外，还要考虑收集详细的作业信息的成本较之详细信息所能带来的好处。通过确定需要解决的关键经营问题，就能在一定程度上达到适当的详细程度。

二、关键问题

需要解决哪些经营问题？“牢记目的，开始编纂。”在编纂作业词典时应该确认管理者希望解决的关键经营问题。如果不确认这些关键问题，作业成本核算/作业成本管理系统的实施就会是次优的，且问题也不会得到解决。

我们如何处理辅助作业？将辅助作业（例如，人力资源、财务、会计等）列示在作业词典的哪个位置，是一个需要在词典编纂过程的初期解决的问题。如果“运营”和“维持”是两个直接的最高级流程，那么人力资源或财务分析应该位于何处？如果它直接支持“运营”或“维持”，那么它应该置于“运营”或“维持”项下呢，还是置于一个单独的最高级流程项下呢？如果它间接地支持“运营”或“维持”，那么又应该置于何处？如何定义直接支持与间接支持呢？

成本对象如何处理？作业词典中的作业，应该以促进作业成本分配给成本对象的方式定义。成本对象是什么呢？

三、流程

自下而上还是自上而下？作业词典既可以采用自下而上的方法编纂，也可以采用自上而下的方法编纂。如果采用自下而上的方法，主要的挑战就是确保完整性，以及将作业正确归类，列入不同流程；如果采用自上而下的方法，主要的挑战就是确保现有组织结构不会在决定最高级流程中发挥重要作用。

迭代。作业词典不是一蹴而就的。虽然制定一个在一天或一次会议中完成作业词典的目标是正确的，但在实践中却不会实现。作业词典的编纂是作业成本核算/作业成本管理系统实施中最关键的步骤之一。让流程负责人及其他人员审查作业词典、认真思考、精心提炼，以确保它满足每个人的需要。一旦作业词典为了调查和确定作业成本而“冻结”了，就很难再增减或删除作业了。要确保作业词典中的作业都符合作业成本核算/作业成本管理系统实施的总体目标。

参考文献

Baker, Judith J. *Activity-Based Costing and Activity-Based Management for Health Care*. Gaithersburg, MD: Aspen Publishers, Inc., 1998.

Bennett, Paulette. “ABM and the Procurement Cost Model.” *Management Accounting*, March 1996, pp. 28-32.

Cokins, Gary, Alan Stratton, and Jack Hebling. *An ABC Manager's Primer*. Montvale, NJ: Institute of Management Accountants, 1993.

Cokins, Gary. *Activity-based Cost Management: Making It Work*. Burr Ridge, IL: Irwin Professional Publishing, 1996.

Eyske, K. J., Norm Frause, and Bruce Rosentiel. *The Service Process Guidebook: Applying Activity-Based Performance Measures to Service Processes*. Dallas, TX: CAM-I, 1997.

Fahey, Bill G. “Building an ABC Data Warehouse.” *Management Accounting*,

March 1996, pp. 33-36.

Grieco, Peter L., Jr., and Mel Pilachowski. *Activity-Based Costing: The Key to World Class Performance.* Palm Beach Gardens, FL: PT Publications, Inc., 1995.

Hunt, V. Daniel. *Process Mapping: How to Reengineer Your Business Processes.* New York, NY: John Wiley & Sons, Inc., 1996.

Keys, David E. "Tracing Costs in the Three Stages of Activity-Based Management." *Journal of Cost Management*, Winter 1994, pp. 30-37.

Mays, James W., and Robert B. Sweeney. "ABM Lifts Bank's Bottom Line." *Management Accounting*, March 1997, pp. 20-26.

Miller, John A. *Implementing Activity-Based Management in Daily Operations.* New York, NY: John Wiley & Sons, 1996.

Norkiewicz, Angela. "Nine Steps to Implementing ABC." *Management Accounting*, April 1994, pp. 28-33.

Player, Steve, and James W. Gibson, Jr. *Activity-Based Management in Wholesale Distribution: Winning the Profitability Battle.* Washington, DC: Distribution Research and Education Foundation, 1997.

Player, Steve, and David Keys. *Activity-Based Management: Arthur Andersen's Lessons from the ABM Battlefield.* New York: Master Media, Ltd., 1995.

Raffish, N., and P. Turney, eds. *The CAM-I Glossary for Activity-Based Management.* Dallas, TX: CAM-I, 1991.

【慕勇、周学园审校；杨继良批】

STRATEGIC COST

题目

实施目标成本管理的工具和技术

鸣谢

本公告经美国管理会计师协会管理会计委员会批准发布。美国管理会计师协会感谢安达信会计师事务所成本管理竞争力中心的合作。此外，还要向本公告的起草者巴布森商学院的 C. J. McNair 博士（CMA）表示感谢。特别感谢安达信的知识经理 Randolf Holst（CMA）对本公告的制定始终如一的监督和指导。美国管理会计师协会感谢先进制造国际联盟（CAM–I）在本公告制定过程中给予的支持，以及管理会计委员会委员们所作的贡献。

Published by
Institute of Management Accountants
10 Paragon Drive
Montvale, NJ 07645
www.imanet.org
IMA Publication Number 98355

ISBN 0-86641-272-7

ima®
The Association of Accountants and Financial Professionals in Business

实施目标成本管理的工具和技术

目 录

图 表

STRATEGIC COST

一、引言

今天，在许多行业中，公司之间的竞争已日趋国际化。现在，参与全球市场竞争的公司正在质量上展开激烈竞赛，为了拔得头筹，每个公司都必须进行技术创新。因为技术创新已成为这场竞赛的一个关键部分，所以参与竞争的公司在寻求以可负担的成本为客户提供理想质量时也面临着激烈的"成本竞争"。

因此，公司要生存，就必须制定在当今市场上有竞争力的价格，同时还必须确定能够产生充分利润边际的成本。由于价格越来越多地由市场竞争决定，所以必须谨慎地管理成本才能创造利润。

帮助管理者完成这一艰巨任务的新式管理工具和技术不断涌现，其中主要的方法就是目标成本管理。客户希望更好地理解需要什么产品和服务属性的呼声越来越高，从而推动目标成本管理发展成为通过以领先的质量和速度满足客户需要来实现长期增长的手段。

如果组织实施并掌握了目标成本管理，那么在不断调整从而致力于最有可能收到市场回报的工作的过程中，就会始终走在竞争的前列。它是积极主动地创造竞争优势的关键所在。

二、适用范围

本公告适用于财务人员及其他可能领导或参与其所在组织的目标成本管理实施工作的人员。它是美国管理会计师协会于1998年发布的《管理会计公告——实施目标成本管理》的补充，该公告介绍了目标成本管理流程；同时也是先进制造国际联盟（CAM-I）于1997年发布的《目标成本管理——战略成本管理的下一个新领域》的补充。

本公告的核心是改进目标成本管理效果的核心工具和技术。之所以聚焦于核心工具，是因为讨论支持目标成本管理实施的所有工具和技术超出了本指南的范围。

本公告假设读者已经熟悉了目标成本管理的基本概念。它适用于已经决定实施目标成本管理的组织。所讨论的工具和技术适用于：

- 企业的各个层级；
- 企业的各项职能；
- 各行各业的企业；
- 小型和大型组织。

本公告也会对领导或参与目标成本管理实施工作的人员有所裨益。它将有助于：

- 建立规划和管理目标成本管理实施工作的框架；

- 了解旨在改进目标成本管理效果的各种核心工具和技术；
- 理解财务人员在目标成本管理流程中的作业与职责。

三、管理会计的作用

目标成本管理是一种综合的产品设计与开发方法，它要求整个组织的人员积极且持续地参与。它建立在对现行成本，成本、质量和功能之间的权衡，以及对不断变化的客户要求的深刻理解的基础之上。它旨在协调设计团队的工作，向各相关方沟通需要，并明确定义组织在产品投放与维护过程中的总体目标及所面临的挑战。

在这种由客户驱动的、以产品为中心的环境中，财务人员可提供必要的专业技术知识，以确保所定义的成本可靠，确保所做的权衡能满足基本的功能和质量要求，确保经济分析作为关键决策的基础。财务人员在实施目标成本管理中的作用包括下列工作和目标：

- 确保目标成本管理建立在战略标准的基础之上，旨在支持公司目标；
- 提供优先安排及评估特定产品或服务属性的必要经济学专业知识；
- 建立一个财务和绩效考核系统，支持根据目标成本管理确定的目标对产品投放前后活动进行持续监控；
- 为特定产品或服务属性提供历史成本及估计未来成本；
- 确定现行成本和功能与所需要的成本和功能之间的差距，对这些差距的影响进行经济上和绩效上的评估；
- 在目标成本管理中，确保内部和外部信息在使用之前经过验证和分析；
- 建立符合产品投放改进目标的持续的产品成本系统；
- 支持目标价格的确定和利润预测，包括确保数字客观、可靠、准确；
- 参与产品设计团队，提供专业知识，支持产品投放前后按目标成本定义的参数进行管理。

在目标成本管理中，作为团队成员，财务人员拥有独特的经济知识，能帮助进行初步的成本估计、利用现行的和历史的成本数据库验证假设，以及分析各种替代方案对产品或服务成本的影响。新形式的成本信息可用于完成下列任务：

- 生命周期成本分析法（life-cycle costing）利用产品的生命周期阶段作为成本对象归集，并分析一项产品从生到死的产品成本。
- 价值链成本分析法（value-chain costing）将成本信息以超越组织传统界限的方式进行整合，包括供应商、交易商和客户。它重点关注在实现目标成本和战略目标所要求的价值链中的每个成员的成本和贡献。

- 性能 / 功能成本分析法（feature/function costing）要求根据产品零部件与客户需要之间的关系以及这些需要的相对重要性分解成本降低目标，并分配给产品各零部件。
- 设计动因成本分析法（design driver costing）重点关注设计对生命周期成本和价值链成本的影响，以及产品属性变化对产品最终成本的影响。
- 生产作业成本分析法（operations costing）提供关于一项生产性作业的成本信息。
- 作业成本核算（activity-based costing）确定间接制造、营销和辅助成本的动因。它重点关注产品设计如何导致各种作业的消耗，从而产生成本。

目标成本管理与其他成本管理工具紧密关联，它是财务人员藉以帮助组织消除未来成本的重要手段。这种积极主动的地位不仅能提供最佳影响，而且能为旨在发展、管理和计量产品或服务绩效的团队吸收财务人员建立一个巩固的平台。

四、目标成本管理流程步骤

目标成本管理流程分为六个关键步骤。这些步骤，连同项目前期准备工作，构成了一个标准工作计划，为培训和实施建立了一个框架。虽然每项目标成本管理举措都是独特的，但是组织在实际实施中都包括图表 1 所示的六个步骤中的全部或大部分，但未必按所列示的顺序进行，这一点请记住。实施目标成本管理的六个基本步骤是：

- 确定目标市场价格；
- 确定要实现的目标利润边际和成本；
- 计算现有产品和流程及新产品和流程的可能成本；
- 确定目标成本；
- 实现目标成本；
- 一旦生产开始后就致力于降低成本。

图表 1　目标成本管理流程步骤

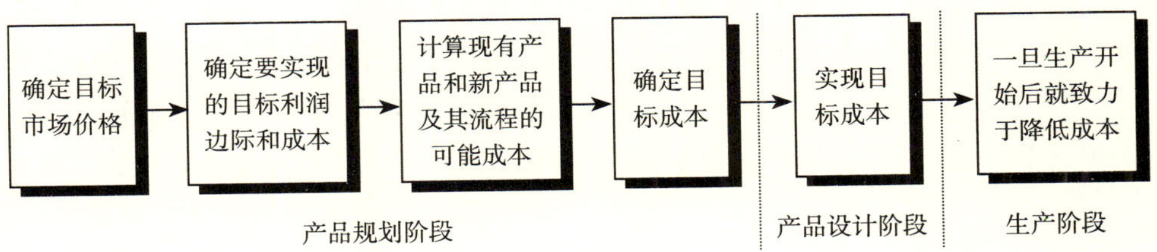

虽然组织可以修订这些核心活动，以满足具体情况的要求，但是我们建议将它们作为实施目标成本管理的指南。

五、实施工具和技术

确定目标市场价格

在目标成本管理中，成本因素在决定目标价格中充其量仅起到次要作用。目标成本管理采用产品或服务性能[1]确定目标市场价格。在市场以及产品供求和价格敏感度之间的关系的驱动下，目标成本价格的确定具有多个目标，其中包括：

- 确定市场和客户需求；
- 确定客户愿意为替代性能支付的价格；
- 把客户、用户愿望转化为实施产品所需要的语言；
- 评估竞争产品或服务是什么。

目标价格制定过程的核心是感知价值的概念。只有新产品的感知价值大于先前产品时，客户才会为其支付更高的价格。理解什么属性可产生特定价值，从而产生价格，是制定能为组织产生最优回报的市场价格的关键。这些目标可以通过应用下列工具和技术来实现：

- 质量功能配置；
- 层次分析法；
- 客户需求分析；
- 关系矩阵。

质量功能配置

因为客户在评估产品时往往作出相当主观的表述，所以质量功能配置（quality function deployment, QFD）就是一种有助于把客户偏好系统地转化为若干客观设计需要的方法。然后，再把这些设计需要传达给设计和生产团队，以确保每个人都朝着共同的目标和结果努力。

质量功能配置通过一系列矩阵把竞争产品或服务、客户需要和设计参数之间的关系联系了起来，这些矩阵在目标成本管理流程中反复使用。在产品规划阶段，这些矩阵有助于准确地确定客户愿望、竞争者在满足客户方面做得如何，以及市场中哪里还存在未满足的需求。为传真机的产品规划阶段建立的质量功能配置矩阵如图表 2 所示。

这个矩阵汇总了关于产品功能及其相关的客户排序的信息。它还表明了竞争者设计参数与客户需要之间的相关性。此外，它还提供了关于客户如何评估竞争者所提供的具有同样性能的产品或服务的信息。

1 “性能”是指客户所希望的产品的物理或审美属性。按产品性能分解目标成本可以使组织从客户的角度审视这些成本。

图表 2　传真机产品规划中的质量功能配置矩阵

设计参数 / 客户需要	显示面板	打印引擎	调制解调器的速度	纸盒	记忆板	接口卡	竞争者排序 1	2	3	4	5	客户排序
安装简易度	◆					●		□	■			5
记忆			◆		●	◆		■			□	3
收 / 发速度			◆		◆		■			□		4
打印速度		◆				○	■				□	4
复印设置	●				◆				■	□		3
电话听筒	◆					○		■		□		2
走纸器		●		◆			□			■		3
PC 界面			○		●	◆			□	■		2

设计参数与排名相关性

◆ = 高度相关

●= 中度相关

○= 弱相关

比较竞争排序

■ = 竞争者排序

□ = 我们的排序

资料来源：Ansari, et al., 1996: 152.

质量功能配置矩阵表明客户对收 / 发速度的需要与调制解调器的速度和内存设计高度相关。类似地，打印速度也与打印引擎的设计参数相关。

质量功能配置在产品型和服务型组织中都得到了成功应用。例如，它已用于汽车、电子、家用电器、服装、集成电路、合成橡胶、施工设备和农用发动机的制造。质量功能配置还被用于零售店、学校和工厂布局的设计。

图表 3 总结了质量功能配置所涉及的关键流程、任务、职责和阶段。在流程图中，纵列表示组织的职能部门；长方形表示作业和必要的部门间参与；箭头表示文件或决策的流向。

该图定义了质量功能配置团队的组织结构，以及团队完成任务所需要的核心文件和信息。该图可以作为管理质量功能配置项目的路线图，它有助于组织确定并回答规划和设计过程中的几个核心问题，包括：正在关注哪些客户，他们的需求是什么，每个客户群的多少需求量将会驱动设计流

图表 3　产品设计流程图

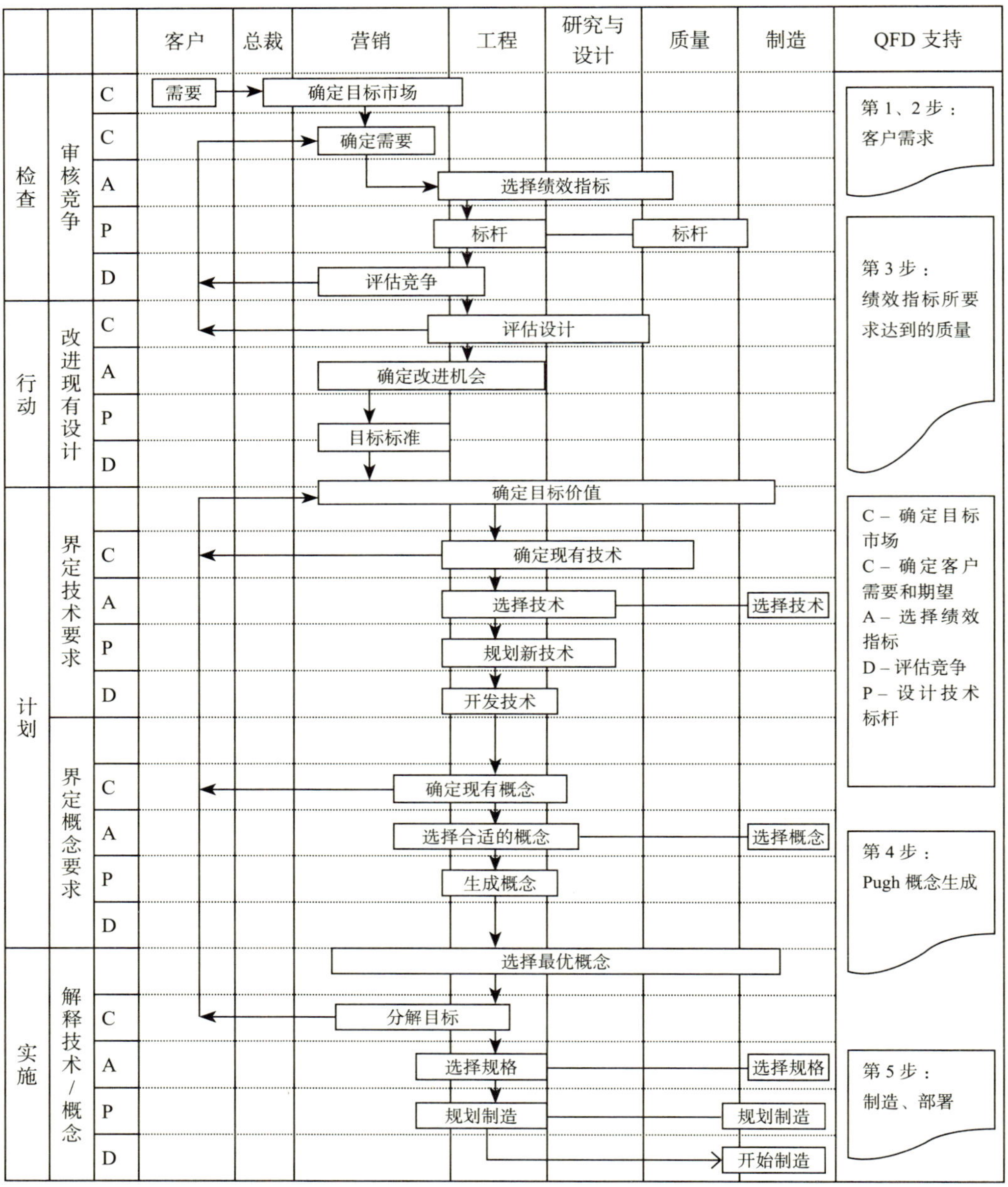

资料来源：Terninko，1997:27.

程，以及制定这些决策应采用什么标准。

采用质量功能配置法，可以建立一个包含下列内容的模型：

- 目标表述，描述团队工作的目的、问题或目标；
- 特征，列出客户定义的产品、流程或服务的特征；
- 重要性等级，为上述“特征”赋予加权值，表示相对重要性；
- 相关系数矩阵，表明各种“方法”之间的关系；
- 方法，实现各种“特征”的方法；
- 实施目标，表明团队希望增加还是减少一种“方法”，或者为其设定一个目标值；
- 关系矩阵，确定产品 / 服务“特征”与实现它的“方法”之间的关联度的一种系统方法；
- 客户竞争性评估，通过对比本团队的产品或服务来考察竞争产品 / 服务的特征；
- 技术竞争性评估，组织为每种“方法”确定的设计规格与竞争者的技术规格；
- 可能性因素，表示组织实现每种“方法”的难易程度的值；
- 绝对分数，关系矩阵中每种“方法”或者说每列计算出的值的总和；
- 相对分数，根据绝对分数对每种“方法”编的序号，绝对分数最高的“方法”序号为 1，次高分为 2，以此类推。

质量功能配置法为明确并实现目标提供了一个框架。对决策者而言，它提供了一个基于事实的决策系统，替代了基于情感的决策，藉此帮助确定什么是重要的。这种方法的独特性在于，在决策初期就可以获取数据，并从战略上予以评估。即在制定关于是否继续生产或服务开发的决策时，质量功能配置可以帮助组织确定什么能够起作用，什么不能，以及应该避免什么事情。因为项目 80% 的成本都在这一最初阶段锁定，所以这种评估能显著降低项目成本和开发时间。

例如，丰田自 1977 年以来就使用质量功能配置法，其结果令人印象深刻。在 1977~1994 年间，丰田的下属公司车博（Toyota Autobody）引进了四款新型面包车。丰田报告称，以 1977 年为基年，1979 年 10 月发布新型面包车的筹备费用降低了 20%，1982 年 11 月降低了 38%，而在 1984 年 4 月则累计降低了 61%。在这一期间，产品开发周期（投放市场时间）缩短了 1/3，同时由于设计变化数量减少，质量也相应改进。

层次分析法

层次分析法（analytic hierarchy process，AHP）是一种多标准决策技术，它在备选方案的总体评估中综合了质和量的因素。层次分析法是用于考虑客户群的不同特征组合的极佳工具。通过考察这些特征，组织就能够发现新的细分市场，并确定每个细分市场的相对重要性。

层次分析法包括下列四个步骤：

- 通过把总的问题分解为单个标准，建立决策层次；
- 为决策标准收集关系型数据，并采用层次分析法关系量表予以编码；
- 估计决策标准和备选方案的相对优先顺序（或权数）；
- 综合决策标准的优先顺序，根据最高目标为备选方案排序。

层次分析法是从项目专家建立决策问题的层次表述开始的。在这个层次体系中，最顶层是总体目标，最底层是决策备选方案，二者之间是决策问题的相关属性，它们为决策过程提供了重要信息。层次体系可以非常详细，但在大多数应用中，都不会超过三层（如图表 4 所示）。

一旦确定了层次和要素，项目专家就可以采用共识决策法为每个定义的特征赋予相对权数，具体可依据下列九分重要性量表：

1. 同等重要——行和列对上一级需要具有同等程度的影响。
2. 介于 1 和 3 之间。
3. 适度重要——经验和判断略微倾向于行，胜于列。
4. 介于 3 和 5 之间。
5. 很重要——经验和判断强烈倾向于行，胜于列。
6. 介于 5 和 7 之间。

图表 4　定义的标准层次

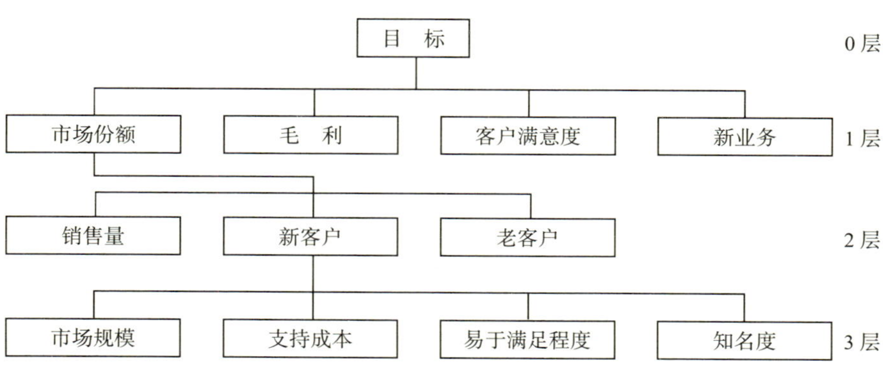

7. 非常重要——强烈倾向于行，实践证明其起主导作用。
8. 介于 7 和 9 之间。
9. 极其重要——支持行的证据位于最可能被证实的等级。

利用一系列计算，所得出的双向比较表就可以标准化（即每个特征占每列合计数的百分比）。行的标准化分数的平均值表示标准的重要性排序。如图表 5 所示，市场规模、支持成本、易于满足的程度和知名度分别是 0.604、0.119、0.066 和 0.211。市场规模的重要性几乎是知名度的 3 倍。

一旦确定了关键标准，就可以对潜在客户排序，如图表 6 所示。左边两列表示标准及其权重。每个客户在每个标准上的重要性记录在接下来的三列。每个客户在每个标准上的加权重要性就是标准的重要性与每个客户在该标准上的重要性的乘积。列合计表示每个客户的加权重要性。该图表明市场规模标准最重要，就这个标准而言，咨询师是最理想的客户。通过帮助组织确定客户群的相对重要性，层次分析法就能使公司更好地决定与谁对话以及对其意见赋予多大的权重。

客户需求分析

客户需求分析可以帮助组织更好地理解客户的期望、表达的愿望，以及尚未感知的需求。这些质量，或者称属性，就是质量功能配置中的“特征”，即驱动客户满意度和价值感知的产品或服务特征。如果获得的客户愿望表述不准确，那么质量功能配置过程就会据此调整系统，以致产生错误的产品或服务，因此，准确了解客户需求至关重要。

客户需求分析有助于建立一份准确的产品或服务特征列表。如图表 7 所示，客

图表 5　确定标准的优先顺序

	市场规模	支持成本	易于满足程度	知名度	合计	标准化平均值
市场规模	0.608	0.588	0.600	0.621	2.417	0.604
支持成本	0.122	0.118	0.133	0.103	0.476	0.119
易于满足程度	0.067	0.059	0.067	0.069	0.262	0.066
知名度	0.203	0.235	0.200	0.207	0.845	0.211
合 计	1.000	1.000	1.000	1.000	4.000	1.000

资料来源：Terninko, 1997: 41.

图表 6　按标准对客户排序

标准	优先性	教师	学生	咨询师		教师	学生	咨询师
市场规模	0.604	0.090	0.010	0.900		0.054	0.006	0.544
支持成本	0.119	0.609	0.304	0.087		0.072	0.036	0.010
易于满足程度	0.066	0.267	0.667	0.067		0.017	0.044	0.004
知名度	0.211	0.177	0.085	0.737		0.037	0.018	0.156
合 计	1.000				重要性	0.180	0.104	0.714

资料来源：Terninko, 1997: 46.

图表 7　客户需求分析表

个人信息	客户需求	I = 推断得出 E = 明确的	**应用背景**											**综合数据**
		谁		什么		哪里		何时		为什么		怎样		
53 岁	我可以搬动	E	讲师	E	研讨会	E	255 号楼		5 天		历史记录			停留时间长
咨询师	适用于我的墙		培训师		讲座			E	搬动了若干次	E	有限工作空间			固定于涂漆的墙面
身高 1.9 米		I	高				墙面易清洁							可能多次搬动
12345A		I	矮											在墙上挂 48 小时
														可搬动 4 次，且性能不变

资料来源：Terninko, 1997: 54.

户需求分析不仅使“特征”列表更易于管理，集中质量功能配置过程的注意力，而且有助于明确含义。

一旦确定了主要的“特征”列表，就可以将注意力转向系统地为这些质量评级。由此得出的排序在质量功能配置过程中发挥着关键作用，可以作为加权因素用做下游其他分析的乘数。这些排序应准确反映客户意见，这一点至关重要。图表 8 举例说明了一家大型航空公司的运输质量。

美国泰科公司（Puritan-Bennett）采用客户需求分析开发了一种新型肺活量测定计。关于客户需求的信息来自医生和护士，并辅之以交易商和分销商提供的信息。在设计过程中，人们针对一种产品性能应该采用哪种设计方案多次展开热烈的讨论。客户需求分析确保决策总是以客户为重。由于设计改进、销售价格降低，泰科公司夺取了竞争者的价格优势，并且满足了两家公司以前都不曾满足的需求。

关系矩阵

关系矩阵把注意力集中在如何利用有形和无形的产品或服务特征满足各种客户需求。因为许多客户需求都不很明确或者界定不清，无法为组织提供指南，所以必须将它们转化为设计语言。为此，可以采用根据所要求的质量评估产品性能的性能或技术指标。

每种所要求的质量一般都必须至少确定一个可量化的性能指标。例如，如果一个写字板所要求的质量包括“挂在墙上”，那么就可以想象两种性能指标，即“挂在墙上的时间”和“墙壁数量”，然后就可以建立测试程序，以了解产品在各种不同的墙面上能挂多长时间。

定义详细描述产品的技术性能的特征指标与所要求的质量的相关程度，是把客户信息转化为客观、具体的设计语言的关键。如果没有这种转化，产品特征和潜在

图表 8　客户需求分析中的评级

运输的重要要素是什么？	重要性评级（1~5 级）
准时	3
数量	3
接收状况标记	2
标记	1
无需检查	5
文书工作	2
成本与物流	4

资料来源：L. Guinta and N. Praizler, 1993: 55.

的“价格创造”的价值就不能用于推动内部努力。

关系矩阵详细列示了每个性能指标在对客户要求的每个质量的预测能力方面的强弱程度。对于每个行所要求的质量与列性能指标的交叉点，应该问下列问题：如果我知道性能指标 X 的价值，那么它预测客户对产品满足所要求的质量 Y 的满意度的能力如何？

在图表 9 所示的例子中，提供了四种选择，即高度相关、中度相关、弱相关和不相关。类似于客户报告评估模型，用符号表示这些评估值便于确定矩阵中的关系模式。

所要求的重要质量应该具有一个至少达到中度相关的性能指标。同时，50% 以上的单元格都应该表示不相关，从而与帕雷托原则保持一致，即大多数价值都来源于个别关键质量和指标。如果在关系矩阵中某一行为空白，则意味着所要求的质量不会影响设计，这可能是一种关键的省略；而一个空白列则表示资源会浪费在计量不直接满足客户需求的事项上。

为了聚焦于设计工作，并确保目标客

图表 9　关系矩阵

性能指标 / 所要求的质量	用 12 支笔书写		换纸	修剪各种表面	削纸功能		黑板稳定性	包装测试
免擦	◎	■	■	■	■	■	■	■
常用标记	●	■	■	■	■	■	■	■
独立式	■	■	■	■	■	■	●	■
挂在墙上	■	■	◎	●	●	■	■	■
易于从墙上取下	■	■	●	■	■	■	■	■
便于开启	■	■	■	■	■	■	■	●
保护装置	■	■	■	■	■	■	■	○

性能指标的质量预测能力

● = 高度相关
◎ = 中度相关
○ = 弱相关
■ = 不相关

资料来源：Terninko，1997:90.

户的需求得到满足，将潜在指标的总数缩小到几个关键的指标很重要。如果面对的是多个客户群，那么对这些问题的回答也会因客户群的不同而各异。性能标准的最终选择也需要调整，以实现最多数量的潜在客户的最佳满意度，尽量减少最终产品设计中的品种数量和复杂程度。

确定要实现的目标利润边际和成本

在确定了目标价格之后，焦点就转向确定目标利润边际和建立可实现的成本目标。总体目标是确保新产品或服务能满足组织的盈利能力和投资报酬率目标。这个阶段的具体目标包括：

- 确定销售利润率目标；
- 把资本投资规划与盈利能力同产品开发和生产相关的成本联系起来。

组织的长期总利润规划是建立产品线具体目标的背景。具体而言，就是必须确定产品线模型的目标利润边际和共同构成组织的基本管理体系的各种战略项目规划。战略项目规划包括每种产品或服务的新产品开发规划、工厂投资规划以及资本收购规划。在产品预测的生命周期中的每一年都必须制订新产品开发规划。

例如，在日产，公司的新产品开发规划协调每款车型的新产品生命周期规划与长期利润规划，并把它作为长期利润规划流程的一部分。新产品开发规划必须在预测产品生命周期的每一年都制订，并涵盖所有目标车型的所有彻底变化或小改款。因此，公司各种车型的生产和销售规划都由一种从公司总体经营战略出发制订的规划来协调。

对组织所有生产和销售规划的协调，可确保这些工作反映战略经营观。图表 10 详细说明了目标利润管理流程在一家大型汽车制造商的目标成本管理系统中的作用。

目标利润边际必须实际，足以弥补产品的生命周期成本。确定目标利润边际的一种有效工具是多年度产品 / 利润规划。

多年度产品 / 利润规划

多年度产品 / 利润规划不仅集成了各种产品规划，为每种产品建立了生命周期内的基准目标，而且确保了新产品发布既不集中在一起，又能有效利用公司资源。多年度产品 / 利润规划有一系列输入和输出信息，具体如下：

输入信息：

- 拟生产的新产品的生命周期规划；
- 现有产品在现金流量 / 产品组合图中的当前位置；
- 公司总的人力资源生产能力（用于设计、产品原型开发和生产准备工作），

图表 10　目标成本管理和利润管理流程

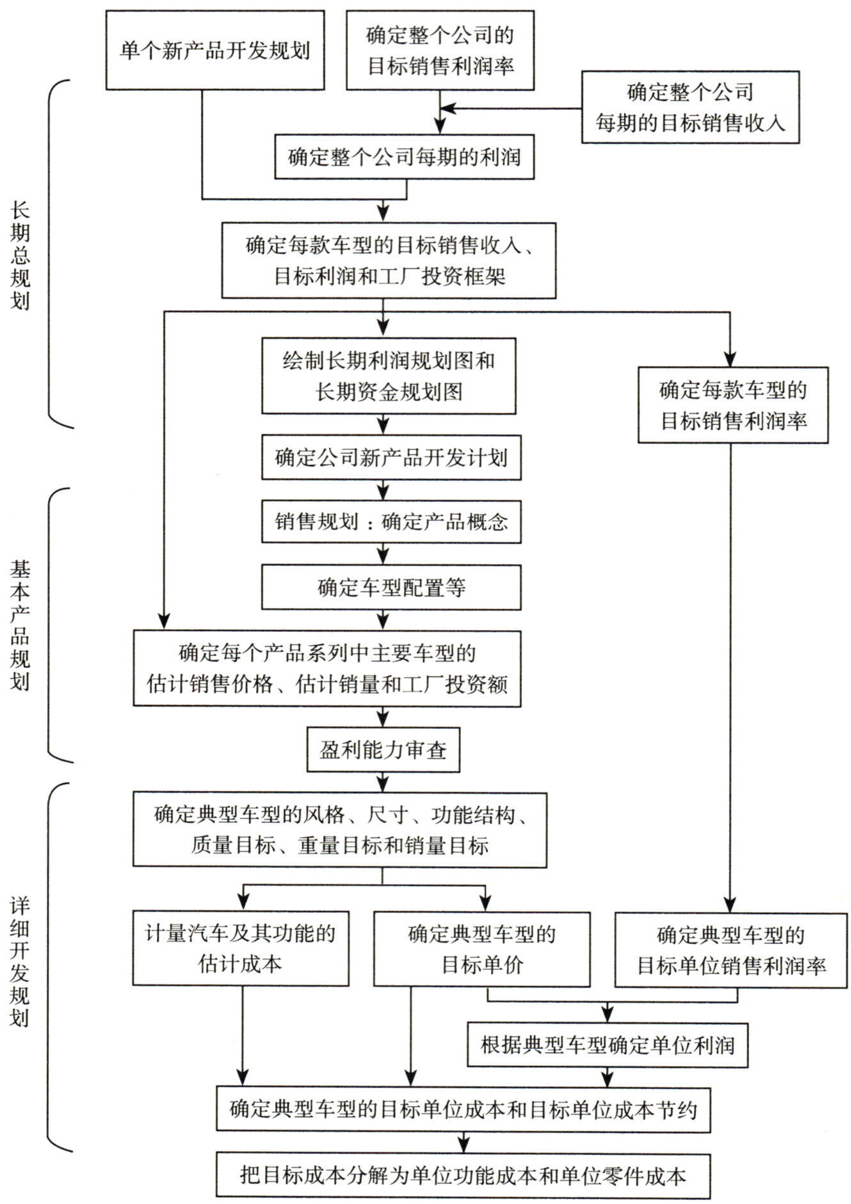

资料来源：Monden，1995：50.

生产工厂的生产能力，以及新工厂投资能力（包括资本收购能力）的估计价值。

输出信息：

- 多年度总利润规划（确切的时间跨度视行业的规划周期的性质而定）；
- 在一定期间内将要开发和引进的产品/服务；
- 每种产品或产品系列的目标利润；
- 每种产品的目标销售利润率；
- 每种产品的设备投资规划；
- 人力资源规划；
- 新产品总体引进规划。

图表 11 例示了一个多年度产品/利润规划的结构。它是一个年度产品组合，表明每种产品的年度目标总利润。在某个年度所有产品的利润规划之和就是年度利润规划，而每种产品的年度利润合计就是产品生命周期利润。产品层面的利润包括全部可追溯的、重复发生的成本（比如，原材料）和可追溯的、非重复发生的转化成本（比如，专用工具和专用机器及其他成本）。

在公司总体战略利润与产品规划的背景下安排了每种产品的参数之后，就可以将注意力转向计算现有产品和流程及新产

图表 11　多年度产品/利润规划

	第 1 年	第 2 年	第 3 年	第 4 年	第 j 年	产品合计	
收入	——	——●					产品 1
	☆——	——	——▼——	——	——●		产品 2
		☆——	——▼——	——	——		产品 3
							产品 j
重复发生的成本							产品 1……j
非重复发生的成本							产品 1……j
利润/销售利润率							产品 1……j
占用的资产							产品 1……j
资产收益率							
年度合计							

☆ 概念设计　▼ 生产　● 放弃

资料来源：Ansari, et al., 1996: 137.

品和流程的可能成本。

计算现有产品和流程及新产品和流程的可能成本

在产品规划阶段，一个关键步骤就是审查组织的成本信息，以便可靠地估计现有产品和流程及新产品和流程的可能成本。这些估计包括生产成本、研发成本、物流成本和终端用户成本。这一阶段的基本目标包括：

- 利用现有产品规格和生产流程确定新产品成本；
- 建立成本模型；
- 分析内部成本。

这一阶段一般使用的核心工具和技术包括：

- 流程（经营）成本核算；
- 零部件成本分析；
- 成本表。

流程（经营）成本核算

流程（经营）成本核算可用于确定生产流程的每个步骤的成本动因。[2] 流程成本核算并不试图核算一件产品或一组产品的成本，而是将所有成本都按作业或流程归集，然后系统地将这些成本从流程分配给产品。

流程成本核算直接考虑客户需求的影响，并且区分可能因服务的客户群不同而发生的增值成本。这项技术包括客户需求对流程特征的影响，比如，生产能力。流程成本核算的结果是为组织建立一个明确定义客户需求及满足这些需求的流程的经济模型。这一模型集成了营销、经营和财务数据，从而能更好地理解产品矩阵的潜在变化所造成的总成本。

强调流程成本核算的优点在于可以更好地权衡相互竞争的产品。在追踪新产品在现有设施中的流动的时候，目标成本管理团队就可以开始区分其对现有产品的影响，以确定新资源需求在哪些地方会约束总体有效产出。

对现有流程或新流程进行成本估计，可为制订资本收购计划和完成产品盈利能力分析提供依据。图表 12 举例说明了一个流程的成本一览表，它详细列示了基本假设，以及流程中受新产品影响的各部分的目前需求。

不论利用流程成本核算来理解新产品对现有工厂的总体影响，还是估计各种设计决策的成本意义，它都在估计现有产品和流程以及新产品和流程的可能成本中发挥着关键作用。

2 流程成本动因是影响流程的效率或效果的流程参数。流程成本动因对流程成本的影响与产品组合无关。

图表 12　流程成本标准主表

直接部门	流程	计量单位	年度估计变动流程成本标准	年度估计固定流程成本标准	估计设备折旧成本	年度估计所使用的产量	估计流程成本标准	
							变动成本标准	固定成本标准
1 组	车床	工时数	56 683 000	37 580 000	16 793 000	20 000	47.2	17.3
1 组	NC 车床	工时数	57 533 000	35 980 000	15 853 000	20 000	47.9	16.8
1 组	立式铣床	工时数	59 404 000	37 341 000	15 324 000	20 000	49.5	18.3
1 组	卧式铣床	工时数	59 344 000	37 146 000	15 314 000	20 000	49.5	18.3
1 组	NC 立式铣床	工时数	57 052 000	36 440 000	17 454 000	20 000	47.5	15.8
1 组	NC 卧式铣床	工时数	59 288 000	39 608 000	18 291 000	20 000	49.4	17.8
1 组	钻床	工时数	56 407 000	38 381 000	17 845 000	20 000	47.0	17.1
1 组	立式镗床	工时数	57 747 000	38 827 000	16 544 000	20 000	48.1	18.6
1 组	卧式镗床	工时数	56 691 000	36 406 000	18 388 000	20 000	47.2	15.0
1 组	NC 立式镗床	工时数	58 614 000	38 677 000	19 478 000	20 000	48.8	16.0
2 组	切割	工时数	57 284 000	39 917 000	17 656 000	20 000	47.7	18.4
2 组	打孔	工时数	66 580 000	53 563 000	6 483 000	20 000	55.5	30.2
2 组	弯曲	工时数	66 580 000	53 563 000	6 483 000	20 000	55.5	30.2
2 组	定型	工时数	66 580 000	53 563 000	6 483 000	20 000	55.5	30.2
3 组	车削	工时数	25 416 000	22 961 000	1 745 000	12 000	35.5	29.5
3 组	钻孔	工时数	25 416 000	22 961 000	1 745 000	12 000	35.5	29.5
3 组	钻削	工时数	25 416 000	22 961 000	1 745 000	12 000	35.5	29.5
3 组	铣削	工时数	25 416 000	22 961 000	1 745 000	12 000	35.5	29.5

资料来源：Monden, 1995: 256.

图表 13　零部件成本分析

零部件	C_1	C_2	C_3	C_4	C_n	成本	可获得截止年份
C1		+	–	+		$aaa	1997
C2	+			–		bbb	1999
C3	–					ccc	1996
C4		–				ddd	2005
Cn	+					nnn	2004

资料来源：Ansari, et al., 1996: 137.

零部件成本分析

零部件成本分析把产品层面的目标成本分解为主要的零部件类别。例如，目标成本可以按下列主要部件类别来分解，然后再按更详细的零件类别分解：

- 底盘功能分解：前车轴、前刹车、后刹车等；
- 车体功能分解：车身白色金属、保险杠、窗玻璃等；
- 内部功能分解：车座、空调、内置仪表盘、音响系统等。

主要部件类别还可进一步分解为更详细的零件类别。例如，车座系统分解为座架、线性滑轮、躺椅机制、座套等。

零部件成本分析特别适宜于装配业，它们要采购成千上万种部件、零件和组件。零部件分析有几种重要用途。首先，它能确定产品的昂贵零部件；其次，它聚焦于零部件之间的成本关系，这有助于确定降低一个零部件的成本是否会提高另一个零部件的成本；最后，它可确保避免使用过时或很快会停产的零部件。

图表 13 例示了一个零部件成本矩阵。成本栏显示零部件成本，可获得截止年份栏提供在不能获得零部件之前最后一次获得的日期。加、减号表示各零部件之间的正相关或负相关关系。加号表示随着行的零部件成本的降低，列的零部件成本会增加。例如，如果零部件 C_1 的成本降低了，那么零部件 C_2 的成本就会增加，但是零部件 C_3 的成本会减少。

有效的零部件分析所需要的输入和输出信息包括：

输入信息：

- 功能目标成本；
- 现有或类似产品的自制零部件的实际

图表 14　零部件成本分解

		成　本	
零部件	**功　能**	**金　额**	**百分比**
咖啡滤碗	磨碎并过滤咖啡	$9	18%
玻璃水瓶	装咖啡并保温	2	4
咖啡保温器	使咖啡保温	3	6
壶身形状和容水器	装水	9	18
加热元件	将水加热并推动	4	8
电子显示器	控制研磨器械或定时器	23	46
合 计		$50	100%

资料来源：Ansari, Bell, Klammer, and Lawrence, 1997: TC-15.

成本；

- 现有或类似产品的外购零部件的现行成本；
- 表明正在实现质量功能配置目标的零部件功能图和概念手册；
- 现有型号和拟生产型号的零部件规格的比较；
- 使用通用零部件的产品的计划产量；
- 零部件的可获得性信息。

输出信息：

- 自制零部件的目标成本；
- 外购零部件的目标成本；
- 整个产品的零部件目标成本。

图表 14 是一个假想的咖啡壶制造商的零部件成本分解表。这些信息可用于确定在零部件层面的成本削减工作的优先顺序。不过应审慎，以确保零部件层面的目标成本的总和不超过产品的目标成本。一个零部件成本的增加往往需要探求同等幅度地降低其他零部件成本的方法。

成本表

计算现有产品和流程及新产品和流程的可能成本在很大程度上依赖于可靠的历史数据。成本表可用于估计原材料、零部件、公用设施及转化成本。从本质上讲，成本表是一个定义和描述采用不同原材料、生产方法和产品设计的成本影响的数据库。

图表 15 反映了一个假想的成本表的一个分支。其他分支来源于“钻床作业”项

图表 15　成本表结构

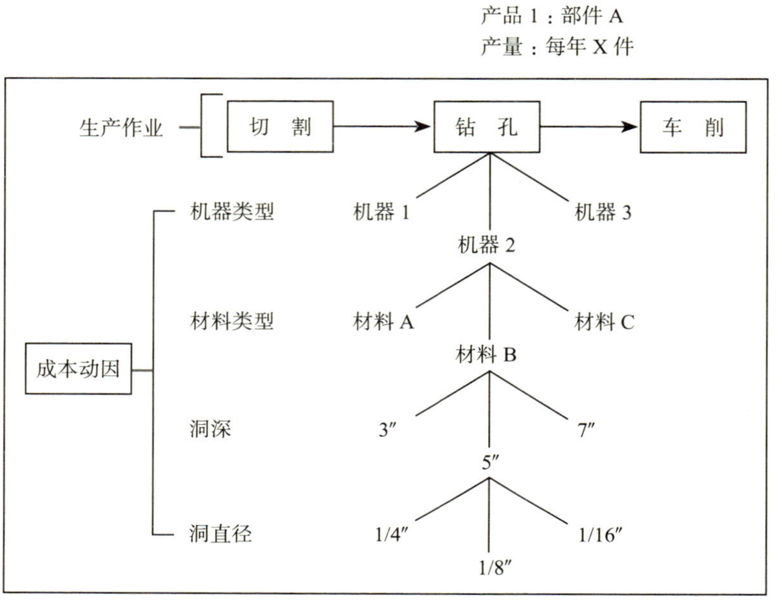

资料来源：Yoshikawa, et al., 1996: F3-25.

下的每个其他成本动因。此外，还可以为"切割"和"车床"作业项绘制类似的分支。在每个阶段，成本表都会反映分解为直接材料、直接人工和制造费用的单位产品成本。

成本表基本分为两类，即约算成本表和详细成本表。约算成本表（approximate cost table）强调已知对产品最终成本具有重要影响的少数关键变量，比如，不同规格的发动机对摩托车设计和生产成本的影响。

与之相关的，详细成本表（detailed cost table）则列出了许多变量与其相关成本之间的关系。成本表一般经过多年才能编制完成，从产品最初设计直至整个生命周期都可使用。成本表应持续更新，作为产品组合的设计和持续管理的关键决策辅助工具。

成本表一般利用跨职能、多角度、跨组织的内部和外部专家经验编制而成。因为 80% 以上的产品生命周期成本都是在产品投产前确定的，所以编制和更新成本表所需要的时间和精力是对现有和未来盈利能力的一种必要投资。

如果与计算机辅助设计相结合，成本表就能实时分析产品、零部件设计或再设计拟发生的变化的成本意义。

最后，成本表还常用于支持产品生命周期各个阶段的“推定假设”分析（即敏感性分析）。

丰田公司将成本表用于五个关键生产步骤，即机械加工、铸造、车体组装、锻造和总装配。成本表详细列示了生产流程的每个步骤的机器费用标准，这些费用标准包括人工、耗电、物料用品和折旧费。丰田公司的成本表的确切形式取决于所分析的生产步骤的类型。例如，就冲压来讲，成本表包含每次冲压的成本，而就机械而言，则包含每机器小时成本。丰田公司的成本表非常细化，在大多数情况下，每条生产线都有各自的成本表。

确定目标成本

一旦确定了目标市场价格和目标利润，就可以计算目标成本了。目标成本反映了组织的相对竞争地位。它还反映了要实现目标利润边际就必须达到的产品生产成本。对于所有参与目标成本管理的人员而言，目标成本就是一个信号，它反映了最终必须实现的成本削减目标的大小。所确定的目标成本应该是可实现的，但也必须付出相当的努力。促进成本目标实现的目标包括：

- 制定持续改进目标；
- 考核绩效；
- 沟通成本要求。

计算目标成本，可以采用目标销售利润率，也可以编制估计成本表。在前一种情况下，可以利用下列两个基本公式之一确定基于销售价格的目标成本，即：

目标成本 = 目标销售价格 ×（1 − 目标销售利润率）

或者

目标成本 = 目标销售价格 − 目标经营利润

同样地，计算目标成本，也可以用估计成本减单位利润改进目标，然后再分离这些成本。

在确定了目标成本管理系统的基本参数以及适当的执行层面之后，注意力就应该转向确定具体的成本与绩效目标。在这一步骤中，一项适用的工具是标杆管理。

标杆管理

为产品或服务建立目标成本的最重要的方面之一就是保证在总体和零部件层面所确定的功能和成本都具有竞争力。标杆管理比较特定产品、作业和结果的成本与竞争者或最佳实践公司的成本，它为目标成本管理提供了有价值的信息。可通过标杆管理研究解决的问题包括：

- 确定完成产品或服务的核心作业和辅助作业的最佳实践；
- 为零部件供应商和内部流程确定客观成本目标和绩效指标；
- 为各可比行业的类似产品、流程或零部件定义质量和生产参数；
- 确定能对总体成本和利润绩效进行总量改进的流程改进措施；
- 基于标杆管理的实地考察和案例研究开发创新型的分析与设计技术；
- 建立能够支持目前及未来改进工作和目标成本管理举措的持续组织网络。

标杆管理流程已由主要实践者程序化为几个步骤。它们所采用的都是集成式标杆管理方法，具体反映为下列五个步骤，即规划、数据采集、分析与集成、实施（执行）以及重新调整，如图表 16 所示。

处于显著竞争弱势的组织从估计标杆成本以及计算标杆成本与目标成本之间的差异中受益最大。如果竞争弱势显著，就不可能在一代产品设计中达到标杆成本。这种组织必须采用多次发布的产品设计战略，为每一次发布制定更为激进的成本目标。标杆和目标成本之间不断缩小的差距就表明实现了同等竞争力。

实现目标成本

一旦确定了目标成本，接下来的目标就是建立既能实现目标成本又能满足所有客户需求的新产品概念。实现目标成本的过程由各种方法支撑，这些方法揭示了成本降低潜力，并且指明了将成本降低潜力转化为设计方案的途径。目标成本管理这一阶段的主要目标包括：

- 优化原材料、零部件和生产流程之间的关系；
- 最小化成本；
- 将设计重点放在质量和成本的市场导向型变量上；
- 将产品开发与客户需求联系起来，实现可持续竞争优势；
- 将产品开发流程联结起来，以便确保产品质量；
- 在实施之前估计成本。

将认可的成本目标转化为可实现的成本需要经过三个基本步骤：（1）计算成本差距；（2）设计产品成本；（3）向生产部门发布设计并进行持续改进。

计算成本差距

计算目标成本（根据目标价格和利润边际计算）与现行成本估计之间的差异是实现目标成本的第一步。以全面吸收总成本为基准，现行成本表示“按现状”估计

图表 16　标杆管理步骤

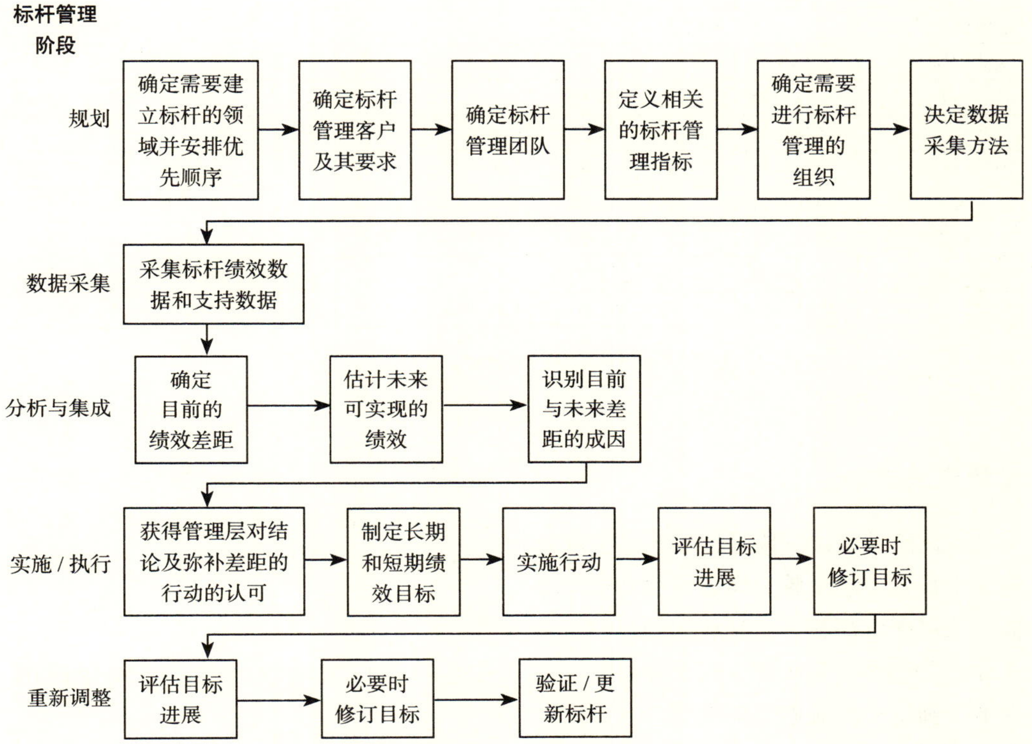

资料来源：IMA, *Effective Benchmarking*.

的生产产品或提供服务的成本。

计算出的成本差距应分解为两大部分：生命周期成本和价值链成本。分解的生命周期成本强调在研发、生产、流通、服务、支持和处置过程中执行的从产生到终结的全部作业的产品总成本。相反，价值链分析则基于成本是组织发生和控制的，还是价值链上的一个合作伙伴（例如，供应商、交易商或处置商）发生和控制的。正如安萨瑞（Ansari）所指出的，“这两种分解都用相同的总成本，但却提供了两种不同的产品成本观。每种成本观都有助于突出需要聚焦的成本降低工作之所在。”图表 17 详细说明了成本差距分析工作。

图表 17　计算成本差距

价值链　→	内部			外部			合计		
生命周期　↓	潜力	现行	差距	潜力	现行	差距	潜力	现行	差距
研究与开发	$3.60(4%)	$5	$1.40				$3.60	$ 5	$1.40
制造	15.30(17%)	20	4.70	$21.60(24%)	$30	$8.40	36.90	50	13.10
销售与流通	5.40(6%)	6	0.60	12.60(14%)	17	4.40	18.00	23	5.00
服务与支持	9.00(10%)	10	1.00				9.00	10	1.00
一般管理费用	18.00(20%)	19	1.00				18.00	19	1.00
再循环成本	4.50(5%)	7	2.50				4.50	7	2.50
合　计	$55.80(62%)	$67	$11.20	$34.20(38%)	$47	$12.80	$90.00	$114	$24.00

资料来源：Ansari, et al., 1996: 146.

设计产品成本

通过产品设计阶段降低成本是实现目标成本最重要的步骤。实现预期的成本降低的关键在于回答一个具体问题，即产品设计如何影响产品从诞生到最终处置的总成本？确定全部成本至关重要，无论发生在产品流通、销售、仓储、服务、支持环节，还是发生在产品循环利用环节，因为由不同功能产生的所有成本要素都受所选择的设计的影响。

例如，重量和控制面板就是烤箱的两个受产品设计影响的要素。如果需要两个人执行装车、运输和安装作业，就会增加这些作业的成本。同样，复杂的控制面板不仅会增加向客户解释产品用途的时间，而且会由于电子和机械零部件的故障增加产品售后支持与维修的成本。最后，所使用的材料最终也会造成环境危害，必须在处置时予以解决。所有这些都会增加产品成本，但客户满意度却没有多少提高，或者根本没有提高。

向生产部门发布设计并进行持续改进

实现目标成本的最后一个阶段是持续改进产品和流程，使成本降低超过仅凭设计所能达到的水平。它包括消除浪费（残料、返工等）、提高产量（即利用原材料生产更多产品）及其他此类措施。

在生产开始之前实现成本降低可由两种具体工具和技术来辅助，即（1）制造与装配导向型设计（design for manufacture and assembly，DFMA）；（2）价值工程（value engineering）。

制造与装配导向型设计

制造与装配导向型设计是一种基于自身制造能力来提高组织竞争力的产品设计方法。具体而言，制造与装配导向型设计聚焦于通过使产品既易于制造又保持一定功能来降低成本。制造与装配导向型设计指导详细的产品设计，确保在制造与装配流程的每个阶段都能实现最低成本和消除浪费的目标。制造与装配导向型设计法基于下列五项基本原则：

- 通过合并零部件（即多功能零部件）减少零部件数量。除非由于材料不同、彼此相对移动或者方便装配和拆卸而需要独立的零部件，否则就将之合并。
- 自上而下装配，而不是从侧面或自下而上装配。
- 零部件设计要对称，以便能够从多个不同方向进行装配。若不能做到，则应确保零部件尽可能地对称，以易于定位和供料。
- 零部件设计要易于操作和插入，不受任何使用限制。
- 尽可能采用灵活的制造流程（例如，金属粉末加工、注模、冲压）。

如果没有制造与装配导向型设计，就未必能实现新产品设计的预期收益。例如，在一家生产机械计数器的组织中，产品设计要求制造极其灵活，因为多条线路必须封装在一个组合式套管内。一旦装配了套管，就不能拆卸了（也就变成废料了）。在产品投入生产之后，发现只有一个人能够稳定可靠地生产，工厂其他人都无法持续完成在封装之前把全部线路装进套管的任务。这件产品的整个生产过程就因一个完美设计概念的不当实施而受到了限制，即它没有应用制造与装配导向型设计。

制造与装配导向型设计通过独特的、低成本但又富有成效的方法把产品概念转化为现实，从而使成本目标得以实现。它所能带来的好处包括：

- 消除多余零部件；
- 积极采用或开发应用广泛的通用零部件；
- 通过拆卸降低现场维修产品的生命周期成本；
- 减少潜在缺陷，以及更正设计或装配问题的相关设计变更提示；
- 提高装配效率和效果；
- 提高有效产出，加快投放市场速度。

制造与装配导向型设计法已在许多组织中得到了成功应用，其中包括波音公司的多个开发项目。在每个开发项目中，都建立了跨职能团队，并开发了提高绩效和降低成本的新产品。具体例子包括波音737驾驶舱气门、波音737风挡替代物和波音737/757客舱侧壁板装配线。各团队

图表 18　波音公司 DFMA 产品设计法应用结果汇总

指　标	项　目		
	气　门	风　档	侧壁板
成本降低	90%	25%	42%
零部件数量减少	79%	10%	45%
装配时间缩短	94%	70%	22%
团队规模	3 人	7 人	5 人
研究持续时间	5 个月	6 周	5 个月

资料来源：Behun, 1995: 101.

都应用制造与装配导向型设计流程开发新产品。图表 18 列示了这三个不同项目所产生的最优结果。

价值工程

组织利用价值工程改进产品功能和质量，同时降低成本。价值工程的范围包括设计成本降低、流程改进以及与供应商合作。价值工程的产出是一系列旨在提高目标产品的价值的改进计划。价值工程强调功能，并且在所允许的成本参数范围内满足客户需求。它超越了现有产品的特定风格或构造，仔细考虑产品的核心功能，从而提出以更少的成本或努力实现预期功能的创新方法。

如图表 19 所示，价值工程研究产品整个生命周期中提出的各种功能和质量要求，其中包括：

- 用户要求：使用目的、使用状态和环境、性能、可靠性、安全性、耐用性、设计、外形、颜色等；
- 销售要求：卖点、有竞争力的性能、有竞争力的价格及相关因素；
- 与设计相关的要求：性能水平、附加功能水平等；
- 与制造相关的要求：加工技术、制造流程及相关的劳动工时、原材料和外购零部件；
- 与流通相关的要求：包装、装卸、仓储、运输等；
- 与成本相关的要求：管理实现目标成本的进程；
- 法律法规要求：专利和实用模型、环境保护法、行业法规、政府指南及相关因素。

图表 20 例示了价值工程成本削减创

图表 19　价值工程框架

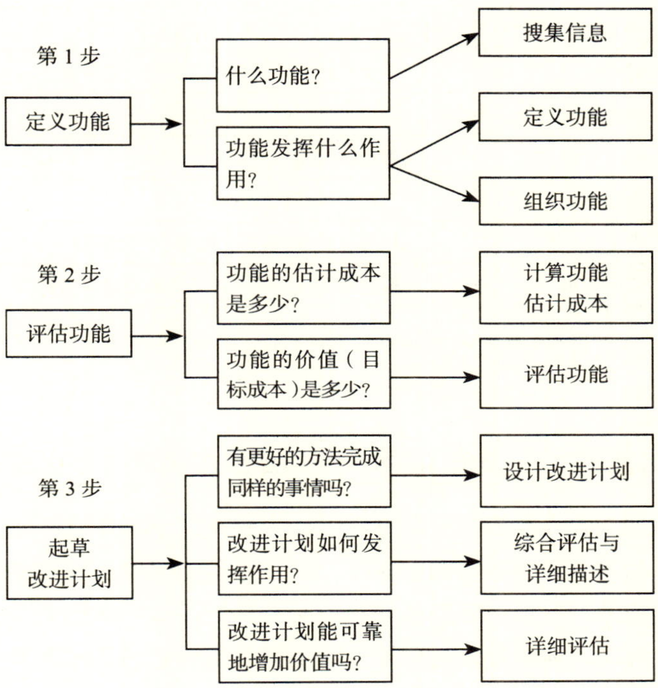

资料来源：Monden, 1995: 220.

意，它们聚焦于减少零部件数量、简化装配、避免超出客户需求的产品过度设计。

日本五十铃汽车公司就是价值工程的一个重要应用者。NAVI-5 传动系统的开发就采用了价值工程概念，它综合了手动变速器省油和性能与自动变速器的便捷。具体而言，它们利用价值工程开发了一种可缩短车内变暖时间的 Gemini（陶瓷）加热器，它聚焦于发动机的初始热能，通过二次加热系统先把暖风导向乘座人的脚部，直到发动机热到足以支持传统的加热系统为止。此外，公司还利用价值工程开发了一种既能在车辆静止时折下又不会在车辆行驶时发生故障的变速杆。

在完成了将目标成本转化为可实现的成本的改进工作之后，注意力就要转向实现生产的持续改进。

图表 20　价值工程成本削减创意

面板亚元件	成本削减创意
动力供应	**降低**功率——超过了现行设计的需要。
柔性线路板	**取消**柔性线路板。采用线束。
印刷线路板	**标准化**线路板规格。采用批量生产的元件。
记时器	与印刷线路板**结合**在一起。
中央处理芯片	用标准的 8088 芯片**代替**个性化设计。
加热连接器	**重新安排**线路板与加热器的连接的布局。

资料来源：Ansari, Bell, Klammer, Lawrence, 1997: TC-20.

一旦生产开始就致力于降低成本

生产的开始标志着成本维持阶段的开始，它强调产品和零部件成本的稳定或持续改进。这一阶段的目标是不懈追求每个生产阶段的成本降低，弥补目标利润与实际利润之间的剩余差距。

已成功实施了目标成本管理的组织，如德州仪器和丰田公司，记录了成本信息在成本降低举措中的重要性。这一阶段的主要目标包括：

- 提供改进的产品成本信息；
- 提供改进的绩效监控；
- 加深对真正成本结构的理解。

实现这些目标的一个有用工具就是作业成本核算 / 作业成本管理（ABC/ABM）。

作业成本核算与作业成本管理

要实现成本降低目标，就需要确定现行成本的动因以及改变这些成本动因的潜在影响等信息。作业成本核算和作业成本管理是有价值的目标成本管理工具，因为它们把注意力集中在产品设计如何导致各种作业的消耗并因此增加总成本上。例如，原材料管理就与外购的特殊零部件的数量有关，而它又是设计复杂性的函数。

作业成本核算和作业成本管理还可用于加深人们对成本项目的理解，比如，制造费用、营销、分销、服务与支持，以及一般管理费用。作业成本核算和作业成本管理为提高现有和预期资源利用效率的决策技术提供信息，而目标成本管理则应用这些信息改变目前可利用的资源的性质和数量。

图表 21　作业成本核算、作业成本管理和目标成本管理之间的关系

工　具	主要目的	成本要素	重　点
作业成本核算	产品盈利能力分析	一般管理费用	有助于制定管理决策的成本分配
作业成本管理	流程再造	一般管理费用和直接成本	流程改进
目标成本管理	战略成本管理	一般管理费用和直接成本	成本削减

资料来源：Sakurai, 1996:124.

图表 21 详细说明了作业成本核算、作业成本管理和目标成本管理之间的关系。作为目标成本管理的主要焦点的直接成本的降低，以及作业成本核算和作业成本管理中间接成本的削减和作业的改进之间的相互作用，为现有产品和新产品创造具有竞争力的成本和利润奠定了可持续的基础。

几乎在每次重大转变中，目标成本管理都可以利用作业成本核算和作业成本管理系统中的信息确定现行实际成本、分析成本的成因，并且通过改变产品设计、开发、制造和销售方法发现降低总体间接成本的方法。在目标成本管理中利用作业成本核算和作业成本管理能提供下列好处：

- 量化作业、成本要素、零部件和产品的成本（无论是增值的，还是非增值的）；
- 确定并估计满足客户的特定功能和质量要求的成本；
- 分析复杂性成本；
- 测定质量功能配置、制造与装配导向型设计和价值工程措施对现行成本和预测成本的影响；
- 提高降低管理费用的行动能力；
- 支持质量成本及相关分析，它反映了组织为实现成本目标而进行的权衡；
- 敏感性分析，它涵盖了基本的成本习性和闲置或未利用生产能力的成本，以提高目标成本估计的准确度；
- 建立支持头脑风暴、同步设计和改进成本管理（kaizen costing）的跨职能、流程导向型成本管理工具。

在卡特彼勒公司（Caterpillar），作业成本核算和作业成本管理是支持目标成本管理的重要工具。这两种工具都用于估计产品和流程成本。在产品开发初期，作业成本核算用于估计总体的产品成本。这有助于初步评估产品可行性。随着产品和流程定义得越来越精确，作业成本管理的预测性流程成本模型被用于估计使用特定流

程的一项功能或零部件的成本。这对于工程师来说特别有价值，因为他们在致力于降低产品和流程成本，提高现有机器和设备的利用效率并消除浪费和流程变化。

六、结束语

目标成本管理寻求在成本发生之前对其进行预测、不断改进产品和流程设计、对外使组织聚焦于客户需求和竞争威胁，以及把组织同供应商、交易商、客户和回收再造商系统地联系起来，建立一个紧密的集成式利润和成本规划系统。

任何组织在向市场提供产品和服务的过程中都不可避免地进行权衡和约束，目标成本管理正是通过积极管理这些权衡和约束来使组织取得竞争优势的工具。由于强调积极主动而不是消极被动的成本控制，目标成本管理把客户需求和功能放在首位，并以此推动产品设计、开发、制造和供应，藉此确保短期和长期盈利能力及成功。目标成本管理重新定义了竞争赛场——一种无法规避而只能应对的挑战。

参考文献

Ansari, S., J. Bell, T. Klammer, and C. Lawrence. "Target Costing" in *Management Accounting: A Strategic Focus*. Homewood, IL: Irwin, 1997.

Ansari, et al. *Target Costing — The Next Frontier in Strategic Cost Management*. Homewood, IL: Irwin and Bedford, TX: Consortium for Advanced Manufacturing-International (CAM-I), 1996.

Behun, J.R., ed. "Design for Manufacturability." *Design Engineering*, vol. 81. New York: The American Society of Mechanical Engineers, 1995.

Cooper, R., and R. Slagmulder. *Target Costing and Value Engineering*. Portland, OR: Productivity Press and Montvale, NJ: Institute of Management Accountants, 1997.

Cooper, R. "Nissan Motor Company, Ltd.: Target Costing System." Harvard Business School Case #9-194-040, 1994.

Dutton, J. John, and Mark Ferguson. "Target Costing at Texas Instruments." *Journal of Cost Management*, Fall 1996, pp. 33-38.

Fisher, Joseph. "Implementing Target Costing." *Journal of Cost Management*, Summer 1995, pp. 50-59.

Guinta, L.R. and N.C. Praizler. *The QFD Book*. New York: AMACOM Books, 1993.

Institute of Management Accountants. Statement on Management Accounting, *Implementing Activity-Based Management: Avoiding the Pitfalls*. Montvale, NJ: May 1998.

IMA. Statement on Management Accounting, *Implementing Target Costing. Montvale,* NJ: November 1998.

Monden, Y. *Cost Reduction Systems.* Portland, OR: Productivity Press, 1995.

Sakurai, M. *Integrated Cost Management.* Portland, OR: Productivity Press, 1996.

Tanka Takao. "Target Costing at Toyota." *Journal of Cost Management*, Spring 1993, pp. 4-11.

Terninko, J. *Step-by-Step QFD: Customer-Driven Product Design.* Boca Raton, FL: St. Lucie Press, 1997.

Yoshikawa, R., J. Innes, and F. Mitchell. "Japanese Cost Management Practices." *Handbook of Cost Management*. New York: Warren, Gorham and Lamont, 1996: p. F-3.

Yutaka, Kato, Germain Boer, and Chee W. Chow. "Target Costing: An Integrated Management Process." *Journal of Cost Management*, Spring 1995, pp. 39-51.

【杨世忠审校】

STRATEGIC COST

题目

约束理论：管理系统的基础

鸣谢

本公告经美国管理会计师协会管理会计委员会批准发布。美国管理会计师协会感谢安达信会计师事务所成本管理竞争力中心的合作。此外，还要向本公告的起草者巴布森商学院的 C. J. McNair 博士（CMA）表示感谢。特别感谢安达信的知识创造经理 Randolf Holst（CMA）对本公告的制定始终如一的监督和指导，以及管理会计委员会委员们所作的贡献。

Published by
Institute of Management Accountants
10 Paragon Drive
Montvale, NJ 07645
www.imanet.org

IMA Publication Number 99342

ISBN 0-86641-278-6

ima The Association of Accountants and Financial Professionals in Business

约束理论：管理系统的基础

目 录

图 表

STRATEGIC COST MANAGEMENT

一、引言

约束理论（theory of constraints，TOC）是由 Eliyahu M. Goldratt 于 20 世纪 80 年代初提出的一种系统管理理念。约束理论的基本论点是：约束限定了任何一种系统的绩效。大多数组织只有少数几个核心约束。约束理论的信奉者提出，如果管理者希望提高组织的绩效，就应该聚焦于有效地管理这些约束的生产能力和核心能力。

约束理论曾一度仅被视为一种生产排程技术，但它在不同组织环境中具有广泛应用。例如，实践证明，约束理论是一个里程碑式的概念，它导致了许多组织的流程改进，比如，艾利公司（Avery Dennison）、伯利恒钢铁公司（Bethlehem Steel）、通用汽车、国家半导体公司（National Semiconductor）、联合航空公司、波音公司、国际电报电话公司（ITT）和宝洁公司。同样，美国空军后勤部也采用了约束管理概念，提高飞机修理站的绩效，而美国海军亦在其运输部队中应用了约束理论概念。

约束理论迫使管理者重新思考一些关于如何实现组织目标、什么是有效行动以及成本管理的真正目的的基本假设。约束理论强调有效产出最大化的必要性，即通过销售实现的收入，它聚焦于理解并管理横亘于组织和目标实现之间的各种约束。一旦确定了约束，约束理论就要求组织的全部非约束资源服从核心约束的需要，结果就是整个资源系统的最优化。

随着组织以及支持组织的财务人员不断了解应提出什么问题以及哪些信息最适于解决问题，为信息工具包增加新模型的需要也在不断增加。约束理论就是这个扩展工具包的重要组成部分，它为人们提供了关于确定能使客户增加值和组织盈利能力最大化的产品与服务这项持续挑战的独到见解和关注点。

二、适用范围

本公告旨在协调与其他主要成本管理措施相辅相成的约束理论管理系统的设计过程。本公告所介绍的方法和原则是对美国管理会计师协会应用研究基金会发起的题为《约束理论及其对管理会计的意义》的研究项目的有益补充。

本公告关注的焦点是物流 / 排程、市场细分和绩效考核方面的约束理论技术。有关“思维流程”（thinking process）和“项目管理”（project management）等一般问题解决技术的探讨超出了本指南的范围，因为对于财务和经营管理来说，它们是人们研究最少也最不引人注目的约束理论概念。本公告所讨论的概念适用于如下两种。

- 大型和小型组织；
- 各行各业的企业。

本公告所提供的信息有助于财务人员及其他人：

- 理解约束理论的基本原则；
- 理解约束理论管理系统的各项要素；
- 确定约束理论对本组织的用途和好处；
- 比较约束理论与不同成本管理方法；
- 设计有效产出会计系统；
- 理解有效产出会计与约束会计之间的区别；
- 理解自身在约束理论管理系统中的作用和职责；
- 提高员工对约束理论管理系统的认识，并获得员工认可。

虽然本公告不能提供关于这些概念的全面知识，但是本公告所包含的信息可以作为探索与实施约束理论的起点。本公告将阐释核心思想，让财务和经营人员基本了解约束理论及其在组织中的适用性和独特挑战。

三、约束理论的基本原则

按照 Goldratt 的观点，约束理论的几个基本原则共同构成了孕育约束理论的肥沃土壤。其中几个主要概念值得强调，因为它们对于采纳约束理论的组织采用的管理方法具有重要意义。这些基本原则包括：

- *把流程/组织作为链条*。这对约束理论很关键。如果流程和组织以链条的形式发挥作用，那么就能发现并加强最薄弱的联结点。这里所说的联结关系，既可以是一个流程中不同步骤或作业之间的联结关系，也可以是供应链上不同组织之间的联结关系。
- *局部与系统最优*。由于相互依存与变化，一个系统的整体最优绩效并不是每个局部最优绩效的总和（局部最优是计算出的组织各职能领域的指标）。换句话说，一个最大化每台机器产出的组织，其运行效果不会像一个确保通过作业流实现材料流和价值流最优的组织那么好。
- *因与果*。所有系统都在因与果的环境中运行。一个事件导致另一个事件发生，这种因果关系可能很复杂，尤其是在复杂系统中。反映系统因果关系的实质并确定效仿这种关系的计量指标，是系统绩效实现最优化的关键。
- *实物约束与政策约束*。系统所面临的大多数约束都源自政策，而不是实物。实物约束（比如，医院护士的数量或者工厂专用机床的数量）都可以客观地确认和处理。政策约束（例如，行为模式、态度、信息缺乏和假设）可能比实物约束更具危害性，且更难以确认和处理。例如，认为大批量生产绩效最优的观念就是政策约束，它阻碍了约束理论或者相关的先进制造方法的实施。

- 总体系统影响。所有组织都是由相互依存的作业构成的系统，每个系统都具有不同水平和类型的可变性。为了使绩效达到最优，管理者就必须理解并聚焦于一项决策或一个事件的总体系统影响，而不仅仅是局部或直接影响。

四、定义约束理论

约束理论是一种强调约束在限定组织绩效方面作用的概念。约束理论促使管理者为了实现盈利的基本目标而去克服约束。约束理论的概念和设计都很别致，它使管理者将注意力集中在妨碍系统绩效的因素上。

约束理论强调在现有流程和产品的一系列定义的约束内实现绩效最优化。约束理论提供了一个行动框架，它将管理者的活动围绕几个显著的系统要素统一起来。

约束理论反映了管理者、管理中心和管理方向上的巨变。它是由几个基本概念形成的转型，它们可用于为任何组织奠定盈利的基础。这些概念包括：

- 新的计量系统；
- 持续流程改进的过程；
- 以整体而不是局部问题为中心的基本决策过程；
- 分析资源和流程之间的关系以及决定公司工作中心的新方法；
- 分析政策问题以得出更简易的解决方案的新方法；
- 提供战略和策略方向的新管理方法。

约束理论收纳了组织的目标和使命是组织存在的原因这一观点。只有组织的所有者才能决定其目标或使命。对于一个公众持有的“盈利”组织而言，其目标就是使今天和明天的利润最大化，因为这正是股东投资的原因所在。

约束理论管理系统通常包含下列因素：

- 物流 / 排程。人们利用鼓 – 缓冲 – 绳子法（drum-buffer-rope）、缓冲管理（buffer management）、V-A-T 逻辑结构分析（V-A-T logic structure analysis）、五步骤法（five-step focusing process）和供应链管理（supply chain management）确定和控制在约束理论环境中从原材料到最终产品的流动。
- 绩效考核。约束理论围绕有效产出、存货和经营费用方面的核心标准建立了一系列将财务绩效与非财务绩效直接联系起来的考核方法。

- 问题解决 / 思维流程。这一流程包括因果图法（effect-cause-effect diagramming）及其构成部分、因果审计，以及解决冲突的"消雾法"（evaporating cloud methodology）。因果图法实质上是一种科学方法，它表明如果在一项成因或事件发生时发现了一个次要的肯定性结果，那么就可以认为这个成因真正导致了猜测的结果。换句话说，同一因果关系必须发生两次或两次以上，才能揭示系统中发现的大多数问题的根本原因。
- 项目管理。项目排程和管理中的标准概念是关键路径法（critical path method, CPM）和计划评审技术（program evaluation review technique, PERT）。约束理论的关键链概念打破了项目管理领域所隐含的无限生产能力假设，同样，约束理论的鼓 – 缓冲 – 绳子法也在生产领域打破了这种假设。
- 市场细分。虽然约束理论最初是一种生产排程技术，但是它已经有了长足的发展。在产品组合和产品定价决策

图表 1　约束理论管理系统图式

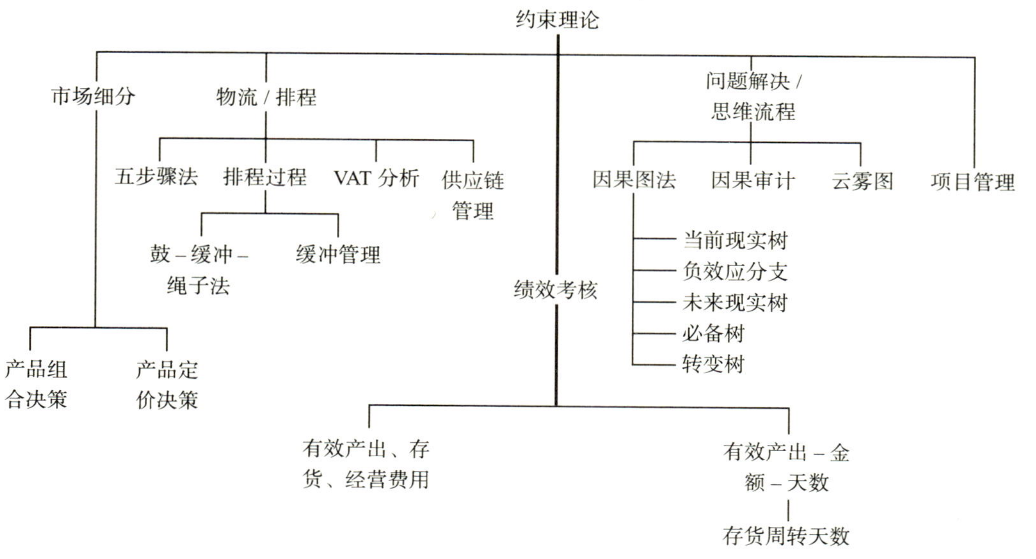

资料来源：摘自 Cox and Spencer, 1998: 16.

领域，约束理论都能为管理者（尤其是成本管理者）提供重要的洞见。

图表 1 把所有这些要素都综合在一起，形成了一个约束理论管理系统图式。

五、约束理论的用途和好处

约束理论在组织中应用广泛。因此，它的好处超越了组织界限和职能领域，具体用途和好处包括：

- 缩短生产准备时间；
- 提高产品和服务质量；
- 大幅提高盈利能力；
- 降低存货水平；
- 减少瓶颈限制；
- 管理约束；
- 控制统计波动；
- 提高竞争地位；
- 协调战略营销与经营决策；
- 引进边际定价概念；
- 在供应链层面应用持续改进。

约束理论在制造业组织中应用广泛，但也可以有效用于提高制造业之外的组织绩效。比如，营销和管理。约束理论可以结合其他管理技术使用，比如，全面质量管理（TQM）和适时制生产（JIT），以提供一套强调各经营领域的持续改进的综合技术。约束理论还被应用于供应链层面，协调上游和下游交易伙伴的作业。

Neil Gallaghar 是美国国际电报电话公司（ITT）夜视系统业务部的总裁和总经理，也是 ITT 国防和电子团队内倡导全面质量管理的专家，他开创了应用约束理论使全面质量管理技术聚焦于销售和盈利能力增长的多种方法。他的团队在夜视系统业务部采用约束理论导向型的全面质量管理使产量翻了一番、有效产出翻了三番、修理车间的生产周期缩短了一半。

美国科特玛公司（Ketema A & E）能够集中流程设计变更和改进工作，以便评估实施一项业务对工厂约束乃至整个组织的盈利能力的影响方面的新要求。有时鉴于对其他业务的影响以及对新生产能力投资的需要，就不会鼓励取得较低价格的大订单。约束理论有助于引导这一过程，以提高盈利能力和现金流量。

正如这些约束理论应用所表明的那样，由于在组织管理及其主要流程中应用系统思维而带来的改进的范围并不局限于车间。约束理论提供了一种平衡组织各项作业（从最初的客户联系到下游的支持和服务）的手段，确保最优先考虑减少抑制对客户需求作出迅速反应的约束。若与信息系统的其他数据结合，如作业成本，约束理论还能帮助组织利用其核心能力优化财务业绩。建立这种联系是管理会计在约束理论的实施和运用中发挥的主要作用之一。

六、管理会计的作用

财务人员在约束理论的实施中发挥着关键作用，他们利用管理会计聚焦于确定、分析和报告影响组织的主要事件和机会。管理会计强调在组织内部开发和维护核心管理信息来源，它是整合决策者可获得的各种信息来源的基础。管理会计在约束理论的应用中发挥的作用包括：

- 提供有效产出、经营费用和存货的经济估计；
- 归集和整合来自约束理论、全面质量管理及相关管理模型的数据，确保报告系统的一致性；
- 验证所确定的约束；
- 为关于有可能提升生产能力的投资分析提供生产能力成本估计和支持；
- 解释关于与其他战略或策略分析的差异的各种基本假设；
- 与经营管理者一起确定缓解约束及其影响的解决方案；
- 开发和维护作业成本管理系统，作为约束理论提供和要求的信息的补充；
- 努力全面了解增量成本模式和基本成本结构，以确保持续约束理论决策包含了对整个组织的阶梯式固定成本和半变动成本的影响；
- 提供有效产出贡献数据，并确定所有决策的相关约束；
- 确定有效产出与经营费用之间的直接联系；
- 报告约束的影响；
- 确保财务职能不变成约束。

财务人员在约束理论环境中发挥的关键作用之一是改进确定约束和经营变化对组织的阶梯式固定成本的影响所需要的全面成本结构信息。随着组织成本结构中固定成本和阶梯式固定成本所占比重的不断提高，理解什么时候会发生新成本就比以往变得更为重要了。了解资源成本的每个增量的生产能力以及如何最好地设计流程和系统以最小化永久闲置或浪费的资源也至关重要。财务人员最具备理解相关成本和边际成本原则方面的专业知识。这些成本原则是约束理论有效发挥作用所假设和要求的知识。

正如组织在许多情况下一样，确保信息收集的统一性、客观以及与其他数据来源形式一致的责任落在财务职能上。这并不意味着应该要求约束理论或其他任何管理系统提供传统的标准成本数据。相反，财务人员必须开发新形式的成本信息，确保这个关键数据来源的设计与维护作为满足整个组织管理者需要的有益补充。如果财务报告系统要保持其相关性和价值，那么财务报告性质和形式的转变就是必不可少的。在约束理论环境中保持相关性，要从理解约束理论方法及其信息要求开始。

七、约束理论物流 / 排程、市场细分和绩效考核技术

物流 / 排程

约束理论的物流和排程方面强调原材料和服务从最初的客户联系到下游支持和服务作业的流动的同步化。

下列要素构成了实施物流导向型的约束理论管理概念的基础：

- 五步骤法；
- V-A-T 逻辑结构分析；
- 鼓 – 缓冲 – 绳子法；
- 缓冲管理；
- 供应链管理。

五步骤法

五步骤法是约束理论的核心，它使管理者能够规划总体流程且将注意力集中在最有可能受系统变化影响的资源上。由于反映了约束理论的基本原则，即系统的绩效受各种约束的限制，这五个步骤为约束理论的实施和运用建立了一个框架。

约束理论的五步骤法中的五个步骤分别是：

- 第一步：确定系统约束。即确定限制有效产出或目标进程的系统约束。
- 第二步：决定如何利用约束。为主要约束制定一项支持系统目标的计划，这就要求在约束条件下充分利用现有生产能力，而现有生产能力往往因生产和销售错误的产品以及不当的约束排程和控制政策（或程序）而浪费掉。
- 第三步：根据上述决策安排其他一切事宜。改变或管理系统政策、流程和其他资源，以支持上述决策。管理者应努力提高约束任务或作业的绩效，以及直接影响约束任务或作业的其他任务或作业的绩效。
- 第四步：提升约束。扩大生产能力或者以其他形式改变作为最主要约束的原始资源的状况。在这一步骤中，新增的生产能力会提高约束任务或作业的总体产出。它与第二步不同之处在于，新增产出来源于新增的外购生产能力，比如，购置第二台机器、工具或实施新技术。
- 第五步：返回第一步。不要让惯性成为新的约束——返回第一步，但不要让在第二步至第四步中所作的决策成为约束。由于实施五步骤法，原始约束任务或作业的改进会导致另一项任务成为约束任务或作业。惯性可能会使管理者忽视提高现在被新约束所限制的系统产出的其他必要步骤。

五步骤法使管理者始终聚焦于组织中真正重要的事情，即系统约束。为什么约束是最重要的目标呢？显然，它决定了整个组织的步调。无论其他部分的运行速度有多快，系统的生产速度也不会超过运行速度最慢的部分。整个链条不会比最薄弱的环节更强。但是，在实践中，它超越了这个概念。

第一步是确定系统中限制有效产出的约束。约束理论强调约束的重要性甚于生产成本的重要性，因为它认为增长来源于通过生产流程改善材料流，而不是通过系统中任何一个领域的单项成本削减。

约束可划分为以下几类：行为约束、管理约束、生产能力约束、市场约束和物流约束。每种约束对组织有效运转都有各自的影响。例如，行为约束就是指员工表现出的造成一般意义上的绩效差的行为和工作习惯；管理约束就是指错误的管理战略、政策和决策机制；物流约束就是指规划和控制系统对系统施加的限制（不同类型的约束将在本公告的附录中详细讨论）。

各种约束相互作用，从而导致有效产出的降低。例如，现实中将成为非约束资源的不周密计划随着时间的推移，会变成真正的约束，即对实际系统约束具有消极影响的约束。批量生产也可能会产生相互影响问题，因为它在系统中设置了人为的缓冲或者批量，从而阻碍了有效产出或者使瓶颈处因缺乏原材料而无法正常生产。关键是理解整个系统中存在的真正约束和创造出的约束，并且确定它们如何影响组织的总有效产出。图表 2 举例说明了制造业企业装配线上

图表 2　确定系统约束

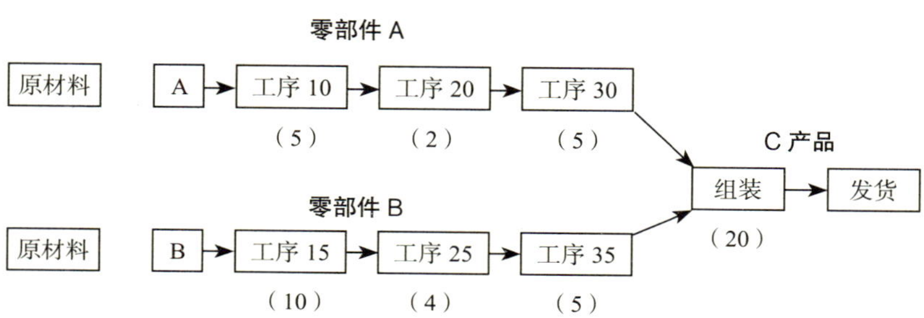

（ ）= 每小时可生产的数量

资料来源：摘自 Cox and Spencer, 1998: 9.

一个假定的生产能力约束。

产品 C 由两个零部件组装而成，即 A 和 B。这两个零部件分别从原材料 A 和 B 开始，经过不同工作中心的三道不同工序：原材料 A 经过工序 10、20 和 30；而原材料 B 则经过工序 15、25 和 35。

零部件的生产不能越过某道工序，然后再返回去，它们也不能在任何其他工作中心生产出来。每一道工序都要求在每个工作中心花费一定的生产时间，而且由于不同的物理工序在不同的工作中心完成，所以每道工序所花费的时间和速度也各异。利用原材料 A，工序 10 的速度可达到每小时 5 件，工序 20 的速度可达到每小时 2 件，工序 30 也可达到每小时 5 件；利用原材料 B，工序 15 的速度为每小时 10 件，这是第一步；工序 25 的速度为每小时 4 件，这是第二步；工序 35 的速度也是每小时 5 件，这是最后一步。

将两个零部件组装成产品 C 很简单，只需要 3 分钟，生产速度为每小时 20 件。但是，制造这两个零部件则需要花费较长时间。零部件 B 的第一道工序（即工序 15）需要 6 分钟，生产速度为每小时 10 件；但是其他所有工序都需要花费更长的时间。零部件 A 的工序 10 和 30 以及零部件 B 的工序 35 的单位生产时间都是 12 分钟。现在，管理约束的中心就显而易见了。

在这个案例中，速度最慢的是工序 20，它用于生产零部件 A，并且决定了整个系统的产出。工序 20 的单位生产时间为 30 分钟。因为每件产品 C 都需要零部件 A 和 B，尽管从理论上讲，每小时能组装 20 件 C 产品，但是实际上每小时却最多只能制造 2 件。速度最慢的工作中心（最薄弱的环节）的产出决定着整个系统的产出。

利用约束是一种减少或消除其对系统的影响的方式，它可通过多种方法来实现。具体而言，即使效率较低，也要尽可能地运用其他机器，藉此转嫁对约束资源的需求，这是第一种方法。第二种方法是要“打破批量”或者减少内部生产准备时间（例如，机器故障），以提高机器或作业的利用率，藉此减轻约束的影响。第三种方法是对约束资源实施质量控制，确保不让次品在瓶颈上浪费关键时间。不论是未加载的、改进的还是优化的，生产能力约束型资源（capacity-constrained resource, CCR）始终是约束理论努力提高有效产出和盈利能力的核心。

在成功确定了系统约束并且采用上述方法之一或类似流程改进技术，从而优化了系统有效产出之后，关键就是要确保其他所有作业都以第二步决策为依据。几乎在任何情境中，这都要求打破系统某些部分的协调，接受闲置时间在某些领域是常态的事实。对于大多数管理者而言，尤其是习惯于追求单个流程效率（即局部最优）甚或以此为奖励依据的管理者，这都是一种难以接受的观念。

计量方法在确保其他所有作业都以第二步决策为依据的过程中发挥着关键作用。它们使系统的各个部分都引起管理者的注意，即使这些部分未必是优化有效产出的关键。因此，改变计量方法以强调约束是五步骤法的关键组成部分。

此刻，组织需要制定一项决策。前三个步骤打破约束了吗（即最初确定的约束不再限制系统绩效了吗）？通常，第二步和第三步就足够了，即利用约束和确保其他所有作业都以第二步决策为依据。若果真如此，组织就可以直接实施第五步。不然的话，下一步就必须是提升约束。

因为尽管组织尽了最大努力使系统发挥最大效率，最初的约束仍然限制着系统绩效，所以唯一能采取的行动就是不断扩大流程受约束部分的生产能力，直到真正打破约束为止。提升约束可能意味着新购置一台设备（即资本投资），或者外包约束的部分负荷，或者也可能简单到把有限的加班制度化，或者增加一个班次。

利用约束与提升约束之间的区别仅仅在于：利用约束意味着在不增加支出的情况下改变组织使用约束的方式，而提升约束则意味着投入更多资金提高约束资源的生产能力。如果创意是花费比目前更多的钱，那么组织就是在提升约束，而不是利用约束。但是，如果没有必要，组织为什么还要花钱呢？显然，只有在确定已经最大限度地利用了约束之后，组织提升约束才有意义。

最后一步是返回第一步，它旨在将持续改进的概念纳入约束理论。如果没有这最后一步，一旦优化了约束，组织就可能停止努力。在约束理论中，追求最优系统绩效的旅程永远不会终止。在管理了一个瓶颈之后，注意力就应该转向寻找下一个抑制组织通过创造客户价值盈利的作业或问题。

许多组织，包括几家大型半导体制造商，都已采用这种五步骤法挖掘工厂中潜藏的巨大生产能力。每次确定了主要约束并予以利用之后，有效产出都会增加，非增值作业都会被消除。不仅要把非增值作业立即从约束中消除，而且要将其从间接影响约束的其他所有资源和流程中消除。这样就使流程以外科手术般的精确度改进了，并且改进过程所花费的时间也会对收益产生显著影响。

例如，人们采用约束理论揭示了在美国德州仪器公司半导体业务中隐藏的5亿美元生产能力。公司能为业界所称的“新的前端”设备预留计划资本支出,因为“新”生产能力可以立即投入使用（相比之下，有的则需经过多年的采购和建设周期）。德州仪器公司能够更快地完成新产品引进周期，由此提供了在产品投放市场的绩效方面的巨大优势和战略定位。

虽然五步骤法是约束理论最常用的要素，但是还有许多其他方法和技术可用于提高系统绩效，包括 V-A-T 产品逻辑结构分析。

V-A-T 产品逻辑结构分析

由于传统的经营组织方式，组织往往将企业视为以产品为中心，包含营销；或者视为以生产为中心，包含工程师和规划者。事实上，开发计算机辅助生产规划方法，比如，材料需求规划（MRP），强化了这种关于企业的职能观。但是，这种企业观往往会导致好经理作出坏决策。

V-A-T 分析是一种打破了传统障碍的方法，它把组织视为产品和流程的相互作用。以系统观审视组织，就出现了三种基本类型的生产结构。每种生产结构要求都是一种与管理规划和控制略有不同的方法。这些相互作用呈现出三种基本产品或产品线结构，即 V 型、A 型和 T 型。

其中 T 型最常见，它描述了大量通用零部件或相关产品在一系列有限的、共享的工作站或作业间流动的环境。T 型产品结构为定义终端产品提供了大量可供选择的性能和选项。例如，汽车、录像机、笔、笔记本和计算机构造就代表了利用类似装配线和子装配线或细微产品差异（例如，颜色、大小等）创造各种产品的产品线。共享资源会迅速成为系统有效产出的约束。

在 T 型结构中，最常见的瓶颈是精加工或包装。T 型结构应注意的第二个问题是确定最优“门槛”作业[1]，它可用于控制订单进入系统。“门槛”作业应该确保进入系统的订单不超过系统约束的生产能力。

V 型结构也比较常见。“V 型结构”表示固定流程式的产品结构，即同一系列的所有产品都采用相同的路径，并在流程中形成产品差异。这些结构是许多流程环境的特征，它们依赖一种或者少数几种材料为市场提供多种独特产品和服务，人们称之为发散式流程。在 V 型结构中，不可能返回或重新确定路径来克服约束。

在 T 型结构中，收敛式的作业主导着管理者的注意力。较之 T 型结构，在 V 型结构中，是发散式作业限制了管理者的灵活性。例如，一旦牛排做成了中等熟度，就不能再供应给要求中等偏嫩或嫩牛排的

1 “门槛”作业代表系统的第一道作业。

客户。根据约束理论，在 V 型结构中，缓冲必须建在瓶颈之前及之后，以确保将对系统造成的破坏限制在最低程度。在发散式系统中，部门效率不能用于考核绩效。包含约束计划及最终客户订单的优先顺序和数量的排程推动着决策和评估。

最后是 A 型结构。A 型结构表示大量原材料、零件和部件加工并组装成了几个产成品。A 型结构利用各种资源提供一系列产品和服务。与 T 型结构类似，在 A 型结构中，作业和子装配线会收敛。但是，在 A 型结构中，在收敛之后仍然会发生大量作业。

A 型结构的特点是潜在路径和种类最多，它为管理者带来的挑战也最大。例如，基于现有生产的独有特征，随着产品组合的转变和主要领域需求的变化，约束资源会在 A 型结构中流动。约束可能是供应有

图表 3　V-A-T 逻辑结构控制点

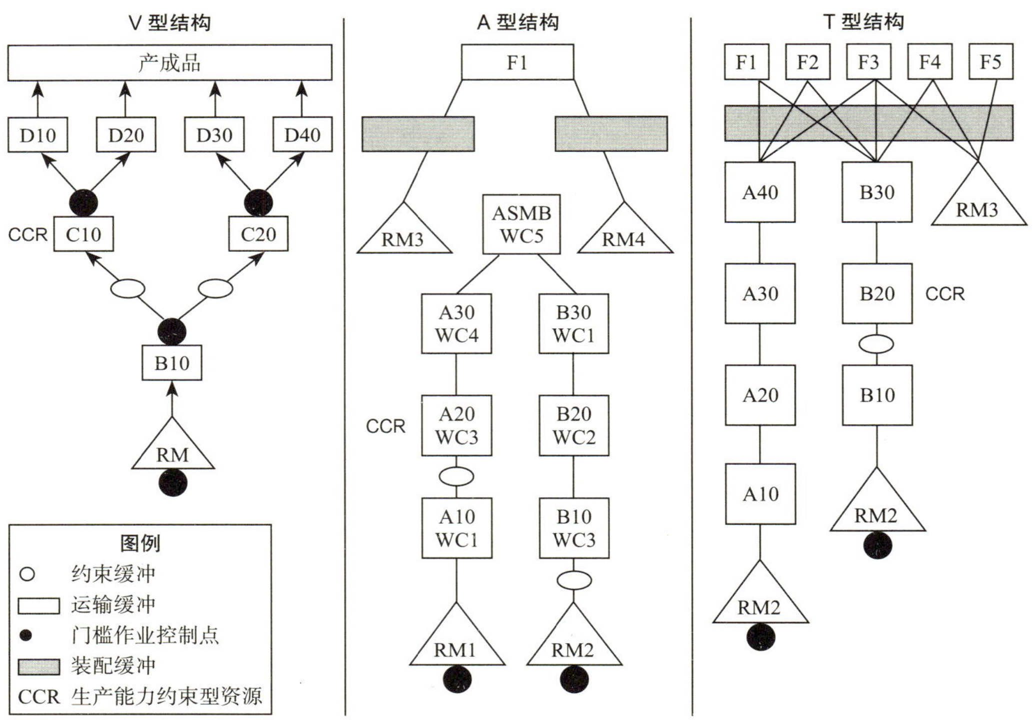

资料来源：摘自 Cox and Spencer, 1998: 127.

限的劳动力的一组技能，也可能是几乎所有订单都使用的一台机器。

在A型结构中，约束一般存在于制造领域，因此必须通过客户订单的优先排序和明确界定的日程表来管理。控制约束、选择门槛作业，以及确保非约束资源不会损害有效产出，是以动态运行为特征的A型结构的最大挑战。

通过采用V-A-T逻辑结构分析，将生产流程视为一个系统，以及通过采用控制点规划和控制材料流动，就可以显著改进生产流程。工厂的管理不是一套统一的作业，而应该是总体流程的一个函数。不同工厂具有不同的流程，也需要不同的管理。采用控制点和缓冲管理进行规划和控制能使管理者更好地聚焦于管理改进活动。图表3列示了每种逻辑结构中的控制点。

如图所示，V-A-T逻辑结构分析帮助管理者发现系统在既定结构下的主要约束并确定最 优有效产出。提升约束和提高有效产出的选择都基于系统的既定结构和基本流程的复杂性。通过强调针对门槛作业的识别与管理，以及利用时间和空间缓冲协调产品或服务在系统中的流动，基于V-A-T的分析为约束分析和管理建立了一个框架，这个框架提供了约束理论逻辑在各种潜在系统和情境中的有效应用。

鼓－缓冲－绳子排程法

所有制造工厂都有相互依赖的事件和统计波动。人们面临的挑战就是管理这些事件和波动，以便组织实现其目标。鼓－缓冲－绳子排程法（drum-buffer-rope scheduling，DBR），也称限制驱导式排程法，它所强调的是在开发排程方法时，将这些不可避免的事件和统计波动纳入系统。

DBR排程法是为工厂制订稳定的、可实现的生产计划及从整体（而不是局部）的角度管理生产设施的劳动生产率并使之最大化的技术。它不同于其他生产技术之处在于，它在解决冲突、建立稳定的生产流程过程中集中于确定资源之间的关系，并且适用于任何类型的流程，无论是重复性的，还是程式的或工式的。DBR排程法还提供了一种改进的保护聚焦方法，从而使干扰对稳定的生产流程的影响达到最小化。

DBR排程法是实施持续提高利润的五步骤法的一种手段，因此从盈利能力角度来讲，它反映了生产管理的巨大飞跃。它的特点在于表明如何基于约束理论为工厂安排生产计划。

DBR排程法包含下列三项要素：

- 鼓；

- 缓冲；
- 绳子。

鼓（drum）

鼓是为系统约束制订的计划，反映了五步骤法的利用约束阶段的一部分。它用于最大化约束的可利用时间，制订主要生产计划（MPS）。就像行进乐队中的低音鼓一样，它是生产设施的鼓点，其他所有资源的生产都要与约束的生产计划同步。

为了安排约束的生产计划，应该在时间轴上为每个订单设置起点和终点，以便满足下列两个条件：

- 有足够的保护措施来确保每个销售订单都准时完成；
- 同时占用同一空间的订单不存在冲突。

虽然为了制订有效的生产计划而必须满足第二个条件，但是第一个条件则受第二个条件的结果的影响。如果时间不够，销售订单就会被推掉，也不会准时完成。

如果出现次要约束，就需要考虑其他问题，即这些被列入计划的资源已接近生产能力上限，它们会因此难以满足主要约束的生产计划的要求。在为主要约束制订了生产计划之后，负荷已接近约束水平的资源就必须受到保护，以确保主要约束的生产计划能够实现。

次要约束生产计划也必须制订，以便能最大化次要约束所能获得的时间。但是，次要约束生产计划必须将已为主要约束制订的生产计划纳入考虑范围。所以，在建立次要约束时，还必须考虑另一项因素。主要约束生产计划与次要约束生产计划之间绝不能存在冲突。

一旦制订了主要生产计划，次要生产计划就必须围绕它制订。如果不成功，就必须重新制订主要约束的生产计划。

缓冲（buffer）

缓冲是为可能出错的事情设置的一种时间机制，它决定了从门槛作业开始的生产准备时间。缓冲等于加工时间加上生产准备时间，再加上确保产品在必要时到达缓冲起点估计所需要的保护时间的总和。三个领域（缓冲起点）一般需要保护，如图表 4 所示：

- 保护运输，以确保零部件准时送达客户；
- 保护约束，以确保资源时间利用率最大化；
- 保护一段流程由约束维持而另一段流程由非约束维持的装配工序，以便在其他非约束资源到达之前，在约束流程中加工的零部件不会在装配工序上等待。

图表 4　DBR 排程系统中的缓冲

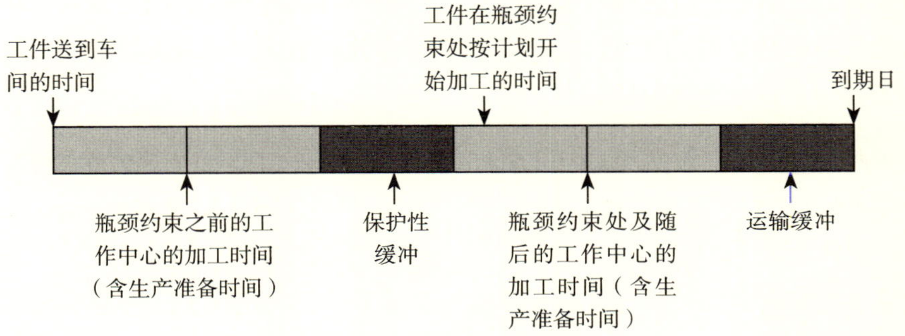

资料来源：Noreen, et al., 1995: 33.

绳子（rope）

绳子是其他资源的同步机制，它包含所有门槛作业的缓解计划。从技术上讲，绳子等于约束生产计划日期减去缓冲时间。材料的送达决定了非约束资源所加工的零部件的时间安排。

采用 DBR 排程法，需要文化上的变革。这种文化变革涉及一种意识，即从定义上讲，非约束工序具有更大的生产能力，因此在工作日中会有一些非生产时间，这是件好事。如果不是这样，工厂就会过于平衡，就不能采用 DBR 排程法有效运行。换句话说，工厂应该是非平衡的，除设计约束之外的所有工序都应该具备更大的生产能力。然后，工厂的其余部分就能正确地制订计划，原材料就能根据计划投入生产。

如果工厂是平衡的，约束就会全天候地运行。为了正确实施 DBR 排程法，工厂必须保持一定的非平衡性，足以使约束显而易见并且定位不变。最重要的是，绝不能为了使非约束保持运行就不断地用工作填充。这不会增加有效产出，只会增加不必要的在产品存货。

总之，DBR 排程法是一种为工厂制订稳定的、可实现的生产计划以及从整体（而不是局部）出发最大化生产设施的劳动生产率的技术。DBR 排程法还提供了一种改进的保护聚焦方法，从而使干扰对稳定的生产流程的影响最小化。例如，位于得克萨斯州的维蒙特钢铁公司是一家工式钢铁制造商，在 20 世纪 80 年代面临着存货周转速度一般、加班日益增加和经济萧条的局面，于是采用了 DBR 排程法更好地帮助管理存货缓冲。DBR 排程法为生产控制详细分析了预期缓冲中遗漏的零部件及其目前的位置和剩余加工时间。由于实施 DBR 排程法而获得的改进包括：

- 某些产品线的实际生产准备时间缩短为行业标准生产准备时间的一半；
- 准时发货的绩效提高至 95%~99%；
- 发货水平提高至公司有史以来的最高水平，但人员仍接近裁员后的最低水平；
- 股权收益率提高了，现金流量比经营计划增加了 60%。

缓冲管理

缓冲管理是约束理论执行中的有机组成部分。无论所管理的缓冲是约束缓冲、运输缓冲，还是装配缓冲，方法都相同。

根据约束理论，缓冲管理构成了生产控制的基础。具体而言，为了满足约束资源的生产计划的要求及相关的客户配送需要，必须制订非约束资源的生产计划，以确保非约束资源在按正确的时间顺序、按正确的生产批量执行正确的工作。

缓冲管理可以作为早期预警系统。缓冲的战略安排可以用于在流程问题出现之前发现它们，作为“鼓”或门槛作业的生产计划的实现与显而易见的约束资源的生产计划的实现之间的缺口。通过比较这两种生产计划，缓冲管理者就能确定任何有可能错过预定配送时间的货物，从而有机会寻找调整生产以避免潜在问题发生的方法。

缓冲管理者调整运输和“鼓”工作中心的生产计划，因为通过 DBR 排程法制订的“鼓”生产计划是导致工厂最大限度地生产产品的时间表，与运输生产计划中的优先顺序是一致的。

如图表 5 所示，缓冲管理工作表可用于协调数量分析，以确保数据采集的一致性。只要一个零部件没有在加速区[2]开始之前到达缓冲起点，就要加速，并记录延误的原因和位置，以及延误的程度。这些信息将用于帕雷托分析，以决定应当采取什么行动以减少必要保护的数量。

缓冲起点表示缓冲在一种资源或运输中的位置。缓冲持续时间向缓冲管理者表明一道工序的缓冲持续时间，以便对所给予的保护建立一种概念。

对保护时间、生产能力和在产品缓冲量的微调被称为动态缓冲。采用持续改进技术，直到问题出现时才缩减缓冲的规模。这些调整不必实时进行。可利用甘特图和

2 加速区，即缓冲中的区域 1。加速区用来表示订单的缺失正在威胁约束的利用，并告知缓冲管理者什么时候加速零部件的生产。

图表 5　缓冲管理工作表

缓冲起点：	资源 C		日期：1991-10-25	
缓冲时间：	16 小时			
姓名：	约翰·史密斯		1 区	
位置	工作站	延误原因	要求送达	实际送达
R-1	123/30	要求焊接	2:15	5:15
R-1	123/20	键槽	3:30	3:45
R-2	121/30	材料用完	5:10	7:10
R-3	126/40	要求返工	1:30	2:30
R-1	131/20	机器故障	2:30	3:30

资料来源：摘自 Stein, 1997: 120.

相关图分析系统，确定其限制。另外，也可利用生产资源规划对缓冲进行敏感性分析。

供应链管理

约束理论可应用于组织之外，延伸至供应链的上端和下端，以降低存货，提高有效产出，增强对不断变化的客户需求的反应。在整个供应链上利用基本约束的概念，就能确定优先顺序和生产计划，确保系统性的限制因素作为一体化排程和物流规划与执行的基础。这些联系可以采用保护性生产能力、保护性时间或存货缓冲的形式。其目标在于确保利用系统约束设定整个材料流和价值流从生产周期的开始至结束的步调，藉此最大化整个系统的盈利能力。换句话说，DBR 排程法的应用可以超越组织界限，以确保约束资源的有效利用。

跨组织的中长期关系正在迅速成为价值创造中的一个重要改进点。建立商业联盟是基于一种观念，即利用整个供应链可获得的资源是卓越绩效的关键。尽管经常将其表述为最大化供应链的核心竞争力，但是为确保最优化，管理用于生产产品或提供服务的流程也同样关键。由于组织界限变得越来越透明，越来越易于渗透，所以实物流和政策（管理）方法上的联系就显得至关重要。

将约束理论概念延伸至供应链所能带来的部分好处包括：

- 供应链存货降低；

- 由于消除了存货和浪费对有效生产造成的障碍，所以反应能力和灵活性增强；
- 在终端客户的准时配送方面的绩效提高；
- 提高了客户价值创造能力；
- 提高了供应链的盈利能力 / 有效产出；
- 由于可获得生产能力仅增加必要增量，所以降低了系统的总资产投资；
- 由于目标明确了，所以简化了关系；
- 整个供应链的成本都降低了；
- 提高了竞争地位。

为了优化集成式供应链管理的好处，各个独立的组织必须步调一致，形成一个听从同一“鼓手”的整体。用约束理论的 DBR 排程法中的要素来比喻，绝非偶然。正如内部流程的运行速度不会超过瓶颈所允许的速度一样，整个供应链的有效产出也不会超过系统中速度最慢的一项业务，无论约束存在于何处。如果商业伙伴注意约束，就可以寻求并实施减轻其对系统利润和绩效影响的创新解决方案。

市场细分

如果组织能以两种不同的价格在两个不同的市场上销售完全相同的产品而不使其中任何一个市场受另一个市场的影响，那么市场就是有效细分的。最恰当的例子就是航空公司的座位。同一个座位可以卖出不同的价格，它取决于预定时间的早晚，无论乘客是否在周六夜间飞行，也无论乘客要求什么样的取消预定的特殊待遇等。市场细分工作的关键在于：

- 产品组合决策；
- 产品定价决策。

产品组合决策

只要存在限制产品生产数量的约束，就必须作出选择一种产品（或产品线）而放弃另一种的决策，以便使利润最大化。

市场细分决策所依据的标准包括：

- 产品的战略重点和长期目标；
- 目前与商业伙伴（供应商或客户）达成的可能限制现有产品组合的变化范围的协议；
- 目前市场上的产品和服务的相对贡献边际；
- 各种产品（服务）组合的需求；
- 各种产品对约束资源的影响；
- 两种或两种以上可获得产品的相互依赖性或互补性采购模式；
- 影响流程灵活性的外购资源约束，比如，生产准备时间长；
- 如果问题是短期性的，可以外包以减轻关键约束负荷的可能性及成本。

过去，解决约束资源的生产能力分配问题所使用的主要财务模型是贡献边际分析。贡献边际分析旨在区分生产的固定成本和变动成本，在约束资源条件下，贡献边际分析将应用下列逻辑。

- 确定每种产品的单位贡献边际；
- 计量每种产品所消耗的约束资源；
- 用产品贡献除以用于获得约束资源单位贡献（例如，分钟）所耗用的约束资源总量；
- 根据相对的约束资源单位贡献为产品进行优先排序，努力增加贡献最大的产品 / 服务的数量（最高至需求水平），以此类推，直至贡献最小的产品 / 服务。

贡献边际，或者一种产品（服务）组合的价格减去变动成本，作为一种传统的管理会计概念，长久以来一直是成本管理的主要工具。盈亏平衡分析强调弥补生产成本所需要的产品数量。计算方法是，用固定成本总额除以单位贡献边际。盈亏平衡分析或者称本量利分析一直被作为一种确保现有产品或新产品能提供足够收入以保证一定盈利水平的手段。

在约束理论领域中，生产能力约束型市场细分的概念不强调价格与成本之间的差距，而是简单地聚焦于最大化有效产出。有效产出，即生产性流程赚取的收入减去所有采购成本（注：存货生产不创造有效产出），是产品组合决策中选择一种产品而非另一种产品的关键。

为最大化约束资源的盈利能力而进行的这一系列计算的逻辑仍然与传统的贡献分析一样。但是，用有效产出值替代贡献边际，基本生产与非基本生产所选择的产品的排序会显著不同。

这两种方法的主要不同之处在于强调系统哪部分的假设。具体而言，约束理论基于管理者应该努力增加投资回报的观念，即强调组织收入最大化的一种方法。而约束理论则认为，在实际经营条件下，人工和变动经营费用是固定的，而不是变动的，所以把这些成本视为使系统做好生产准备而已经发生的投资。只要所选定的生产计划没有引发这些成本增加，它们就与排程决策无关。

如果被问及这个话题，大多数财务人员都会认为组织的成本结构本质上越来越趋于固定（至少在短期内）。鉴于这一事实，人们仍然认为生产计划所导致的总成本的相对数量必须包含所耗用资源的任何增量。在组织的成本结构中，各种阶梯式固定成本可能会由于生产的转型而增加，理解组织的成本结构是管理会计在约束理论环境中所发挥的关键作用。约束理论的简单逻辑是建立在“只存在有效产出和一小簇称为经营费用的其他成本”的观念之上的。如果意识不到后者就相对生产能力和潜在增量成本而言的复杂性，就会丧失盈利能力。避免这种不幸结果的发生，正是管理会计的任务所在。

在约束理论环境中，决策应优先考虑最优化有效产出，然后再考虑存货和经营费用，分别作为第二个和第三个管理问题。其目的是平衡组织的营销、产品开发和费用控制工作。其观念是这种方法将使企业的所有指标都令人满意，包括稳定性、经济增加值和投资报酬率。

只要在整个决策过程中始终将客户偏好和需求作为首要标准，那么无论是否基于约束理论，这里所阐述的逻辑都会对组织有益。在大多数情况下，关键是要保持一种平衡观。显然，过多地关注成本降低而牺牲客户满意度或组织实际盈利能力不仅不合乎逻辑，而且也是经营下策。但是，只强调绩效维度（无论何种绩效维度）而忽视其他指标也同样危险。

产品定价决策

产品定价在任何组织的战略定位中都是一个关键问题。虽然价格通常由市场决定，但是任何订单的接受都必须经卖方认可。价格接受通常是用售价减去销货成本计算出的预计利润边际的函数。图表 6 列举了三种可能的市场细分。

图表 6 的第一列表示 XYZ 公司的现有市场，其中产品 AFG 售价为 300 美元，标准成本为 260 美元。销售团队告知管理层如果降低价格，就能另外获得两个市场。在新增市场 1 中，价格必须降至 200 美元，而在新增市场 2 中，则必须降至 100 美元。

传统成本会计会把 200 美元细分市场的损失按每件 60 美元计算，而 100 美元细分市场的损失按每件 160 美元计算。大

图表 6　细分市场的产品定价

产品 AFG	现有市场	新增市场 1	新增市场 2	
	传统分析	有效产出分析	有效产出分析	新市场要求
销售价格	$300	$200	$100	
材料	80	80	80	没有约束
人工	60			不新增人工
变动生产管理成本	120			不新增生产管理成本
总变动成本	$260	$80	$80	
贡献边际	$40	$120	$20	

多数组织都会立即意识到新订单应该分摊一定的管理费用，所以 200 美元细分市场的订单只会勉强接受。因为 100 美元细分市场的价格不包含原材料和人工成本，所以它会被拒绝。但是，正如在外购（自制）决策中一样，基于成本矩阵的影响是完全不为人知的。如果新细分市场的零部件将由非约束资源制造，那么就不需要额外人工处理新订单。人工是一项非变动费用，因为除非使用安排加班或者新雇人员，否则工资就会保持在每周每名员工 40 小时的水平上。按这种方式计算，200 美元细分市场的单位利润将是 120 美元，而 100 美元细分市场的单位利润将是 20 美元。

在组织使用非约束资源的细分市场中，价格应该是可以获得的高于原材料价格的最高价。任何新订单都会威胁到生产能力。如果制造一个零部件所使用的资源要求扩大生产，那么存货就会增加。

如果零部件要在约束条件下制造，那么就必须将约束的单位有效产出与目前的水平进行比较，如果小于后者，就不应该接受订单，除非其他情况要求接受订单。如果 300 美元和 200 美元细分市场都会产生内部约束，那么显然接受 100 美元细分市场的订单就意味着丢失其他两个细分市场的订单。为了正确地进行市场细分应做到：

- 产品在一个细分市场的销售不应该对产品在另一个细分市场的销售产生消极影响；
- 每个细分市场都必须使用相同的资源；
- 细分市场应该灵活，这样当一个市场的需求疲软时，组织仍能从其他细分市场获得足够的业务。

按照约束理论，为了接受订单，销售代表必须了解：

- 单位约束目前的销售数量；
- 所研究的产品能吸收多少约束；
- 客户愿意支付的价格；
- 订单对非约束有没有消极影响。

绩效计量

对于任何变革努力，证明其效果的都是绩效提高程度，约束理论也不例外。组织如何才能知道约束管理的改进是否对整个系统产生了积极影响呢？一个相关的问题（组织如何计量局部决策对实现企业目标的能力的影响？）把重点放在了适当优化系统绩效上，而不是单个指标绩效。

确定是否有所改进所需要的评估从根据某种标准验证人人称颂的改进开始。虽然经常采用诸如投资报酬率之类的指标，但是它不能说明改进是否是基于约束理论模型的应用而发生的。投资报酬率也不能说明为了实现进一步改进应该聚焦于何处。这类指标因根据过去业绩进行分析的性质而使管理者或悲或喜，但绝不会更聪明。随着组织采用新方法、新模型和新思想，在这类指标中，投资报酬率和大多数传统指标都需要调整或替换。

为了使组织在实现持续流程和系统绩效改进的决策和行动中发挥作用，就必须在所采用的财务指标（比如，净利润和投资报酬率）与经营指标之间建立直接联系。约束理论在建立这种联系方面特别有效。

经营指标

约束理论指标基于一种简单关系，它强调任何局部行动（即约束管理）对组织目标进程产生的影响。所有指标（无论是财务指标，还是经营指标）都建立在三个相同的基本概念的基础之上，即有效产出、存货和经营费用。

- 有效产出：整个系统通过销售（产品或服务）创造收入的比率。有效产出的计算公式是：

  有效产出 = 销售收入 − 外购材料成本

  为了计算有效产出，必须减去全部非组织创造的收入。但是，还应该从销售收入中扣除其他一些金额，包括：

  √ 分包成本；
  √ 销售人员佣金；
  √ 关税；
  √ 运费，如果公司不拥有自己的运输渠道。

  例如，假设一个组织按 50 美元的价格销售产品。如果产品包含从供应商那里购入的零部件成本 15 美元；销售佣金为每笔销售的 10%（5 美元）；单位运费为 1 美元，那么有效产出就是 29 美元。

- 存货：系统在所有旨在销售的产品上投入的全部资金。存货包括任何实物存货，比如，在产品、产成品和原材料。有些财务人员认为存货应该是系统的全部投资，除了所有实物存货之外，还包括工具、建筑物、资本设备和办公家具。在约束理论中，存货的价值不包括系统本身增加的价值，具体而言，存货价值不包括直接制造人工和间接制造费用，而仅包括为从外部供应商购入以及用于生产存货的零部件所支付的金额。
- 经营费用：系统为把存货转化为有效产出而支出的全部资金。经营费用包括诸如直接和间接人工、物料用品、外部承包商和利息支出之类的支出。这些费用之所以被视为经营费用，是因为员工都要为将存货转化为有效产出负责。折旧也被划为经营费用，因为它反映了将存货转化为有效产出的费用。

人们可能会问：为什么要考虑有效产出、存货和经营费用呢？传统的财务指标（即净利润、投资报酬率和现金流量）已经告诉了我们想知道的一切。从财务报告的角度看，可能确实如此，但是日常经营决策是在经营层面制定的，而不是在财务办公室里制定的。直线主管或中层经理要确定其行动会对净利润、投资报酬率或现金流量产生怎样的影响并不容易。但是，在与经营决策相关时，有效产出、存货和经营费用更易于理解，例如：

- 决策能使人们更好地利用最受约束的资源吗？
- 决策能充分利用最受约束的资源吗？
- 决策能提高销售总收入吗？
- 决策能加快送达客户的速度吗？
- 决策能提供竞争者所没有的产品或服务特点吗？
- 决策能为我们赢得回头客吗？
- 决策能减少废料或返工吗？
- 决策能降低保修或替换成本吗？

如果上述问题的回答是肯定的，那么决策就能提高有效产出。

- 我们需要减少原材料或外购零部件吗？
- 我们能减少库存材料吗？
- 决策能减少在产品吗？
- 我们需要通过减少资本性设施或设备来完成同样的工作吗？

如果对上述问题的回答是肯定的，那么决策就能减少存货。

- 管理费用能降低吗？
- 支付给供应商的款项能减少吗？

如果对上述问题的回答是肯定的，那么决策就能减少经营费用。

这些都是中层管理者和直线主管所作的决策，即使不理解这些财务术语，它也能确保对净利润、投资报酬率和现金流量产生有利影响。

有效产出、存货和经营费用如何在经营决策中运用与其定义同样重要。简单的数学运算就能说明净利润会随着有效产出的增加而增加，随着经营费用的降低而增加。而且，有效产出也可以通过增加销售收入或者降低变动生产成本来提高。只要存货保持不变，任何增加净利润的努力都能提高投资报酬率。如果存货能减少，那么即使净利润未增加，投资报酬率也能提高。事实上，采用适时制生产系统的目的也正在于此。此外，如果有效产出提高或者创造有效产出的时间减少，现金流量就会增加。当然，这里的假设是节省的时间被有效地运用在了创造更多的有效产出上。

有效产出、存货和经营费用为约束理论模型中经营指标与财务指标之间建立了联系，这些绩效指标有助于公司理解其盈利多少以及如何更好地利用其各种能力提高盈利能力。约束理论的独特之处在于提高盈利能力所需要的质问应用在了经营层面。

传统的绩效指标聚焦于直接人工效率和单位成本，而约束理论指标则集中在增加有效产出与减少存货和经营费用上。约束理论强调组织必须有效地生产产品才能在市场上取得最大成功，而不是必须有效地生产产品。换句话说，约束理论提倡生产客户需要的、有价值的产品与服务。生产流程是根据市场需求建立的，而不是由批量生产的要求及使用廉价材料来源、低成本直接人工和机器效率来决定的。因此，以提高效率为目标的标准成本系统实际上可能会减少有效产出。

在考核绩效时，有效产出与存货之比，以及有效产出与经营费用之比有助于管理者同时考虑经营指标和财务指标。正如下面两个指标所反映的，约束理论指标的这三个核心要素的结合提供了大量关于系统劳动生产率及其将资源投资转化为销售收入和利润的能力的信息。存货周转率越高，原材料在系统中的流转速度就越快，系统的效益就越大。通过强调有效产出，而不是传统的财务指标，约束理论确保了绩效不是由生产只能储存的产品所“创造”的。

$$劳动生产率=\frac{有效产出}{经营费用}$$

$$材料流动速度=\frac{有效产出}{存货}$$

辅助经营指标包括适时制配送、生产准备时间的减少、实物存货周转的改进，以及废料、返工、退回和调整等方面的改进。一旦建立了这些指标，它们还可以用于分析每项内部决策对其他主要财务指标的影响，比如，净利润和投资报酬率等外部指标。

这些指标可直接与净利润、投资报酬率和现金流量等传统指标联系起来。净利润实际上就是一定期间的有效产出减去经营费用。

$$净利润=有效产出-经营费用$$

投资报酬率就是净利润除以存货（或投资）。

$$投资报酬率=\frac{有效产出-经营费用}{存货}$$

现金流量就是净利润（有效产出减去经营费用）加上或减去同一期间的存货变

化。

现金流量 = 有效产出 − 经营费用 ± 存货

在实施了约束理论管理系统的几个组织中，经营管理者都是根据公司总体目标考核绩效，即在一定水平的经营费用和生产能力以及一定水平的存货条件下，在一定日期交付一定订单。利用绩效考核指标创造新的文化或树立新的思想是实现这些绩效目标的关键部分。如果绩效指标与绩效目标不一致，就会成为持续改进的障碍。

采用约束理论的公司还可以采用的与组织财务目标一致的局部绩效指标包括：

- 有效产出 – 金额 – 天数；
- 局部经营费用；
- 存货 – 金额 – 天数。

有效产出 − 金额 − 天数——反映准时绩效的指标。这个指标量化了工厂偏离客户承诺的程度。它是通过赋予每份延期订单一个等于有效产出乘以订单延期天数的值计算得出的。从理论上讲，有效产出 – 金额 – 天数应该是零，因为不应该存在延期订单。订单的有效产出价值越大，这个指标变大的速度就越快。它还会随延误时间的增加而增加。这个有效产出 – 金额 – 天数指标并不仅限于考核工厂对客户承诺的偏离，它还能有效地用于在企业内部考核每个生产部门、工作中心的产品交付绩效，甚至诸如设计和会计之类的职能的绩效。赋予这个指标考核绩效欠缺的责任，是约束理论有效管理的一个关键要素。

局部经营费用——简单比较责任中心的实际与计划支出的指标。采用这个指标，反映了管理者不应该为控制范围之外的费用负责的事实。不可控费用不应该分配给一个领域。在约束理论中，确定一个领域的计划费用仍是一个悬而未决的问题，但是，大多数约束理论的倡导者都提出以某种形式的预算或计划作为这个指标的基础。

存货 − 金额 − 天数——反映过剩存货的一个指标。过早完成订单的成本反映在投入存货的资金数量和订单提前完成的天数上。通常，不止一个单元（部门或工人）负责在客户提货之前完成的订单，或者在需要之前完成的零部件。存货 – 金额 – 天数指标旨在计量一个部门（或工人）对订单或零部件提前完成应付的责任。过剩存货的严重性取决于存货投资的多少及其持续时间。从理论上讲，存货 – 金额 – 天数应该为零。

有效产出会计（TA）

有效产出会计（troughput accounting）提供了一套明确的绩效指标，它们把经营结果与财务结果有形地联系起来。管理者可以利用这种联系支持约束理论管理系统的实施。有效产出会计是将有效产出、存货和经营费用作为替代组织大多数传统成本管理报告和分析的管理决策工具的直接结果。

有效产出会计实施了约束理论管理的主要方面。有效产出会计将管理者的注意力集中在三个基本目标上：

- 提高有效产出；
- 降低存货；
- 降低经营费用。

有效产出所强调的是组织的基本现金流量。从这方面看，它被支持者视为评估组织的经济增加值的可靠信息来源，如图表 7 所示。

在有效产出会计中，关键的杠杆作用

图表 7　有效产出会计（TA）与经济增加值

约束理论有效产出增加值（TVA）= 真正的“经济增加值”

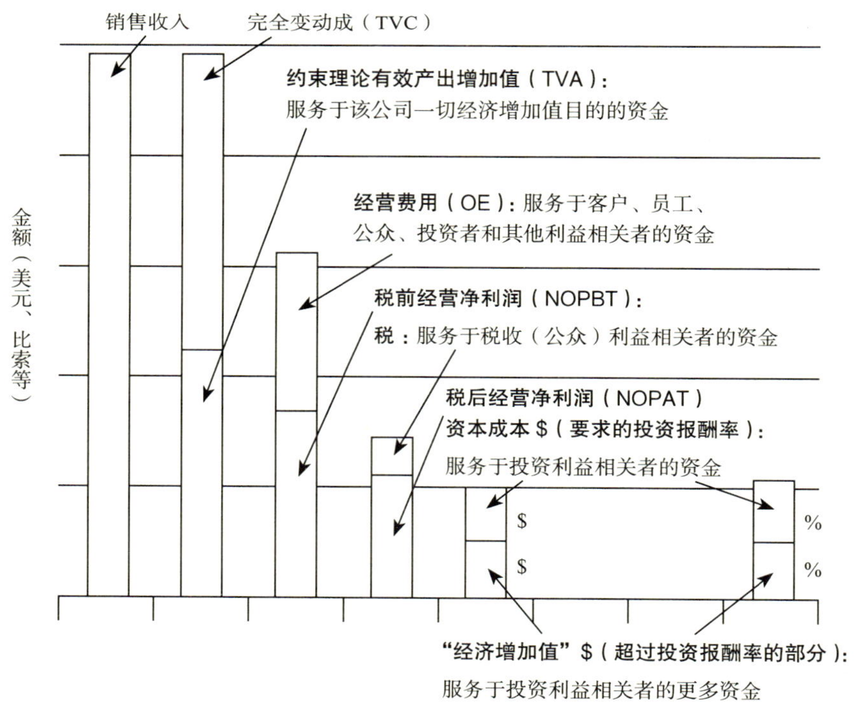

资料来源：McMullen, 1998: 99.

点是有效产出的增长，即“使经济蛋糕做得更大”的能力。在约束理论世界中，并非所有经济指标或绩效指标都是平等的。保护和提高有效产出增加值（TVA：销售收入减真正变动成本）始终要在降低存货或降低经营费用之前优先考虑。由于提高有效产出增加值更重要，所以降低经营费用应该比降低存货更优先考虑。投资和经营费用水平应该予以控制，而且，还要适当时候在降低措施不影响提高当前或未来有效产出增加值的情况下予以降低。

有效产出会计从还原会计系统分配给产品或服务的固定成本开始。有效产出会计认为这些成本在经营层面不是可变的，或者不是相关的，所以有效产出会计将其从管理者采用的核心指标中剔除了。虽然汇总财务数据实际上保持不变，但是由于内部报告中没有分配固定成本，所以会导致不同的管理决策，受影响的领域包括：打造竞争优势的定价决策和营销决策。

实质上，有效产出会计就是变动成本法，只不过在将真正变动成本从阶梯式变动成本、阶梯式固定成本和混合成本中区分出来方面做得更精确（如图表 8 所示）。直接人工和变动管理费用的排除使变动成本法得到了更精确的应用。但是，运用这种更细化的成本分配方法也加重了管理会计的负担，它必须确保在新绩效指标采用之前，基本成本结构已得到了认可、记录和验证。

有效产出会计和传统管理会计假设的

图表 8　变动成本法与有效产出会计

传统变动成本法	直接人工被划为固定成本的变动成本法	有效产出会计	简化的有效产出会计
收　入	收　入	收　入	收　入
– 直接材料	– 直接材料	– 完全变动成本	– 直接材料
– 直接人工			
– 变动管理费用 *	– 变动管理费用 *	= 有效产出	= 有效产出
= 贡献边际	= 贡献边际		
– 固定费用	– 固定费用	– 经营费用	– 经营费用
= 利　润	= 利　润	= 利　润	= 利　润

* 变动管理费用，含生产类和非生产类

资料来源：Noreen, et al., 1995: 14.

第二个主要区别在于用已实现销售收入替代传统收入计算。实际上，有效产出会计采用的是收付实现制的收入确认法，即直到现金已经入账时，才确认“收益”。这种方法是所有收入确认方法中最严格的一种，它的货款回收的不确定性近乎零。但是，内部完工与确认收入入账的滞后性也十分显著。

对于许多采用有效产出会计的组织而言，传统的收入减去销售折扣与折让就是起点，因为这是最合乎逻辑的起点。事实上，没有进行调整的组织在实施有效产出会计时就遇到了各种问题。关键不在于收入何时确认，而是存货在约束理论系统中从未被视作有效产出。

约束理论的第三个主要假设是：一旦存在一定水平的生产能力，所有与之相关的经营费用就都不再是可变的。正是这一假设使约束理论只剩下一个杠杆作用点，即有效产出。在约束理论世界中，流程改进只聚焦于消除约束以提高有效产出。消除非增值工作及其相关成本并不是主要目标。在组织中，在约束理论管理系统下的整个决策过程都缩减为通过收入最大化提高投入资金（经营费用和存货）的回报。

约束理论与传统管理会计的第四个区别在于，约束理论在计算存货价值时不包含系统增加的价值。存货只包含将成为下游有效产出的材料和零部件的采购成本。在约束理论中，传统产成品存货以及过剩的在产品和原材料存货均属于负债。它们不能创造有效产出的成本，而创造有效产出才是主要目标。

最后，有效产出简化了传统管理会计模型，它不仅强调主要杠杆作用点，即有效产出、经营费用和存货，而且建立了一个决策体系，帮助确定提高盈利能力及回报的最优方式。在利用系统时应牢记这些简化的假设。如果这些假设看似无效，就有必要予以适当修订，以便利用基于约束理论的信息制定的决策为组织创造预期的效益。

对于管理会计而言，约束理论是一种有用的分析工具，它应该在适用时运用，应该以可靠的方式开发，准确地维护并且随着时间的推移进行修订。问题不在于约束理论和传统会计哪个是“正确的”方法，而是在于管理者持续追求提高组织盈利能力和绩效的过程中哪种信息形式最有用。

博泰橱柜公司（Bertch Cabinet Mfg.）是一家木制橱柜及配套用品（如镜子）的全集成制造商，总部位于中西部。博泰公司的年销售收入使其稳居美国国内橱柜制造商的前 10% 的行列。博泰公司采用了有效产出会计，帮助管理层根据有效产出边际评估公司各分部及其产品。

在博泰公司，有效产出会计的其他用途还包括：

- 定价决策；
- 确定新合同机会的报价；
- 重点产品决策（基于单位约束的有效产出）。

约束会计（CA）

约束会计（constraints accounting）是一种会计报告技术，它与持续改进过程和约束理论的实施是一致的，具体包括：

- 明确考虑约束的作用；
- 具体说明有效产出对贡献的影响；
- 使有效产出与经营费用脱钩。

只有采用了某些产品流程控制方法，一项措施才能成为约束理论管理措施。如果不考虑约束，这就很难做到，更不用说绩效考核了。

有效产出会计的有效产出、存货和经营费用指标仅提供了一个简单、明确的比较方式，因此适用于许多决策支持情况。但是，约束会计更加深入。约束理论要求确定约束以及监控约束、理解其行为的方式。

因此，有效产出会计实质上是理解有效产出、存货和经营费用这三个概念及其在决策支持和对报告的细微修订方面的应用。而约束会计则超越了这一阶段，它适用于人们认为有必要了解和计量实物约束之时以及具备计量和规划能力之后。

八、约束理论与成本管理

约束理论为人们提供了一种关于如何最好地控制经营的崭新的观点。它不适用于强调成本吸收和标准成本差异分析的传统会计系统。原因有多方面，包括：在约束理论环境中，为了“赚取人工小时数”和降低管理费用而积聚存货是一个格格不入的概念。

按照较传统的成本管理观，管理者往往主要聚焦于降低单位成本。其他的可能不太关注单位成本，而强调降低组织的经营费用和存货（投资）。在这种背景下，很少有管理者聚焦于提高工厂的有效产出。按照约束理论倡导者的观点，在这些令人担忧的趋势背后隐藏的是管理会计系统及其对单位成本和分配的过度关注。具体而言，他们提出传统的成本管理标准具有两个方面的危害：

- 传统方法会分散人们实现组织目标的注意力。营利性组织的股东期望从其对组织的投资中获得合理回报。如果这种期望得不到满足，股东就可能撤回投资，另投他处。因此，对于组织的长期健康发展最重要的是让股东感到满意。股东的满意度会随着产量增长、利润超过竞争者，以及为消费者满意度的持续提高而进行的组织管理而增加。在这个过程中，不应该忽略成本。它们应该被摆在正确的位置，作为在一定的约束资源能力条件下评估优先顺序的基础。最小化成本不是发展战略，而最大化有效产出才是。

- 传统会计的应用实际可能会降低有效产出和利润。如果成本是绩效提高的主要指标，那么它往往会使管理者大幅削减预算、裁减人员。因此，组织最终会是涸泽而渔，虽然目前受益，但却损害了将来。在约束理论模型中，确定和管理主要约束是首要目标。虽然在真正发生财务危机时缩小规模和削减成本是合理的，但是在实施这些决策之前，应当首先分析约束是什么、如何更好地利用约束增加收入。目的不是通过降低成本提高利润，而是寻找提高组织的固定成本和资源的利用效率以减少浪费并提高盈利能力的方法。

虽然有效产出会计不是产品成本核算方法，但是它的确从较传统的成本核算方法中借鉴了许多核心概念。这两种方法在记录和报告组织的财务业绩方面也有显著差异。通过审视几种核心的管理会计方法，即吸收成本法、变动成本法、相关成本分析和作业成本核算，我们就能更好地理解这些差异。

吸收成本法

吸收成本法（absorption costing）通过把原材料、直接人工和制造费用的“公允分摊份额”结合起来，形成了一种完全产品成本。人们发现吸收成本法与有效产出环境不协调，因为它会惩罚存货降低的管理者。过剩的存货是应当削减生产的信号。在传统成本中，这会导致未吸收的管理费用，而在约束理论下，降低存货则会提高有效产出。对生产经理来说，前者会被视为一种不利结果，而后者则是约束理论背后的推动力。

在约束理论中，存货应被消除；而在吸收成本法中，它则是弥补成本的基础。如果当下不存在需求，吸收驱动型的逻辑就会使公司提前生产产品以将管理费用“吸收”进存货。约束理论没有采用吸收成本法，而是采用了变动成本法的某种变形，它首先假设直接材料是唯一的变动成本。

变动成本法

有效产出会计类似于变动成本法，因为它极其强调管理因素的变化（有效产出的增加）而产生的成本增量变化。在概念层面，有效产出与较传统的贡献边际估计非常相似（贡献边际即销售收入减所有变动成本）。如前所述，其差异在于，约束理论所采用的变动成本定义比贡献边际分析所采用的更严格。具体而言，有些约束理论的倡导者认为只有原材料成本才应该从销售收入中扣除以计算有效产出。但是，其他倡导者则采用了较中庸的方法，指出任何真正变动的成本都应该从收入中扣除以确定有效产出的价值。

虽然约束理论与变动成本法之间存在许多相似之处，但是也有一个显著区别，即产品成本不是约束理论的目标。相反，约束理论把产品成本视为一个任意的量，故聚焦于优化系统绩效。各经营单元的信息（比如，传统的完全产品成本）无助于追求系统有效产出的提高。

相关成本分析

相关成本分析是约束理论的关键要素。但是，正如在所有管理会计教材中所阐述的一样，相关成本分析并不包含传统产品成本中确定的全部成本要素。与传统会计模型一样，约束理论认为各备选方案之间不存在差异的成本与管理决策无关。在诸如增加还是减少产品之类的决策中，应该考虑约束理论所提倡的具体估计是生产停止后经营费用的降低与有效产出的降低二者间的比较。

作业成本核算

多年来，人们一直在争论：寻求打破限制利润的既定范例的组织应该采用作业成本核算，还是约束理论管理系统。这是因为应用基于作业成本核算的分析所制定的决策并非总是与约束理论所指明的决策一致。产生这种结果的原因多种多样，包括：作业成本核算认为从长期来看所有成本都是变动的，而这正是许多决策分析的相关时间框架。相比之下，约束理论则以短期最优化为导向，故大多数成本本质上都是固定的。

人们撰写了大量关于作业成本核算与约束理论的互补方式的文章。虽然这两种管理方法的主要倡导者在概念上意见不一致，但是事实上每种工具都提供了独特的信息和洞见。管理会计的目的就是理解使用哪种工具、什么时候使用以及为什么使用。

关键的问题不仅在于作业成本核算与约束理论在时间定位上不同，而且在于约束理论针对的是机器密集型部门，而作业成本核算则对人员密集型领域而言更具信息价值。在人员密集的环境中，资源是灵活且可以重新部署的，员工决定工作流程的速度，大多数资源成本都基于工资。在这种环境中，作业成本核算就是主要的数据来源，因为它对过度消耗员工时间和精力的工作不利。它还可用于推动降低非常规订单和客户对系统的影响的改进工作。

相反在机器定调的环境中，情况则截然不同。机器，而不是人，决定了工作流程的速度；机器，而不是工资，导致了大多数成本。在这种情况下，成本就是建立和维持长期生产能力的成本的替代变量。因为系统中占主导地位的成本是没有弹性的、固定的，所以在短期内关注它们就没有什么意义，或者根本没有意义。例如，利用目前空闲时间完成的生产准备就不会对系统造成增量成本，而在生产能力受约束的情况下（即没有空闲时间）完成的生产准备就有效产出而言成本非常高。这些事实推动着约束理论把重点放在消除在约束上浪费的时间，而不是担心成本。在机器密集型部门中，成本在短期内是不可变的。

这种逻辑推动了美国肯塔基州的一家酿酒厂对约束理论与作业成本核算的集

图表 9　约束理论与作业成本核算下的生产、营销和行政管理

（千美元）	波旁威士忌	杜松子酒	伏特加	合　计
销售收入	$105 000	$39 000	$36 000	$180 000
材料	31 500	11 000	11 750	54 250
佣金	5 250	1 950	1 800	9 000
有效产出净额	$68 250	$26 050	$22 450	$116 750
广告—直接费用	3 000	1 500	1 400	5 900
对非直接作业的贡献	$65 250	$24 550	$21 050	$110 850
营销—其他费用	4 471	2 339	2 140	8 950
行政管理	6 163	3 247	3 040	12 450
生产间接费用	46 900	17 700	18 150	82 750
经营收益	$ 7 716	$ 1 264	$(2 280)	$ 6 700
总加仑	30 000	15 000	14 000	
有效产出净额 / 加仑	$ 2.28	$ 1.74	$ 1.60	
变动成本 / 加仑（材料与佣金）	1.23	0.86	0.97	
ABC 成本 / 加仑	3.24	2.52	2.73	

资料来源：Demmy and Talbott, 1998: 22.

成。虽然约束理论的简单化在实施速度上有优势，但是，分析表明约束理论会使组织的成本结构过于简化，以至于对长期决策无益，甚至有害。最佳解决方案似乎就是建立一种混合系统，充分利用作业成本核算与约束理论的优点。如图表 9 所示，具体方法就是采用约束理论分析制造成本，以计算出制造“贡献”，而采用作业成本核算分析辅助费用（人员密集型）并将其分配给三条主要产品线。这种集成使酿酒厂不仅能够回答传统的本量利分析问题，而且有助于评估盈利的产品线，更好地回答按产品和客户划分的净收益盈利能力问题。

九、结束语

约束理论为管理理念带来了一个新的维度，对传统的审视组织盈利能力的方法提出了一项有趣的挑战。由于在各种组织和各种环境中得到了广泛应用，所以采用约束理论的组织似乎都认定它有助于实现许多管理目标，包括持续改进。

就像其他形式的信息一样，采用约束理论也应该从目的或必须实现的要求出发。最后，每个组织的目标都是一样的，即通过比竞争者更好地满足客户需求而使盈利能力最优化。这正是信息系统所要服务的目的。

附录：“约束”详解

行为约束

行为是指对所遇到的环境和具体情况作出的反应或采取的行动。培训、教育、考核系统、经验、态度，以及秉性都会影响人们的行为。只要行为与现实冲突，并且对组织的一般考核造成了消极影响，那么就称其为行为约束，许多不同因素都能导致行为约束。最普遍的成因可能与考核系统相关。“告诉我你将如何考核我，我就告诉你我会有怎样的行为”（Goldratt, 1990）。无论是隐性的，还是显性的，考核系统都决定了人们的行为方式。最好的例子就是“保持忙碌”的概念。

最难改变也最具破坏性的行为之一就是资源必须“保持忙碌”的概念。其假设是：无论员工忙于什么，最终结果都会对组织有益。这种假设又通过利用率指标得到了强化，依照这个指标，任何资源都必须得到充分利用，否则组织就会赔钱。管理者和员工都持有这种概念，尽管原因未必相同。这种行为所波及的后果就是存货开始攀升、产品组合变得不平衡、生产计划落后，以及材料出现短缺。

行为约束的另一个例子就是在生产准备期间最大化节约的倾向。如果按这种方式规划生产准备，并且缺乏有关其对有效产出、存货和经营费用的全面影响的了解，就会造成盈利能力下降。如果从全局的角度来看，这种方法简直是荒谬的，对盈利能力的消极影响往往是可预测的，但是却难以说服工长采取其他行为方式。

管理约束

不合理的管理政策往往会使实物资源不能充分利用，或者不能正确利用非约束资源创造有效产出。例如，如果销售代表的佣金政策是采用作业会计来决定将哪些产品投放市场，那么它就不能有效利用资源以实现盈利能力最大化。事实上，这种政策会导致盈利能力的严重下降。再比如，如果一项政策将质量成本定为聚焦改进工作的机制，那么就可能会造成花费在改进一个领域上的钱不能促进组织总体盈利能力的提高。

生产能力约束

只要对资源的需求超过了其所能提供的生产能力，就会存在生产能力约束。生产能力约束可以是人，也可以是机器，它会限制有效产出的创造。主要约束是指限制整个组织的产出的约束。次要约束则限制恰当地从属于主要约束的能力。换句话说，如果资源需求增加到了它很难满足主要约束的需要水平，就认为该资源是次要生产能力约束。

市场约束

也许最重要的约束是由市场造成的约束。市场控制产品、定价、交货时间、产品和服务的需求数量及质量，它还确立创造有效产出的必要条件。只要市场需求低于组织资源的生产能力，就存在市场约束。虽然市场约束有许多成因，但是大多数是由管理政策造成的。

物流约束

任何时候一旦发生了源于组织规划和控制系统的问题，就可以认为存在物流约束。材料需求规划系统对生产能力不敏感，它不仅会对资源的同步化造成许多问题，而且会增加存货，加剧已有的生产问题。例如，如果采购过程很麻烦，每笔采购都必须从三个不同供应商的三个报价中选择最低的价格，那么它实际上就会限制有效产出的创造。

术语表

瓶颈（bottleneck）：生产流程的约束。它是指限制生产能力的流程步骤，或者资源需求等于或大于生产能力的任何时候。

缓冲（buffer）：用于保护一个生产流程或项目的计划有效产出、交货日期或成本估计的在产品存货、时间或预算预留。

缓冲管理（buffer management）：一项用于管理必要保护额度和控制工厂缓冲区的过程的技术。

约束（constraint）：限制有效产出或阻碍系统实现其目标的流程、流程步骤或其他事项。

约束规划（constraint schedule）：为了利用工厂的生产能力而为生产能力约束型资源制订的规划。

关键链（critical chain）：实现一个项目目标的一系列相互依赖的作业，它明确考虑资源的可获得性。关键链不同于关键路径表中进行资源分配所获得的路径。关键链定义了一条通过预先解决资源竞争来提前完成项目的替代路径。

关键链汇入缓冲（critical chain feeding buffer, ccfb）：处于项目作业链末端的时间缓冲，它维持着关键链。

关键链资源缓冲（critical chain resource buffer, ccrb）：设在关键链中确保资源能在需要保护关键链日程表时获得的一个缓冲。这个缓冲是对资源可获得性的一种保障，并不增加关键链的时间。它所采取的形式是与资源订立合同，确保其在最近可能需要的期间的可获得性，无论是否会立即使用。

鼓－缓冲－绳子法（drum-buffer-rope）：即限制驱导式生产排程法。鼓是工厂约束的生产能力，用于制订总体有效产出规划。缓冲是从战略上建立的在产品存货，旨在消除由于统计波动而造成的约束饥渴。绳子是指约束与材料投放到进入流程之间的信息联接。

五步骤法（five focusing steps）：确定约束并提升约束的五步骤过程。

存货（inventory）：将原材料转化为有效产出所需要的设备的全部投资。

经营费用（operating expense）：用于管理约束理论型组织的主要指标之一。即将原材料转化为有效产出所耗费的全部资金。

统计波动（statistical fluctuations）：一般成因造成的产出数量或质量差异。

有效产出（throughput）：用于管理约束理论型组织的主要指标之一。即系统通过销售创造收入的比率。

有效产出会计（throughput accounting）：运用有效产出、存货和经营费用这三个基本指标来管理组织及其决策的财务、会计方面。

参考文献

Atwater, B., and M. Gagne. "The Theory of Constraints versus Contribution Margin Analysis for Product Mix Decisions." *Journal of Cost Management*, January/February 1997, pp. 6-15.

Campbell, R.J. "Steeling Time with ABC or TOC." *Management Accounting*, January 1995, pp. 31-36.

Campbell, R.J., P. Brewer, and T. Mills. "Designing an Information System Using Activity-Based Costing and the Theory of Constraints." *Journal of Cost Management*, January/February 1997, pp. 16-25.

Cox, J.F., and M. Spencer. *The Constraints Management Handbook*. Boca Raton, FL: St. Lucie Press, 1998.

Demmy, S., and J. Talbott. "Improve Internal Reporting with ABC and TOC." *Management Accounting*, November 1998, pp. 18-24.

Goldratt, Eliyahu M. *The Haystack Syndrome*. Croton-on-Hudson, NY: North River Press, 1995.

Goldratt, Eliyahu M., and Jeff Cox. *The Goal. Great Barrington*, MA: North River Press, 1992.

Goldratt, Eliyahu M., and Robert F. Fox. *The Race*. Croton-on-Hudson, NY: North River Press, 1986.

Holman, J. "ABC vs. TOC: It's a Matter of Time." *Management Accounting*, January 1995, pp. 37-40.

Kee, R. "Integrating ABC and the Theory of Constraints to Evaluate Outsourcing Decisions." *Journal of Cost Management*, January/February 1998, pp. 24-36.

Low, J. "Do We Really Need Product Costs? The Theory of Constraints Alternative." Emerging Practices in Cost Management, 1994. MacArthur, J. "From Activity-based Costing to Throughput Accounting." *Management Accounting*, April 1996, pp. 30-38.

McMullen, T. *Introduction to the Theory of Constraints (TOC) Management System*. Boca Raton, FL: St. Lucie Press, 1998.

Noreen, E., D. Smith, and J. Mackey. *The Theory of Constraints and its Implications for Management Accounting*. Montvale, NJ: Institute of Management Accountants, and Great Barrington, MA: North River Press, 1995.

Ruhl, J. "The Theory of Constraints within a Cost Management Framework." *Journal of Cost Management*, November/December 1997, pp. 16-24.

Ruhl, J. "An Introduction to the Theory of Constraints." *Journal of Cost Management*, Summer 1996, pp. 43-48.

Ruhl, J. "Applying the Theory of Constraints to Enhance Profitability." *Handbook of Cost Management*. New York: Warren, Gorham and Lamont, 1997, pp. F5-1-F5-41.

Salafatinos, C. "Integrating the Theory of Constraints and Activity-based Costing." *Journal of Cost Management*, Fall 1995, pp. 58-67.

Spoede, C., E. Henke, and M. Umble. "Using Activity Analysis to Locate Profitability Drivers." *Handbook of Cost Management*. New York: Warren, Gorham and Lamont, 1997, pp. G3-1-G3-8.

Stein, R. The Theory of Constraints — *Applications in Quality and Manufacturing*. New York: Marcel Dekkes, Inc., 1997.

Westra, D., M. Srikanth, and M. Kane, "Measuring Operational Performance in a Throughput World." *Management Accounting*, April 1996, pp. 41-47.

【王斌审校】

管理会计公告

Statements on Management Accounting

战略成本管理

STRATEGIC COST

题 目

实施生产能力成本管理系统

鸣 谢

本公告经美国管理会计师协会管理会计委员会批准发布。美国管理会计师协会感谢安达信会计师事务所财务解决方案中心的合作。此外，还要向本公告的起草者巴布森商学院的 C. J. McNair 博士（CMA）表示感谢。特别感谢安达信的知识创造经理 Randolf Holst（CMA，加拿大）对制定本公告始终如一的监督和指导。美国管理会计师协会也感谢先进制造国际联盟（CAM-I）在本公告制定过程中给予的支持，以及管理会计委员会委员们所作的贡献。

Published by
Institute of Management Accountants
10 Paragon Drive
Montvale, NJ 07645
www.imanet.org

IMA Publication Number 00350

ISBN 0-86641-286-7

ima® The Association of Accountants and Financial Professionals in Business

实施生产能力成本管理系统

图　表

一、引言

对组织的资源进行有效管理是实现经营利润的关键的第一步。资源是绩效的保证，但是只有资源得到了有效利用，绩效才能实现。如果企业购买了资源，却由于需求不足、工厂布局效率低下而造成资源闲置，或者其他任何计划内或计划外的闲置，那么资源的生产潜能就会被浪费掉。

生产能力成本管理系统的核心是：了解需要对哪些资源进行组合以提供最优有效产出、衡量这些资源组合或系统创造价值的能力限制，以及追踪资源组合或系统的利用模式和成本。解开盈利能力谜团的关键是要重视资源能力、资源价值创造能力和实际利用情况之间的关系。正如亨利·福特曾指出的："我们不能向一个造成浪费的人支付报酬。"无论这里的"人"是指人力资源、机器、流程，还是无形资产，浪费的生产能力都会转化为利润的损失，而不是利润的创造。客户不会弥补组织浪费的资源，浪费要从利润中减除。

组织的最终目标是在客户需要的时候生产客户所需要的产品，并且以最少的有形和无形资源满足现在和未来的客户需求。要实现这个目标，组织就必须清楚地了解一个流程的运转需要哪些资源，如何使流程的内在浪费最小，以及如何利用组织的流程和资源，以实现价值创造与成本之间的关系的最优化。要使单位成本耗费实现价值创造最大化，即达到最高的劳动生产率水平，就必须建立一个可靠的生产能力信息数据库。这些信息使管理者能够在众多生产能力潜在用途、解决生产能力缺陷的结构和方法、为组织所有利益相关者创造最大价值的方式中作出选择。生产能力成本管理（capacity cost management, CCM）是组织实现利润潜力所需要的基本信息来源。

二、适用范围

本公告旨在帮助组织了解如何实现资源投资或流程能力的最优化。本公告所介绍的方法和原则是最佳实践、过去和现在的流程最优化方法，以及现有生产能力成本管理模型的汇编。本公告也是美国管理会计师协会应用研究基金会（FAR）发布的《总生产能力管理：实现经营、策略和战略层面的最优化》研究项目的补充。

本公告的核心在于实施生产能力成本管理系统。对确保最优有效产出的各种流程设计方法的讨论不在本公告的范畴之内。排程算法及其他围绕流程日常管理的问题和实践也不在本公告的讨论范围之内。相反，本公告将注意力集中于成本与报告系统的定义、建立和应用，以使管理者能够制定有效的生产能力设计和利用决策。

本公告所讨论的概念适用于：

- 大型和小型组织；
- 各行各业的企业。

本公告所提供的信息将帮助财务人员及其他人员：

- 理解生产能力成本管理的基本原则；
- 了解生产能力成本管理系统的各种要素；
- 确定生产能力成本管理系统的用途和好处；
- 了解系统约束性资源水平与可控的资源水平的成本意义；
- 设计一个生产能力成本管理系统；
- 提高报告与分析的能力，有助于管理者有效利用组织的能力；
- 加深管理者对生产能力成本管理系统的认识并赢得其对系统的认可。

生产能力成本管理处于管理流程的核心地位，它确保了组织的资源能够充分利用在客户重视的活动中。要实现这一管理技术的优势，首先需要了解其基本原则。

三、生产能力成本管理的基本原则

生产能力成本管理的基本原则强调系统的设计及生产流程的基本运行，从而使价值创造流的可变性和被破坏程度降到最低，同时实现资源利用最优化。具体而言，生产能力成本管理融入了下列基本原则：

- 系统定义原则：生产能力成本管理是一种基于系统或流程的方法，它强调资源之间的相互依赖关系，而不是单项能力；
- 客户驱动原则：资源的有效利用来源于为满足特定客户或市场需求而定义并应用流程能力和资源；
- 以约束为中心：生产能力成本管理的重点在于确定、计量和追踪界定一个流程的能力的约束；
- 成本导向原则：生产能力成本管理详细阐述了各种流程模式和资源利用与产品及企业总成本之间的关系；
- 降低可变性：生产能力成本管理的目标是了解可变性对所使用的总资源和所创造的产出的影响，无论是流程的可变性，还是流程所支持的产品 / 作业的可变性；
- 以产出为中心：降低可变性的目的是为了实现为客户创造且被客户珍视的产出最优化；
- 浪费最小化：确定、计量和追踪流程中的资源浪费，或者由于流程的运转所造成的资源浪费，是生产能力成本管理所关注的主要问题；
- 决策导向原则：建立和维护生产能力

成本管理系统的动机是支持现有资源利用、创造新能力及组织不再需要的资源的处置等方面的管理决策；

- 信息驱动原则：生产能力成本管理系统的设计旨在提供关于主要生产因素的最佳信息，或使人了解生产的主要因素。信息价值应该始终是推动系统设计决策的原动力；
- 经济合理性：应该采用成本效益分析确定生产能力成本管理系统的信息类型及数量的限度。

这些指导原则共同构成了生产能力成本管理系统的核心，界定了数据库的边界，建立了系统的分析与报告能力，并决定了所包含信息的详细程度。生产能力成本管理系统强调及时提供相关信息，以帮助管理者推动资源利用的最优化，为客户创造价值。一个设计完美的生产能力成本管理系统的目标不胜枚举，而了解现有流程的成本、流程和产品设计及设计变更的成本意义，以及闲置资源的影响只是其中的几个。

四、定义生产能力成本

生产能力成本管理结合了复杂的组织经济学理论，因为它努力利用组织资源为所有利益相关者创造价值。生产能力成本是这个难题的第一个要素。生产能力成本包含一整套用于推动经营决策、策略决策和战略决策的估计和利用水平衡量标准，它反映了组织结构、战略及流程之间的关系。定义生产能力成本的主要问题和概念包括：

- 定型生产能力成本；
- 可控生产能力成本；
- 瓶颈资源；
- 流程变化；
- 生产能力极限（例如，理论的、实践的、标准的、预算的或实际的）；
- 最低成本或竞争性成本；
- 生产能力利用衡量标准；
- 分析的时间框架；
- 供应链能力（例如，灵活性和反应能力）；
- 资源成本可变性。

定型生产能力成本

流程的几个特征之间相互作用，从而定义了生产能力成本。首先，在流程设计过程中，要确定资源组合及要求，它定义了组织成本的基准水平，即最低的成本水平。在流程设计范围内，资源成本既是不可避免的，也是不可变的。此外，流程设计还确定了瓶颈，即限制流程的有效产出或价值创造能力的流程约束。产品设计定义了80%~90%的产品生命周期成本，同样，一个流程或系统的设计也决定了它的成本和绩效极限，即定型成本。生产能力的定型成本（committed cost of capacity）由流程的结构及其所支持的作业驱动。通过比较虚拟公司与较传统的同行业公司（例如，耐克和匡威），我们就能发现生产能力的定型成本影响竞争力的一种更显而易见的方式。在耐克，几乎找不到什么组织结构。公司既不制造产品，也不运输产品，而是依赖特许供应商提供必要的资产和技术实际生产产品。耐克将自身的内部资源都集中于营销和研发，采用灵活的供应结构，从而使它能对不断变化的时尚和市场趋势迅速作出反应。耐克的定型生产能力成本很低。

作为耐克的主要竞争者之一，匡威公司则对运动装市场采取了完全相反的经营方式。匡威拥有并经营自己的生产设施，这些生产设施遍布全球各地。匡威本质上更传统，它把大量资产，乃至公司的未来，都系在了现有工厂和生产设施上。匡威的生产流程的定型生产能力成本很高。

耐克和匡威在同一个市场竞争同样的客户，但却采用了截然不同的组织结构。耐克拥有的资源很少，在原材料价格或汇率朝着不利的方向发展时，公司就会面临更大的风险。匡威避免了这些风险，但却

图表 1　流程设计与定型生产能力成本

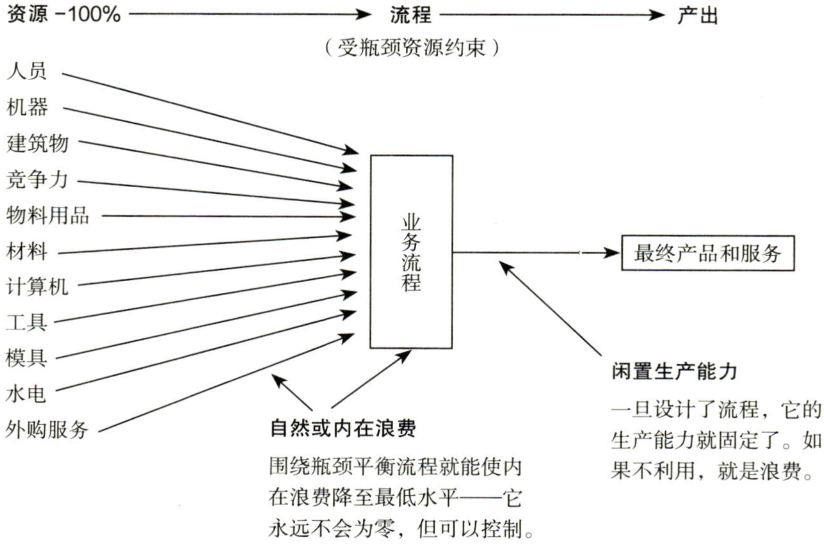

资料来源：McNair and Vangermeersch，1998:33.

面临着其他风险，由于公司在特定国家或竞争领域进行了大量固定资产投资，因此削弱了它的灵活性和市场反应能力。

如上页图表 1 所示，组织的定型生产能力成本都是由它为客户创造价值所使用的生产流程及其他主要流程所决定的。流程设计之后，它所利用的每种资源就成为所定义的流程的专用资源。如果各种资源的能力没有进行合理的平衡，就会产生潜在的浪费。

例如，如果一个工作单元连着 10 台机器，并且受一项瓶颈作业的约束，那么无论其余 9 台机器能生产多少，流程也只能按瓶颈机器的速度生产产品。除了瓶颈所涉及的机器的潜在浪费之外，大量其他资源和成本也会嵌入流程，比如，人工、场地、电力、物料用品和附属设备（如工具和模具）。无论这些资源能提供什么产出，它们也只能利用到瓶颈所能够支持的水平。这些资源所拥有的任何超过瓶颈的能力都会永久地被浪费掉，而这种流程内在的浪费只有通过流程的重新设计才能消除（另一种形式的浪费）。

可控生产能力成本

随着资源的投入，流程启动，可控生产能力成本就成为关注的焦点，如图表 2 所示。为了使资源利用最大化，实现最优经济规模，决定流程人员配置和组织稀缺资源配置的最佳方式就要求持续分析客户需求、供应商能力及资源可获得性和成本。定型生产能力成本决定了最低总成本水平，即使组织不生产一个单位产品，而可控生产能力成本则反映了运行这些资源创造价值所需要发生的成本。定型生产能力成本反映了准备成本，即为满足客户需求

图表 2　可控生产能力成本

人工
物料用品
电力
监管成本
〃
〃

$$\frac{\text{可控成本总额}}{\text{人工小时数}} = C_m$$

C_m = 单位时间可控成本，它用流程的可控成本总额除以人工小时数或理论可控时间总量计算得出。

而建立的固定资产及流程的成本。

要利用这些定型的资源，还需要其他生产因素，比如，人工和电力。如果定型资源闲置了，那么就能避免发生可控生产能力成本。当然，这种闲置状态肯定有一个缺点，即不能为客户提供产品或服务，所以也就不会创造任何收入或利润。如果组织的产品没有需求，那么闲置工厂和设备就远胜于利用工厂和设备。资源利用引发了可控生产能力成本，它反映了一个流程的最高成本水平，即如果一个完全由人工操作的流程闲置了，由此所造成的浪费就相当大。

在设计生产能力成本管理系统时，首先要做的工作之一就是区分定型生产能力成本与可控生产能力成本。这两种形式的生产能力成本具有截然不同的生产能力基准特征（估计可使用的时间），可受行动影响的程度也不同。定型成本水平越高，就越需要持续利用流程，以实现必要的规模经济。而可控成本水平越高，则越需要确保人工操作流程的每一分钟都得到有效利用，从而为客户创造价值。但是，对于一个已准备好生产产品或提供服务却闲置起来的流程而言，闲置的定型成本绝不会像总成本（定型成本与可控成本）那样重要。理解这两类基本的生产能力成本的区别是为设计和利用组织稀缺资源制定有效战略的第一步。

瓶颈资源

人们很早就认识到了瓶颈在约束系统产出中的作用，但是成为管理文献的最前沿还是在 20 世纪 80 年代中期，它是由 Eli Goldratt 在他的开创性著作《目标》（The Goal）一书中提出的。Goldratt 的著作聚焦于实现流程 / 瓶颈产出与实际客户需求之间的最优化匹配。Goldratt 的著作基于的前提是：只有用于生产会直接创造收入（销售收入或有效产出）的东西时，生产能力才有价值。

瓶颈资源决定了它所在的整个流程的生产速度。换句话说，瓶颈就是组织价值创造的门槛。瓶颈即主要约束，它决定了系统的产出水平以及在什么时候生产。出于这种原因，企业主要精力应集中于确保瓶颈资源的生产能力不浪费，比如：

- 在瓶颈之前设置质量控制，以确保只有合格产品才能消耗这种稀缺资源的生产能力；
- 减轻瓶颈资源的负荷，或者寻找某种方法以减少对瓶颈资源的需求；
- 检查经过瓶颈资源的所有产品，以确保其真正需要利用瓶颈资源；
- 通过轮班使因休息、午餐、换班或其他相关因素而造成的产量损失最小化，从而减少瓶颈资源的闲置时间；
- 通过分散批量或者其他方法确保生产

能力损失降至最低，从而充分利用瓶颈资源的每个作业周期的可利用生产能力；

- 如果一台机器是瓶颈，那么就寻找方法将内部生产准备（机器闲置转产时）转为外部生产准备（在机器运转时进行），并且使所有形式的内部生产准备时间都降至最低；
- 区分经过瓶颈的生产流程的优先次序，以确保增值百分比最高的产品最先生产。

瓶颈资源可以通过多种方式最优化，包括上述一些方式。因为瓶颈约束着整个流程或整个组织的产出和绩效，所以不论如何强调它对盈利能力的影响都不为过。如果瓶颈得到了充分利用，生产客户目前需要的产品，那么利润就会最大化。如果这种稀缺资源的生产能力被浪费了，那么整个企业及其价值链就会蒙受损失。

由于流程改进，以及因客户目前需求的产品或服务的特定组合而导致的不可避免的变动，一个流程的瓶颈也会变化。例如，一个造纸厂的压花机的生产能力很有限，但是其需求也非常低，所以从历史上看它未曾约束工厂的总体产出水平。但是，在某一特定月份中，可能会有大量订单订购压花。如果是这种情况，那么在现有产品组合条件下，压花机就会成为瓶颈。在短期内，瓶颈会因产品组合而变化，或者从长期看，瓶颈会因流程改进而变化。但是，消除一个瓶颈并不意味着流程就不再受约束，它只是把瓶颈转换成了流程中下一个生产速度最慢的机器。

无论是服务性流程，还是制造性流程，确定并管理一个流程的瓶颈都是有效的生产能力成本管理的主要目标。以主要瓶颈为中心，流程越平衡，其内在的浪费就越小。另一方面，如果发生任一问题，完全平衡又会使流程中的每台机器或作业成为潜在的瓶颈。关于完全平衡的流程（内在生产能力浪费最小化）与不平衡的流程（内在浪费显著、瓶颈受到保护）的争论永远都不会得到圆满解决。最后，组织必须决定哪种战略能实现流程的总有效产出最大化以及总浪费的最小化。在流程设计中，没有唯一正确的方式，只有需要平衡的主要因素。

流程变异

流程经理所面临的最大挑战之一就是判别并消除流程中的变异。流程变异会导致流程中各项成本的发生，因为它造成了流程中每个工作站或每项作业的资源浪费、闲置和产品返工。流程变异及其显著影响（如产品缺陷）会成倍增加，即它是以一个衰变函数的方式作用的，如下面的例子所示。

一个特定的流程需要25项相互依赖的作业完成一台打印机的生产。最近对流程的考核表明，尽管流程中每个步骤的绩效都实现了0.98的目标产出系数，但是一次合格率非常低。事实上，就一次合格率而言，在过去6个月中，每个步骤的绩效都很好，如下列数字所示：

步骤－1、5、6、8、11、15、22和25	0.995产出
步骤－2、4、10、13、20和24	0.990产出
步骤－3、7、12、16、19和21	0.985产出
步骤－9、14、17、18和23	0.980产出

虽然这些数字看上去非同一般，但是由于相互作用的性质，整个流程的绩效就变成了：

$$0.995 \times 0.990^5 \times 0.985^5 \times 0.980^4$$
$$= 0.7467 \text{ 一次合格率}$$

该流程的一次合格率小于75%，也就是说，每4件产品中就有一件产品存在缺陷，需要进行修理，由于流程变化，这条生产线上25%的生产能力被浪费了。

所有流程都会表现出这种变化模式，人们称之为“变化堆积”（variation pileup）。它影响流程的方方面面，包括能否达到设定的容许偏差、质量水平或者由于机器或作业故障而造成的延迟。由于流程中各项作业的相互依赖性，上述衰变函数时刻都在起作用，它不仅侵蚀着流程的生产能力，而且侵蚀着组织的潜在收入和利润。

流程的生产能力与其创造产品或提供服务的总能力是两个不同的概念。前者反映了流程的潜力，后者则透过流程变异及流程中断的其他形式，反映流程变异是如何影响生产能力的。二者由衰变函数联系起来，反映了流程变异的隐含成本。一个有效的生产能力成本管理系统必须既追踪流程的潜在价值创造能力，又追踪其现有的实现理论能力极限的能力。

生产能力极限

一个流程的潜力可以通过多种不同的方式定义和计量，如图表3所示。

- 理论生产能力：是指每周7天、每天24小时运转，且资源浪费为零的条件下，一个流程或工厂所能实现的最大产量；
- 实际生产能力：一个流程一般能实现的产量水平；即理论生产能力向下调整不可避免的非生产时间，比如，生产准备、维修或者故障；
- 标准生产能力：一定期间内一台机器、一个流程或工厂的平均利用水平或期望利用水平；
- 预算生产能力：在未来一年对受影响的资源的计划利用水平；

图表 3　生产能力基准定义

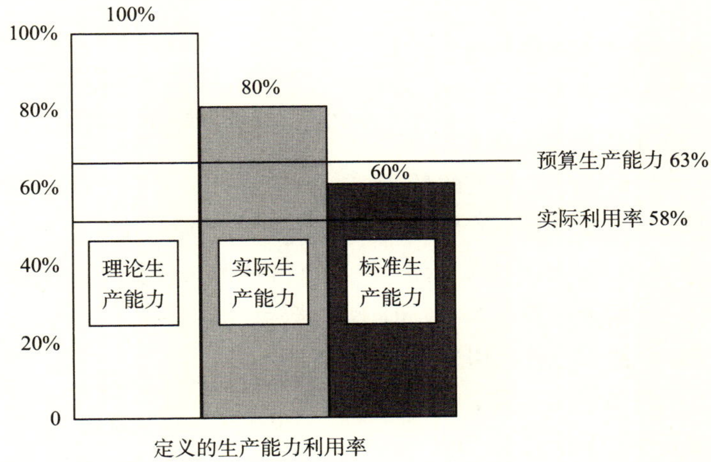

资料来源：McNair and Vangermeersch, 1998: 27.

- 实际利用水平：一定报告期间内实际利用或运用的生产能力。

在任何生产能力成本管理系统的实施中，一个重要的问题就是生产能力基准的选择。组织一开始就拒绝采用理论生产能力，这是很常见的事情，因为它本身就是不可实现的且不现实的。但是把理论生产能力作为基准指标却是最佳实践。选择理论生产能力作为基准指标的的原因很多，包括：

- 为稳定的、可靠的生产能力成本估计建立基础；
- 确定具有竞争性的成本或者组织所能达到的最佳水平；
- 为追踪流程的总利用情况提供基础；
- 提供一个反映流程能力及其利用情况的显而易见的信号；
- 消除围绕增量业务成本的老问题，即所有生产都承担相同的单位时间流程所耗成本；
- 最大限度地保证在现有流程存在剩余生产能力时不再新购设备与厂房；
- 作为根据持续改进目标追踪流程进展情况的基础；
- 为所有形式的生产能力利用进行公允的成本核算提供基础，包括生产准备、维修、生产和闲置时间；

- 在系统内，实现长期生产能力浪费最小化。

在这里，理解定型生产能力与可控生产能力的作用就显得非常重要。定型生产能力成本是唯一由生产能力基准承担的成本，即组织 24 小时运转所能实现的最佳水平。一个流程或工厂的固定资产时时刻刻都能使用，这是事实，而不是虚构的。在任何一个星期，定型资源都有 24×7，即 168 小时（10 080 分钟）的可利用生产能力。另一方面，可控生产能力成本则只有在工厂或流程配备了人员准备生产时才会发生。在管理生产能力成本时，“理论时间”是指由于一切必要资源均已具备、流程能够生产产品或提供服务的小时数。如果工厂的生产人员配备只有每周 5 天、每天 16 小时，那么可控生产能力成本的正确基准就是 80 小时 / 周，即 4 800 分钟 / 周。

这一讨论指出了几个要点。第一，也是最重要的一点，是基于时间的生产能力基准指标的优越性。在许多组织中，都采用工厂的计费小时数作为生产能力指标。如果组织所使用的唯一资源就是人工，那么这个衡量标准就是一个反映实际生产能力利用情况的可接受的指标，但是，现在没有几个制造业公司是人工驱动型的。生产能力指标应该根据流程及其瓶颈资源来定义。瓶颈领域的理论生产能力（不是指处于瓶颈领域的人）是生产能力成本管理系统的基准指标。人同其他成本要素一起附加在有形资产上，从而使流程运转。只有可控生产能力成本基准才能以其存在为基础，定型成本采用每周 7 天、每天 24 小时，且零缺陷的基准。

第二点是与第一点相联系的。具体地说，在生产能力成本管理系统数据库中，每个流程都必须有两种形式的生产能力成本指标，即：

C_C =单位时间定型成本，即流程的总定型成本除以理论时间。

C_M= 单位时间可控成本，即流程的总可控生产能力成本除以人工小时数或者总理论可控时间。

如果一个流程在不发生可控成本的情况下闲置了，那么组织的成本就最小。另一方面，在流程配备了人员准备生产的情况下发生的停工或闲置时间则成本很高。它既分配单位定型成本，又分配单位可控成本。

这就导致了第三个要点，即一个流程的成本的追踪和分配必须反映流程在闲置期间的准备状态。如果灯关了，人也走了，那么闲置生产能力分配的成本就较低（只分配单位定型生产能力成本）。在建立一份能力利用报告时，值得关注的是每种类型的闲置或利用所反映的生产准备状态及由此带来的成本。

最后，人们不会期望任何工厂或流程能够实现理论生产能力极限。这并不是采用理论生产能力基准指标的理由。关键在于只有理论时间提供了一种计量和报告工厂和流程的总体状态的方式，所有其他基准都掩盖了信息。正如一家大型宠物食品生产商所发现的那样（但为时已晚），这种掩盖的信息会导致建立一家根本不需要的新工厂。如果采用可利用总时间作为基准，就有足够的生产能力满足未来 20 年的预测需求。该公司没有寻找更充分地利用现有资源的方式，而是建立了一家从未得到充分利用的新工厂，并承担了巨额的持续成本。该公司极力主张采用理论生产能力，因为它知道如果采用标准或预算生产能力极限会发生什么。诸如德州仪器、摩托罗拉和惠普之类的公司也从中吸取了经验教训。

生产能力成本管理系统是一个信息系统。其目标应该是提供可靠的估计，它不会随产量的变化而变化，否则就会混淆所追踪和计量的利用水平与系统的能力（例如，生产能力）。如果要使生产能力成本管理系统成为有效的决策与控制工具，这两类信息都必须追踪。

最低成本或竞争性成本

采用理论生产能力可以使组织确定当前的最低成本水平或者具有竞争力的成本水平。这是在评估新产品或服务，或者进行竞争性分析时需要掌握的重要数据。竞争性成本是组织在生产产品或提供服务时发生的最低成本。换句话说，如果这项成本太高，超过了市场中的竞争产品的价格，那么组织就必须面对这个事实。在这种情况下，组织唯一的选择就是退出市场，或者进行激进的流程再设计，以消除超额成本（它们往往以闲置或过剩资源的形式呈现）。

竞争性成本数据是评估对特定的一次性业务的需求的正确标杆（增量分析）。它还发挥着许多其他作用，比如，为持续改进追踪系统设定极限。如果下游产品要求的成本低于目前定义的最低成本，那么就必须寻找创新解决方案或者进行流程再设计。了解了竞争性成本或最低成本，就掌握了关于组织能力和市场竞争状况的基本信息。如果组织尽了最大努力，成本仍然居高不下，影响了有效竞争，那么无论管理者如何获得并接受这些信息，都不会维持很久。

生产能力利用衡量标准

生产能力成本管理系统的核心是生产能力利用的衡量标准，它传达了关于组织各个流程的状态和效益的信息。如图表 4 所示，这个模型表明任何组织都可以把总生产能力或额定生产能力划分为闲置、非生产性和生产性生产能力。闲置生产能力存在的原因多种多样。它可能为公司提供了机会。有时，生产中心生产能力可能出于战略或法律原因而闲置。非生产性生产能力在现实条件下可能是必要的，但是在理想条件下却是人们不期望利用的生产能力。生产性生产能力是人们所期望的。它为客户提供了价值，使组织生产了合格的产品或提供了优质的服务。

如图表 4 所示，实际上存在三类纯粹的闲置时间，即可销售的（闲置但可利用）、禁止利用的和不可销售的。禁止利用的生产能力存在于下列情况。

图表 4　生产能力利用衡量标准

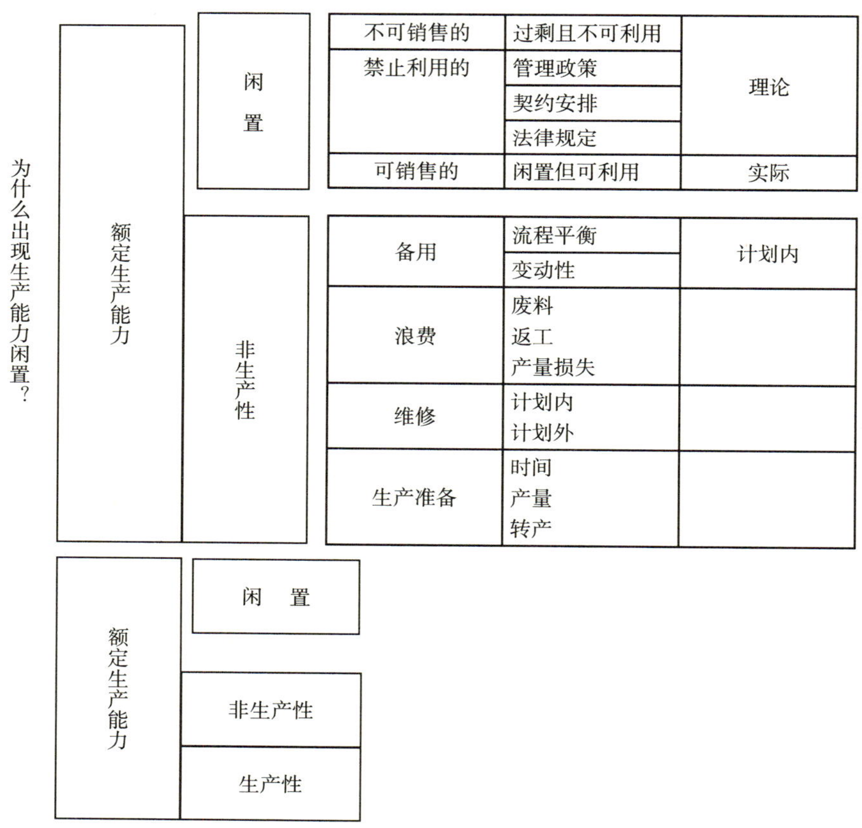

资料来源：CAM-I, 1997: 29-30.

- 由于法律限制而产生的设备或流程利用约束（例如，机场的运行时间由地方噪音法令规定）；
- 契约安排（例如，政府在政府合同中对外购设备的使用的限制）；
- 限制利用的管理政策（例如，关于工厂每周 5 天两班运转的决策）。

在这三类情况中，最后一种情况基于假设和以前的经验。如果流程有了新形式的需求，由于管理决策而造成的限制就应该成为首要的质疑对象，因为这些限制常常会导致工厂生产能力利用率降低 30%~50%。这是丧失的机会，组织不能利用资源创造价值和利润，下游也无法重新挽回。通过有效的生产能力报告制度，将这些事实摆到管理者面前，是生产能力成本管理系统设计与实施的动力。

不可销售的生产能力很简单，即资源没有市场或需求，是永久性的过剩。如果工厂所设计的需求永远不能实现，流程和设备又找不到其他用途，那么组织的成本结构中就嵌入了一层永久性的浪费。生产能力成本管理系统必须追踪和显示这项信息，以确保后续决策在规划新设施或生产能力之前考虑这些经验。在生产能力成本管理系统中追踪和报告不可销售的生产能力的目的在于支持组织学习，而不是对错判未来需求的人进行指责。如有可能，就应该将不可销售的生产能力作为剥离的对象。

第二类生产能力利用，即非生产性生产能力，是由流程变动性导致的。非生产性生产能力是一个流程中最易于改变的方面之一，它呈现的形式是生产准备、维修、备用生产能力、计划停工、计划外停工、返工和废料。生产能力成本管理系统的重要目标之一是揭示流程的浪费水平和变动性。有效的生产能力报告制度应该详细列示每种闲置形式，说明其成因，并报告流程在消除变化及成本方面的进展。因为许多非生产性生产能力都是人员配备齐全情况下的闲置，所以对于组织而言成本很高。在这些活动中既发生定型生产能力成本，又发生可控生产能力成本，不仅浪费了资源、降低了利润，而且减少了能用于销售从而创造收入、满足客户需求的有效产出。

生产准备和维修都是生产运营的正常组成部分，但是其成本及对劳动生产率的影响可以通过多种不同方式最小化。例如，如果预防性维修在工厂或流程未配备人员之前进行，成本就会远低于流程人员到位且准备生产产品时的维修成本，不论该维修的完成是计划内还是计划外的。正是这一逻辑理念，促使了福特汽车公司在美国明尼阿波利斯市的汽车装配厂采用每天 2 班、每班 10 小时的制度。每班之间的 2 小时用于进行预防性维修，搬运原材料到生产线，以及解决在人员到位时可能会造成流程变化的其他任何问题。换句话说，了解了所采用的生产能力形式，就能控制维修的总成本。

在生产准备领域，问题就成了所进行的生产准备的时间和类型。在机器或流程仍然在运行前一个工作或执行前一项作业的时候进行的外部生产准备不影响生产性生产能力。只有在机器闲置时进行的内部生产准备才影响生产能力利用水平。从内部转变为外部生产准备的每一分钟都提高组织的生产能力利用水平。同样，通过流程改进从内部生产准备作业中挤出的时间都会降低非生产性生产能力水平，比如，快速转产技术。

非生产性生产能力有多种不同成因。例如，供应商可能会因提供未达到规格、质量或能力要求的产品和服务而形成非生产性生产能力。客户可变性来自经营周期、季节周期或异常订单周期。内部可变性和浪费可能来自一般性生产准备、不可控的流程故障或能源中断。生产速度的降低是造成非生产性生产能力的另一种变化形式，因为为了适应学习、人员短缺或其他问题而降低生产速度会侵蚀组织宝贵的生产时间。如果上述情况部分或全部存在，那么就会产生建立储备生产能力或规划非生产时间的需要。流程变化会使组织发生超额成本，这也是生产能力成本管理系统应该反映的一项事实。

分解制造业所定义的非生产性生产能力常常很有用。但是，为了适应服务行业，必须对定义稍作修订。备用生产能力的含义不变。对于金融服务业而言，备用生产能力包括流程平衡和流程变化。由于流程平衡或流程变化，人力资本是闲置生产能力（在员工等待工作的时候）。流程可变性有两个不同的来源，即客户或供应商。在银行业，在出纳员等待客户到其柜台时，就会出现客户可变性。但是，如果出纳员是可互换的，那么银行就必须注意不要把客户等候时间计量为非生产性的（即出纳员之所以闲置的原因在于没有客户）。例如，在消费者信贷行业，在放贷人等待第三方报告机构出具的信用报告时，就会产生闲置，这就是供应商可变性的一个例子。

虽然在服务行业可能会发生产出损失，但是极难量化。例如，人们应该如何计量一个不称职的信贷员的生产性损失呢？另一方面，与制造业一样，返工也是令服务业担心的因素。在银行业中，一个粗心的信贷员就会造成这种类型的损失。如果贷款申请在审批之前处理得不正确，就需要返工，从而产生了可计量的非生产性生产能力。信贷员最初的工作是非生产性的，同样，在将贷款申请退回信贷员之前，审核委员会所花费的任何时间也都是非生产性的。

尽管在制造业中生产准备显然是可计量的，但是在服务业中则可能较难计量，但也不应该忽视。例如，在保险业中，工业卫生部可能在从一种测试转换为另一种测试时产生大量生产准备时间。对于危险化学品测试尤其如此。同样，在计量保险客户经营场所的噪音水平时也需要大量生产准备时间。银行业和消费者信贷业在改变自动拨号器的参数时也会遇到生产准备时间。这两个例子都归类为转产。

额定生产能力的最后一个主要类别是生产性生产能力，它是实际用于生产满足客户需求的产品或提供满足客户需求的服务的时间。生产性生产能力也可能是聚焦于现有产品改进或新产品开发的产品开发工作的结果。无论是哪种情况，产出都是为了在今天或明天创造价值。只有生产性生产能力才能创造收入。经反复研究表明，生产性生产能力的平均水平应该是组织理论生产能力或额定生产能力的 28% 左右，如图表 5 所示。

诸如图表 5 所示的报告内容或结构应该成为生产能力成本管理的报告与追踪系统的一个永久性组成部分。如果组织只有 20% 的资源得到了有效运用，那么在利用水平和利润水平上都有足够的提升空间。无论报告采用 CAM-I 模型（图表 5）所提出的形式，还是其他任何结构，目标都十分清楚，即报告实际利用水平并追踪所有非生产性和闲置生产能力成本，以使其最小化。

下面就举一个例子。美国东部的一家

图表 5　生产能力利用

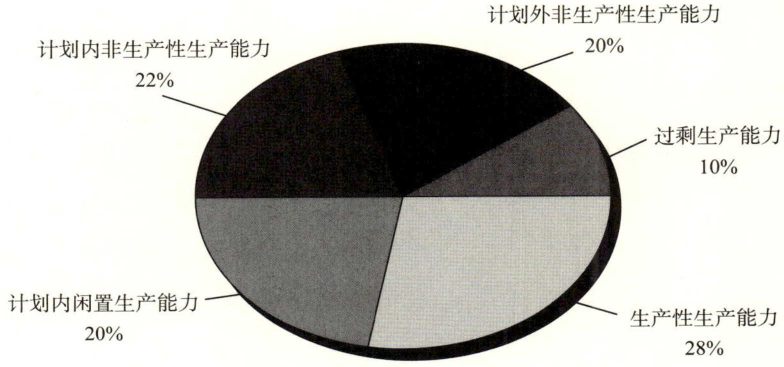

资料来源：McNair and Vangermeersch, 1998: 31.

大型制造公司确定它需要更好地了解和控制应收账款部门。虽然可以采用的模型有多种选择，但是，公司认为基于生产能力的方法是最有效的，并决定采用这种方法。对应收账款流程的分析提供了以下信息：

- 部门花费了 45% 的时间签发了 30 000 多张支票，这是生产性时间；
- 开启邮件花费了 5% 的资源，这是一种生产准备成本（非生产性时间）；
- 各种组织供应商的问题解决又耗用了 30% 的可利用时间（非生产性时间）；
- 每期因误差要求返工的约 6 000 张支票花费了其余 20% 的可利用时间（非生产性时间或浪费）。

在研究所跨期间，该部门的经营成本是 \$372 000。其中，\$100 000 为定型成本（设备和经营场所），其余为可控成本（人员和消耗性物料用品）。该部门所能处理的支票量最大为 60 000 张（50% 用于处理从邮件开启到支票签发之间的 30 000 张）。现有需求已经得到了满足，它只占潜在有效产出支票中的 30 000 张。

返工又占了 60 000 张支票中的 6 000 张，其结果是：

可利用生产能力（60 000）	100%
减：实际产出（30 000 + 6 000）	60%
闲置生产能力——缺乏需求	40%

然后分析了工作时间。

生产性时间	
（处理合格支票；45% × 60%）	27%
非生产性时间：	
生产准备时间（开启邮件；5%×60%）	3%
供应商问题（30%×60%）	18%
返工（20%×60%）	12%
总工作时间	60%

生产设施中的设备，即定型成本和资源，随时都可以利用，所以它们的利用模式也不同于上述可控成本。具体而言：

可利用时间（7 天 ×24 小时）	168 小时	100.0%
实际利用时间（5 天 ×16 小时）	80 小时	47.6%
闲置时间	88 小时	52.4%

对于可控成本，可以进行下列分析：

生产性定型时间（45% × 47.6%）	21.4%
非生产性时间：	
生产准备时间（开启邮件；5% × 47.6%）	2.4%
供应商问题（30% × 47.6%）	14.3%
返工（20% × 47.6%）	9.5%
总工作时间	47.6%

然后就可以为应收账款生产能力报告系统建立成本：

定型生产能力成本：	
\$100 000 除以 168 小时	\$595/ 小时

可控生产能力成本：

$272 000 除以 80 小时	$3 400/ 小时
单位人工小时成本：	$3 995/ 小时

将这些成本应用于流程的各个方面，它的利用就会产生如下信息（注意：实际利用时间只有 48 小时）：

闲置生产能力——定型资源	
（52.4%×100 000）	$52 400
闲置生产能力——人员成本	
（40%×80 小时 ×$3 995/ 小时）	127 840
生产性时间	
（45%×48 小时 ×$3 995/ 小时）	86 292
非生产性时间 / 成本：	
生产准备	
（5%×48 小时 ×$3 995/ 小时）	9 588
供应商问题	
（30%×48 小时 ×$3 995/ 小时）	57 528
返工	
（20%×48 小时 ×$3 995/ 小时）	38 352
期间总成本	$372 000

这一例子表明，生产能力报告流程有助于组织了解哪些地方需要改进，以及这些改进对利润的影响。例如，在区分定型生产能力成本与可控生产能力成本时，结合了对非生产时间与生产性时间的分析，意识到，系统本周的生产性时间仅占 168 小时的可利用时间中的 21.6 小时（仅占 12.9%）。类似地，增值成本仅占 $372 000 总预算中的 $86 292，即 23.2%。这两个数字就表明了应强调之处，即改进流程的有效利用水平。

如果组织实际上在销售支票处理服务，那么它就只能从 12.9% 的时间和 23.2% 的资源成本中获取收入。其余时间和成本都是非增值的或者浪费的，从而使组织的利润潜力降低了 72.8%。从这个例子中就能看到生产能力成本管理的价值。生产能力成本管理能够帮助管理者了解实际的绩效水平，判断哪里需要改进，并计量改进对组织盈利能力的影响。

分析的时间框架

对于任何会计报告系统而言，最大的挑战之一就是选择适当的分析时间框架。对于现有生产能力的追踪，逻辑时间框架是现行报告周期（例如，月度）。然而，建立基准指标的正确时间框架是什么呢？是短期观、中期观，还是长期观最合适？

鉴于生产能力成本管理系统的驱动目标是建立稳定、相关、信息充分的成本估计和报告，所以选取的时间框架应该反映决策类型以及流程的总体稳定性。在产品设计和开发阶段，应该采用长期生产能力观，即流程的整个生命周期生产能力是什么？在预测的既定需求及需求变化的条件下，生产能力过高还是过低？像这类战略层面的决策需要采用将考察供应链的生产能力也涵盖在内的长期观。在设计阶段，要确定定型生产能力成本的水平。

如果已经为一个流程或生产能力分配了产品，那么在规划阶段决策就应该转向最优化所影响的资源的利用。大多数此类决策本质上都是中期的，要求跨年度分析和实施，以实现其改进或利用目标。通常，理论生产能力是按中期定义的，极限和期望人员配备水平（在一定需求水平条件下）也是按中期确定的。

在短期内，组织的注意力完全集中在现有流程能力的利用上面。前面几节所介绍的报告就反映了这种短期观，其目标是提供信息以便使改进工作聚焦于消除流程浪费和流程变化。因此，在短期内，流程的生产能力必须被视为既定的。它不能从总体上影响，而只能影响资源利用的效果。

在每一期间，系统生产能力的不同方面都将受到影响。从长期看，系统是为产品和流程的生命周期而设计的，极限也是为此而确定的。从中期看，人员配备与改进工作只不过是影响可利用生产能力的两种方式。最后，从短期看，可以实施强调消除流程变化和流程浪费的改进项目，以提高利用水平。在每个时间框架内，都可以质疑、管理或消除各种不同的假设和约束。组织对所考察的问题的类型以及流程受决策影响的时间长短的了解，决定了向管理者提供的生产能力信息的类型和性质。哪些地方可以采取措施，以及哪些地方受到了限制，都是定性数据，生产能力成本管理系统数据库或者其支持系统应该保存此类数据。

供应链能力

在当今的竞争环境中，仅聚焦于组织的内部生产能力是一种缺乏远见的方式。公司并非孤立地存在，它是一个协同作用为客户和市场提供产品和服务的供应链的一个有机组成部分。扩大生产能力的决策始终都应该涵盖供应链能力。外包某个零部件或某项服务，可能比组织内部购置新设备或者建立新流程重复供应链的生产能力更合乎逻辑。

除了外包持续生产或高峰生产之外，供应链的灵活性和反应能力也对生产能力管理具有一定意义。如果供应链灵活，就能对客户需求的变化作出快速且有效的反应。如果资源能灵活调整以满足新需求，那么在非生产性时间或闲置时间上损失的总体生产能力就较少。如果供应链灵活，存货缓冲就不再那么重要，从而降低了产品过时或毁损的可能性。

类似地，供应链也可能会对生产能力利用带来负面影响。具体而言，供应商提供的不符合标准的产品或原材料会导致供应链客户（供应链上的下一个组织）或最终消费者发生非生产性时间。发货期延误会使整个流程处于闲置状态，造成供应链末端的客户不满意。下游商业伙伴也可能造成流程变化，因为意料之外的需求猛增或变化会沿着供应链向上反馈，从而造成流程不稳定和不必要的流程变化。彼得·圣吉（Peter Senge）在他的著作《第五项修炼》（*The Fifth Discipline*）中详细阐述了这类问题的影响，其表现形式是不必要的啤酒需求周期。具体而言，为消费者提供优惠价格或一揽子促销计划的下游决策会造成不自然的需求猛增，并沿着供应链波及上游企业。

如果供应链反应敏捷，它就能迅速将产出调整到新水平。否则，系统反应就存在时间滞后。在圣吉先生所举的例子中，在提供优惠促销的时候，零售商的啤酒脱销了，于是就发出紧急订单，订购更多啤酒，从而造成啤酒厂生产和销售估计显著提高。等到啤酒厂能够作出反应时，优惠促销已经结束了。于是，零售商就把过剩的啤酒退回分销商，分销商又减少了啤酒厂的订单，啤酒厂再次下调了产量，从而导致了新一轮的短缺。

供应链中决策的相互依赖性造成了不必要的流程变化，即随着对需求变化作出反应所要求的时间的不断增加而增加。供应链对需求变化的反应能力、用最少的新资源投资平衡猛增的生产的能力，以及将不断变化的客户需求融入产品和服务中的能力，是设定生产能力成本管理系统极限和定义整个供应链的盈利能力的主要因素。

资源成本可变性

建立任何以成本为基础的报告系统都面临着一个不可避免的问题，即并非所有的资源都具有同样的能力、使用年限或行为。有些资源可以按满足现有需求所需要的准确规模和生产能力随用随买。而其他资源，比如，厂房，就必须大量购置，无论其提供的总生产能力有多少是实际需要的。

一个可靠、有效的生产能力成本管理系统必须将其主要资源的估计成本习性纳入报告与成本核算系统。其中大多数问题都体现在可控生产能力成本的定义和分析中，但是在设定生产能力极限和设计流程（定型成本）时，它们也很重要。如果资源灵活，只能在需要时购置，或者在过剩时储备，那么它就不可能浪费。另一方面，只能大批量购置，而缺乏灵活性的资源则更有可能浪费或闲置，即使这种过剩生产能力能储备起来供今后使用。

对于定型与可控生产能力成本估计中

所包含的概念成本等式的相关范围，有人还试图确定主要的梯式成本的发生地。不仅根据成本，而且根据对整个流程的影响，详细程度应该反映资源的重要性。例如，如果资源就成本而言不重要，但如果不可能导致流程停产（例如，螺丝钉或者其他低成本零部件），那么无论现有需求是多少，都应该保证随时能获得。如果资源成本很高，那么它的总生产能力就应该与预期需求相匹配，在预测存在不确定性的情况下，还要外加少量应对需求猛增的生产能力。

为了提高成本核算分析的准确度，生产能力成本管理系统应该记录资源的几个主要特征，其中包括：

- 使用年限：预期资源能使用或储备多长时间；
- 采购批量：每次必须采购多少生产能力；
- 可变性：生产一单位产品消耗多少资源；
- 可储备性：未利用生产能力能否储备供今后使用；
- 灵活性：未利用生产能力能够用做其他用途；
- 成本：重置资源或新生产能力需要花费的资金。

在生产能力成本管理系统中反映单位生产能力资源消耗模式很重要，如同其他任何成本管理措施一样。资源特征建立了组织及其流程的基本经济结构。在设计与运用中也绝不能忽视成本习性，它与成本系统的准确性、可靠性和相关性密切联系（如图表 6 所示），无论这种可变性是流程的自然组成部分，还是所采用的成本核算模式造成的（例如，作业成本核算）。

五、生产能力成本管理的用途和好处

生产能力成本管理系统是决定组织生产能力的关键因素，它应该反映组织的战略。正确构建的生产能力模型能为管理者提供与公司战略相关的生产能力利用情况。例如，如果公司的愿景是成为低成本、中等质量的服务供应商，那么高管就必须了解 65% 的人力资源生产能力应用于确保高质量的服务。

因此，生产能力成本管理系统为采纳该系统的组织提供了一系列的能力和好处，其中包括：

- 更好地了解资源能力；
- 改善资源利用；
- 降低浪费和闲置生产能力；
- 改进资产购置和流程设计决策；
- 更好地沟通现有绩效与期望绩效；
- 最优化组织的盈利能力；

图表 6　系统成本可变性

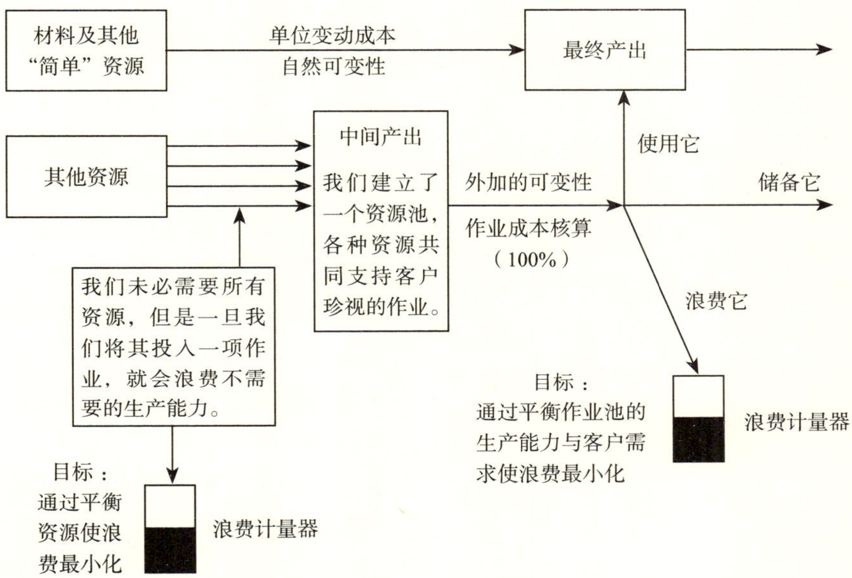

资料来源：McNair and Vangermeersch, 1998: 73.

- 提高流程效益；
- 整合经营目标、策略目标与战略目标；
- 提高竞争地位；
- 促进有效的产品和市场决策；
- 支持对不断变化的条件的快速反应；
- 提高价值链的各个流程和企业或组织内的各个流程的作业与结果的集成能力。

建立有效的生产能力成本管理系统，能为组织提供分析一系列潜在需求和市场条件、根据这些预测确立低成本地位以及确保流程设计与管理过程保持充分的灵活性的能力。例如，如果一家保险公司决定拓展三个地域市场，那么它就可能会质疑理赔部门处理新增保单的能力。如果生产能力不足，公司就应该考虑在不增加生产要素的前提下能否实现生产能力扩大。要回答这个问题，组织需要的信息远不止简单的实际和过剩生产能力数量。对于一个决定新建几个分支机构的银行亦是如此。业务部门具备处理额外工作的生产能力吗？

在上述两个例子中，管理者都可以利用生产能力的分解来改善决策。如果外购与效率提高二者能够结合，那么一个看似财务上不可接受且是唯一选择（在外购100%新增生产能力的情况下）的方案就是可行的。

例如，数据表明，如果银行新增分支机构，业务处理部门就需要6个全职员工处理工作流。外聘这些全职员工的成本为每年$32 000。银行认为，如果是这样，项目就不盈利。但是，业务处理部门的经理刚刚完成了生产能力效率研究，认为如果对其业务进行些许改变，他们就能处理相当于3个全职员工的工作流。这就意味着银行只需要再找3个全职员工。这样，扩建项目就可行了。

生产能力是从事生产的能力。只有这种能力用于生产客户珍视的产品或提供客户珍视的服务，组织才能盈利。生产能力是组织在追求盈利能力和增长过程中必须跨越的障碍。

六、管理会计的作用

没有几个经营领域像在生产能力成本管理中那样，管理会计的作用与经营、策略和战略分析紧密联系在一起。在生产能力管理领域，成本不是事后的反思，而是驱动因素。这表明财务人员的作用跨越生产能力分析和决策的整个范围，其中包括：

- 在产品和流程设计中提供成本和生产能力估计，指导管理者选择最优结构；
- 定义定型生产能力和可控生产能力的潜在替代方案及其成本意义；
- 为替代流程和产品设计提供最低成本或竞争性成本分析；
- 分析处理流程的非标准需求或猛增需求的替代方式；
- 在实施后，建立流程的生产能力成本估计；
- 确定成本估计的相关成本习性及相关范围；
- 为管理者定期编制生产能力利用报告与分析；
- 分析生产能力利用改进措施和结果的发展趋势；
- 不断更新成本和绩效数据与报告以包含主要变化和改进结果；
- 参与改进团队，为增加生产性时间的各种替代方案提供成本分析；
- 积极参与任何新增公司现有产品或流程的生产能力的决策，以确保外购在成本上可行；
- 支持所有发展机遇与问题的专项分析，为问题提供成本最低、利用水平最高的解决方案。

财务人员应该参与生产能力成本管理系统设计、实施、运用与维护的各个方面。作为生产能力信息库，生产能力成本管理系统应该是财务职能的主要职责，它应该集成财务与非财务（经营）信息和数据库，提供实时的、灵活的报告与分析工具。在生产能力管理工作中，财务所发挥的关键作用是确保数据完整性并准确反映主要成本趋势，以及保持报告的相关性，同时强调让人们了解非生产性时间和闲置时间的主要动因。

七、实施生产能力成本管理的主要步骤

生产能力成本管理系统的设计与实施包括以下九个主要步骤。

- 建立跨职能团队；
- 定义系统；
- 确定瓶颈；
- 建立成本与绩效指标；
- 定义报告要求；
- 确定并涵盖现有数据；
- 试用系统；
- 提供培训和教育；
- 进行评估和持续改进。

正如这一系列步骤所表明的，在生产能力成本管理系统的实施中，许多步骤也都是各个重大项目所共有的，而其他步骤则是生产能力管理所特有的。建立跨职能团队、试用、培训以及持续改进应该是实施任何项目的有机组成部分。另一方面，定义系统、确定瓶颈、选择特定指标以及定义报告要求则是生产能力报告系统所特有的步骤。

选择跨职能团队

生产能力成本管理系统的开发与设计要求深刻地了解系统特征与能力、供应链能力、预测系统需求（规模和类型）以及资源和系统决策的各种成本和收入意义。建立生产能力成本管理系统应该包括来自上述每个关键领域的专家，具体包括：

- 营销：提供预测和客户信息；
- 采购：帮助定义供应链特征、约束和能力；
- 产品设计：详细说明对流程提出需求的产品的独特特征；
- 流程设计：提供关于各种流程特征的详细信息；
- 运营管理：帮助定义现有和潜在流程生产能力、卸载生产能力、现有流程管理及瓶颈问题；
- 质量控制：详细说明流程能力、返工及其相关的质量问题，比如，供应商绩效水平和废料水平；
- 信息系统：详细说明系统及储备、分析生产能力和报告生产能力结果的替代方法；
- 财务：领导团队，为各种替代方案提供成本分析并建立报告系统。

财务部门发挥着关键作用，它同经营部门一起共同定义了持续报告和管理者需要，从而影响着生产能力成本管理系统的设计与使用。团队领袖，无论是来自财务部门，还是其他部门，都肩负着定义和管理团队过程的重要职责，包括：

- 定义全职和兼职团队成员的作用和职责；
- 安排会议时间、管理会议细节；
- 确定交付使用日期，确保团队实现目标；
- 记录团队决策和分析，供下游使用，同时向管理者报告；
- 为团队及其主要发起者提供关于项目进展、里程碑和公开问题的顺畅的沟通渠道；
- 建立试验报告系统，供团队审查和改进（开发稻草人策略）；
- 确保所有会议都有成效，任何问题都能得到恰当处理；
- 记录并确保所有延期的问题和关注在事后都能够得到令所有人都满意的解决；
- 调解团队成员之间的冲突；
- 确保最终设计方案能满足管理者需要，并且能以最少的资源维护。

团队领袖应该在生产能力成本管理系统的设计、实施和维护中发挥领导作用，确保系统所包含的数据可靠、分析客观、所有报告都准确且相关。最大的挑战在于建立成本估计，它应该在组织的现有生产能力条件下准确、可靠地确定成本、利润及各种持续流程和产品决策的意义。

团队应该在整个实施期间经常召集会议，解决未预计到的问题，为实施团队提供指导，就生产能力成本管理系统的目标、结构和含义对组织开展教育。跨职能的支持能提高工作成效，因为每个受影响的职能和群体的观点和关注都能在设计与实施工作中尽早地得到解决。

高管在生产能力成本管理系统的成功实施中的重要性怎么说也不为过。高管为设计工作提供了动力，确保政策不会使项目偏离方向或者妨碍它提供最准确的数据。最后，高管必须能够理解和使用生产能力数据，指导战略、策略和经营决策。他们还必须通过有效的产品和市场战略推动生产能力利用状况的改善。工厂不会填补闲置生产能力，只有管理者和营销才能实现这个目标。在设计初期，管理者就应该为生产能力成本管理系统实施的管理工作建立适当职责，为生产能力管理和改进工作的各个方面分配职责。

在选择了团队成员、为实施的各个阶段和活动分配了职责之后，组织就应该将注意力转向定义系统。

定义系统

生产能力成本管理系统是一个通过关键作业和流程强调产品和服务流的系统化计量过程。定义生产能力成本管理系统包括下列活动：

- 定义系统所要包含的流程和作业；
- 确立生产能力成本管理系统的管理目标；
- 选择需要包含在生产能力成本管理系统设计与报告模板中的组织关键成功因素；
- 审查和定义流程及用于追踪其绩效的信息系统的关键要素；
- 选择各种数据和报告结构的计量期间。

第一步是了解组织的哪些部门应该包含在生产能力成本管理系统中。服务流程和制造流程都可以通过生产能力成本管理系统进行追踪，所以它不仅仅是一项制造活动。正如前面所举的应收账款的例子所表明的，只要能对系统施加某种形式的生产能力限制，并且建立某种产出指标，就能在该流程中应用生产能力成本管理系统。

系统定义的第二个重要方面是确立系统必须实现的目标。在生产能力成本管理系统中，定义界限、组织信息及报告结果的方式多种多样。决定在反映和报告数据上做到多好必须基于管理者的决策要求。组织或流程是初创模式吗？如果是，那么重点就应该放在流程的效果及其在各组不同的经营条件下的相关人工小时成本上。在未来会剥离吗？这就把注意力转向了可避免成本的确定及流程用于其他用途的灵活性上。虽然时间是生产能力成本管理系统中不可改变的因素，但是设计团队仍然可以决定如何记录和解读生产能力利用模式。报告应该突出在既定管理目标条件下对系统管理至关重要的问题。

系统目标应该反映企业的关键成功因素。关键成功因素是指组织为实现战略目标必须具备的特征和必须做好的活动。它们是打造竞争优势的基础，应该建立在组织的核心竞争力的基础之上。生产能力成本管理系统不仅是关于组织对其现有主要资源和核心竞争力的有效利用的信息来源，而且是通过消除非生产性时间和闲置时间更好地运用这些资源的方式。生产能力成本管理系统还有助于确定瓶颈和生产能力约束可能妨碍预期目标的实现的地方。

生产能力成本管理系统是一种沟通工具，它采用组织现行的语言和定义。其信息系统结构亦是如此。生产能力成本管理系统应该是集成数据库的一部分，而不是一个孤立的系统。在制订实施计划时，项目团队必须了解现在可以获取哪些经营和财务信息、这些数据散布在哪里、现有的集成不同数据点的能力是什么，以及可以利用什么报告编制软件。如果现行信息系统存在缺点，那么注意力就必须转向寻找一个具有成本效益的问题解决方案。定义和设计生产能力成本管理系统时应该关注生产能力成本管理的基本思想，即实现组织资源浪费的最小化。如果生产能力成本管理系统要践行自身的思想，那么就必须尽一切努力，在系统增加新成本（和潜在浪费）之前充分利用非生产性和闲置信息系统资源。

在定义生产能力成本管理系统的极限时，最后一个需要解决的问题是选择计量期间。由于更新的成本和复杂性，那些采用月度、季度或年度数据的指标往往比日、周数据来源更有用。生产能力成本管理系统的目标报告与计量周期应该是最接近其主要用户的及时性要求的周期。如果生产能力成本管理系统主要用作战略分析工具，那么季度和年度数据可能就足够了。另一方面，若运营经理要努力运用信息推动改进工作，则必须在系统中补充日或周数据。因为每项数据和每个层次的生产能力报告都会带来存储、维护及更新数据库的成本，所以目标应该是确定“80%”点，即支持组织 80% 的生产能力决策所需要的详细程度。

确定瓶颈

一旦生产能力报告系统的界限确定了，确定每个主要子系统的瓶颈或决定速度的资源就变得重要了。这里，需要牢记的关键因素之一是每一系列相互联系的作业，即流程，会有自己独特的瓶颈。

例如：在银行的票据处理部门，验票员常常要等待来自分支机构、其他部门等的单证。尽管他们可能具备生产更多优秀产品的生产能力（即条形码），但是由于流程要求必须执行前一项作业而不能这样做。保险业亦是如此，保险商要等到损失防控部门完成了财产调查之后，才能完成一项财产的承保流程。

目标不是确定整个组织唯一的瓶颈，而是了解每个主要流程或子流程的约束之所在。如图表 7 所示，我们可以将瓶颈看成一个漏斗的颈部，阴影部分则表示受约束的资源所承担的负荷。产出率或生产能力就如同瓶颈的能力一样。

同样，这种方法也与约束理论的生产能力管理观略有偏离。虽然一项关键瓶颈决定了整个设施的速度是事实，但是每个子流程也具有自身独特的特征。要使生产能力成本管理系统为组织提供长期收益，它就必须帮助组织确定下一个应该关注的领域在哪里，尤其是在几个瓶颈几乎同时作用的情况下。在工厂只有一部分需要改

图表 7　瓶颈生产能力

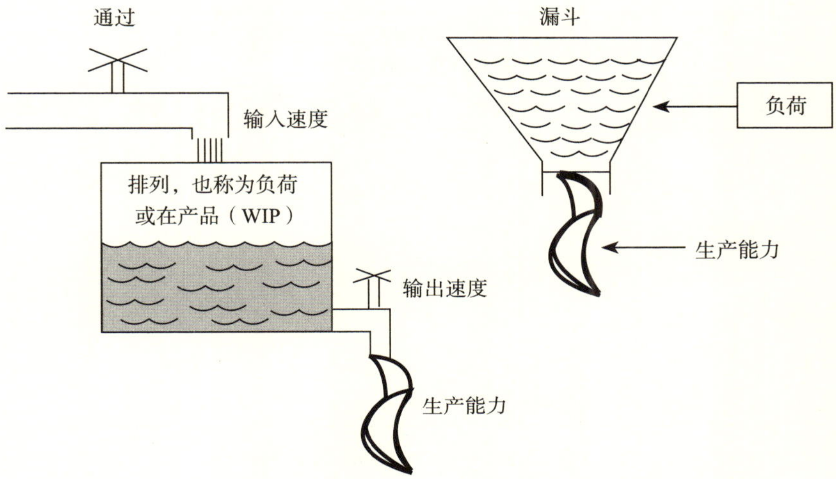

资料来源：J. Blackstone, 1989: 18.

进的情况下提高有效产出的增量成本是一码事儿，而在多个流程中升级或消除约束的成本则会减少改进机会的吸引力。

换句话说，并非所有的瓶颈都应该予以改进。生产能力成本管理系统的主要用途之一就是确定瓶颈，然后根据实际情境的经济情况帮助管理者对改进工作进行优先排序。在达到某个点后，继续改进现有流程在经济上就不可行，因此，总量绩效改进就需要一个新系统或新流程。如果对消除流程中瓶颈的现有和潜在成本和收益的评估没有一个巩固的基础，那么组织实际的“改进”就可能导致盈利能力的降低。

当考虑约束对有效产出和潜在利润的影响时，对瓶颈资源的识别就变得更为重要。如图表 8 所示，在选择一定期间的最优生产组合时，应聚焦于每种产品或零部件对瓶颈资源的需求。如果单位约束小时的贡献（例如，图中的有效产出定义为收入减变动成本）最优化了，那么盈利能力就会最大化。生产能力成本管理系统应该提供在现有或拟建的流程的瓶颈条件下进行此类分析所需要的数据。

瓶颈的识别为生产能力成本管理系统的报告与分析中的成本估计奠定了基础。瓶颈信息的用途包括下面几点。

图表 8 瓶颈与贡献分析

订单贡献报告（06/21/93——06/21/93）报告日期：06/21/93					
订单号	销售总额	变动成本	有效产出	约束小时数	每小时有效产出
切割工具					
41631	796	394	402	N/A	N/A
41910	156	40	116	0.51	227
42424	306	41	265	1.50	177
42659	262	79	183	0.66	278
42692	288	61	227	0.34	668
43227	422	63	359	0.50	718

资料来源：McNair and Vangermeersch, 1998: 58.

- 决定系统的理论生产能力极限；
- 提供生产能力成本管理系统的成本等式中的分母；
- 确定并定义整个系统的速度；
- 将注意力集中在流程中能够通过改进提高有效产出和潜在盈利能力的点上；
- 确定有效产出和贡献应该最优化的点，在生产能力受到限制的时候提高决策质量。

这些不是瓶颈数据的唯一用途，但是它们足以说明瓶颈及其有效管理在生产能力成本管理系统中的重要性。如果组织不了解流程的瓶颈，不将资源投入到提高流程约束的生产能力上，不将排程和管理工作聚焦于积极利用瓶颈资源生产和提供客户期望的产品和服务，就会浪费资源和利润，造成无法挽回的损失。唯一可以提高利润的地方就是瓶颈。花费在改进流程的任何不直接影响最终产品质量或瓶颈绩效部分的资金都是浪费。生产能力成本管理系统的效力就是由它所基于的简单概念和关系所驱动的。

建立成本与绩效指标

瓶颈资源的识别为在生产能力成本管理系统中建立一系列成本和绩效衡量标准铺平了道路。所建立的指标类型包括：

- 利用情况指标：这是所采用的一组关键指标，它聚焦于各种不同的利用水平。其中包括生产性时间、闲置时间（所有类别）以及所有形式的非生产性时间。虽然也可以采用其他类型的指标，但是基于时间的生产能力衡量标准则为跨流程和跨期间的绩效分析和比较提供了最大的灵活性。利用水平的计算公式为：

$$利用水平 = \frac{可利用小时数 - 停工小时数}{可利用小时数} \times 100$$

- 成本指标：应该建立两个主要成本指标，即各流程的定型生产能力成本和各流程的可控生产能力成本。
- 浪费指标：在生产能力成本系统中可以采用任何数量的浪费指标将人们的注意力引向流程及其绩效的不同方面。可以定义五种主要类型的浪费，即定义性浪费（由于采用某种基准而不是理论生产能力而造成的生产能力损失）、技术性浪费（由于不平衡的生产或技术变革而造成的）、结构性浪费（由于固定资产水平高而造成的内在成本）、管理性浪费（由于人员配备政策、聚焦于计费小时数而不是有效产出、扩大非瓶颈领域的生产能力而造成的浪费），以及会计性浪费（会计准则或采用吸收成本核算法而造成的浪费）。
- 质量指标：零缺陷应该是任何一个流程的目标。产品缺陷会浪费生产能力，增加向客户提供产品和服务的成本。追踪不同形式的质量（预防、鉴定、内部失效和外部失效）的数量、类型和经济影响很有用。确保在缺陷到达瓶颈资源之前予以消除也很重要。在约束之前建立质量监控和计量就能引起人们对质量低下所造成的浪费的关注。
- 改进指标：单位产出成本、单位人工小时数成本以及人员到位的生产能力利用水平都具有一定的时间趋势，它们能为追踪改进情况提供基础。这些指标及相关指标随着时间的推移而发生的变化就构成了生产能力指标的第四类。
- 盈利能力指标：我们可以建立一系列反映瓶颈单位时间或所利用的流程时间的盈利能力的指标，以指导排程活动，确保在生产能力约束的情况下，组织的盈利能力能达到最大化。这些指标可以作为持续报告的一部分，表明一定期间单位生产能力耗费的相对盈利能力。Goldratt 提出，金额天数，即单位商品的货币价值乘以预期销售前所经历的天数，是反映流程生产能力利用情况的很好的指标。将有效产出变为收入所花费的时间越长，系统的管理效果就越差。
- 有效产出指标：一个流程在指定期间

所生产的合格产品的数量能提供反映其可靠性、劳动生产率和效果的信息。流程的负责人可以采用这些指标，利用它们衡量特定流程或领域在一定期间或转换期间计划的实现程度。计划实现程度的稳定性是另一个可用于评估有效产出的指标。效率也是有效产出指标的另一种形式，它定义为：

$$效率=\frac{计费生产周期总时间}{总人工小时数}\times 100$$

这个指标强调流程或系统为客户有效创造价值的时间数量。生产周期总时间是由单位产品的标准生产周期时间乘以报告期间的产量计算得出的。不是以这种方式弥补的成本就属于浪费。

- 配送指标：任何流程都可以根据各种配送指标来评估，比如，准时配送、订单履行率以及延期配送数。在生产能力成本管理系统中追踪这些指标的目的在于将其与闲置和非生产性生产能力分析及指标联系起来，为发现问题及改进流程建立基础。
- 人力资源生产能力指标：在服务业中，最主要的生产要素是人力资本。与经济高速发展时期所利用的人力资本不同，如今人力资本的主要任务是思考，并且已经成为创造收入的思想产出。假定组织在预算约束的条件下聘用最有能力的思想者，那么生产能力的扩大就与效率的提高直接相关。服务性组织为员工提供投入并期望获得一定的产出。在管理者审视投入与回报之比时，这些信息就成了效率指标和生产能力管理的一部分。投入不是材料投入（尽管也需要笔、计算机等形式的材料），而大多是智力（比如，培训、咨询和操作说明）。计量这些投入的有效使用是生产能力管理的必要组成部分。

这几类生产能力指标并非包罗万象，而是列出可以以财务或非财务指标衡量流程效率和效果的潜在领域。在为生产能力成本管理系统建立一套指标时，目标应该是确定能提前反映问题、追踪关键领域的改进，以及支持持续流程效果的关键指标。

定义报告要求

选择包含在生产能力成本管理系统中的指标应该同报告能力的发展一起定义。二者都是由管理者的信息需求所驱动的，它可以用大量工具和技术来确定，其中包括：

- 访谈：可以直接对管理者进行调查，以确定他们觉得自己需要什么类型的信息和报告来改进决策，支持其分析与规划。
- 审查最近的专门信息需求：组织经常

要求财务和经营支持团队对生产流程的各个方面进行专项分析。其中许多信息需求都可以由生产能力成本管理系统持续满足。

- **分析流程绩效**：考察流程并确定可能发生问题之处，能为编制有助于管理者持续改进瓶颈或流程能力和效果的报告提供基础。如图表 9 所示，甘特图为追踪和了解流程绩效提供了一个很好的信息来源。
- **查阅文献**：外部出版物常常能提供关于记录和报告生产能力利用及效果的不同方法的例子。最新的先进制造国际联盟（CAM-I）出版物建议采用报告模板法（如图表 10 所示），并建立战略生产能力指标（如图表 11 所示），这只是在 CAM-I 生产能力框架内进行的分析和报告中的几种。

图表 9　甘特闲置图

			每日的生产能力利用率（%）	闲置成本发生原因		
代码	部门或机器种类	计划实现的生产能力利用率（%）	10 20 30 40 50 60 70 80 90	缺乏订单	缺乏帮助	缺乏原材料
B	200-45″ 织布机	80		F47 32 289 2 31	136 10	
C	687-54″ 和 58″ 织布机	80		F267 80 85 7 76	1473 52	
D	136-65″ 和 68″ 织布机	80		F142 62 432 83	441 94	

	闲置成本发生原因				闲置成本			
代码	缺乏备好的材料	维修	计划不周	合计	不可避免的 %	不可避免的 量	产品成本增加率（%）	可避免的
B	19 40A 15 54	20 92	6 39	3122 44 3436	20	868 31	18.2	2254 12
C	194 14	493 89	136 42	07	20	5646 65	18.2	2210 58
D	A 1 28 3 55	41 32	6 30	42 39 1069 83	20	7 71 1151 66	18.2	50 10 81 83
E	4 65	14 30	38 99	463 67	30	207 02	36.0	265 65
F	A 84 319 57	288 53	372 15	24 77 2888 35	30	8 92 3895 80	36.0	33 69 1007 45
G		1 95		54 78	20	9 92	18.2	44 86
H		48		41 50	20	3 10	18.2	38 40

资料来源：McNair and Vangermeersch, 1998: 47.

图表 10　CAM-I 报告模板

额定生产能力	简要模型	行业特定模型	战略特定模型	传统模型
额定生产能力	闲置	不可销售的	过剩且不可利用	理论
		禁止利用的	管理政策	
			契约安排	
			法律规定	
		可销售的	闲置但可利用	实际
	非生产性	备用	流程平衡	
			变动性	计划内
			废料	
		浪费	返工	
			产量损失	
		维修	计划内	
			计划外	
			时间	
		生产准备	产量	
			转产	
	生产性	流程开发		
		产品开发		
		合格产品		

资料来源：CAM-I, 1997: 54.

- 标杆管理：访问生产能力报告领域的最佳实践组织能为生产能力成本管理系统提供另一个丰富的潜在格式、信息和衡量标准的来源。例如，希尔宠物食品公司（Hill Pet Food）建立了自己的生产能力报告与分析系统（如图表 12 所示），并作为提高其对工厂生产能力的理解和利用的持续动力的一部分。
- 审查现行报告：组织即使没有建立编制和支持生产能力报告的正式系统，通常也都维持着某种形式的生产能力报告。应该联系运营经理和财务经理，询问他们是否有任何现行的报告希望纳入生产能力成本管理系统报告中，无论是正式的，还是非正式的。
- 差异分析：在实施生产能力成本管理系统之前，最好对现有生产能力利用水平进行一项差异分析，如图表 12 所示。

图表 11　生产能力战略分析与报告

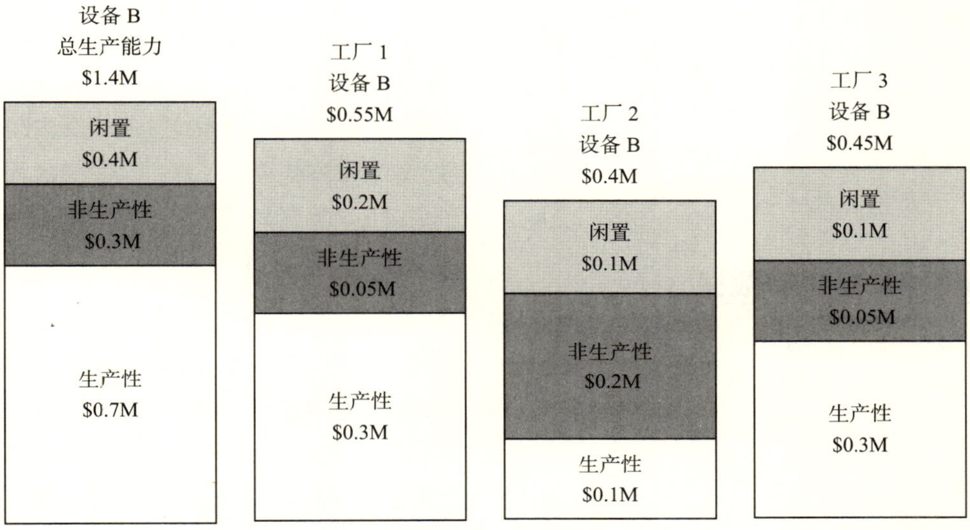

资料来源：CAM-I, 1997: 54.

图表 12　资源效果报告模型

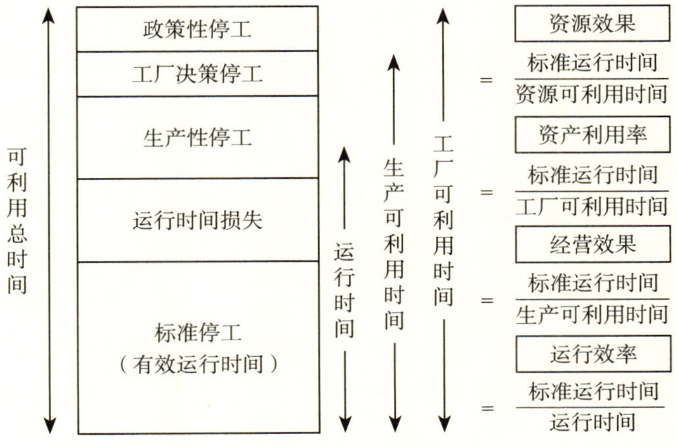

资料来源：McNair and Vangermeersch, 1998: 81.

无论组织采用什么方法决定应该在生产能力成本管理系统中包含的报告，其目标都是尽可能全面。这样就能确保所需要的数据都涵盖在生产能力计量系统及支持持续报告编制的数据库之中。虽然可以补充新报告，但是如果缺乏特定形式的数据，未来就难以对新报告需要作出反应。

确定并涵盖现有数据

生产能力成本管理系统应该尽可能利用现有数据。在系统设计过程中，应该探索的两个主要数据来源是经营数据和财务数据。经营数据通常包括一些停工指标（往往按原因划分）、设施的现有额定生产能力（大多按计费小时数）、质量和劳动生产率指标，以及合格产品数量。这些指标已经为未来生产能力成本管理系统的使用者所熟悉，如果这些指标明确了流程的特征或其绩效，那么它们就是有利因素；但如果它们不能说明流程的正确特征，那么它们就是阻碍因素。

现有经营数据也可能呈现为机器状况数据、维修报告或追踪实时反映主要效果和效率指标的经营单元绩效的形式。配送数据常常在经营单元或工厂层面维护，作为客户满意度或质量数据库的一部分。目的是为了尽可能地寻找现有数据来源。一旦赋予了目的，数据就变成了信息。生产能力成本管理系统的报告与分析能力重新定义了这些不同形式数据的采集与分析的目的。

从财务角度来看，作业成本核算系统的存在能在很大程度上帮助组织设计和实施生产能力成本管理系统。由于其内在结构，作业成本核算系统提供了关于流程的关键作业、流程和产品总成本及改进工作的影响之间关系的信息。

例如：包装材料可以直接归集到产品成本中。不同等级的包装材料可能会对生产准备时间、设备类型和流程可变性产生重大影响。在作业成本核算系统和生产能力模型报告中，这种包装成本则是包装流程的一部分。

在确定了现有数据来源之后，重要的就是决定将这些数据整合进生产能力成本管理系统中的最优方式。在许多情况下，可以在信息系统内建立一种链接，将数据从当前的采集领域传输到生产能力成本管理系统，而无需任何人员的介入。在其他情况下，则有必要重新输入数据，因为当前很难在共享环境中使用。

因为重新输入数据是后台管理系统生产能力的一种浪费，数据不兼容问题的这种解决方案会促使人们进行改进，在组织所使用的数据库中建立一致性。

最后，还存在一些数据要求，它们无

法通过现有数据来源得到满足。在发现数据短缺时，建立新数据采集程序和方法就变得非常重要。新数据越少越好，因为它不仅对组织成本有影响，而且对组织行为有影响。无论什么，只要被计量，就会引起重视。如果生产能力成本管理系统要求计量某些形式的新数据并输入数据库（比如，生产周期和按类别划分的非生产性时间），那么它就会引起人们对这些领域的关注。在许多情况下，这恰恰是系统实施团队所期望的。而在其他情况下，它可能造成不良后果，比如，本末倒置或者错误地将人们的注意力引向不重要的活动。

试用系统

在完成了生产能力成本管理系统的设计、定义了报告要求并确定了数据来源之后，注意力就应该转向试用系统。系统试用的目标包括：

- 确定数据问题及链接方式；
- 确定报告是否能按预期生成；
- 收集关于计划的报告对管理者的价值的反馈信息；
- 确定一旦管理者了解了系统能力之后哪些领域要求新报告或分析；
- 决定最佳的报告形式；
- 决定报告的最佳分发方式（在线、纸质或二者兼用）；
- 确定生产能力成本管理系统对临时报告与分析要求的灵活性与反应能力；
- 测试主要指标，决定其行为影响和信息容量。

在整个公司全面实施系统之前，最好在组织的一部分先试用系统。系统试用为团队提供了一个在广泛应用之前纠正系统问题、提高系统能力的机会。它还为根据组织建立和维护的其他报告与分析评估系统可靠性（包括系统准确性）奠定了一个基础。最后，决定运用技术支持提高生产能力成本管理系统的效果、数据采集能力和信息容量的最佳方式也最好在系统试用阶段完成。探索、分析和调整等所有实施过程的关键部分都最好在管理者的控制环境中完成，管理者应该对变革保持开放心态，并且愿意采用基于生产能力成本管理系统的信息。

提供培训和教育

生产能力成本管理系统的试运行不必在培训和教育之前完成。培训那些将要维护和使用生产能力成本管理系统的人员是系统实施的重要部分。生产能力成本管理系统所包含的信息对于组织而言往往有些生疏。了解其含义、如何利用及根据生产能力指标提高绩效的最佳方式对大多数公司来说都是新的挑战。有效利用生产能力分析所要求的学习不应该靠碰运气，而是必须积极开展。

所有使用生产能力成本管理系统或受其影响的人都应该接受系统结构、约束和能力方面的培训。在培训过程中，往往还会发现新的报告要求及系统的潜在问题。由此，培训就发挥着提供第一轮生产能力成本管理系统改进项目和活动的作用。如果系统仍处于试用阶段，那么系统就能迅速吸纳这些变化，从而提高系统的感知价值以及下游用户对系统的认可程度。

培训和教育是两种截然不同的活动。在培训中，个人要亲自体验生产能力成本管理系统，包括生成报告、获取信息或输入数据的键盘指令；而教育则聚焦于理解生产能力成本管理系统所提供的信息，以及如何最好地在决策、规划与控制中解读和运用它。教育的目标是使使用者了解特定类型的报告或分析背后的“为什么”；培训则是告诉使用者“如何”获取所需要的信息。如果要发挥生产能力成本管理系统改进绩效的潜力，培训与教育都必须开展。

利用外部承包商设计并实施教育和培训工作也颇多裨益。外部承包商与实施团队合作，往往能发现使教育和培训与丰富的学习体验相结合的创新的、有效的方式。除非组织有全职的专业培训人员，否则最好寻求外部资源以提供这种特殊的专门技能。有效的教育与培训最终能决定生产能力成本管理系统的成败。

进行评估和持续改进

公司绩效的每个方面都需要在持续改进的环境中发展与维持。生产能力成本管理系统也不例外。一旦确定了新信息需求、出现了数据要求或者发现了与系统用途或便捷性相关的问题，就必须制订改进计划。在有些情况下，改进仅仅是使系统更易于使用。在其他情况下，在使用者适应了生产能力成本管理系统之后，可能会出现新信息需要。生产能力成本管理系统是服务于客户及组织的管理者的系统，组织必须不断对其进行检查、评估，以确定它是否满足了关键信息需要。

持续改进还可以聚焦于消除生产能力成本管理系统的冗余或不必要的细节。在设计阶段，最好包含那些可能有用的数据，而不是在系统实施之后再补充新数据。如果所采集的数据不能在一个合理的时间范围内（例如，一年）用于主要报告或专项分析，那么它就将成为删除的对象。生产能力成本管理系统的维护也不是无需成本的。正如运用组织的稀缺资源一样，生产能力成本管理系统也必须不断地进行评估，以确保系统能持续提供超出成本的收益。

一经实施，生产能力成本管理系统就可以用于帮助组织实现生产能力利用的最优化，并降低经营成本。

八、优化生产能力利用

实现组织价值创造能力或价值链能力的最优化是一个持续的交互式过程，它需要不断地根据不断变化的客户和市场需求评估现有绩效。生产能力利用的最优化可以从几个不同角度去实现，即：

- 最大化有效产出；
- 最大化盈利能力；
- 最小化经营总成本；
- 最小化资源浪费（闲置）；
- 最大化灵活性和反应能力；
- 最小化投资；
- 最大化规模经济（技术）。

最大化有效产出

最大化有效产出是实现生产能力利用最优化的主要方式之一。有效产出，即有明确需求的产品，是收入的直接来源。如果它最大化了，按定义组织的资源就能得到最有效的利用。最大化有效产出的最简单方式就是建立库存。但是，如果有效产出没有现成的市场，就会形成浪费。售不出去的存货不会为客户创造价值，也不会为组织创造利润——在储存、交易追踪和处置过程中还会消耗资源。

最大化有效产出的第二种方式是生产或提供瓶颈资源消耗量最少的产品或服务。这种方法显然就相当于建立库存。因此，最大化有效产出必须通过能使组织对客户和市场需求作出迅速并有效反应的流程改进。从系统中消除资源浪费，并将释放的资源重新配置给满足客户需求的新产品，是通过有效产出最大化实现生产能力最优化的唯一可接受的方式。如果追求这项生产能力最优化战略，那么重要的就是建立一些指标，以反映组织为实现既定的有效产出目标而采用不起作用或不合乎需要的方法和行为的地方。

最大化盈利能力

贡献分析是组织追求通过利润最大化战略实现生产能力利用最优化的一种方式。这种方法的优点很多，其中包括获得最高的投资回报、实现单位资源耗费收益最大化，以及通过提高盈利能力提供发展的灵活性。

但是，追求利润最大化战略也有其自身的风险。组织可能会为了实现短期利润而牺牲长期战略定位。例如，一个客户或一项产品可能现在消耗了大量生产能力，却不能创造直接收入或利润。在生产能力成本管理系统中，这种发展被视为生产性生产能力利用。但是，如果利润最大化是驱动目标，那么新产品和客户的发展就很可能被推迟或放弃。虽然短期绩效很好，但是从长期看，组织很可能会丧失生存能力。眼前的利润必须始终与组织的长期最大利益进行平衡。

如果追求利润最大化，那么重要的就是在产品开发过程中建立某种形式的“虚拟利润”，以确保其按计划发展。一旦保证了开发方面的生产能力，一个订单或一项产品相对于另一个订单或另一项产品的盈利能力就成为分配剩余生产能力的逻辑基础。

最小化经营总成本

最小化经营总成本是定义生产能力最优化的另一种方式。在这种情况下，注意力转向了寻找满足客户需求的低成本替代方案，比如，将生产迁往人工工资水平低的地区。运用这项最优化战略的方法多种多样，其中包括降低材料成本（和质量）、当规模经济能带来节约时用技术代替人工，以及增加批量实现低成本地位。

成本最小化不能保证利润或绩效就能最大化。因为价格是由市场根据产品 / 服务组合的感知价值而决定的，最小化成本的行动实际上也会降低产品的价值含量及其市场价格。利润是价格与成本之间的差额，只有资源运用在了客户高度认可的产品和服务上，利润才会提高（例如，收取溢价）。如果成本降低是从产品 / 服务组合中减少作业或价值，那么它们实际上会同时造成生产能力最大化与利润最小化。

最小化资源浪费（闲置）

组织几乎没有理由不追求闲置和非生产性生产能力的降低。作为最大化战略，这种方法所隐含的目标就是寻找将资源重新配置到生产性用途的方法。简单地消除浪费不会自动地实现生产能力利用最优化。释放的资源必须用于为客户创造更多价值或满足市场新需求，而不是建立不需要的存货。否则只是从一种形式的资源浪费转换成了另一种形式的资源浪费。

如果与其他方式共同运用，比如，利润最大化，那么最小化浪费就是一种可行的次级生产能力最优化战略。如果浪费最小化了，由于避免了可控生产能力成本（定型成本不会受这种战略的影响），成本就会最小化，或者由于同等水平的资源创造了更多的产出，利润就会最大化。如果释放的资源不能得到有效的重新配置，那么组织就必须寻找从系统中消除过剩生产能力的途径。

最大化灵活性和反应能力

在全球商业环境中，灵活性是有效的竞争战略的一个关键维度。因此，定义和追求生产能力最优化的一种方式就是努力实现对不断变化的市场需求的快速反应。如果市场高度认可这种灵活性，那么它就会带来溢价。同样，灵活性也能为其他不利情况提供解决方案，比如，生产存货以实现成本和绩效目标的需要。

一个灵活的系统可以很容易地转向新用途。这种最优化战略的成本常常体现在效率低下上，即灵活的系统很少能达到专用的设施所能实现的有效产出和规模经济水平。同样，专用设施也会成为市场需求变化或高水平的闲置和非生产性时间的牺牲品，但如果流程能灵活转型，以满足新需要，二者就都可以避免。在追求这项战略之前，必须了解灵活性与效率之间的权衡。

最小化投资

许多组织都借助于供应商合作伙伴和虚拟组织结构降低生产能力投资。这种生产能力最优化战略所采用的方法很简单，即最小化现有产品 / 服务组合的资源投入。在虚拟组织结构中，几乎不需要维护什么固定资产。注意力聚焦于几个对长期市场成功至关重要的核心竞争力。任何非核心作业或资源都外包。

作为生产能力最优化战略，最小化投资的好处包括：提高灵活性和反应能力、降低存货风险，以及提高投资报酬率。但是，风险来自虚拟组织结构的不稳定性，即它只能在市场条件具备的情况下才能生存。具体而言，组织必须能够在市场中发挥足够的影响力，促使供应商满足其需求。如果行业生产能力受到了约束，虚拟公司就要付出高昂的成本才能获得所需要的产品和服务。

显然，还有其他最小化投资的方式，包括：依靠租赁设备和厂房，而不是购置设备和厂房；大部分生产都采用人工，而不是固定资产。虽然在这些情况下生产能力利用水平可能很高，但是成本也可能高于投资水平较高的组织。除非将成本和利润绩效与投资水平进行对比，否则就不会发现不利的发展趋势。同样，几种生产能力最优化方式的结合也能为总体绩效改进提供最大的潜力。

最大化规模经济（技术）

与最小化投资截然相反的就是追求最先进的技术解决方案，以实现行业的最大规模经济。在这种情况下，生产能力最优化战略就缩减到一个主要维度上，即劳动生产率。购置提供最大有效产出和收入的资产，能使组织在行业中处于一个令人羡慕的成本优势地位。但是，如果技术或竞争需求发生了变化，也会置组织于风险之中。

关于这个问题的一个经典例子就是美国钢铁行业在二十世纪七八十年代所面临的危机。从传统上看，规模经济一直是这个行业的竞争优势来源。但是，富氧高炉问世之后，就降低了规模所带来的效益。这些高炉能以更小的批量、更高的效率和盈利能力提供与其所取代的大规模经营同样质量水平的产出。如果技术进步使投资过时了，那么通过规模实现生产能力最优化就始终会使组织暴露在风险之中。

最好选择几个生产能力维度作为最优化工作的基础。与绩效考核类似，最好采用一种平衡的生产能力最优化方法（例如，平衡生产能力记分卡）。如果资源聚焦于可利用廉价资源满足目前尚未满足的需求领域，那么就可以同时追求低成本与利润最大化。对于每种最优化战略，其目标都必须是确定这种战略对于组织意味着什么样的经营风险，然后选择一种或多种互补战略，以确保组织能够降低或管理这些风险。

无论采用哪种视角，如果不对结果分配适当的责任，生产能力就不能实现最优化。对生产能力利用的最优化与改进分配责任的方式之一是按组织的经理或职能分配，如图表 13 所示。组织生产能力的各种形式的闲置、非生产性和生产性利用都可以追溯给不同的群体。例如，经营团队对闲置时间最具有控制力，因此责任也最大。经营团队还对向客户提供什么产品和服务、提供多少以及从哪些渠道提供都具有最终控制权。只有管理者才能填充闲置生产能力，工厂难当其责。

另一方面，制造团队对非生产性时间具有最大的控制力，因此应该为这些结果的改进负责。但有一项例外，就是转产，在这个领域，管理团队具有重大影响（50%）。存货和批量政策通常由高管制定，由他们确定这个关键领域的极限并定义其目标。如果要求小批量生产，那么生产准备的次数就会增加。制造团队只能对管理层制订的生产计划作出反应，但不能直接控制生产准备所造成的非生产性时间。

为各种形式的生产能力利用分配责任的目的是确保组织采取行动，进行改进。一个有效的控制系统力求将对结果的责任分配给能最大限度地影响结果的人或经营单元。要使组织认可生产能力成本管理系统，并且为使用或控制它的管理者提供有用的洞见和知识，责任就必须与可控制性相匹配。

各种形式的非生产性、闲置和生产性生产能力的责任并非总是在组织内部。重

图表 13　责任与生产能力成本管理

<table>
<tr><td rowspan="2" colspan="3"></td><td colspan="5">责　任</td></tr>
<tr><td>经营团队</td><td>制造团队</td><td>支持团队
人力资源</td><td>支持团队
财务</td><td>其　他</td></tr>
<tr><td rowspan="3">闲置</td><td>不可销售的</td><td>过剩且不可利用</td><td>70%</td><td></td><td></td><td>30%</td><td></td></tr>
<tr><td>禁止利用的</td><td>管理政策
契约安排
法律规定</td><td>60%
100%
80%</td><td></td><td>20%

20%</td><td>20%</td><td></td></tr>
<tr><td>可销售的</td><td>闲置但可利用</td><td>80%</td><td></td><td>10%</td><td>10%</td><td></td></tr>
<tr><td rowspan="6">非生产性</td><td rowspan="2">备用</td><td>流程平衡</td><td>10%</td><td>30%</td><td>10%</td><td>40%</td><td>10%</td></tr>
<tr><td>变动性</td><td>20%</td><td>30%</td><td>10%</td><td></td><td>40%</td></tr>
<tr><td>浪费</td><td>浪费
返工
产量损失</td><td>10%
10%
</td><td>60%
60%
40%</td><td>10%
10%
20%</td><td>10%
10%
20%</td><td>10%
10%
20%</td></tr>
<tr><td>维修</td><td>计划内
计划外</td><td></td><td>80%
60%</td><td>
20%</td><td>20%
10%</td><td>
10%</td></tr>
<tr><td>生产准备</td><td>时间
产量
转产</td><td>

50%</td><td>40%
60%
</td><td>20%

20%</td><td>10%
10%
30%</td><td>30%
30%
</td></tr>
<tr><td></td><td></td><td></td><td></td><td></td><td></td><td></td></tr>
<tr><td rowspan="3">生产性</td><td>流程开发</td><td></td><td>70%</td><td>20%</td><td></td><td>10%</td><td></td></tr>
<tr><td>产品开发</td><td></td><td>80%</td><td></td><td></td><td>20%</td><td></td></tr>
<tr><td>合格产品</td><td></td><td></td><td>100%</td><td></td><td></td><td></td></tr>
</table>

资料来源：CAM-I, 1997: 65.

要客户也可能对生产能力利用的效果具有重大影响，如图表 14 所示。例如，人们认为客户 A 造成了 20% 的闲置但可销售类的生产能力。或许这个客户暂停了一个原计划的订单，也可能减少了一揽子订单中的订货数量。这种生产能力本来可以利用，但是却留给了这个客户。管理团队要负责与客户协商，要么增加发货，要么释放生产能力另作他用。

因为客户 A 目前占设施的合格产品的 30%，所以最好的方式似乎就是聚焦于客户 A，寻找减少非生产性时间的方法，比如，产量损失，闲置但可销售的时间。这是一个重要客户，组织应该将其视为一个合作伙伴，寻找提高生产能力利用的方法，藉此降低满足现有和未来需求的成本。组织必须与客户共同承担提高产量及降低成本的责任。运用有效的集成供应链管理的

图表 14　客户责任与生产能力成本管理最优化

			客　户				
			A	B	C	D	其　他
闲置	不可销售的	过剩且不可利用					
	禁止利用的	管理政策					
		契约安排					
		法律规定					
	可销售的	闲置但可利用	20%	5%	15%		60%
非生产性	备用	流程平衡	20%	10%	30%	5%	35%
		变动性	10%		20%	10%	60%
	浪费	浪费	5%	20%	10%	10%	55%
		返工		10%	40%	5%	45%
		产量损失	25%	30%	15%	15%	15%
	维修	计划内					
		计划外					
	生产准备	时间	10%	20%	5%	10%	55%
		产量	30%	20%	15%	5%	30%
		转产	20%	15%	50%	5%	10%
生产性	流程开发			20%		10%	70%
	产品开发			5%		20%	75%
	合格产品		30%	20%	15%	5%	30%

资料来源：CAM-I, 1997: 67.

组织的经验教训表明，这种合作会使双方受益。

在绩效管理领域，人们早已认识到组织计量和奖励的是什么，就会得到什么结果。如果不为生产能力利用正确分配责任，赋予控制结果的能力，那么生产能力成本管理系统就不会实现其终极目标，即组织资源生产能力最优化。如果没有明确组织期望什么、谁应该为实现各项目标负责，就不会实现最优化。最后，生产能力成本管理系统是一种绩效管理工具，必须积极利用，以确保它能产生预期的行为。无论预期行为是因基于生产能力成本管理系统所提供的数据而使决策改善造成的，还是为实现生产能力利用目标分配责任的产物，都不成问题。定义并推动组织实现生产能力最优化必须作为生产能力成本管理系统设计与使用的基础。

九、结束语

生产能力成本管理系统的设计与实施为公司提供了多种好处，其中包括提高盈利能力和劳动生产率的能力。生产能力成本管理系统强调改进工作能提高生产能力利用或有效产出的领域，它是关于资源运用效果的重要信息的来源。

生产能力成本管理系统也是一种报告与沟通工具，它服务于多种目的和多种用户。生产能力成本管理系统提供了一种消除浪费、提高产量以及提高管理者了解并影响主要流程的能力，它是任何一个公司的整体信息系统不可缺少的部分，无论是制造业，还是服务业。

生产能力管理不仅适用于制造业，同样也适用于服务业。对于服务性组织，了解所运用的人力资本的生产能力同汽车制造商了解其机器人及其他设备的生产能力一样重要。人们应该像思考汽车的里程计和油量表的方式一样思考生产能力成本管理系统。生产能力成本管理系统只不过是引导组织发展的又一个绩效考核工具。

参考文献

Blackstone, J. *Capacity Management*. Cincinnati, OH: Southwestern Publishing, 1989, p. 18.

Cooper, R., and R. Kaplan. "Activity-Based Systems: Measuring the Cost of Resource Usage." *Accounting Horizons*, Spring 1992, pp. 1-12.

Coughlan, P., and J. Darlington. "As Fast as the Slowest Operation: The Theory of Constraints." *Management Accounting* (U.K.) June 1993, pp. 14-17.

Dilton-Hill, K.G., and E. Glad. "Managing Capacity." *Handbook of Cost Management*. New York: Warren, Gorham and Lamont, 1997, pp. H3-1—H3-8.

Edwards, J. B. *Cost Management for Service Industries*. New York: Warren, Gorham and Lamont, 1999.

Gantt, H.L. "The Relationship between Production and Costs," reprinted in *Handbook of Cost Management*. New York: Warren, Gorham and Lamont, 1997: pp. H4-1—H4-8.

Institute of Management Accountants. *Accounting for the Cost of Capacity*. Research Report #39. Montvale, NJ: May 1963.

Kee, R. "Integrating Activity-Based Costing

with the Theory of Constraints to Enhance Production-Related Decision Making." *Accounting Horizons*, December 1995, pp. 48-61.

Klammer, T., and the CAM-I Interest Group. *Capacity Measurement and Improvement*. Chicago: Irwin Professional Publishing, 1997.

McNair C. J. "The Costs of Capacity." *Journal of Cost Management*, Vol. 8, No. 1, Spring 1994.

McNair C. J., and R. Vangermeersch. *Total Capacity Management*. Montvale, NJ: Institute of Management Accountants, 1998.

Society of Management Accountants of Canada. *Measuring the Cost of Capacity*. Management Accounting Guideline # 42. Hamilton, Ontario, 1996.

【王斌审校】

STRATEGIC COST MANAGEMENT

题 目

设计集成式成本管理系统：创造利润、提高绩效

鸣 谢

本公告经美国管理会计师协会管理会计委员会批准发布。美国管理会计师协会感谢安达信会计师事务所财务解决方案中心的合作。此外还要向本公告的起草者巴布森商学院的 C. J. McNair 博士（CMA）表示感谢。特别感谢安达信的知识创造经理 Randolf Holst（CMA，加拿大）对本公告的制定始终如一的监督和指导。美国管理会计师协会也感谢先进制造国际联盟（CAM–I）在本公告制定中给予的支持，以及管理会计委员会委员们所作的贡献。

Published by
Institute of Management Accountants
10 Paragon Drive
Montvale, NJ 07645
www.imanet.org

ISBN 0-86641-287-5

ima®
The Association of Accountants and Financial Professionals in Business

设计集成式成本管理系统：创造利润、提高绩效

目 录

STRATEGIC COST

ima
The Association of Accountants and Financial Professionals in Business

一、引言

在过去15年中，成本管理实践发生了革命性的变化。受托马斯·约翰逊和罗伯特·卡普兰在《相关性的遗失：管理会计沉浮录》（Thomas Johnson & Robert Kaplan, Relevance Lost: The Rise and Fall of Management Accounting）一书中提出的批判的激励，会计从业人员和学者联合起来共同创造了一种新的成本管理模式，它能提供决策信息。从20世纪80年代末的作业成本核算开始，新型的成本管理技术层出不穷，包括作业成本管理、作业成本预算、目标成本管理、生命周期成本管理、生产能力成本管理、投资管理和战略成本管理，不胜枚举。人们还努力将成本管理与其他主要绩效指标联系起来，建立集成式绩效管理系统。

在成本管理发生革命性变化的同时，组织结构和组织的重心也取得了长足发展。流程管理，即水平管理，异军突起，成为提高组织有效产出和绩效的关键。流程思想已从内部受益延伸至了组织的主要商业伙伴，从而形成了一个跨行业价值链的集成式供应链。

组织的信息与管理结构所发生的一系列剧烈变化的动力来自客户。客户要求以更快的速度提供更好、但更廉价的产品和服务，并且对个性化程度的要求也越来越高，藉此客户迫使公司重新审视自身经营的方方面面。信息是定义客户需求且比竞争者更好地满足客户需求的重要因素。实施能提供这些洞见的新型管理系统和信息系统，关系着面临全球市场挑战的组织的生死存亡。

但是，由于新型管理系统的迅速实施，如今许多组织都面临着分散的信息流，它们构成了真正的“巴别塔”，混乱且无法沟通。新型管理与考核系统的开发独立于其他系统，从而造成信息冗余、缺口和错误传达。由于缺乏一个集成框架，这些系统往往都不能兑现所承诺的好处。

如果组织的资源利用要实现最优化，信息集成就是必不可少的。信息集成为健全的决策提供了基础，因为它支持多角度的综合。无论组织刚刚踏上新型成本管理模型的实施之路，还是已经实施了很多成本管理模型，信息和管理系统的集成都势在必行。集成式成本管理系统（integrated cost management system, ICMS）框架的目标就是满足这种需要。

二、适用范围

本公告旨在帮助组织理解如何集成成本管理系统，实现信息投资的最优化。本公告所介绍的方法和原则总结了先进制造国际联盟（CAM-I）最近完成的一个为时多年的项目的研究结果。参与该项目的组织包括安达信会计师事务所、戴姆勒—克莱斯勒公司、联合信号公司（Allied Signal）、波音公司、凯斯叉车公司（Case）和柯达公司。

本公告的核心是实践证明对财务人员和经营管理者的决策和行为最显著、最适用的成本管理技术的集成。对于任何具体成本管理技术的详细讨论不在本公告的范畴之内。相反，本公告的核心是这些管理系统如何彼此结合成为一个集成式框架，推动利润创造和组织绩效的提高。

这里所讨论的集成式成本管理系统概念适用于：

- 大型和小型组织；
- 各行各业的企业。

本公告所提供的信息能帮助财务人员及其他人员：

- 理解集成式成本管理系统框架的基本原则；
- 了解集成式成本管理系统的各种要素；
- 确定集成式成本管理系统框架的用途和好处；
- 了解各种成本管理方法之间的关系；
- 设计集成式成本管理系统；
- 为各种成本管理系统的集成建立一个发展变迁路径；
- 增强员工对集成式成本管理系统的认识并赢得员工认可。

三、集成式成本管理系统框架的基本原则

理解各种作业、结果和价值创造之间的关系是组织创造利润、提高绩效的关键。为了理解这种关系，组织必须能够集成其信息流。信息集成建立了一个知识基础，它可以用来自上而下地沟通决策、目标、经营结果和发展机遇。在当今快速发展的全球经济中，组织各个职能和流程的信息集成是有效管理的基本要素。

集成式成本管理系统框架的基本原则反映了使用它的管理者的信息需要和决策需要。具体而言，这些原则包括：

- 战略导向原则：成本管理系统必须涵盖和反映组织的战略及支持战略目标实现的核心竞争力。
- 客户驱动原则：信息系统设计、集成和使用必须以定义和满足客户需求为中心。
- 以价值为基础：竞争优势与能够创造利润的长期发展都源自对组织如何及在哪里为客户创造价值的理解。
- 以流程为中心：集成必须涵盖组织内部和组织之间的物流和信息流，强调

它们之间的相互依赖关系。

- *决策相关原则*：信息系统必须围绕组织的主要决策定义，并支持主要决策。
- *成本效益原则*：集成应该聚焦于支持组织 80%~90% 决策的 20% 的基本数据，而不是全面集成组织的所有能够获得的数据。
- *以关系为基础*：集成信息系统必须基于并强调主要交易和贯穿整个价值链的关系。

这些原则结合起来共同定义了有效的集成式成本管理系统的要求。具体而言，集成式成本管理系统应该精益求精，尽量简化其基本结构，强调确定并涵盖支持一个具体决策领域的决策所需要的数据。并非数据越多越好——主要目标是涵盖支持组织关键决策所需要的正确信息。

*灵活性*是集成式成本管理系统的主要关注点。数据结构应该是关系型的，允许持续修订、增加和删除集成系统的数据。这并不意味着应该从组织的基本经营和战略系统中删除数据，而是应该管理调入集成系统的数据，以确保它是决策支持信息的一个相关、高效且具有成本效益的来源。

*用户友好*也是集成式成本管理系统的一个关注点。如果使用者能够轻松自由地运用它，数据就会转化为信息。集成式成本管理系统不是会计人员为会计人员设计的系统，而是由整个组织支持的集成信息来源。它的设计应该确保使用者理解并适应它，与使用者在组织中的职位和使用者的职业背景无关。系统设计与维护的目标是确保依靠系统作为决策支持的人员能使用系统，并且确保系统与这些决策人员具有相关性。

集成式成本管理系统同样关注系统反映组织内部各项职能和各个团队之间以及供应链的合作伙伴之间的相互依赖关系的能力。集成式成本管理系统的数据不仅应该与内部使用者的系统和能力兼容，而且应该与组织的主要商业伙伴的系统和能力兼容。数据可以利用与零售合作伙伴的数据链接从销售点采集。供应商既接收，也提供关于主要零部件或产品的流转情况的信息，其中包括对销售点确定的产品组合和产品需求变化的反应能力。

集成不仅限于目前的需求，还包括新产品设计与开发以及剥离的产品和服务的支持。在集成式成本管理系统中，链接可以在价值链的前后建立，也可以在组织的整个生命周期及其客户关系之间建立。集成式成本管理系统寻求将信息作为跨越组织中自然而然发生的沟通和作业鸿沟的桥梁。集成式成本管理系统框架的主要组成要素反映了这些基本原则和目标。

图表 1　CAM-I 战略管理流程模型

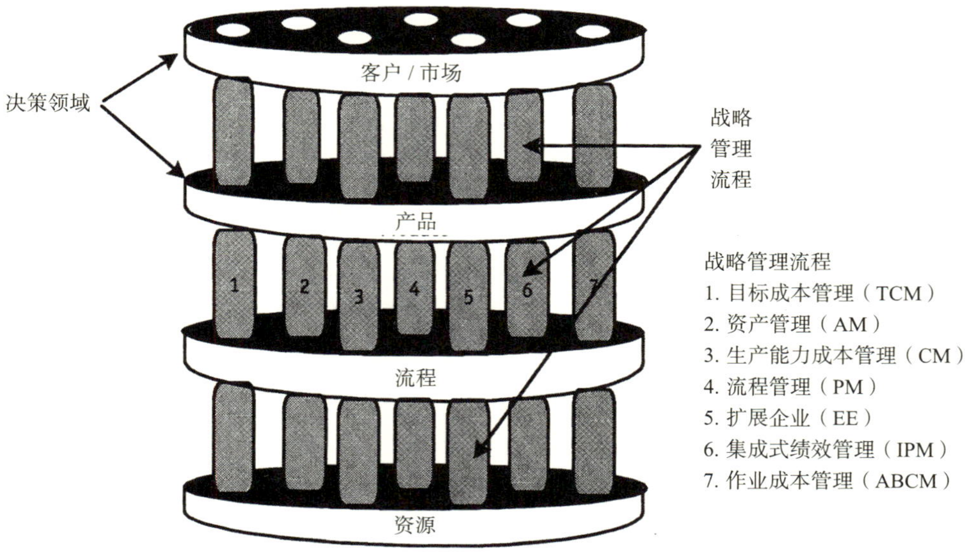

资料来源：CAM-1, 2000:11.

四、定义集成式成本管理系统框架

集成式成本管理系统框架强调组织各个层级的信息流与决策之间的关系。它力求确定个人、团队、部门、流程和企业为了有效、协调一致的决策和行动而必须共享的基本数据要素。

集成式成本管理系统框架的基本思想就是利润绩效的实现和竞争优势的获取源自对作业、结果和价值创造之间的关系的深刻理解。第二个重要思想是：信息流的集成是有效管理决策的一个基本要素，它发挥着理顺相互依赖的各个职能、团队或企业之间的沟通、加强它们之间的联系的作用。如图表 1 所示，集成式成本管理系统框架包含下列要素：

- 战略管理流程。七个核心战略管理流程（strategic management process, SMPs）涵盖了目前的最佳实践，它们是：目标成本管理（target cost management, TCM）、资产管理（asset management, AM）、扩展企业（the extended enterprise, EE）、生产能力成本管理（capacity cost management, CM）、流程管理

(process management, PM)、作业成本管理(activity-based cost management, ABCM)和集成式绩效管理(integrated performance management, IPM)。如图所示，战略管理流程起着连接杆的作用，它们将表示决策领域的各个大圆盘连接在一起同步行动。

- 决策领域。决策发生在四个基本领域，即客户/市场、产品、流程和资源四个层面。组织的动力(即对组织为什么存在的回答)在客户/市场层面。产品和服务是指公司提供什么来满足客户需求及实现战略。流程及其能力则指管理等式中如何满足客户需求及实现战略。它们是实现预期目的的手段，即实现价值创造和利润的手段。这几个层面都利用组织的资源需求，同时也定义着组织的资源需求。
- 集成。集成发生在数据层面。在数据层面，要确定共同的信息需求，并将核心战略管理流程与这些信息需求联系起来。

四个大圆盘(即决策领域)由信息管道(即战略管理流程)联系在一起。如图所示，战略管理流程贯穿了这四个决策领域，为组织不同级别的使用者提供了不同类型的信息。例如，目标成本管理就是一个利润规划和成本管理系统，它在产品开发的最初几个阶段就引进了利润、成本和价值管理概念，并通过调动整个价值链(即扩展企业)将它们应用于整个产品生命周期。在战略规划的设计和执行中，为了利用跨组织的竞争力和知识更好地满足客户需求，扩展企业战略管理流程将商业伙伴联合了起来。

协调各种资源以满足特定客户需求，以及确保规划执行不会受到资源不足或资源不当的破坏或阻碍，是资产管理和生产能力管理的目标。资产管理和生产能力管理这两个战略管理流程相结合，共同建立一个以确定和评估可用于提高组织绩效的技术、设备、人员、系统及相关机会为中心的生命周期。资产管理和生产能力成本管理是资本投资流程的延伸，资本投资流程强调为组织创造价值并使股东受益的决策。资产管理、生产能力成本管理和资本投资流程都聚焦于资源创造价值的生产能力，以及闲置、过剩和效率低下的生产能力利用的成因。

定义战略和规划战略执行是管理流程的必要条件，而非充分条件。结果取决于个人实现目标的动机及其实现规划所采取的行动。通过强调各项指标、指标的实施、回馈的奖励之间的整合和平衡，集成式绩效管理是规划与结果之间的重要纽带。

最后，组织各个不同层面和不同领域的行动必须紧密结合，形成一个简化的、无缝的整体。流程管理和作业成本管理所针对的就是这个领域的集成。从核心工作流管理到业务流程集成，流程管理都强调各项作业之间的横向联系。它使组织行动与客户价值协调一致。

同样，作业成本管理也强调通过资源的有效结合创造的独特的组织能力。它分析了具体的行动及其与流程、成本、绩效和结果之间的联系。作业成本管理通过提供反映流程观的成本和经营信息填补了基本信息的空缺。作业成本管理强调机会成本和价值分析，它为支持决策分析奠定了一个经济上的坚实基础。

战略管理流程确保了高层（即组织的战略决策层）所采用的决策和数据与流程层面的管理者分析类似条件和情况所采用的决策和数据相关。通过战略管理流程的各种信息管道，在集成式成本管理系统结构中建立了协调和顺畅的沟通。

虽然七个战略管理流程贯穿了这四个决策领域，但是它们对于组织的各级决策的重要性并不相同。例如，目标成本管理是客户 / 市场领域和产品领域的大多数决策的主导战略管理流程。这些决策都是战略性的，要求分析和确定产品、服务及产品属性的最优组合，以满足目标客户群的要求。

在这一系列战略管理流程另一端的是作业成本管理，它在资源决策领域发挥着主导作用。在这个领域，所强调的是确定和运用资源最优组合，以确保单位客户价值的总成本最小化。在资源决策领域中，各种战略管理流程所提供信息的主要目标是让组织明确聚焦于生产性流程内在的成本 / 价值权衡。

各种战略管理流程在一个特定的决策领域内的集成是由共享各系统生成与维护数据的需要所驱动的。每个决策领域都是一种形式的专项数据库或子系统，它汇集了支持特定决策所需要的信息。例如，在流程领域的一项主要决策就是设计和管理有效的基于流程的工作流。在流程设计工作中一般要涉及下列问题：

- 现有流程是什么？它们的能力和局限是什么？
- 系统每天 / 每周必须能够处理的最大需求是多少？
- 要维持什么样的质量水平？
- 质量问题什么时候可能发生？如何避免或发现质量问题？
- 目前能获得什么资源？
- 在规划的需求条件下，流程的生产能力有多大？
- 瓶颈在哪里？如何才能减少其影响或提高其能力？
- 如何最好地管理流程中的缺口？应该利用时间、空间或存货缓冲确保瓶颈

图表 2　战略管理流程与流程设计

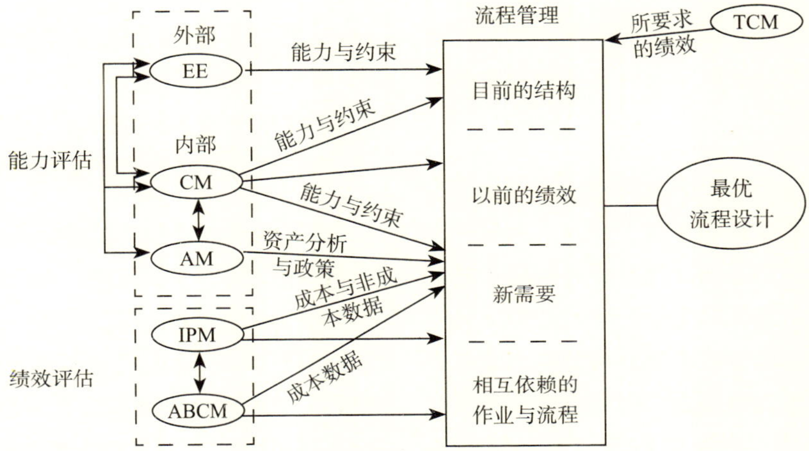

资料来源：CAM-I, 2000: 349.

永远不会闲置?

- 流程必须提供哪种类型的产品和作业?
- 管理这类产品和作业的最佳方式是什么?
- 流程代表了核心竞争力吗? 如果不能，应该将它所提供的作业和产出外包吗?
- 存在保证流程顺利运转所需要的技术和能力吗?
- 建立流程存在职能、政治或结构上的重大障碍吗?
- 哪些绩效指标能确保流程目标顺利实现呢?

如图表 2 所示，流程管理是用以组织信息解决这些流程设计问题的主导战略管理流程。它为流程层面的决策提供了基本结构，同时也提供了将客户与组织及其价值链合作伙伴联系起来的基本集成结构。流程管理强调在寻找安排工作和产出在组织及其供应链中的流转顺序的最佳方式的同时，在信息与工作流之间搭起一座桥梁。

虽然流程管理是流程设计决策的集成机制，但是它并未包含回答上述问题的所有必要信息。例如，人们利用生产能力成本管理提供关于瓶颈潜力和目前生产能力利用水平的信息以及建立新增生产能力的成本。同样，扩展企业也审视整个供应链，以确定可能阻碍供应链的总体绩效的闲置生产能力、浪费或瓶颈。目标成本管理为绩效设定了一个极限，而集成式绩效管理则为考核当前绩效与所要求实现的绩效提供了基础。

正如这个例子所表明的，在每个决策领域内，数据都联系在了一起，从而构成了决策分析的基础。并非所有信息都被汇集在一起。集成聚焦于所有信息系统的使用者所共有的少数重要数据要素。集成式成本管理系统框架力求将组织的共享数据需求划分为反映组织决策体系的易管理的、可定义的子集。

五、集成式成本管理系统框架的用途和好处

一个公司为什么应该采用部分或全部乃至集成战略管理流程？集成式成本管理系统框架在组织中具有广泛应用。集成式成本管理系统框架所提供的信息可用于下列用途：

- 确定最优客户 / 市场细分；
- 提高主要产品的盈利能力；
- 支持决策的改善；
- 减少错误的信息传达；
- 实现组织盈利能力最优化；
- 提高流程效果；
- 集成财务与非财务指标；
- 提高竞争地位；
- 支持战略营销与经营决策；
- 支持对不断变化的条件作出迅速反应；
- 为集成企业各个流程和价值链中的各个企业的作业与结果提供手段。

集成式成本管理系统框架不仅在制造性组织中得到了广泛应用，而且在制造业之外的领域也得到了广泛应用，比如，营销和行政管理。集成式成本管理系统框架还可以与其他管理技术结合使用，比如，全面质量管理、质量功能配置和电子商务。它也可以在供应链层面应用。

集成式成本管理系统框架的实施可以通过下列方式帮助公司：

- 预测环境变化，并在组织受到影响之前作出反应，从而防患于未然，而不是在问题发生后才进行纠正；
- 不断改进经营，而不是仅寻求暂时的均衡；
- 建立以外部客户需求和竞争威胁为中心的战略，以便让客户需求推动组织发展；
- 将内部和外部所有要素都系统地关联起来，从而通过跨职能集成使问题从整体上得到解决，而不是渐进地解决；这就促使组织通过与供应商及扩展企业的其他成员建立长期关系来从整体

图表 3　信息系统的发展变迁

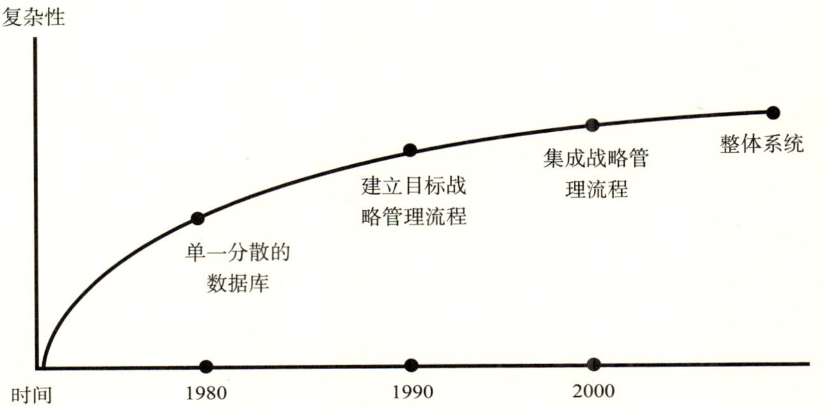

资料来源：CAM-I, 2000: 17.

上审视和解决问题；

- 通过确保资源集中在价值作业上、发现并消除浪费以及确保流程改进减少非增值工作来实现利润最优化；
- 将个人、群体和组织激励联系起来，以确保组织中的每个人都理解战略和经营目标，并且鼓励他们，努力去实现战略和经营目标；
- 在组织各个层级、各个流程和各个经营单元中宣传客户需求、所实现的结果、所遇到和解决的问题以及仍将面临的挑战。

并非所有组织都必须实施所有的战略管理流程，也不必按同样的强度集成。如图表 3 所示，从最初分散的成本和绩效信息系统到集成式成本管理系统框架的整体结构，组织应该遵循一个信息系统发展变迁路径。

最终选择的发展变迁路径应该反映组织所面临的主要挑战。例如，在美国凯斯叉车公司（Case Corporation），在对支持客户 / 市场和产品决策领域的决策数据的需求出现之前，作业成本管理所取得的成就十分有限。公司希望重新确立公司在农用拖拉机市场上的地位，这种动力对公司提出了新的信息需求，要求来自组织不同部分和不同战略管理流程的数据。如果缺乏一个战略管理流程或其数据，负责新产品推出的团队就会寻找替代数据来源。这些东拼西凑的信息不仅为公司管理层采取措施以更好地集成信息提供了一个蓝图，而且提供了动力。如今，作业成本管理在

图表 4A　决策领域

客户 / 市场决策领域和战略管理流程

	TCM	EE	CM	AM	PM	IPM	ABCM
1. 我们希望进入哪个市场？	●	●	○	□	○	○	○
2. 我们希望进入哪个客户细分市场？	●	○	○	○	○	○	○
3. 哪些地理区域？	○	●	○	○	○	○	○
4. 如何评估市场规模？	●	○	○	○	○	○	○
5. 客户 / 市场细分的利润潜力如何？	●	○	□	○	○	○	□
6. 行业 / 竞争趋势如何？	●	○	□	□	○	○	○
7. 采用什么战略满足客户需求 / 价值要求？	●	○	○	○	○	●	○
8. 我们的核心竞争力是什么？	●	○	●	●	○	○	○
9. 时间框架 / 机会窗口是什么？	●	○	□	□	○	○	○
10. 分销战略是什么？	○	●	○	○	○	○	□

● 基本信息来源　○ 支持信息　□ 最低限度的信息

资料来源：CAM-I, 2000: 51.

公司的信息集成工作中发挥了核心作用。

定义集成式成本管理系统实施路径的关键是了解每个战略管理流程提供什么信息、各决策领域的战略管理流程如何共享这些信息，以及对于面临特定竞争和组织挑战的组织而言战略管理流程的最佳组合是什么。集成式成本管理系统框架将决策和数据划分为逻辑簇，帮助排列战略管理流程实施和关联的顺序和强度，藉此促进这项工作。

反映每个决策领域的核心决策的问题首先表明了集成工作应该从哪里开始（如图表 4 所示）。图表中，并非同时需要，也并非以同样的方式需要这七个战略管理流程。例如，在客户 / 市场决策领域，目标成本管理就居主导地位，是基本的战略管理流程。尽管如此，在这个领域，至少有三种常见决策要依赖其他战略管理流程满足其核心数据需要，即选择经营的地理区域、定义和利用核心竞争力，以及选择分销战略。

图表 4B 决策领域

产品决策领域和战略管理流程

	TCM	EE	CM	AM	PM	IPM	ABCM
1. 每个目标市场所要求的产品或服务特征是什么?	●	□	○	□	○	○	○
2. 竞争性产品或服务是什么?	●	□	○	○	○	○	○
3. 可选择的产品组合是什么?	●	○	□	○	○	○	○
4. 质量 / 功能要求?	●	□	○	○	○	○	○
5a. 定价战略与核心竞争力?	●	○	○	○	○	○	○
5b. 分销战略与核心竞争力?	○	●	○	○	○	○	□
6. 生产能力投资要求?	○	○	●	○	○	○	□
7. 实现销售利润率目标了吗?	○	○	○	○	○	●	□
8. 可利用什么产品技术?	●	□	○	○	○	○	○
9. 供应商能力?	○	●	○	○	○	□	○

● 基本信息来源　○ 支持信息　□ 最低限度的信息

资料来源：CAM-I, 2000: 52.

图表 4 所归纳的决策和问题并不完全，只是让我们了解一下集成式成本管理系统框架的基本性质和结构。虽然各种战略管理流程都在集成式成本管理系统的整体运行中发挥着一定的作用，但是有时也需要寻找替代数据来源以满足特定信息需求。如果一个特定的战略管理流程是组织所面临的大多数主要决策所共用的，那么它就应该成为基本的实施目标。如果组织的数据与一个或多个战略管理流程只要求有最低限度的联系，那么在实施计划中就应该不再强调它们。我们没有理由认为每个公司都会全面实施每个战略管理流程——信息并不是免费商品。

对于任何一个战略管理流程都应该进行评估，以确保其实施和维护成本低于它为组织所能提供的收益。而进行这些评估则是财务人员的基本职责。

图表 4C　决策领域

流程决策领域和战略管理流程							
1. 组织结构如何?	TCM ○	EE ○	CM ○	AM ○	PM ●	IPM ○	ABCM □
2. 核心竞争力维持得怎样?	TCM	EE ○	CM ○	AM □	PM □	IPM ●	ABCM ○
3. 流程成本动因如何?	○	EE ○	CM □	AM ○	PM ●	IPM ○	ABCM ○
4. 生产能力——内部 / 外部?	TCM ○	EE □	CM ●	AM □	PM ○	IPM ○	ABCM ○
5. 流程运行得怎样（生产周期、质量、流程、产量、灵活性、可靠性、停工、瓶颈、排程）?	TCM ○	EE ○	CM ○	AM ○	PM ○	IPM ●	ABCM ○
6. 流程采用的技术是什么?	TCM ○	EE ○	CM ○	AM □	PM ●	IPM ○	ABCM ○
7. 流程能力评估如何?	TCM ○	EE ○	CM □	AM ○	PM ●	IPM ○	ABCM ○
8. 绩效差距是什么?	TCM ○	EE ○	CM ○	AM ○	PM □	IPM ●	ABCM ○
9. 流程中的作业是什么? 增值 / 非增值作业?	TCM ○	EE ○	CM ○	AM ○	PM ●	IPM ○	ABCM ○
10. 分销战略是什么?	TCM ○	EE ○	CM ○	AM ○	PM ●	IPM ●	ABCM ●
11. 流程改进目标是什么?	TCM ○	EE ○	CM ○	AM ○	PM ●	IPM □	ABCM □
12. 我们共同的服务战略是什么?	TCM ○	EE ○	CM □	AM □	PM ●	IPM ○	ABCM □

● 基本信息来源　○ 支持信息　□ 最低限度的信息

资料来源：CAM-I, 2000: 53.

六、管理会计的作用

在集成式成本管理系统的设计与实施过程中，财务人员发挥着领导作用。他们不仅是许多系统数据的来源，而且是从各种渠道搜集的信息的可靠性的客观核查人员。在建立集成式成本管理系统时，财务人员应该开展的具体活动及采取的具体措施包括：

- 明确信息系统所要支持的基本决策；
- 明确组织不同形式数据的基本来源；
- 评估这些信息来源的可靠性；
- 根据所要支持的基本决策确定主要数

图表 4D 决策领域

资源决策领域和战略管理流程

	TCM	EE	CM	AM	PM	IPM	ABCM
1. 我们的资源能力是什么？	○	□	○	○	○	●	○
2. 我们的资源利用如何（人员、厂房、设备）？	○	○	●	○	○	□	○
3. 排程如何？	○	□	□	○	●	○	○
4. 资源组合？	○	□	○	○	○	○	●
5. 所利用的资源的成本如何？	○	○	□	○	○	○	●
6. 应该外购还是租赁等？	○	□	□	●	○	○	□
7. 支持我们的核心竞争力需要哪些资源？	○	□	○	□	●	○	□
8. 存货政策如何？	○	□	●	○	●	○	○
9. 最佳资产管理实践是什么？	○	□	□	●	□	○	○
10. 应进行哪些研发投资？	○	●	○	●	□	○	○

● 基本信息来源　○ 支持信息　□ 最低限度的信息

资料来源：CAM-I, 2000: 55.

据缺口；

- 开展数据采集和计量工作，填补信息缺口；
- 确定并实施能确保共享数据正确使用的决策支持工具；
- 建立内部控制系统和程序，以确保能够持续维持数据的完整性；
- 参与系统实施团队，包括选择系统集成与报告软件解决方案、决定教育和培训要求、根据组织需要规划各种战略管理流程的实施顺序，以及为系统各个方面规划实施阶段及各阶段的实施日期；
- 将所有成本与绩效数据都一一匹配，以确保它为使用者提供的关于组织的经营状况及决策对总体绩效的潜在影响的信号客观、一致。

财务人员是集成式成本管理系统核心团队的一部分，必要时还要领导组织决策信息能力的管理工作。财务人员在组织中发挥着独特作用，他们努力确保系统集成工作既有效果，又有效率地开展，并且满足内、外部客户和系统使用者的需求。要实现这些目标，就必须了解集成式成本管理系统框架的基本要素。

七、集成式成本管理系统框架的基本要素

建立集成式成本管理系统框架反映了它聚焦于确定并满足组织的信息需求。信息是一种特殊商品——它的使用不会减少他人可使用的信息量。它是一种用之不竭的资源，并且越使用，价值越高。信息的自倍增性质赋予组织中的个人以协调自身的学习与行动的能力。但是，信息又是不可分割的——它只能作为一个完整的数据集来使用。如果数据缺失，就会使整个信息系统丧失功能性和相关性。最后，信息还具有累积性——每个新观测结果和数据输入都会增加信息系统所包含的信息总量。集成式成本管理系统建立在这些信息的基本特征上，并且在系统设计、框架、实施以及在支持组织决策中的运用也反映了信息的基本特征。集成式成本管理系统框架的基本要素包括：

- 信息与决策需求；
- 集成式成本管理系统的设计；
- 战略管理流程；
- 决策领域。

信息与决策的要求

信息与决策是集成式成本管理系统的集成结构的基本维度。集成式成本管理系统反映了对知识的探求，它可以定义为从对外部环境中发生的一个现象的因果关系的认识中生成和抽象出来的认知信息。集成式成本管理系统所强调的因果关系是客户、供应商及其他利益相关者之间在企业内发生的交易。组织创造价值的多少取决于它反映、计量、预测关键业务动因（即其基本因果关系）并对其做出反应的效果。

推动业务流程和信息系统集成运动的主要力量是组织越来越强烈地需要了解客户的主要需求，以及提高客户价值创造的最佳方式。如果组织不建立一个丰富的、集成的经济与非经济信息数据库，并且供整个价值链使用，就不能够快速学习以维系自身在全球市场上的生存与发展。集成信息系统就是为知识创造引擎提供动力的燃料，而知识创造对于实现组织竞争地位的最优化至关重要。

会计信息系统领域的一位知名学者和专家钱伯斯（R. J. Chambers）提出了一系

列可用于评估和构建集成式成本管理系统的原则。

- 信息系统是一个为必须采取一致行动的使用者提供信息的系统。如果要实现有效沟通，那么所使用的语言就必须让组织的所有成员都能够确定如何作出反应。如果要实现行动协调一致，那么信息系统就不能被视为一群相互独立的子系统。
- 信息系统必须消除对数据的所有怀疑，即系统必须可靠，以便使用者能够依赖它，而不是依赖自己的观察。例如，如果接收者发现信息与自己的直接观察不一致，那么信息就不会激发与追求最终目的相关反应（决策）。在这种情况下，生成信息的系统就会增加疑惑，而不是减少疑惑。它会使决策者面临的问题更混乱，而不是更清晰。
- 在达到一定点之后，信息差异化和信息综合性的边际成本就会超过信息对接收者的效用。例如，如果为一个人提供大量信息，个人认为信息相关但对情境的影响又不明确，那么个人对一个复杂情境作出合理判断的能力就会受到严重削弱。
- 因此，信息系统是一个提炼系统。信息系统的合理性在于将可获得的信息提炼成与行动相关的信息。但是在数据的重要性已没有显著区别时，就不应该再提炼了。
- 信息系统是将新事实和新知识不断提请人们注意的机制。它必须不仅提供决策的前提，而且提供决策反馈，以便进一步肯定决策，或放弃决策，选择其他决策。组织及其代理人的发展同样都依赖决策反馈。
- 因为可用于观察的时间和能力都有限，所以信息系统必须提供正式记录，以防止对过去经验的误解。组织的记录就是组织的记忆。因此，任何时间的所有记录和沟通都不仅发挥着其直接功能，而且发挥着记忆的功能。
- 信息系统必须被视为一个持续发展的工具，就如同组织的持续发展一样。
- 信息处理一般都按照习惯模式进行，而不是按照对使用者需求的精心设计的评估进行，这只是一个经验问题。

有效信息系统的这些特征也可用于建立一个信息系统失灵的症状列表，比如：

- 信息存在于独立的数据库中，难以集成；
- 系统的不同部分提供不一致的信号和信息；
- 使用者抱怨信息超载；
- 使用者抱怨数据虽然多、但可利用的相关信息很少；

- 决策影响的反馈并非定期提供；
- 以前的结果没有以可用的格式保存（例如，趋势等）；
- 信息系统没有随组织的发展变化而进行调整；
- 信息系统不支持“如果—那么”分析（即推定假设分析），所以大多数决策都是以“我们一直都是这么做”的理论为指导。

为了避免这几类问题，集成式成本管理系统必须设计用于支持组织的主要决策，支持广泛的分析，并作为组织内、外部使用者的可靠、一致的信息来源。

集成式成本管理系统的设计

在集成式成本管理系统的设计阶段，要建立特定数据需求与决策之间的关系。保证集成式成本管理系统满足使用者的需要所采用的基本方法由五个步骤组成，即：

- 分析决策系统；
- 分析信息需求；
- 汇总决策；
- 设计信息系统特征；
- 设计内部控制程序以确保数据的完整性。

这一系列步骤表明，集成式成本管理系统设计的推动力是根据信息需求确定和汇总组织决策。如果不能对组织主要决策进行归类，那么集成式成本管理系统就没有中心，从而增加了所收集的信息不能满足使用者需要的风险。那么，每个具体问题又需要什么作业和结果呢？

分析决策系统

决策流程图可用来理解集成式成本管理系统的数据需求，如图表 5 所示。详细说明主要决策及决策之间的关系往往能揭示出有些重要决策是自动的（例如，基于既定“程序”）。其他决策实际上则可能是相互依赖的工作的结果，例如，采购部门所作的决策会影响生产部门的工作。

要想在集成式成本管理系统中发挥作用，决策流程图就必须详细说明要制定什么决策、谁负责制定、其他部门、作业或流程会受到什么影响、决策或其结果中存在的问题，以及其他相关因素。这些流程图应该包含足够的细节，以确保所有主要信息需求都予以明确。将精细的信息引入集成式信息系统要比将众多精细的子系统合并为一个集成系统容易得多。

分析信息需求

组织决策一般分为三大独特的类别，即具体决策、复杂决策和非系统化决策。第一类决策很容易建立模型，确定最优解决方案。这类决策一般都具有相对确定性，可以按信息系统的既定程序自动决策。只

图表 5　决策流程分析

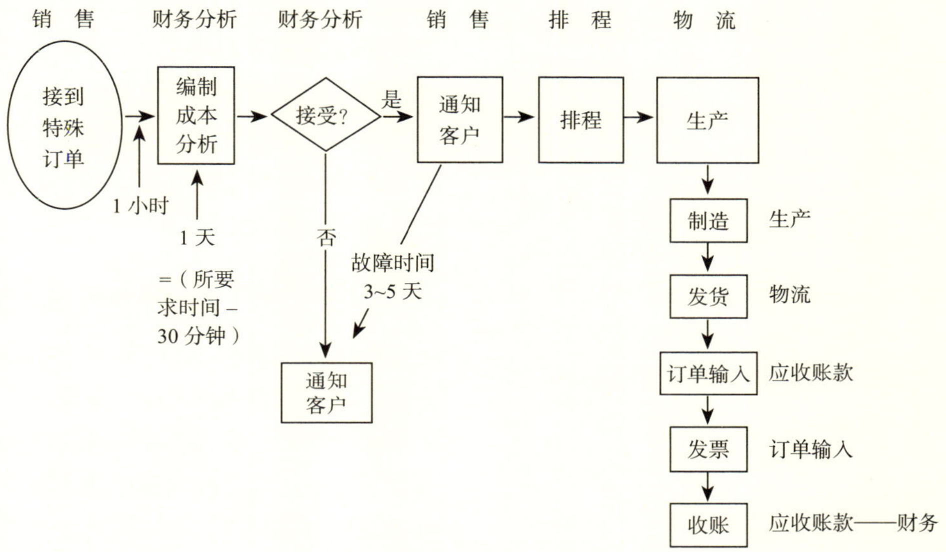

有问题发生后或者完成定期更新后，才审查决策。对于一项是否需要补充低值易耗品存货的决策，比如，系墙螺栓或复印纸，很容易确定所需要的信息以及最优选择（例如，存货水平、订货至交货的时间、需求模式）。对于这类决策，目标是通过建立稳定的决策规则和分析过程实现支持决策的时间和资源的最小化。

对于有些决策，则难以确定最优解决方案，因为需要考虑的一系列变量太复杂，不能完全界定。例如，一家大型工厂在对生产与发货进行排程时就需要考虑大量问题，比如，可利用生产能力、生产安排、发货日期、原材料存货水平以及可利用人工。对于这个复杂决策，可能有一个理论最优解，但是却不能直接确定或不易于确定。因此，这些决策经常采用模拟和情境分析确定潜在解决方案。虽然难以定义最优解决方案，但是决策的信息需求还是能够确定并得到满足的。

对于第三类决策，不存在现成的分析模型——不仅不存在最优解决方案，而且信息需求也难以定义。如果决策者能明确所需要的信息，就可以纳入信息系统。虽然许多管理者都知道它们需要什么样的产出以及为什么需要，但是他们却不具备确定这些需要所反映的具体数据需求的必要知识。在这种情境中，信息系统的设计和使用最具挑战性。

如果信息围绕各种战略管理流程所体现的框架集成，那么能获得什么数据、在决策过程中采用什么标准以及如何最好地反映目前不能获得的数据，就会更加显而易见。集成式成本管理系统框架为数据及其分析建立了一个结构体系，它在组织所面临的主要决策环境中都是一致的。集成式成本管理系统框架为组织提供了一套通用的知识，从而使组织实现绩效和沟通差距的最小化。

汇总决策

为定义和分析组织决策及其所需要的信息建立一个逻辑框架很难，除非统一定义决策模型。集成式成本管理系统框架围绕组织决策的自然层级关系建立。决策汇总任务根本不需要做，它内嵌在模型的结构中。其目标是确定客户 / 市场、产品 / 服务、流程和资源层面的主要决策。然后将这些决策集群与七个战略管理流程的信息能力相匹配。结果就形成一个类似于图表 4 的表格。

设计信息系统特征

分析决策机构为集成式成本管理系统框架的设计提供了一个模式。支持这个框架的有形资产有无数种配置方式。关系数据库、局域网结构或基于主机的客户 / 服务器系统只是其中几种可供选择的方式。集成式成本管理系统结构的优势在于它允许支持数据库和支持技术的分离，只在需要时，才把这些数据来源集中到一起。共享数据最小化，反映了在集成系统中数据来源越紧密地集成在一起，系统配置和维护的成本就越高的事实。

设计内部控制程序以确保数据完整性

确保输入系统的基本数据的完整性是系统长期发挥作用的关键。如果发生了输入或输出错误，那么为使用者提供的信息就毫无价值。内部控制程序必须设计用于解决这些潜在问题。在集成式成本管理系统框架中难以发现的输入错误也会发生。如果数据要在多个决策领域、战略管理流程和分析中使用，那么这些错误的影响就会倍增。确保集成式成本管理系统数据的质量是财务人员的基本关注点。

集成式成本管理系统框架在许多方面都优于其他集成组织数据的方式，因为它强调支持 80%~90% 的一般决策的 20% 的共享数据。同样地，必要的数据及其集成通常仅占这种系统潜在总成本和作业量的 20%，甚至更少。此外，每个战略管理流程的独特性质还为组织数据提供了一个有效的基础，几乎消除了数据库的冗余。完整的框架为采集、共享和使用数据生成相关信息和报告提供了一个合乎逻辑的、一致的基础。现在，人们应该将注意力转向战略管理流程与各决策领域之间关系的细节。

战略管理流程

战略管理流程是集成式成本管理系统框架的两个基本维度之一，它建立组织自上而下的信息通道。在七个核心战略管理流程中，每一个都包含了类型独特的信息。具体而言：

- 目标成本管理是一个以价格为导向、以客户为焦点、以设计为中心的跨职能的利润规划和成本管理系统。目标成本管理强调产品/服务组合的内在价值、客户需求及为满足客户需求所消耗的资源/成本的最大数量之间的关系。它确定了正确的产品、价格和特征，来最优化流程和作业所创造的价值。正是目标成本管理及其在组织产品或服务开发和管理中的应用，帮助确保了组织在当今日新月异、竞争激烈的市场中的长期生存、发展与繁荣。
- 扩展企业将构成行业价值链的产品和服务的横向流转连接在一起。扩展企业是关于客户满意度、购买模式的变化、供应链能力及系统满足客户需求方面的绩效等外部信息的基本来源，它明确了核心关系，为绩效水平低建立了系统解决方案。扩展企业的目标是建立一个价值链的所有成员都作为一个整体运行的环境。协调不同企业，形成一个彼此合作的整体，就为成本降低、投资杠杆、生产周期缩短及知识共享提供了机会，而所有这些又都促进了客户满意度的提高。由于消除了供应链中的许多造成浪费的交易成本、冗余、延误和效率低下，采用扩展企业的公司正在为自身及其商业伙伴建立新形式的竞争优势。
- 资产管理是所有资产投资和管理工作的组织系统，因此，在成本管理集成中发挥着关键作用。资产管理细化了要实现战略和策略目标所必须进行的新资源采购要求，并追踪新资源采购进展。但是，资产管理不仅仅是采购新的有形资源，还包括考察组织人力资源的能力。人力和智力资本投资往往能够说明新计划和战略的成与败。按照计划结果对投资进行监控能够帮助组织确定可能成为下游绩效“危险点”的领域。它还有助于确保组织稀缺资源的需求和利用是为了价值创造，而不是为了自身利益。
- 生产能力成本管理提供关于资产如何使用、什么资源被浪费了以及哪些地方能够改进的信息。因此，生产能力成本管理的目标是支持组织价值创造能力、流程和各种能力的有效管理，并创造利润。生产能力成本管理是一个关键的辅助战略管理流程。它很少能提供决策所需要的第一种类型的数据，而是为眼下更核心的其他战略管理流程问题提供信息，而这些战略管理流程对于解决眼下问题更关键。每次采用成本估计时，都必须对潜在生产能力进行某种判断。无论生产能力估计是积极进行的（即通过观察），还是消极进行的（即采用历史数据），它都会影响决策的经济效果。

- 流程管理强调将组织的各项作业连接成一个无缝的、协调的有效整体，它将因失误或沟通不畅所造成的破坏降至了最低限度。流程管理是通过更好地理解资源如何、在哪里以及为什么消耗来制定动态战略的一种工具，它是通过清晰了解为客户创造价值的作业的流动而形成的。由于在组织的个人和作业之间建立了明确的联系，流程管理为沟通上的缺口架起了桥梁——这些沟通缺口会造成疏漏、失误和超额成本。
- 作业成本管理所基于的观念是，对于任何一个希望维持或提高竞争地位的组织来说，准确且相关的信息是关键。作业成本管理被誉为引发了管理报告与决策支持上的一场革命，它对组织及其作业和业务流程提供了一个跨职能的集成观。作业成本管理为产品、流程和作业绩效的经济评估以及瞄准提高组织价值创造潜力的机会提供了基础。
- 集成式绩效管理。绩效考核处于组织的核心地位。考核什么，人们就会注意什么；考核什么，就奖励什么，也就能实现什么。集成式绩效管理是实现目前及未来绩效最优化的基础，它界定了组织行为的活动领域，反映了在竞争舞台上的表现，并且将过去、现在和未来的行为连接成一个协调的系统。在客户需求和利益相关者的期望的驱动下，集成式绩效管理是实现下列目标的主要方式：（1）将各职能领域联系起来并使其同步化；（2）贯彻战略；（3）实现目标；（4）激励员工实现或超过绩效期望。通过将组织各层级和各流程之间的绩效考核联系起来，组织就能够确保资源有效利用。

一个战略管理流程中所包含的信息与存储在其他战略管理流程中的信息是相互依赖的。例如，生产能力成本管理提供了关于有形资产能力及其利用水平的信息。作业成本管理为利用的与浪费的生产能力赋予了财务价值，而扩展企业则确定了突增或计划外生产的潜在来源。最后，目标成本管理定义了为了实现产品/服务组合的目标利润水平，组织提供特定类型的生产能力所能承担的总成本。

资产管理建立了绩效指标的基准，以简明、统一的语言定义了新投资的临界水平，用于生产能力成本管理。同样，流程管理也阐述了生产能力问题对组织有效产出的影响。最后，集成式绩效管理则以非财务语言表述了当前的绩效水平，比如，质量、有效产出时间和一次合格率。如果没有其他战略管理流程所提供的支持和信息，就不能实现有效的生产能力管理。

战略管理流程的集成是确保所需要的全部信息都存在于组织中的最佳方式。它还使组织的各层级和各职能都能获得这些数据，避免信息采集、存储及提供上的重复。在集成式成本管理系统框架中，每种主要类型的数据都有一个唯一来源，因此，能减少失误、不一致和混乱发生的可能性，同时使需要明确集成的工作量降至了最低限度。与在数据库或企业资源规划系统中合并、存储和应用组织的全部数据相比，信息共享是一个截然不同的信息系统集成的基础。

七个战略管理流程在一个信息与分析的共同主题或子系统之基础上将组织的各个层级联系在一起。剩下来需要确定的就是一个决策层面或决策领域所需要的全套信息。集成式成本管理系统框架的第二个主要维度强调按决策领域协调和集成数据。

决策领域

集成式成本管理系统框架包含四个决策领域，即客户 / 市场、产品、流程和资源。下面总结了这些决策领域所涵盖的问题和分析。

客户 / 市场领域

在客户 / 市场决策领域中，关注点在于理解客户的需求是什么以及提供最优产品和服务组合满足这些需求。正是在这个决策领域内，要制定并执行组织的竞争战略，为组织在市场中找到独特的定位，使组织在核心竞争力、资产、知识和人力资源上的投资获得最好的回报。四个基本决策组合包括：

- 定义客户价值偏好；
- 制定客户细分战略；
- 确定在所选择的细分客户群中的竞争地位；
- 确定报告与控制工具。

定义客户价值细分

企业的动力是以客户愿意支付的价格为客户提供所需的产品和服务组合。其目标是了解目标细分客户和细分市场最期望的一系列产品 / 服务价值属性和特征，然后将这些特征融入组织的产品和服务中。

图表 6　基于价值的客户细分

属性	公共关系	研究支持	营　销
研究	5	70	25
广告	60	0	15
会计会议	10	5	5
会议支持	5	0	15
危机管理	0	10	0
第三方支持	15	0	5
发展规划	5	150	35
合 计	100	100	100

资料来源：CAM-I, 2000: 310.

不同的客户群所期望的价值属性截然不同。例如，一个客户群可能最重视服务、产品质量及相关特征，而另一个客户群则可能最关注价格和配送。如果组织不了解这些差异，那么它所提供的基本产品 / 服务组合就可能无法满足任何一个细分客户群的需求。

一个基本产品 / 服务组合的例子如图表 6 所示。在这个小型公共关系组织中，确定了三个细分客户价值，即研究、公共关系和全面营销服务。属于研究型客户群的客户高度重视组织的研究活动，而寻求公共关系支持的客户群则不太重视或根本不重视这项工作。如果组织在同一层面为所有客户进行研究，那么没有一个客户会完全满意组织所做的工作。同样，公共关系型客户则更多地重视不同媒体（电视、杂志、报纸），但研究型客户并不热衷于此。除非这家公共关系组织为每个独特的细分价值所重视的问题和结果提供个性化解决方案，否则它就会将稀缺资源浪费在客户不重视的工作上，而其他重要的任务却没有得到充分考虑。从价值属性和绩效要求差异的角度理解客户群是制定有效战略的基础。

为不同的细分客户定义独特价值主张的目的是为了找出组织的核心竞争力与为有效满足最优数量的客户需求所需要的工作之间能实现最佳匹配的客户群。由此建立的基于价值的战略是建立在成功完成下列步骤的基础之上的：

- 确定客户价值偏好；

- 确定客户的相对价值排序；
- 根据客户需求与主要竞争者的绩效为组织的绩效建立标杆；
- 对不同细分客户进行价格与价值权衡分析；
- 为每个价值细分战略进行成本和利润预测。

在战略管理流程中，目标成本管理是完成客户价值分析和价值细分选择所需要的信息和结构的主要工具。目标成本管理主要是战略和策略规划工具，它为确定和分析现有或潜在客户的价值偏好建立了一个框架。它还提供产品 / 服务属性、价格及价值评级方面的指南。

目标成本管理并不能提供完成这些分析所需要的全部信息。如图表 7 所示，扩展企业、集成式绩效管理以及作业成本管理都在满足这类决策的需求方面发挥着重要的辅助作用。扩展企业将整个供应链连接在一起，提供了一个贯穿产品 / 服务组合的最终客户和产品 / 服务组合的生产商和供应商的信息通道——它将组织与其客户拉得很近。

基于价值的客户细分的标杆管理是由集成式绩效管理支持的，它通过比较组织绩效与内部目标、客户需求及竞争者绩效来审查环境。另一方面，作业成本管理则提供了关于细分客户的产品 / 服务组合的成本与潜在利润的基本经济数据。它帮助建立了一张涵盖价值偏好、价格、成本和盈利能力的客户细分图，目的是指导客户细分战略的最终选择。在制定和分析各种客户战略时，信息在客户 / 市场决策领域的这四个战略管理流程中共享。

图表 7　战略管理流程与价值细分

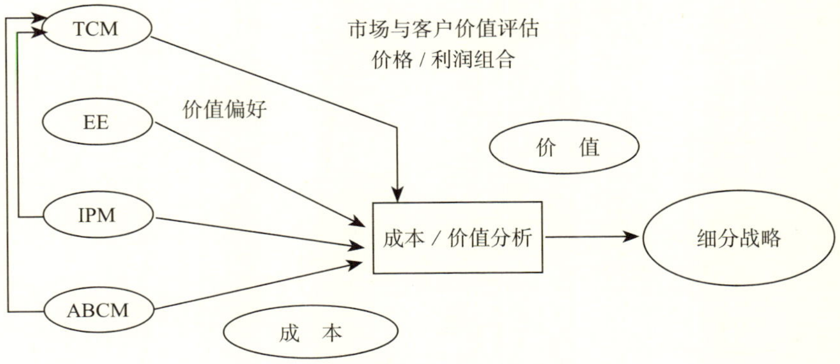

资料来源：CAM-I, 2000: 312.

制定客户细分战略

一旦组织了解了各种客户细分重视什么、重视程度以及重视的原因，注意力就应该转向制定并执行客户细分战略的最佳组合，以实现盈利能力的最优化。在这项决策分析过程中，需要从事六项主要活动，即：

- 列出完整的价值细分；
- 分析每个细分价值的组织要求；
- 对每个细分价值评估组织能力、竞争力和约束；
- 评估细分价值的兼容性和组织竞争力；
- 评估各种细分价值的投资和经营意义；
- 选择并执行价值细分战略。

完成上述分析需要三种形式的信息，即（1）组织和供应链的核心竞争力；（2）价值细分序列及客户偏好；（3）分析在资源和能力约束下组织和供应链满足不同细分客户需求的能力。

七个战略管理流程都必须全面考虑在选择细分战略时产生的问题，如图表8所示。例如，扩展企业提供了对供应链的现有核心竞争力及其灵活性、组织及其商业伙伴所面临的约束的详细分析。这些数据又提供给目标成本管理，组织成一个确定组织竞争力与客户需求之间的最优匹配的

图表 8　客户细分分析与选择

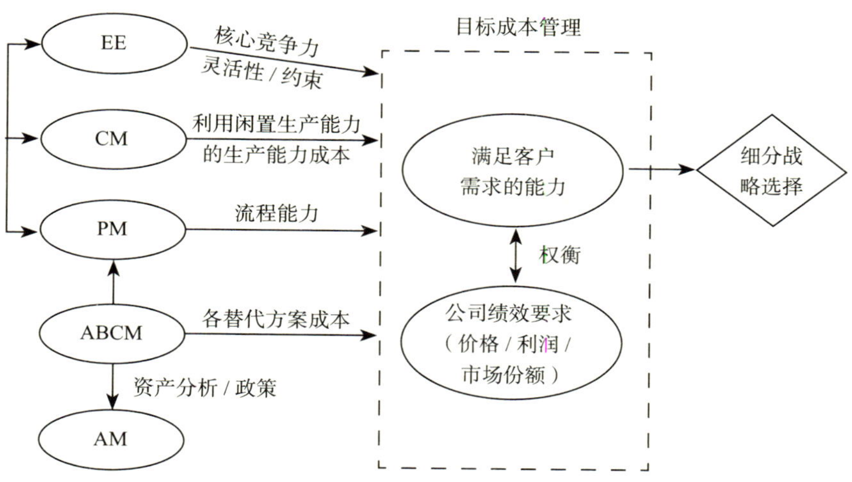

资料来源：CAM-I, 2000: 314.

经济框架。

内部评估同时进行，它依靠生产能力成本管理、流程管理、集成式绩效管理和作业成本管理所提供的信息。在确定了生产能力上的不足之后，资产管理便提供关于弥补差距的最佳方式的信息。围绕现有能力、提高能力所发生的成本以及细分战略的潜在成本集成数据要求，从组织和供应链的各个部分采集数据。

确定在所选择的细分客户群中的竞争地位

在目标成本管理中，定义产品/客户定位是一项基本决策。这项决策强调如何实施一项战略的技巧，它有助于弥补一项计划的规划与实施之间的差距。在价格、质量、反应能力、灵活性或产品种类上差异化能使组织受益最大吗？如果价格或低成本战略定位最好，那么就必须分析如何最充分地利用供应链。

虽然目标成本管理又提供了客户/市场决策领域有关这项决策的结构，但是它更多地依赖其他六个战略管理流程所提供的信息完成分析。下面就阐述各种战略管理流程及其为这项决策提供的信息。

扩展企业提供关于市场趋势及供应链潜力的信息，以便使组织在核心竞争力的各个维度上实现与竞争者的差异化。从供应链的始端到末端，扩展企业将关于客户购买什么、购买时间、购买地点及消费模式的发展趋势的数据联系在一起。

集成式绩效管理根据客户需求、组织及其竞争者对客户需求变化的反应能力以及可能改进的领域评估组织目前的绩效。

生产能力成本管理确定限制组织及其商业伙伴所选择的竞争地位的内部约束和能力。如果工厂和供应链的运行负荷接近生产能力，那么选择一个要求灵活性和反应能力的战略定位就未必可行。

资产管理为满足所选择的细分战略的需要而进行的任何新资产购置提供成本估计和投资回报要求。例如，如果电子数据交换对于有效的细分定位至关重要，那么组织及其供应链就必须能够购置这项能力，并迅速、有效地利用它。

对于每个潜在的战略定位，流程管理都定义了流程能力和约束。如果没有一个流程来保证统一的产品/服务质量和有效性，那么组织就不能利用这些战略维度。

作业成本管理评估每个潜在细分定位的相关成本和盈利能力，比如，提供适时制配送能力的基本成本。每个潜在细分战略的长期和短期利润都必须予以评估，涵盖所影响的产品/服务组合的整个生命周期。

战略定位的选择所包含的信息几乎比组织所做的其他任何决策都多。虽然目标成本管理提供了组织框架，但是数据必须从多个战略管理流程中采集，才能完成分析。集成式成本管理系统框架为完成最优化战略定位所要求的复杂数据编辑和分析提供了数据链接和结构。

确定评估与控制工具

制定了细分战略并且实施战略的各项活动和组织结构也已到位之后，就应将注意力转向维护、控制和持续改进。管理报告是评估周期的一个重要组成部分，它使组织沿既定方向发展，根据客户和利益相关者的需求不断改进绩效。如图表 9 所示，集成式绩效管理为客户 / 市场决策领域的这最后一类决策提供了框架。

评估与控制内嵌在组织的核心数据库中，它利用三个辅助战略管理流程，即作业成本管理、生产能力成本管理和资产管理。其中每个战略管理流程都为质量、成本、盈利能力、配送和客户满意度等绩效维度的现有与期望绩效提供了一个独特的绩效观。这些战略管理流程直接为平衡记分卡提供信息，平衡记分卡处于集成式绩效管理的核心地位。

集成式绩效管理的基本目的就是编制管理报告，根据所定义的关键成功因素和主要绩效指标总结当前绩效及相关趋势。作业成本管理为集成式绩效管理提供详细的成本和资源数据，支持客户和市场盈利能力及绩效分析。另一方面，资产管理不仅提供关于重大资产购置及绩效的数据，而且提供对这些资产确定的绩效要求。

生产能力成本管理提供了一种不同类型的评估与控制信息，它聚焦于资源的实际利用水平、计划与实际的闲置时间，以及瓶颈和约束似乎会削弱组织实现目标的能力的领域。三个辅助战略管理流程通过集成式绩效管理为组织提供了关于其作业、投资和经营资产的效率和效果的反馈，最终形成一份集成的管理报告。通过这些报告，人们可以了解组织绩效、确定改进机会，在必要时还可以采取补救行动，从而使组织不断学习，根据组织所有利益相关者的期望，提高组织长期绩效的能力。

如果不建立和实施集成式成本管理系统框架，整个这类决策就只能依靠直觉、本能和不完全的数据。如果能够获得集成信息，客户 / 市场及其他决策领域的分析和选择过程就增添了几分严谨性和可重复性。因为沟通程式化了，所以学习就成为一种可能。没有集成式成本管理框架，组织也能进行这些决策，但是长期实现最优化的风险和不确定性会增大。同样的问题也激励着产品决策领域的信息开发与集成。

产品决策领域

根据定义，要制定战略，就需要确定产品/服务组合，并向市场提供产品/服务组合。这些产品/服务组合必须具有反映所选择的细分战略的特定属性和特征。然后，在产品决策领域内，市场战略被转化为详细的产品规格和性能要求，推动持续决策和经营活动。

例如，如果所制定的客户/产品战略是通过提供成本低、性能高的产品在电脑打印机及外围设备市场获得占据主导地位的市场份额，那么在产品领域的决策就必须以单位成本功能组和实现最优化为目标。实现这些目标可能需要使用通用零部件，比如，计算机电路，在通用零部件中，所有功能都已经程序化了，但却使低端产品不具有特定特征。隐藏新增功能似乎不符合逻辑，但是它可以为整个产品系列提供成本最低的解决方案。实施战略的方法必须反映细分战略的关键成功因素，在最大化产品种类的同时将产品流程的复杂性和变化降至最低限度。

将战略转化为具体的产品/服务设计、开发目标以及目标的实现，需要大量信息和分析。这个领域的决策从详细绘制产品

图表 9　客户/市场领域的评估与控制

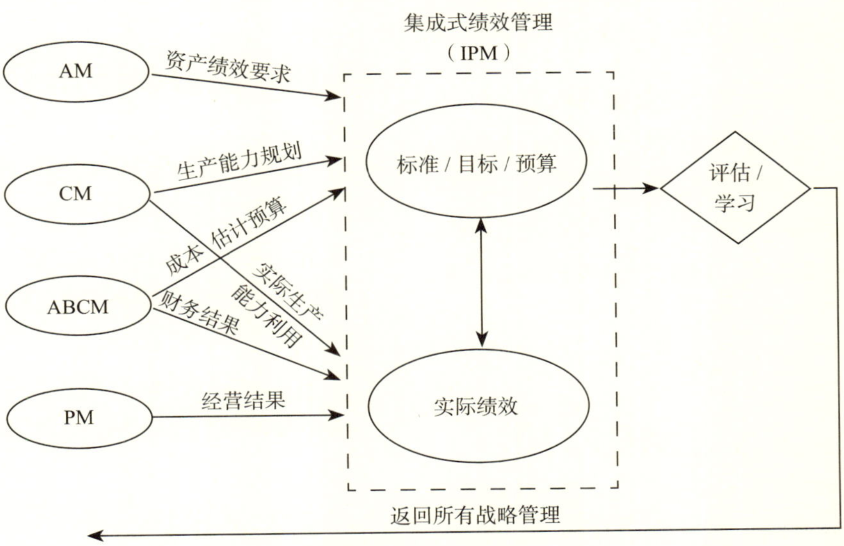

资料来源：CAM-I, 2000: 321.

/服务特征的价值属性图开始，它要求持续评估每种潜在的替代产品或服务的内在成本/绩效权衡。

随着产品从设计阶段进入实际生产阶段，注意力就应该转向保证问题、决策如何最好地利用供应链的竞争力、如何实现产品/服务组合的生产与供应的最优化，以及何时剥离某个产品/服务组合。在产品或产品系列的整个生命周期内制定的所有这些重大决策都发生在产品决策领域，包括：

- 产品设计；
- 定义服务组合；
- 建立战略联盟；
- 产品/服务组合的持续管理；
- 产品/服务的最终剥离以及产品扩展生命周期内的生产后支持。

其中每项重大产品决策都依赖和集成于集成式成本管理系统框架中的七个核心战略管理流程所提供的信息。虽然所有战略管理流程都是支持产品决策领域内的全部决策所需要的，但是它们并非总是同等重要。

产品设计

众所周知，产品/服务组合的设计占产品在组织和供应链中产生的生命周期成本的80%~90%。在产品设计阶段，要确定产品规格、定义功能、详细说明资产需求并满足资产需求，建立产品及其零部件、供应系统、服务与性能要求之间的相互依赖关系。

一旦制定了这些决策，明确了其资源意义，要推翻或修订它们就很难且成本很高。虽然不同人在不同情境中对这些下游变更所增加的成本的估计各不相同，但可以肯定的是，随着这些变更触及每个相互依赖的作业、流程、资源或零部件，其成本将成倍增加。组织每年要投入巨额资金开发、实施和追踪设计变更，以及其他因变更而发生的相关作业，它们原本在设计阶段就能以最低的成本和努力避免其发生。

鉴于这些问题，在产品决策领域，产品设计期间一般要考虑很多因素和问题，其中包括：
- 这类产品或服务目前的客户需求是什么？
- 组织及其价值链合作伙伴目前对客户需求满足得如何？
- 技术、竞争市场或分销渠道上发生的哪些变化可能影响客户期望或所要求的产品/服务能力？
- 组织/价值链目前的核心竞争力是什么？如何最好地利用它们创造最优价值？
- 对产品/服务组合的内部绩效要求是什么？

- 产品/服务组合什么时候投放市场？它的期望生命周期是多长时间？
- 我们的主要竞争者如何满足客户需求？
- 我们在满足客户需求方面相对于竞争者的评级怎样？

随着迭代设计流程的完成，其中每个问题都能帮助缩小组织所能提供的潜在产品/服务的范围。目标成本管理为产品/服务组合及一系列特征的选择所内在的分析与决策提供了框架。

与在其他情况下一样，目标成本管理也需要来自其他六个主要战略管理流程的广泛支持，才能完成设计活动，如图表10所示。但是，在这种情况下，各战略管理流程之间的关系略有不同，因为生产能力成本管理、资产管理和流程管理是帮助评估一种设计或特征组合的可行性的背景。

在设计阶段，集成式绩效管理、扩展企业和作业成本管理在缩小组织可利用的选择范围中发挥着更加积极的作用。人们依靠目标管理确定所需要的产量、价格水平、目标成本以及产品/服务所需具有的属性。

为了提供这些数据，需要来自集成式绩效管理的信息确定现有功能和所要求的功能。作业成本管理是用于推动改进工作的现行成本估计的来源。扩展企业提供供

图表 10　产品设计决策

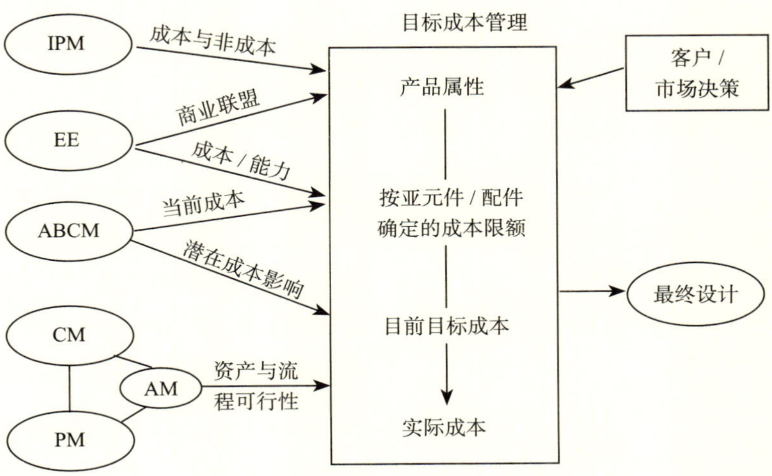

资料来源：CAM-I, 2000: 327.

应链数据，包括能够降低成本或增加产品内在价值的新技术和方法。

正如在集成式成本管理系统所支持的许多决策一样，一种战略管理流程（在这种情况下是指目标成本管理）作为组织体系，其他战略管理流程为其提供数据。目标成本管理设定成本上限，并且寻找能实现客户需求、设计约束和偏好以及组织总体盈利能力之间的冲突最小化的解决方案。要调解彼此冲突的目标，就需要关于整个供应链的现有和潜在能力以及作出一种选择（而不是另一种选择）的经济影响的估计信息。在产品设计选择和实施中所作的这些分析中，整套战略管理流程都至少会发挥一定的作用。

设计服务组合

在客户心目中，设计完美的产品并不是价值的唯一动力。产品本身的服务组合对市场也同样重要。在定义产品 / 服务组合中应包含的服务时，组织应该问的问题包括：

- 如果产品提供保证，应该提供哪些保证？
- 应该提供哪些支持服务？
- 如何提供这些服务？
- 如何满足备件需求？
- 使用手册应该多么详细？
- 我们还应该提供哪些其他信息？
- 我们的竞争者在服务和支持方面做了些什么？

在这种情境中，目标成本管理又提供了分析框架。目标成本管理确定所需要的服务、定义现行的绩效和成本水平，并且确定绩效和成本差距，它力求实现客户持有总成本的最小化，同时确保组织持续实现产品 / 服务组合的总利润目标。

例如，集成式绩效管理确定产品 / 服务组合的所有质量方面的现有与期望绩效，包括反应能力、质量、灵活性、客户满意度、单位价格感知价值以及相关因素。这些数据用于确定服务组合所需要弥补的绩效差距。

扩展企业提供整个供应链的现有绩效水平和生产能力，以及未来的潜在能力。此外，在探索创新服务战略的过程中，还要采集关于不断变化的客户需求、不断变化的技术以及公司直接经验范围之外的其他事件的数据，并提供给目标成本管理。

生产能力成本管理定义现有机器和系统的能力，为利用现有资源所能实施的解决方案设定了限制条件。生产能力成本管理确定了利用现有约束的方式，包括这些潜在解决方案的成本和绩效影响。

资产管理确定了新资源需求。这个战略管理流程提供了投资临界点和资产购置原则与要求，从而确保以最低的风险和长期投资实现可允许的成本和绩效水平。

流程管理确定在现有能力条件下的内部流程能力、瓶颈和绩效极限。流程管理指出哪里需要投入改进人力或流程的能力，以及这些资源应该集中在哪里。此外，流程管理还明确产品/服务组合与提供产品/服务组合所使用的流程之间的相互依赖关系。

作业成本管理详细说明为客户提供一项服务的现行成本和预测成本。作业成本管理确定成本差距，即存在从产品设计和服务要素中消除浪费、非增值成本可能性的地方。在设计阶段，作业成本管理是所有经济分析的基础。

总的来说，这些战略管理流程提供了关于一个服务组合的可行性及每个替代方案可能对组织绩效产生影响的深刻洞见。集成式成本管理系统框架将这些数据集成在一起，将战略管理流程与目标成本管理联系起来，以完成一项分析。如果没有集成系统，那么所需要的每项分析及其所使用的数据都必须专门采集或根据设计团队的经验进行估计。

集成式成本管理系统框架所提供的价值在于为设计决策建立了可重复的、可靠的流程和基础。它有助于提高设计流程的严谨性，使其摆脱非系统化的决策，成为一项虽复杂但却理性的工作。集成式成本管理系统框架消除了模糊性和主观臆测，从而降低了风险，扩大了在不断缩短的产品及其附加服务组合设计过程中所能考虑的选择范围。集成式成本管理系统的最大好处就是提高设计流程的效率和效果。

建立战略联盟

当完成设计阶段，进入实施和执行阶段时，目标成本管理的作用就从集成式成本管理系统框架中的主导战略管理流程变成了辅助作用。最先体现这种变化的地方就是关于选择偏好的供应商和战略供应合作伙伴的最初分析与决策。建立战略联盟处于扩展企业的核心地位，它力求在建立和实施竞争战略和设计决策中确定并获得商业伙伴的支持。

从设计到实施的转变引发了一系列问题和分析，包括为关键零部件和支持服务确定最佳外包战略、确定能提供所需能力的最佳供应商、决定在哪里对作业和结果进行控制、确定约束和解决方案、为战略合作伙伴规定绩效要求，以及选择支持技术等等，不胜枚举。谁应该为哪些作业和结果负责、如何建立供应链内的各种关系、各参与组织如何分担或分享成本或利润，以及如何最好地确定不断变化的客户需求，都是供应链设计决策。对于这些问题，没有唯一正确的答案，只有一系列供

图表 11　战略管理流程的信息流与建立战略联盟

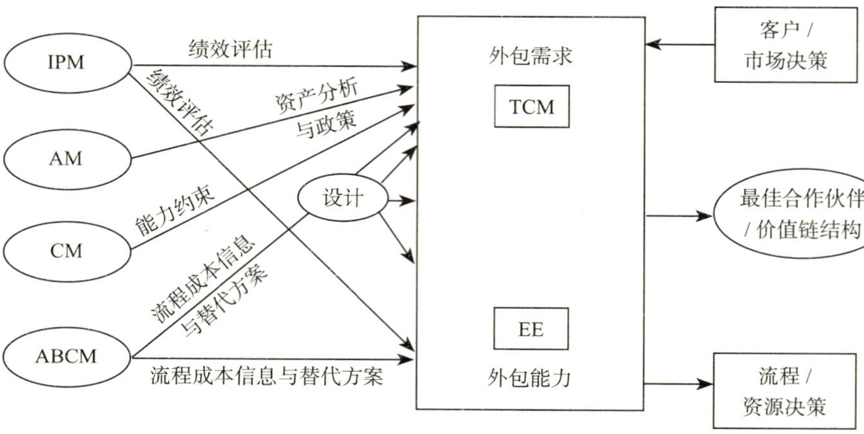

资料来源：CAM-I, 2000: 335.

特定战略合作伙伴在最终选择之前考虑的替代方案。

如图表 11 所示，在制定这些决策的过程中，目标成本管理与扩展企业相结合。目标成本管理定义成本上限和绩效要求，直接将它们传输给扩展企业这个战略管理流程。在扩展企业战略管理流程中，利用生产能力成本管理、资产管理、流程管理、集成式绩效管理和作业成本管理所提供的信息探索满足这些需要的答案和替代方案。

例如，在考虑一个战略合作伙伴之前，组织应该确保自身不具备生产产品、零部件或服务特征的能力。生产能力成本管理和流程管理提供了一个分析的起点，它确定了可利用的闲置资源。这项信息有助于减少在建立战略合作伙伴过程中所考虑的因素的数量。资产管理提供关于所需能力的内部购置潜力的信息，以及在与商业伙伴合作购置资产情况下的绩效要求。在建立战略联盟时，组织常常共享双方的投资和经营资源，以充分利用竞争力，提高整个供应链的绩效。

如图所示，作业成本管理和集成式绩效管理提供了用于制定战略联盟决策的基准数据和衡量标准。战略合作伙伴之间共享有形和无形资产、知识、技术、机器和资本。必须建立一套跨越组织界限、追踪整个供应链绩效的有效集成指标。

要确保供应链的资源得到最优配置，

就需要持续监控和评估经济绩效和非经济绩效。集成式成本管理系统框架提高了供应链沟通、判断机会及学习共享的能力。这些工作的集成越有效，扩展企业所能创造的竞争优势就越大。

产品 / 服务组合的持续管理

在产品、服务和配送渠道设计的最终决策制定后，注意力就转向了产品 / 服务组合在扩展生命周期内的持续管理。如果持续改进目标已经作为设计流程的一部分建立起来了，就必须建立衡量标准和方法，确保目标的实现。可能出现的其他问题包括：

- 竞争环境中发生了需要作出反应或改变现有产品和服务的变化了吗？
- 发生了什么产品保修和服务问题？
- 现有生产能力足以持续满足需求吗？如果不能，存在哪些选择来满足过剩的需求？
- 在某些领域存在过剩生产能力和闲置吗？应该采取什么措施解决这个问题呢？
- 实现质量和绩效目标了吗？
- 有新技术或新流程可以利用吗？如果有，它们对市场和客户期望有什么影响？

要回答上述每个问题，都需要充分的数据。信息来源就是集成式绩效管理，这个战略管理流程将来自其他战略管理流程的数据组织成一个综合的绩效评估与控制系统。目标成本管理已不再发挥积极作用。虽然它为集成式绩效管理提供绩效目标信息，但是它对持续监控的参与也就到此为止。同样，资产管理为投入产品 / 服务组合的生产和配送的主要资源确定了绩效要求。

其余战略管理流程在产品 / 服务组合的持续管理中发挥着较积极的作用。例如，扩展企业和流程管理提供关于用于满足客户需求的流程的有效产出、效率和效果的数据。来自客户的数据在供应链中传递，并与关于流程绩效水平的内部数据相结合。生产能力成本管理提供了关于有形资产的利用水平的类似数据。这三个战略管理流程相辅相成，共同为集成式绩效管理提供关于根据既定目标所考核的现有绩效的数据。

作业成本管理提供关于供应链的经济绩效的洞见。通过在分析中涵盖成本和盈利能力，它建立了一套用于集成式绩效管理的衡量标准。作业成本管理还要采集数据，支持未来设计工作，它追踪产品 / 服务组合在整个生命周期内的盈利能力。

集成式绩效管理中的平衡记分卡将这些信息集成，支持管理者根据利益相关者的需求提高绩效的工作。集成式绩效管理利用供应链采集的数据和全部战略管理流程，将不同的报告和分析组织成一个合乎逻辑的综合系统，用于评估和控制组织。如果没有辅助战略管理流程，集成式绩效管理就必须定义和建立独特的数据采集能力，或者不监控关键的绩效指标。这两种解决方案都比不上集成式成本管理系统框架提供信息的能力。

产品/服务的最终剥离以及产品扩展生命周期内的生产后支持

产品生命周期的最后一个阶段是制定产品剥离战略，确保持续满足客户需求，实现向未来产品和服务的无缝转型。如图表12所示，在产品剥离工作中，集成式绩效管理将数据、资源和分析转给目标成本管理。每个战略管理流程都在将释放的资源重新配置于新用途时，为一代产品与下一代产品之间搭建桥梁。

目标成本管理重新配置资源，而集成式绩效管理则努力确保组织持续满足客户对备件和服务支持的需求。产品生命周期的结束是个令客户失望的悲惨时刻，这里所产生的问题会对未来销售产生消极影响，并且降低产品在整个生命周期创造的利润总额。在有形产品停产后，服务就变得比以往任何时候都更重要。事实上，有些公司已经通过提供持久地售后支持赢得了相当可观的市场支配力量。例如，安达信门窗公司（Andersen Windows）为其产品提供20年的保修，但是，众所周知，公司对停产的门窗备用件也提供长达50年的服务。在门窗市场中，安达信公司被誉为质量和可靠性方面的市场领袖，为其在这个高度竞争的市场中赢得了持续的超额利润。

产品剥离决策流程的一个主要部分就是评估产品生命周期中所经历的成功和所碰到的问题。哪些资源得到了有效利用？如果出现了闲置生产能力，应该如何修订资产管理政策和要求，以便在未来产品和服务中限制不必要的浪费？供应链的哪个环节运行达到了预期？是否有供应合作伙伴超出了预期？是否还有其他供应合作伙伴没有达到预期呢？内部流程都发挥了必要的作用吗？最后，产品实现了成本目标吗？保持得怎样？

要回答上述每个后生命周期问题，都需要来自每个战略管理流程的信息。战略管理流程提供了独特的洞见和数据，在现在与未来之间、先验知识与创新之间搭起了一个桥梁。在产品剥离、资源逐渐退出使用时，每个战略管理流程都提供关于这些释放的资源的能力是什么以及如何最好地利用它们的信息。例如，流程管理提供现有服务流程中的哪部分需要保留以支持产品剥离后的需求，以及流程中的哪些要素不再需要的详细信

图表 12　产品剥离与创造未来

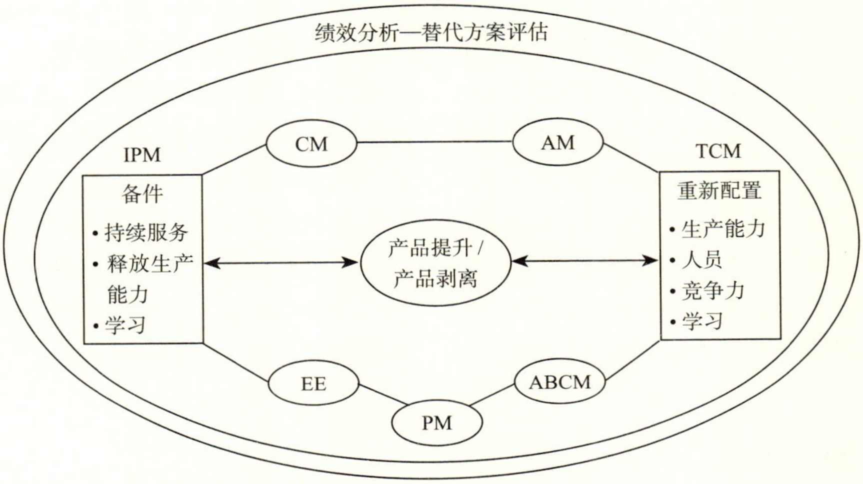

资料来源：CAM-I, 2000: 340.

息。资产管理和生产能力管理相辅相成，共同提供关于受产品剥离影响的有形资产的类似信息。生产能力成本管理确定现有生产能力的新用途，而资产管理则构建出售现有设备、封存还是将其剩余使用寿命用于新用途的决策。

扩展企业在整个供应链的过去与未来之间搭起了一个关键的桥梁。下游和上游商业伙伴在满足持续客户服务需要以及赢得下一代产品和服务的未来销售中仍然发挥着关键作用。在产品 / 服务组合的设计和投放市场过程中建立的联盟仍旧是组织的一项宝贵资源。

要有效管理产品剥离决策，就需要关于有形和无形资源、持续零部件和服务需求以及在先前工作中积累的知识的数据。总的来说，集成式成本管理系统框架可用于通过信息将过去与未来联系起来。在产品剥离决策中，通过协调组织及其商业伙伴所使用的数据和分析，集成式成本管理系统框架使资源浪费、信息错误传达和失误最小化，否则它们会使这项工作陷入困境。

产品决策领域需要每个战略管理流程不断提供数据。在其他任何决策领域中，信息的持续链接都没有如此关键。组织的命运与产品 / 服务组合的成功紧密相连。如果产品 / 服务组合的设计、维持或剥离工作做得不好，就会给组织的长期生存和发展能力带来负面影响。如果没有集成式成本管理系统框架之类的集成信息系统的辅助，这些关键决策就会彼此脱节，而不是相互联系；就会是专项的，而不是系统化的；就会发生失误、多主观判断，而不是缜密分析。如果信息集成在产品层面得到了准确定义，那么它就能够应对组织的绝大多数关键战略与策略决策。正是在这个决策领域，人们才认识到信息集成的真正好处。

流程决策领域

在过去十年中，组织所发生的重大变化之一就是由垂直式管理转变为水平式管理。提高反应能力变得至关重要。要实现这个目标，就必须跨越职能与组织界限，迅速部署各项作业。在流程层面的决策强调通过消除浪费、障碍、冗余和失误实现资源沿供应链顺畅地流向最终消费者。组织的绝大多数持续决策都发生在流程层面。在流程层面，作业被连接成一个不断追求更高绩效的无缝的配送渠道。它是行动的领域——规划转变为现实。在流程决策领域，要处理四个主要问题，即：

- 设计流程；
- 制定外包战略；
- 管理持续流程；
- 管理绩效差距。

在这些决策中，流程管理和生产能力成本管理起着主导作用，它们提供关于有形资产和人力资源的信息和分析，并将它们联系成一个高绩效的系统。在流程决策领域所制定的决策和所采取的行动是为了满足战略和策略规划中所确定的需要，它们引导资源配置到实现绩效最优化的工作中。最终目标是为了帮助管理者确定利用核心竞争力和流程能力实现客户价值创造和利润创造最大化的最佳方式。

设计流程

流程管理不仅仅是集成式成本管理系统框架的数据来源，也不仅仅是一套管理组织工作流的工具。它是一种思考组织及其逻辑结构的思维方式，也是定义人、功能、作业和结果之间的相互依存和关系的方式。因此，流程是一个服务于多个使用者和多种需要的共享资源。实现有效的流程设计是实现组织为利益相关者创造的价值最大化的关键组成部分。

在流程设计中，必须权衡人和机器与规模经济和范围经济。因此，就必须回答许多问题，其中包括：

- 现有流程和流程能力是什么？
- 系统必须处理的最大需求是什么？
- 质量需要维持在什么水平？
- 目前可利用哪些资源？
- 在既定的预期需求条件下，流程的生

产能力是什么？

- 瓶颈在哪里？如何管理瓶颈？
- 如何管理流程中的缺口？应该建立时间、空间或存货缓冲以弥补这些缺口吗？
- 流程需要提供哪些种类的产品和服务？产品种类如何影响绩效？
- 流程反映了核心竞争力吗？如果没有，它所服务的需求能通过外包满足吗？
- 应采用哪些绩效指标评估与控制流程？

了解哪些作业共同构成了最优流程、现有与潜在成本和绩效约束是什么、如何确保流程满足预期需求，决定了流程设计的信息需求。

回答这些问题和完成流程设计的主导战略管理流程就是流程管理。它为流程决策领域的所有决策都提供了一个框架，将它们限定在现有竞争力、竞争流程和产品需求、既定关系和难以改变的约束的背景之下。它还提供了将客户与组织及其供应链直接联系起来的基本结构。

虽然流程管理在流程设计工作中占据主导地位，但是它也会利用其他战略管理流程提供的信息。例如，扩展企业、生产能力成本管理和资产管理所提供的关于现有与潜在新生产能力和竞争力的详细分析。同样，集成式绩效管理和作业成本管理详细说明了成本和绩效能力的现有与潜在新水平。在追求最优流程设计的时候，这五个战略管理流程都为流程管理提供关于约束、成本和能力的数据。

由于在作业与职能之间建立了一个桥梁，所以流程管理消除了系统中因信息错误传达而造成的浪费和失误。通过在组织所控制的作业和资源迷宫中寻找一个最佳路径，流程管理追求能实现客户价值创造最大化且资源消耗最小化的设计。集成式成本管理系统框架为将流程与组织战略联系起来提供了一种手段，为下游绩效考核提供了一个基础，并且提供跨决策领域、跨期间、跨市场的信息，以确保协调、顺畅、一致的分析和行动。

制定外包战略

流程设计决策要求持续评估内部与外部能力和资源。在许多情况下，流程管理和扩展企业共同作用，根据条件变化将作业和构成要素移入或移出组织的核心竞争力。例如，一个小型电子元件供应商觉得在产品或服务开发初期必须由内部完成全部工作，以确保质量和绩效目标得以实现，设计得到有效利用。但是，当产品投入生产之后，将产品外包给劳动力成本较低的地区以实现劳动力和管理费用方面的成本节约就更合乎逻辑。一旦超过了一定的需求水平，生产就又转回组织内部，因为自动化是最优解决方案。最优流程设计和外包选择随着需求性质的变化而变化。

在价值创造过程中，供应商和客户是合作伙伴。随着产品在其生命周期内发展，扩展企业也不断与流程管理一起，确定在现有条件下满足市场需求的最佳方式。扩展企业战略管理流程确保外包决策不是临时性的，而是在为整个供应链提供最优的长期灵活性和反应能力的总体战略中完成的。它在整个供应链中建立了一个共同的愿景和共享的沟通渠道，藉此使流程领域决策与客户、市场和组织的未来紧密地联系在一起。

组织所使用的每个零部件或服务并非都具有战略意义。许多商品可以随时从大量供应商那里采购，而不会影响质量、配送或成本。不重要的资源的分析和管理方式与具有战略意义的资源截然不同。这项事实对集成式成本管理系统框架中的各种战略管理流程的作用都具有重要意义。

例如，如果一个零部件或一项服务具有战略意义，或者至关重要，那么流程管理所采集的数据就应该包括组织或其战略联盟以前的配送、质量、反应能力及相关绩效水平。集成式绩效管理就提供这些信息。目标成本管理为新零部件或服务建立绩效参数，将客户需求转化为战略外包决策。继而扩展企业审视能力和新兴技术，并呈现给组织，确定商业伙伴能为所需要的资源提供替代来源的领域。

如果一个零部件或一项服务不是战略性的，那么外包决策的重点就转向潜在供应商的成本和绩效参数。如果不具备内部能力（生产能力成本管理数据）且购置能力又无法满足资产管理绩效要求，那么就应该采用外包。作业成本管理用于根据内部成本评估供应商的报价，而集成式绩效管理则用于评估潜在供应商满足质量、配送和成本需求的先前或潜在的未来能力。由此而形成的供应关系是交易性的，永远向能提供成本或绩效改进的新供应商开放。

即使流程设计完成之后，供应战略决策也没有结束。市场需求、内部能力、技术及策略选择的不断变化促使组织必须不断地分析。虽然最初的供应决策可能包括核心竞争力领域和关键成功因素，但是非核心作业和零部件是专项外包或机会性外包的唯一考虑事项。只要客户对作业或零部件漠不关心，内部与外部采购就成了纯粹的经济决策。在这些情况下，作业分析和成本分析就是关键的工作，它们主要利用作业成本管理和流程管理所提供的数据。

集成式成本管理系统框架使区分这两

图表 13　持续流程管理

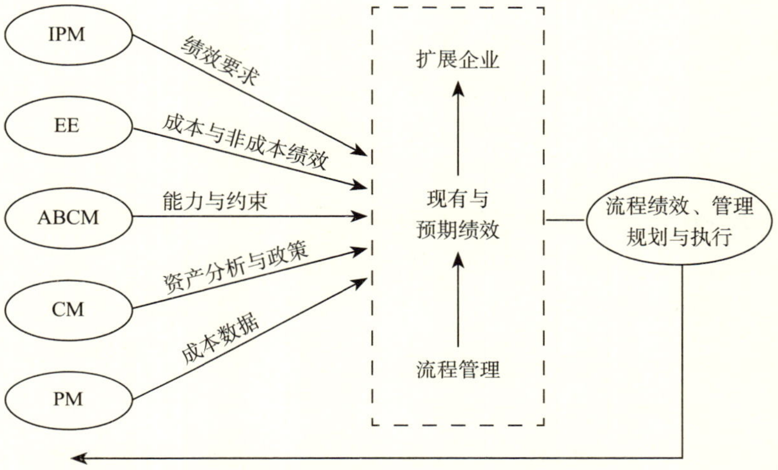

资料来源：CAM-I, 2000: 356.

种类型的采购分析变得更容易，目的是为了确保在这两项分析中采用统一的逻辑和决策标准。对于战略问题，应该采用更高层面的战略管理流程进行分析，比如，扩展企业和目标成本管理；而非战略性采购决策则应该反映流程管理和作业成本管理所关注的经营问题。如果基本数据来源按合乎逻辑的方式进行了集成，那么就更有可能采用正确的数据和正确的决策标准制定这些截然不同的决策。

管理持续流程

并不是组织所制定的每项决策都要求选择和变化。对突发事件的指导和反应、生产流程计划外的中断以及其他经营问题要耗费管理者很多时间和精力。流程管理和扩展企业是满足新需要、确定最优解决方案的数据和分析来源，如图表 13 所示。

在流程的持续管理中，信息是基本的构成要素。要在问题和机会出现时及时作出有效的反应，就需要一系列关于主要经营和财务维度的数据。集成式流程管理、生产能力成本管理和作业成本管理相结合，提供关于流程目前的运行情况、针对目标进行改进以及哪里需要修订的信息。

扩展企业常常是关于需求、配送计划和绩效要求未来变化的主要指标的来源。组织将内部流程管理数据与整个供应链联系起来，从而能够不断地审查环境，寻找机会、发现问题。一经确定，就应该借助三个经营层面的战略管理流程，寻找最优解决方案和最恰当的反应。人们将关于流程及其所使用的有形资产的成本和绩效数据汇集在一起，对一次性问题进行增量分析，或者为实现可持续改进而实施流程变革。应该追求哪种选择、应该避免哪种选择就可以归结为几项事实和几个问题，比如，成本、质量和配送影响。

流程管理和扩展企业这两个战略管理流程也分析和构建对需求的意外猛增的快速反应。生产能力成本管理指出是否存在内部能力、存在于哪里，为决策提供信息；而作业成本管理则追踪满足新需求的成本和盈利能力。除非需求的猛增将成为一个永久性问题，否则就不需要在分析中引入战略导向型的战略管理流程。

在大多数持续流程管理决策中，目标成本管理和资产管理都发挥着次要作用，为比较现有绩效与既定的持续改进目标提供标准。然后利用这些目标推动流程管理决策，比如，利用电子数据交换或者条形码缩短“订货—付款”流程的时间、降低成本和复杂性。人们利用技术支持降低流程成本，并采用资产管理所提供的简单投资标准予以评估，辅之以成本分析，成本分析采用作业成本管理提供的详细说明，能够通过后台自动化处理资源和作业的数据。这些工作帮助组织确定并弥补绩效差距。

管理绩效差距

流程领域的最后一组决策反映了持续改进的动力，无论外部事件或条件如何变化，它始终存在。流程管理是指导改进工作的框架，因为它确保局部决策和变化与流程绩效联系在一起。集成式绩效管理和作业成本管理与这些分析错综复杂地联系在一起，提供关于现有绩效的财务和非财务数据。

一旦确定了需要进行差距管理的领域，集成式绩效管理就为定义评估和追踪计划改进工作的新指标和标准提供了基础。如果不改变考核指标，就不可能实现所要求的行为和绩效改进。无论变革的目标是配送周期缩短一天以降低 5% 的成本，还是消除流程所产生的大量缺陷，这些目标都必须转化为指标。目标必须为期望实施变革的人所了解，而且必须进行追踪，以提供关于改进过程进展的反馈。同时，作业成本管理确保了改进不会造成流程或组织的其他部分发生隐含成本。如果消除了一个领域的浪费，却又增加了另一个领域的浪费，净影响就会是效率和效果的降低而非提高。

生产能力成本管理和扩展企业为提高流程绩效的各种选择和替代方案提供了可行性评估数据。扩展企业寻找利用供应链实现改进的方式，以及确保内部变革不会对供应链产生负面影响。而生产能力成本管理则详细说明能力、现有利用水平以及满足流程再设计要求的资源的可获得性。集成式成本管理系统框架根据需要整合数据，用于评估选项，制定现有经营变革的决策。所有这些问题的影响都能在资源决策领域感受到。

资源决策领域

在产品或流程的生命周期中，需要不断地审查资源政策和选择。资源决策领域就是完成这些详细分析、对当前行动或替代解决方案施加限制的领域。组织可以制定发展规划，但是，如果没有资源，它们就无法转变为现实。资源决策领域充满了权衡和折衷，因为选择其中一种就意味着另一种选择不能使用组织能力和资产。

在资源决策领域，作业成本管理和集成式绩效管理主导战略管理流程。这两个战略管理流程在力求确保客户价值创造最大化的同时，也能实现组织利润和绩效的最大化，它们提供关于经营对组织资源和供应链的影响的信息。如果资源与客户需求实现了最优匹配，那么价值创造就能够实现最大化。

在资源决策领域需要进行四种基本类型的决策，即：

- 资源需求；
- 采购政策与约束；
- 资源灵活性；
- 资源成本 / 绩效与目标。

资源需求

需要哪些资源、什么时候需要以及怎样组合，是资源决策领域所要解决的主要问题。这些选择不应该单个考虑，而应该反映流程导向型决策，即实现整个系统绩效的最优化，而不是一台机器或一项作业的最优化。资源选择起着将各决策领域联系在一起的作用，目标成本管理用于定义所要求的资源绩效特征，然后通过扩展企业和流程管理将其传递给资源决策领域。这两个主要的政策制定性战略管理流程将目标成本管理所定义的资源需求转化为具体的资源规格。

资源选择也是一个由流程决策领域的各种关注所推动的持续改进流程。如果一种资源发生了变化，那么它会对目标成本管理所定义的战略和策略目标产生什么影响？现有流程或供应链将会受到怎样的影响？如果能获得集成信息质询这些影响，资源选择就成了实施变革的一条更可行的途径。如果没有信息集成，资源选择决策就会产生不良影响。

例如，一家大型香料制造商决定改变一种资源，即推进剂，并以此持续推动成本降低。虽然新型推进剂更廉价，但是它也产生了意料之外的流程问题，因为新气体腐蚀了在灌注作业中密封所用的垫圈。流程问题，包括在测试作业中产品爆炸，导致了整个系统的停产——所有这些都是由于在选择资源时没有考虑对整个系统的潜在影响的结果。资源选择决策必须由流程管理和目标成本管理来规范，它们不仅力求确保组织的生存与发展，而且力求确保组织的战略不会因改变一种资源的性质或供应渠道的孤立决策而受到危害。

采购政策和约束

这些决策为供应链以及不太重要的零部件和资源定义所偏好的存货政策，它们力求将存货控制在最低水平，同时实现价值链的灵活性和反应能力的最大化。在这些决策中，资产的投资政策、研发工作和项目规划发挥着一定的作用。这些政策维持了组织的稳定，因为共同的规则、决策标准和评估方法得以建立和利用。

各种政策的内在约束往往在集成式成本管理系统框架之外限定。战略管理流程提供了数据，帮助建立这些政策。此外，在因政策约束而使绩效未实现最优化时，战略管理流程还会发出信号。流程管理与集成式绩效管理和作业成本管理相结合，共同构成了审查政策对供应链的影响的基础。当出现问题时，这三个战略管理流程就提供关于问题出在哪里、它们的成本和绩效意义可能是什么以及解决这些问题有哪些选择的详细信息。

集成式成本管理系统框架内在的信息集成能提供关于组织内、外部对因政策所产生的问题作出反应的选择、趋势和替代方案的洞见，藉此帮助组织克服资源层面的政策制定的一些内在风险。作业成本管理结合流程管理，为不断审查资源在组织中的流动提供了基础，为提高资源利用，从而为客户和其他利益相关者创造更多价值寻找方法。

资源灵活性

确定哪些资源可以共享以使浪费最小化以及哪些资源必须专用于一种产品或服务，有助于定义组织的灵活性。各种产品和服务需求与受影响的资源的匹配程度（例如，我们能在我们需要时采购我们需要的资源吗？还是无论需要与否都必须采购大批固定数量的资源）在组织的总体盈利能力中发挥着重要作用。

共享资源为面临资源层面决策的管理者带来了最大挑战。要平衡这些资源相互竞争的需求，就需要目标成本和生产能力信息，它们能确定稀缺资源的最优配置以及如何最好地管理任何尚未满足的需要。作业成本管理能确定这些权衡的内在成本，比如，因缺乏灵活性的资源的生产准备时间而损失的产量成本。在寻找新材料和服务来源、闲置资源的新用途以及提高现有流程的灵活性时，在生产能力成本和集成式绩效管理的支持下，这三个战略管理流程直接为流程管理提供数据。

资源层面的不良决策会对短期和长期盈利能力和绩效产生消极影响。如果购置了生产能力远远超出需要的固定资产，那么成本结构中就会增加一层永久的浪费。生产能力成本管理、作业成本管理和流程管理的紧密结合有助于限制这类情况的发生以及由此带来的不必要的成本。

意外的需求变化会引导资源层面的管理者为短期生产能力不足寻求外部解决方案。寻求帮助的最佳地方就是供应链。商业伙伴具有提供高质量、低成本的短期支持的激励，因为它们在供应链的成功中有长期利益。在出现意外需求或意外流程问题时共享资源是供应链为生产性流程提供稳健性和可靠性的一种方式。在扩展企业战略管理流程中维持的数据反映何时、何地寻求商业伙伴的帮助，以解决短期有效产出问题。

资源成本 / 绩效与目标

了解所利用的资源的成本、哪些资源是瓶颈或流程能力约束以及缓解这些问题所需要的成本，是制定资源层面决策的基础。对结果的持续监控与报告是集成式成本管理系统框架的基本目标，它由集成式绩效管理和作业成本管理这两个战略管理流程共同支持。

为了有效地指导决策领域的未来决策，资源层面的管理报告系统必须满足几个基本要求，即：

- 采用有意义的方式涵盖定义的所有目标，既包括财务目标，也包括非财务目标；
- 采用统一的定义以及关键术语、指标和结果的处理方式集成各种可利用的信息；
- 支持实时、随需提供的报告与分析能力；
- 提供允许进一步分析主要细节和结果的质询能力；
- 支持敏感性分析和模拟，预测现行趋势的影响并评估补救行动的影响；
- 采用企业各个领域都能理解的通用语言；
- 提供一套平衡的指标，确保使用者了解相互依赖关系和系统性问题，包括采用一页式“仪表板”报告；
- 以突出改进措施及其结果的形式展示信息，同时确定趋势表明需要或可能进行新改进的领域；
- 采用视觉图表描述相对于目标的劳动生产率及相关结果。

这些能力蕴含在集成式绩效管理的结构中。通过作业成本管理和集成式绩效管理的结合，组织就能够灵活地追踪、报告并分析现有绩效差距，寻找既能解决这些问题又不会为组织的其他部分带来问题的解决方案。集成式成本管理系统框架可以轻松有效地满足这些需求，因为在它的逻辑和结构中融入了主要数据要素的集成。

八、结束语

在建立有效的成本管理系统时，目标应该是既把详细程度降至最低限度又确保系统追踪主要趋势、确定改进机会的能力。并非可获得的每个数据都应该纳入集成系统。相反，只应该识别并集成大多数决策所共有的数据要素。正如其他经营领域一样，实现成本管理系统的集成是旅程过程，而不是目的地。

每项集成式成本管理系统添加一个新要素，组织满足客户需求和建设核心知识基础的能力就会增加。每项新信息都填补了知识架构中的一个空白，从而提高了组织预测下游活动的能力，确保了组织长期和短期目标的实现。集成式成本管理系统框架中内在知识的集成与共享是在全球市场上创造卓越绩效的关键。信息为组织提供了能量——发展的能量、提高的能量以及领先的能量。

参考文献

目标成本管理

Ansari, S., J. Bell, and the CAM-I Target Cost Core Group. *Target Costing: The Next Frontier in Strategic Cost Management*. Chicago, IL: Irwin Professional Publishing, 1997.

Baker, William N. "The Missing Element in Cost Management: Competitive Target Costing." *Industrial Management*, March 1995, Vol. 37, No. 2, pp. 29-35.

Bayou, Mohamed E., and Alan Reinstein. "Formula for Success: Target Costing for Cost-Plus Pricing Companies" *Journal of Cost Management*, Sept./Oct. 1997, pp.30-34.

Collins, Jay. "Advanced Use of ABM—Using ABC for Target Costing, Activity-Based Budgeting and Benchmarking" in *Activity-Based Management: ABM: Arthur Andersen's Lessons from the ABM Battlefield*, eds. S. Player and D. Keys. New York: Master Media, Ltd., 1995, pp. 153-160.

Cooper, Robin, and Bruce Chew. "Control Tomorrow's Costs through Today's Designs." *Harvard Business Review*, Jan./Feb. 1996, pp. 88-96.

Dutton, John, and M. Ferguson. "Target Costing at Texas Instruments." *Journal of Cost Management*, Fall 1996, pp. 33-38.

Dutton, John, Reid Dalton, and Joe McNeely. "Target Costing at Caterpillar" in *Activity-based Management: ABM: Arthur Andersen's Lessons from the ABM Battlefield*, eds. S. Player and D. Keys. New York: Master Media, Ltd., 1995, pp. 173-181.

Dutton, John, Charles A. Marx, and Scott Baker. "Target Costing" in *Handbook of Cost Management*, Release 4. New York: Warren, Gorham and Lamont, 1996, pp. D2-1—D2-26.

Institute of Management Accountants and Arthur Andsersen LLP. *Tools and Techniques for Implementing Target Costing*. Statement on Management Accounting, 1999.

Society of Management Accountants of Canada. "Implementing Target Costing." Management Accounting Guideline #28, Hamiton, Ontario, 1995.

资产管理

Arthur Andersen LLP. *Shareholder Value Creation Measures Primer*. Dallas, TX, 1998.

Howell, R., and W. Schwartz. "Asset Deployment and Investment Justification" in *Handbook of Cost Management*. New York: Warren, Goham and Lamont, 1997, pp. D4-1—D4-32.

Klammer T. *Managing Strategic and Capital Investment Decisions Chicago*, IL: Irwin Professional Publishing, 1994.

Kroll, K. "EVA and Creating Value." *Industry Week*, April 7, 1997, pp. 102-106.

Reeve, J., and W. Sullivan. *Strategic Evaluation of Interrelated Investment Projects in Manufacturing Companies*. Bedford, TX: CMS Research Report, CAM-I, 1988.

Society of Management Accountants of Canada. *The Management of Intellectual Capital: The Issues and The Practice*. Hamilton, Ontario: 1998.

World Bank. *The Knowledge Management Concept Paper: A Practical Approach*. November 1996.

生产能力成本管理

Cooper, R., and R. Kaplan. "Activity-based Systems: Measuring the Cost of Resource Usage." *Accounting Horizons*, Spring 1992, pp. 1-12.

Coughian, P., and T. Darlington. "As Fast as the Slowest Operation: The Theory of Constraints." *Management Accounting* (U.K.), June 1993, pp. 14-17.

Dilton-Hill, K.G., and E. Glad. "Managing Capacity" in *Handbook of Cost Management*. New York: Warren, Gorham and Lamont, 1997, pp. H3-1—H3-8.

Institute of Management Accountants. *Accounting for the Costs of Capacity*.

Research Report #39. Montvale, NJ, 1963.

Klammer, T., and the CAM-I Capacity Interest Group. *Capacity Measurement and Improvement.* Chicago: Irwin Professional Publishing, 1997.

McNair, C.J. "The Costs of Capacity." *Journal of Cost Management*, Vol. 8, No.1, Spring 1998.

Society of Management Accountants of Canada. "Measuring the Cost of Capacity." *Management Accounting Guideline* #42. Hamilton, Ontario, 1996.

流程管理

Ashkenas, R., D. Ulrich, T. Jick, and S. Kerr. *The Boundaryless Organization: Breaking the Chains of Organizational Structure.* San Francisco: Jossey-Bass Publishing, 1995.

Born, G. *Process Management to Quality Improvement*. New York: John Wiley & Sons, 1995.

Daly, D. C., and T. Freeman, eds. *The Road to Excellence: Becoming a Process-Based Organization*. Bedford, TX: Consortium for Advanced Manufacturing-International, 1997.

Majchrazk, A., and Q. Wang. "Breaking the Functional Mindset in Process Organizations." *Harvard Business Review*, September-October 1996, pp. 93-99.

Melan, E. *Process Management: Methods for Improving Products and Service*. New York: McGraw Publishing, 1992.

Rummler, G. A., and A. P. Brache. *Improving Performance: How to Manage the White Space on the Organization Chart*, 2nd edition. San Francisco: Jossey-Bass Publishing, 1995.

Society of Management Accountants of Canada. *Implementing Process Management: A Framework for Process Thinking*. Hamilton, Ontario, 1998.

扩展企业

Ashkenas, R., D. Ulrich, T. Jick, and S. Kerr. *The Boundaryless Organization*, San Francisco: Jossey-Bass Publishing, 1995.

Fox, M. "Integration for the Future." *Manufacturing Systems*, April 1997, pp. 69-86.

Institute of Management Accountants and Arthur Andersen LLP. *Implementing Integrated Supply Chain Management for Competitive Advantage*. Statement on Management Accounting. Montvale, NJ, 1999.

Institute of Management Accountants and Arthur Andersen LLP. *Tools and Techniques for Implementing Integrated Supply Chain Management*. Statement on Management Accounting. Montvale, NJ, 1999.

集成式绩效管理

Atkinson, A. "Linking Performance Measurement to Strategy: The Roles of Financial and Nonfinancial Information." *Journal of Strategic Performance Measurement*, August/September 1997, pp. 5-13.

Gale, B.T. *Managing Customer Value*. New York: The Free Press, 1994.

Kaplan, R.S., and D.P. Norton. *The Balanced Scorecard*. Boston: Harvard Business School Press, 1996.

Lynch, R.L., and K.E. Cross. *Measure Up! Yardsticks for Continuous Improvement*. Cambridge, MA: Basil Blackwell, Inc., 1991.

Institute of Management Accountants and Arthur Andersen LLP. *Tools and Techniques for Implementing Integrated Performance Management Systems*. Statement on Management Accounting. Montvale, NJ, 1998.

集成式成本管理

CAM-I. *Value Quest: Driving Profit and Performance by Integrating Strategic Management Processes*. Bedford, TX: Consortium for Advanced Manufacturing-International, 2000.

作业成本管理

Cokins, G., A. Stratton, and J. Helbling. *An ABC Manager's Primer*. Montvale, NJ: Institute of Management Accountants, 1993.

Eiler, R., and C. Ball. "Implementing Activity-Based Costing." In *Handbook of Cost Management*. New York: Warren, Gorham and Lamont, 1997, pp. B2-1—B-32.

Institute of Management Accountants and Arthur Andersen LLP. *Implementing Activity-Based Management: Avoiding the Pitfalls*. Statement on Management Accounting 4CC. Montvale, NJ, 1998.

Miller, J. *Implementing Activity Based Management in Daily Operations*. New York: John Wiley & Sons, 1992.

Player, S., and D. Keys. *Activity-Based Cost Management: Arthur Andersen's Lessons from the ABM Battlefield*. New York: Master-Media, Ltd., 1995.

【杨世忠审校】

管理会计公告
Statements on Management Accounting

战略成本管理

STRATEGIC COST

题目

实施目标成本管理

鸣谢

本公告经美国管理会计师协会管理会计委员会批准发布。美国管理会计师协会感谢加拿大管理会计师协会的合作。此外还要向本公告的起草者霍韦尔管理公司总裁 Robert A. Howell 博士（CMA）表示感谢。美国管理会计师协会也感谢先进制造国际联盟（CAM-I）在本公告制定中给予的支持，以及管理会计委员会委员们所作的贡献。

Published by
Institute of Management Accountants
10 Paragon Drive
Montvale, NJ 07645
www.imanet.org

IMA Publication Number 98377

ISBN 1-894091-25-6

ima®
The Association of Accountants and Financial Professionals in Business

实施目标成本管理

目 录

STRATEGIC COST MANAGEMENT

ima The Association of Accountants and Financial Professionals in Business

一、引言

企业有许许多多的目标，包括：以优质、迅捷、准时的产品和服务满足客户需求；实现高度的市场渗透；为员工提供良好的工作环境；创造财务业绩。任何一个企业的长期财务成功与否都取决于它的价格是否超出了成本，足以为增长融资、提供再投资以及为利益相关者带来令人满意的回报。如果没有竞争者，并且需求大于供给，那么简单地进行成本加成，就能确定一个可产生足够利润的价格。但是，随着竞争的加剧，供应超过了需求，市场力量对价格产生了更大的影响。公司要实现超出成本的充分的利润边际，就必须根据市场允许的价格或公司制定的实现特定市场渗透目标的价格来管理这些成本。目标成本管理正是在这些特征的背景之下发展起来的。

第二次世界大战之后，由于战争年代被需求的禁锢、欧洲和太平洋地区的重建以及人口的迅速增长，许多北美公司很快发展起来。旺盛的需求，再加上竞争者往往也很少，使这些公司可以通过提高价格弥补成本增加来保持盈利和发展。遗憾地是，基于成本的定价法不能促进严格的成本管理。它可能会为希望进入市场的竞争者创造大量机会，除非有难以逾越的市场壁垒，比如，技术领先和投资水平。它也可能会面临因漫天要价而失去市场的风险。如今，许多北美公司早已习惯了旺盛的需求、微弱的竞争和成本加成即可创造可观利润的能力，它们正在面对着一个截然不同且充满敌意的市场。

在第二次世界大战之后骤然富裕起来的公司，比如许多日本制造商，正在苦苦挣扎，它们意识到公司必须按市场价格或低于市场的价格提供更好的产品，才能在国内市场和世界市场获得成功。如果公司要实现充分的利润边际，保证增长、再投资并创造回报，那么它们将价格与成本联系起来以及管理成本的整套方法就必须反映激烈竞争的环境。因此，像丰田、日产和 NEC 这样领先的日本公司就采用了人们所称的“目标成本管理”。一些北美公司，包括福特和克莱斯勒，也开始采用这种方法，与日本汽车公司展开竞争。初创的计算机公司，包括康柏和戴尔，也采用此方法与 IBM 之类的老牌公司竞争。

目标成本管理是审视价格与成本关系的一种截然不同的方式。目标成本管理的基本等式“价格 – 利润 = 成本”意味着价格由市场竞争力决定，或者由公司为提高市场占有率而大幅降低价格所推动；意味着利润的确定是为了使公司盈利；还意味着可允许的成本是从价格和利润推导出来的。对于目标成本管理应用的领先者而言，这种理念不仅仅是机制的转变，还是渗透到整个组织的思想变革；它极其严谨，并且将市场与设计和生产集成在一起。价格推动可允许的成本这一理念具有显著的行为和经济影响。它是企业在日新月异的竞争环境中长期生存、发展与繁荣的关键。

二、适用范围

本公告旨在实现两个目标。其一，介绍目标成本管理概念，它已被许多领先的日本汽车、电子及其他公司应用，而且一些北美公司在向竞争激烈的市场渗透时也开始采用。其二，介绍公司实施目标成本管理所需要采取的步骤。它一般针对高管，更具体地说就是管理会计师。它旨在帮助管理会计师成为在公司管理流程中引进与应用目标成本管理的主要贡献者。

本公告假设组织对目标成本管理具有一定的认识，并且希望将目标成本管理引进公司管理流程。它既是描述性的，也是规范性的。它定义了目标成本管理术语、概念和流程，还为建立实施目标成本管理的承诺提供了一个规划。本公告规定了公司实施目标成本管理的一系列步骤，以及管理者和管理会计师在实施中的作用。

本公告所包含的概念、技术和案例研究适用于：

- 生产产品或提供服务的企业；
- 大型和小型组织；
- 各行各业的企业；
- 企业价值链的各个阶段；
- 与一项产品或服务直接或间接相关的所有成本和投资。

如今，人们要求许多管理会计师所做的已不仅仅是传统的交易会计核算。在这些新职责中，最重要的职责之一就是目标成本管理。对于许多公司而言，它是一种截然不同的成本规划、成本管理和成本降低的方法。本公告将有助于管理会计师：

- 了解目标成本管理与组织战略目标和财务目标的关系；
- 了解目标成本管理的各个阶段；
- 认识目标成本管理的好处；
- 理解自身在目标成本管理中的作用和职责；
- 理解在实施目标成本管理中的组织挑战和管理会计挑战。

三、定义目标成本管理

尽管只有少数北美公司完全信奉目标成本管理的各项要素，但是它并不是一个新概念。在 1908 年，亨利·福特开发了第一款批量生产的汽车，即 T 型汽车，目的是通过不断降低价格来提高产量。到 1913 年，这款车已经能够以低于 500 美元的价格出售了。显然，既做到这一点又要赚钱，成本就必须严格管理。福特通过逆向集成控制材料成本，通过采用装配线和提高效率来控制人工成本，并通过节俭行为控制其他成本。“喧嚣的二十年代”，以及后来第二次世界大战后被禁锢的需求，使福特及其他公司更容易提高价格。

在 20 世纪 50 年代末和 60 年代初，美国汽车公司设计、开发并推出了一款价格低廉的小型车“Nash Rambler”，替代当时市场上的“油老虎”。这款车获得了成功，美国汽车公司也获利颇丰，因此，在 1962 年年底，公司的资产负债表上显示无负债！虽然有些北美公司（比如，波音、卡特彼勒、约翰·迪尔和北方电讯）多年来也采用目标成本管理的概念，或应用在某种产品上（比如，福特“金牛”或摩托罗拉的袖珍寻呼机），但是没有几个公司像领先的日本公司（比如，丰田、日产、日本电装、NEC）那样应用得全面与强烈。

直到最近，一些日本作家（比如，门田安弘、樱井和田中）才开始介绍日本公司在国内，乃至国际市场上角逐时如何应用目标成本管理。有些北美公司（比如，福特、克莱斯勒和康明斯发动机公司）也开始研究日本公司，建立目标成本管理。当更多的公司认识到价格上涨已不再是自动的、而目标成本管理则是一种有效的技术之时，它们也会这样做。

因为目标成本管理的理念是从大多数日本公司多年所处的激烈竞争的环境中发展而来的，所以每个公司都有其独特的方法。因此，目标成本管理没有单一的、简单的定义，而是既有相对狭隘的定义，又有广义的定义。

例如，Robin Cooper (1992) 认为：“目标成本管理的目标是确定一种拟生产产品的成本，以便在销售时创造理想的利润。”

Michiharu Sakurai (1989) 认为：“目标成本管理可以定义为一个在生产、工程、研究和设计、营销及会计部门的协助下，降低整个生命周期内的产品总成本的成本管理工具。”

Peter Horváth（1993）将目标成本管理定义为：“一个综合性的成本规划、成本管理与成本控制概念……主要用于产品设计初期，目的是根据市场衍生的要求影响产品成本结构。目标成本管理要求对所有与产品相关的组织职能进行成本导向型协调。”

大多数定义所共有的特征就是：建立在竞争市场环境中的流程；市场价格推动成本（和投资）决策；成本规划、成本管理和成本降低发生在设计和开发过程的初期；跨职能团队的参与，包括管理会计师。

竞争市场环境：在卖方有限、需求大于供给的市场中，卖方可以实行成本加成，确定可以盈利的价格。也就是说，卖方可以采用“成本加成法”定价。如今，许多公司所面临的全球市场和日益激烈的竞争使人们无法再采用这种基于历史成本的定价法。在竞争市场中，尤其是在供给大于需求的市场中，价格由市场力量决定。但是，这并不意味着所有产品都会变成商品。卖方必须更多地考虑强大的竞争者、替代产品和服务及其价格的存在。如果公司希望实现更高的市场占有率，就必须选择更低的价格，同时提高质量或提供额外服务。目标成本管理的好处之一就是它迫使公司从产品、质量、及时性和价格方面更深刻地理解市场、竞争及客户需求。

价格驱动型成本：公司经营是为了盈利。如果价格由市场或者希望成为价格领袖的管理决策决定，那么成本就必须低于价格，才能盈利。目标成本管理的基本概念就在于此，即：

价格 − 利润 = 成本

当然，这与许多公司和行业的历史实践形成了鲜明的对照，按照历史实践：

成本 + 利润 = 价格

这种变形看似简单。实际上，将成本视为价格和利润的衍生物（而不是反过来），需要思想上的重大转变。还应该指出的是，利润不能任意确定，而是受公司的潜在成本状况影响。并非所有的公司都能成为成本最低的生产商。确定无法实现的利润就会导致成本目标无法实现。

图表 1 显示了在市场或管理决策驱动型的价格 / 成本环境中的基本价格与成本关系。日本人通常称之为“价格降低—成本降低”关系，或者简单地称之为“成本降低”关系。

因为目标成本管理通常应用于新产品规划，而新产品规划往往需要进行配套工具、设备及影响成本的其他资产投资，所以可以合理地说价格驱动成本和投资。

早期成本规划：目标成本管理的另一个重要要素是认识到大多数成本都由最初的产品和流程设计决策决定。一旦产品投入生产，再降低成本，就非常难。因此，在最初设计阶段聚焦于成本以确保目标利润和成本得以实现就至关重要。这就意味着产品设计、材料选择、规格和容许偏差、外购与自制决策、流程设计、投资决策都必须在产品设计和开发决策制定之前予以考虑。

跨职能团队参与：最后，要实现产品交付周期所涉及的任何职能之间必要的协调和折衷，即营销、设计和开发、采购、

图表 1　竞争环境中的价格 / 成本关系

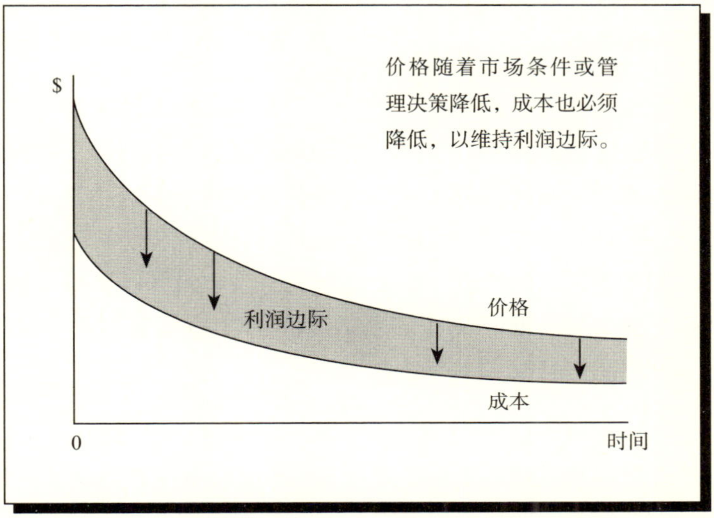

流程工程、制造和会计，就必须建立专门负责进行这种不可避免的权衡的跨职能团队。这个基本的经营单元横跨组织的各个部门，从概念阶段到产品发布，甚至之后的阶段，一直共同协作，负责完成产品开发和目标成本管理任务。如果做得好，就能迅速开发和生产出新的改进的产品，既能满足市场需求，又能创造理想的利润。

目标成本管理大多数情况下不会立即实行。这种思想最初会遭到抵制。对于曾能够在成本增加时就提高价格的管理者而言，价格驱动成本的概念是一次重大的思想转变。尽管后来颇为流行，但采取跨职能团队的组织形式对许多管理者来说还很陌生。要让他们相信在设计初期将一系列不同观点综合起来比逐步实施的流程更有效率和效果，还需要证明。像丰田、索尼和 NEC 这些公司在市场上的成功，应该会激励管理者和管理会计师实施目标成本管理方法。

四、目标成本管理的目标

目标成本管理的基本目标很简单。即使管理者能够管理企业，在竞争激烈的市场中盈利。实际上，目标成本管理是一项积极的成本规划、成本管理和成本降低实践，按照目标成本管理的思想，应该在设计与开发周期的初期就对一项产品或一项业务的成本进行规划和管理，而不是等到产品开发和生产的后期阶段。

目标成本管理显然适用于新产品。它还适用于产品改进或更新换代。例如，NEC 利用成本无法再进一步降低的时间点作为开始研发下一代产品的信号。目标成本管理的基础，即基于市场的价格、基于价格的成本和跨职能参与，也可以用于现有产品，尽管一种产品一旦投入生产就更难以降低成本。

目标成本管理所特别强调的成本是那些受其最直接影响的成本，即材料和外购零部件、转化成本（比如，人工和可确认的管理费用）、配套工具成本、开发费用和折旧。但是，因为目标成本管理不仅是一种综合的成本规划、成本管理和成本降低过程，而且是一种专门技术，所以所有可能受早期产品规划决策影响的成本和资产都应该予以考虑。其中包括生产阶段及其他阶段更直接的管理费用（比如，服务成本）和资产（比如，存货）。目标成本管理旨在让管理者提前、全面思考决策的成本及其他意义。

虽然目标成本管理最初强调的是成本规划、成本管理和成本降低，但是它的应用还会带来一些其他好处。首先，它要求强烈的市场和客户导向。产品需求由市场和客户需求及竞争定义。目标成本管理的起点是理解市场，并以满足客户在产品性能、质量、及时性和价格方面的需求为宗旨。

其次，作为目标成本管理的核心，跨职能团队参与会创造一种相互理解和团队协作的精神，而这往往是较传统的、顺序设计与开发流程所缺乏的。市场导向型设计与开发以及并行工程与制造，是可促进跨职能理解的目标成本管理的几个方面。

最后，理解市场、跨职能团队参与以及一些基本工具的采用（比如，价值工程），通过避免因各领域的职能目标彼此冲突时重新循环所造成的延误，实际上会加速产品设计、开发、生产和引进周期。

目标成本管理不仅是一个规划、管理和降低成本的过程，而且是一种重要的经营理念。它强调理解市场和竞争；它聚焦于客户对质量、功能、配送及价格的需求；它认识到平衡组织各职能、建立团队在产品开发周期初期予以考虑的必要性；它的核心是盈利、再投资、发展及创造价值的基本目标。

五、管理会计师的作用

在有些公司，比如，波音、卡特彼勒、通用电气、福特、默克、摩托罗拉和北方电讯，管理会计师的作用正从记录者、主计长和否决者转变为更积极主动的战略经营伙伴和决策者。对目标成本管理的积极参与进一步强化了管理会计师在观念和职责上实现这一转变。

如果没有高管的全面支持、没有企业其他职能（包括营销、产品开发、采购、流程发展和制造）的支持和参与，目标成本管理就无法实施。一旦获得了各方面的支持，管理会计师就应该致力于公司的目标成本管理。

因为管理会计师都接受过信息收集、分析、计量和报告方面的培训，所以他们的专业知识是成功实施目标成本管理的基本要素。让管理会计师参与目标成本管理，还可以增加目标成本管理中的各种权衡和决策的财务暗示的可信度。因此，管理会计师可以负责统筹目标成本管理。管理会计师应该参与目标成本管理的各个阶段。

目标成本管理的第一步是确定目标价格。它包括：评估市场和每个客户的需求，以及他们可能为新试制产品支付的价格；评估竞争产品及其价格和估计成本；团队成员协商确定适当的目标价格。权衡客户的成本效益，以及比较竞争价格和成本，是管理会计师所能胜任的核心财务分析。像卡特彼勒这样的公司就详细分析过竞争者的产品。如果管理者的定价战略是“先发制人”式的，即降低价格以赢得更大的市场占有率，那么管理会计师也能够分析这种行动的价格、本、量、利之间的关系。

目标成本管理的第二步是确定目标利润。它的起点是公司总体战略目标和财务目标，包括销售利润率（ROS）、资本和所有者权益。这些都必须分解为产品线，并最终分解为各种产品。并非所有产品线或产品的目标利润都一样。有些产品线或产品必须高一些，以支撑这些产品线或产品较高水平的投资；而有些则可能要低一些，因为它们所要求的投资较低，或者竞争价格和成本不支持较高的利润。和目标价格一样，要确定目标利润，也需要管理会计师具有经营理解和财务分析能力。

管理会计师的一个非常重要的作用是帮助确定在假设公司目前所采用的产品规格和制造流程的条件下拟生产产品的现行成本。遗憾地是，许多公司的现有产品成本确定系统（即成本核算系统）并不提供准确的最新信息。有些产品的直接材料成本可以合理地予以确认。而有些产品的转化成本、管理费用，甚至非制造费用（比如,外运和产品销售费用）则较难确认。更多的公司采用作业成本核算增进它们对现有成本的理解。管理会计师肩负着引进作业成本核算并应用于公司现有产品和流程的重要职责，从而为目标成本管理奠定基础。

一旦确定了目标成本和现行成本，就可以计算成本降低金额。目标成本管理团队的工作也是在此刻才真正开始，它要考虑以保证实现公司利润目标的价格和成本提供满足市场需求的产品所必须考虑的可能权衡和众多决策。各种设计备选方案、外购与自制决策、拟建生产流程和资本投资需求，都具有成本意义，必须既单独又汇总地予以计算，然后进行追踪。管理会计师在这项分析与追踪过程中肩负着核心职责。

管理会计师的一个重要作用就是建立系统的财务与非财务指标框架，以确保在实施目标成本管理过程中，可以轻而易举地追踪目标进展情况，从而保证预定目标的实现。如果公司引进许多新产品并且它们对公司的财务业绩的影响很大，那么这种追踪系统就尤其关键。单个项目成本、资产需求对成本的影响、实现目标成本和利润的能力以及现金流量都必须予以追踪。如果是多个项目，还应该监控其对公司总体利润、回报和现金的综合影响。

一旦产品进入生产阶段并开始销售，管理会计师仍有机会对目标成本管理作出贡献。首先，实际成本应该予以追踪，并且与目标成本联系起来，以确定是否实现了目标成本。这项信息可用于未来的目标成本管理。其次，在生产阶段，可能有更多实现成本降低的机会。日本人将这种在生产过程中不断追求成本降低的管理方法称为“持续改进成本法”（kaizen costing）。

管理会计师能够并且也应该在目标成本管理中发挥许多重要作用。他们可以了解流程、与其他已经参与的管理会计师交流、走访已经采用目标成本管理的公司，然后再将目标成本管理引入公司，就像月光电气公司中财务人员的领导作用一样（参见附录：案例研究）。这就包括与高管及公司其他职能领域的人员共享目标成本管理知识。管理会计师可以积极倡导目标成本管理。然后积极参与目标成本管理跨职能团队，贡献他们的财务分析能力。随着目标成本管理发挥作用，管理会计师就会再次为公司的长期成功作出重大贡献。

六、目标成本管理流程

正如目标成本管理没有唯一的定义一样，目标成本管理流程也不是唯一的。每个公司都发展了本公司的组织和实践。但是，所有公司都有一系列共同的基本步骤：

- 根据市场需求和竞争确定目标价格；
- 确定目标利润；
- 确定必须实现的成本；
- 计算现有产品和流程的可能成本；

- 确定目标成本，即成本必须降低的幅度。

一旦计算出了目标成本，公司就应该采取下列步骤去实现它：

- 建立跨职能团队，从最初的设计阶段就参与实施过程；
- 在设计过程中采用价值工程之类的工具；
- 在投入生产后，采用“改进成本法”追求成本降低。

这一系列步骤及其应用强度与“成本加成法”截然不同。尽管“成本加成法”越来越难以实现，但是仍有许多公司采用它。在这种较传统的方法中，各步骤的实施顺序是：

- 评估市场需求；
- 评估竞争产品；
- 开发新产品；
- 决策外购还是自制产品或零部件；
- 计算新流程投资数额；
- 建立新流程；
- 生产新产品；
- 对新产品进行成本核算；
- 确定价格。

采用这种方法时，一项决策决定着另一项决策。价格建立在前几个步骤的基础之上。如果成本增加，价格往往也必须提高，以保持或提高利润边际。

在当今更趋全球化的竞争市场中，价格必须在新产品规划的初期根据市场和竞争条件确定，或者根据管理者自身的定价和市场占有率目标来确定。成本必须允许实现可接受的利润和资本回报。新产品开发、采购、生产流程、投资及其他成本动因必须在市场驱动型或管理驱动型价格的背景下综合管理。

下面就讨论成功实施目标成本管理所涉及的一系列步骤。正在考虑或刚刚开始实施目标成本管理的公司可以借鉴这个模型。

建立目标成本

确定目标价格

目标成本管理流程的第一步是确定拟生产的新产品的目标价格。这就需要考虑若干因素，其中包括：市场现在及未来需要什么；客户需要什么以及客户真正愿意为替代性能支付的价格；现在和未来的竞争产品是什么。显然，确定现在及未来需求的最佳方式就是询问现有的或潜在的客户。像丰田、索尼和福特等公司都花费了大量时间，运用非常复杂的市场调研技术确定客户需要哪些产品功能和性能以及客户愿意支付的价格，包括调查和小组讨论。

联合分析或权衡分析可以和小组讨论结合运用，以探寻客户对各种产品性能的评估。不要让客户对产品的建议价格作出直接反应，而是让客户说明他们愿意为某种性能支付的价格。这样就模拟了真实的采购情境。这种方法可以提供每种产品性能对产品总效用的相对贡献。在实施目标成本管理并且能够确定提供相应性能的成本时，这种方法就尤其有用。

确定目标价格的一个重要方面就是评估竞争者能提供什么直接或间接的替代品。竞争产品在质量、反应能力和服务水平上怎么样？竞争者的产品提供哪些功能和性能？以什么价格提供？北美的汽车制造商、计算机公司和复印机生产商就开展了“逆向工程”或“拆卸分析”。它们拿来竞争者的产品，进行分解，以确定产品是用什么材料做成的，并模拟它们的生产流程。有些公司对竞争者的产品进行了深入分析，甚至了解了其成本结构。具体方法是估计竞争者所使用的材料的成本，根据“拆卸分析”模拟它们的转化成本，并研究当地人工工资水平、就业状况和生产设施的已使用年限及复杂程度等要素。

目标价格基于市场需求评估、竞争分析，以及公司提供具有特定功能、性能、外观及其他特征的新产品或改进产品的基本规划。关键点在于运用目标成本管理的公司将目标价格建立在市场和竞争条件以及长期定价和市场渗透目标的基础之上。

确定目标利润和可列支成本

一旦确定了目标价格，就应该计算目标利润。在领先的日本公司中，它一般是指绝对的或相对的销售利润率。实际上，管理者所强调的是产品必须盈利，足以创造令人满意的回报和现金。这个目标利润源于公司利润规划所制定的公司总体的长期战略目标和财务目标，即销售利润率目标、收益、投资报酬率和股东权益收益率、现金流量都会在计算适当的目标利润边际时予以考虑。为了获得长期成功，公司就必须获得超过公司资本成本的回报。

对于不同的产品线或产品，要确定不同的目标利润边际，取决于许多因素。一般要考虑的因素包括：目标市场价格的力度或者管理者赢得市场占有率的定价战略的激进程度；公司自身的成本地位，是否是一个低成本生产商；以及支持产品所需要的投资水平（投资水平越高，所要求的边际也越高，反之亦然）。

目标价格和目标利润边际之间的差额就是公司可以投入产品的可列支成本。

不同公司对纳入可列支成本和目标利润的定义也不同。实际上，所有公司都包含材料和外购零部件。大多数公司还包含变动生产转化成本，包括人工及相关成本、

目标成本管理等式	目标利润边际和可列支成本计算中可能包含的成本（投资）
价格 – 利润 = 成本	• 变动产品成本 直接材料与外购零部件转化成本 （人工、管理费用） • 配套产品成本 研发 配套工具 折旧 • 其他成本 一般制造费用 非制造费用 • 投资 存货 厂房 设备

可直接确认的变动制造费用。通常，新产品还需要研发支出、配套工具成本以及重大资本投资（尤其是在自动化水平不断提高的时代）。此外，还应该包含折旧之类的成本项目的影响。只要存在分销、广告和宣传、销售和服务等其他非制造性费用，甚至存货投资，就应该将它们包含在内。下图列示了所有的可能性，从最狭义的材料和人工成本，到实际上包含的所有成本和费用。

确定现行成本和目标成本

如果拟生产的产品是现有产品的改进产品，那么公司就有一个成本基础，如果拟生产的新产品规格和生产方法相似，就可以据此确定新产品的潜在成本。目标成本管理的下一步就是采用现有产品规格和生产流程确定新产品成本。人们通常称之为“规定成本”（engineered costs）。樱井称之为“飘移成本”和“流动成本”（drifting costs/current costs）。

图表 2 显示了审视目标价格、目标利润、可列支成本、流动成本和成本降低目标之间关系的三种观点。在第一个例子中，目标价格和目标利润之间的差额称为目标成本。采用价值工程和改进成本法降低流动成本，以实现目标成本。在第二个例子中，目标价格和目标利润之间的差额称为

图表 2　目标成本的各种定义

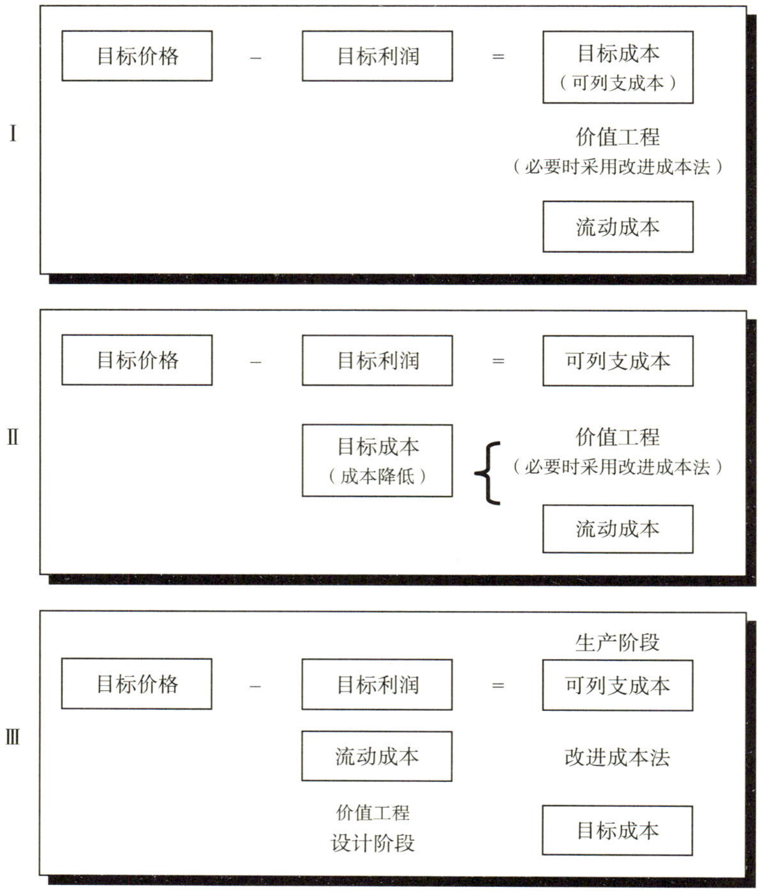

资料来源：摘自 Horváth, 1993.

可列支成本。流动成本和可列支成本之间的差额实际上称为目标成本。

第三个例子和第二个例子十分相似，但是它表明价值工程是流程设计阶段使用的一项基本技术；改进成本法在生产阶段运用。如图表 2 所示，虽然第一、第二和第三种方法之间的差别似乎很细微，或许还有些混淆，但是有些领先的日本公司却利用这些方法明确确定哪些可列支（例如，所允许的最高限额）和实现可列支成本所要求的目标改进。随着成本改进的实现，流动成本就向可列支成本“飘移”。所需要实现的目标成本就变得更小了。本公告采用后一种目标成本定义。

建立目标成本的过程不能等闲视之。事实上，它是目标成本管理的基石，需要认真执行，才能建立有意义的目标。

将目标成本分解到零部件和功能

可列支成本总额和目标成本可以按多种方式分解。一种方法是将可列支成本和目标成本分配给主要零部件组（例如，对于汽车而言，即指底盘、引擎、传动装置和配件），然后再分配给各自的组件，最终分配给各个零件。采用这种方法往往导致设计的新产品在特点上都与先前的产品型号十分类似，而且生产流程也复制了以前的生产流程。建议在拟生产的新产品旨在与其前身相似的情况下采用。基本的成本降低机会一般都是材料成本和加工成本。

第二种方法是按照产品的功能分配可列支成本和目标成本。这种方法尤其适合用在评估了客户需求之后，包括客户对不同功能的重视程度以及什么时候必须大大降低成本。具体步骤包括：定义产品功能并进行分类；评估各项功能的重要性；以及将可列支成本和目标成本分配给各项功能。

第一步是定义拟生产的新产品的用户功能，并按用途和价值进行分类。这些功能可以进一步划分为物理功能或便利性和价值功能，即“硬”功能或“软”功能。对于汽车而言，硬功能包括型号、形状、重量、节能性和速度等特征。软功能则包括美观、驾驶舒适度、震动和噪音。接下来的一步就是评估各种功能的相对重要性，既包括硬功能，又包括软功能。最后，将可列支成本和目标成本分配给各项功能。最初这就意味着按相对重要性分配可列支成本和目标成本。

产品可以根据分配给硬功能和软功能的成本设计。当设计开始成形时，就可以将分配给各项功能的成本分解到支持该功能的零部件。协调所要提供的功能的估定价值与支持功能的零部件成本是一项持续的工作。如果零部件成本高于它们所支持的功能的价值，就表示有持续降低成本的机会。这种功能导向型的成本分配和设计的基本目标就是以与各功能的估定价值成比例的成本提供所期望的功能。价格价值和成本价值可能截然不同。某些功能或性能或许能以较低的成本增加价格价值。如果为这类功能或性能设定较高的成本价值，就会使它们的成本不合理地增加。利用帕雷托分析对零部件的估计成本进行排序，也有助于确定成本降低潜力大的领域。

实现目标成本

实现成本目标的过程建立在三个基本概念的基础之上。首先，必须建立跨职能团队，由既受产品和流程设计过程影响，又能影响产品和流程设计的人员组成。其次，团队参与早期概念设计和开发会极大地影响产品生命周期成本。最后，采用价值工程及其他工具进行产品和流程设计是实现目标成本的核心。

利用跨职能团队

在日本公司模式（福特、克莱斯勒和康明斯发动机等一些北美公司也开始效仿）中，高级产品经理通常全权负责产品规划 / 目标成本管理工作。高级产品经理由代表营销、产品规划、设计、开发、采购乃至主要供应商、流程技术、生产和会计各职能的团队成员支持。有些公司，例如，约翰·迪尔公司（John Deere），甚至将主要客户也纳入团队中。显然，团队参与的决策是一个关于产品性质与各团队成员可能对决策过程产生的影响的函数。一些初步研究表明，最常涉及的就是设计、采购和流程技术（当然它意味着流程设计和资本支出决策）。

对团队的强调就是对营销与产品规划、设计与开发以及流程技术与生产之间的高度相互依赖的认可。实际上，一个阶段的决策总是会影响其他阶段。管理会计师必须参与，以迅速提供关于各种替代方案和决策的成本意义的反馈。如果综合决策并考虑各种内在联系，那么决策就会更快、更平衡。

建立跨职能团队是并行工程的实质。最近几年，在许多产品制造公司，并行工程已日益流行。并行工程（concurrent engineering）的思想就是在产品开发中同时进行产品开发与产品生产。传统的流程则更强调流程顺序。目标成本管理团队进一步拓展了并行思想，将其延伸至市场，延伸至主要供应商，并且涵盖了成本管理。

早期成本规划与管理

与建立跨职能团队和并行概念一致的是，人们意识到在设计流程初期所做的决策决定了产品和流程成本，最终决定了产品生命周期成本。设计初期会影响材料选择、零部件数量、外购与自制决策、配套工具和资本投资需求，最终影响生产流程成本。如果设计工程师在没有采购、流程工程师、生产经理或管理会计师的情况下制定这些决策，那么就会面临在没有全面理解其影响的情况下进行决策的风险。

据估计，在许多情况下，产品生命周期的概念和设计阶段实际上占用了产品总成本的很大比例，即使实际发生的成本很少。图表 3 显示了产品开发周期的定型成本和已发生成本之间的关系。成

图表 3 定型成本和发生成本与产品开发周期的关系

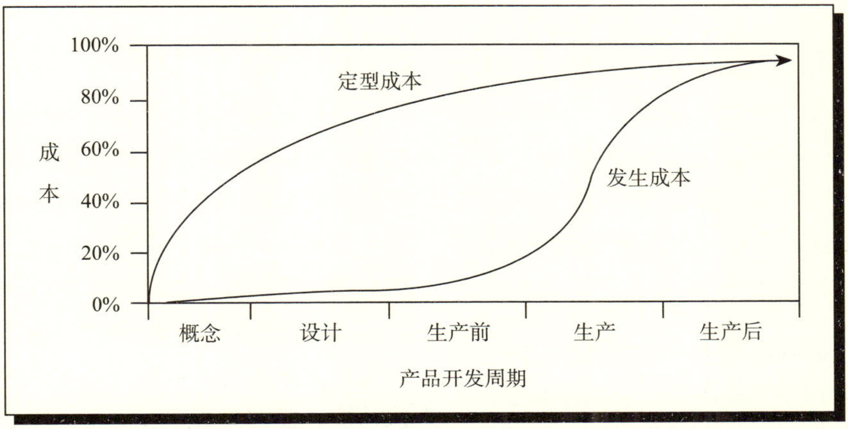

资料来源：Grant, 1990: 116.

本实际上是在产品开发周期初期通过计划添加进产品的，或者从更重要的意义上来说，是通过管理剔除出产品的。一旦产品投入生产，如果不进行重大的再设计或没有时间上的延误，要想大幅度地削减成本就困难得多。

价值工程及其他工具

通过弥补现行成本和可列支成本之间的差距实现目标成本的基本技术，就是价值分析，或者称为价值工程。有些公司在产品设计和开发阶段用“价值分析”，而在开发后阶段则用“价值工程”。但是，这两个术语经常交替使用。

在实施价值工程中，有几个重要决策领域会对成本产生最显著的影响。首先，产品设计将决定大部分成本。例如，几年前，IBM 引进了一款专门为实现零部件数量、连接装置和装配要求最小化而设计的打印机。这项设计决策的结果是：类似应用所使用的零部件具有更大的共性；用能开合的零部件代替常用螺丝；IBM 和终端用户的装配都明显简化；上门服务和支持费用显著降低。

第二个重要的价值工程成本机会是对外购零部件与自制零部件的选择。显然，这项决策取决于供应商及公司自身的能力、核心竞争力和成本。如果供应商有以较高的质量和较低的成本为公司生产零件、部件和配件的能力，可能就应该外购这些零部件。如果公司有质量、速度和成本优势，或者如果它们反映了公司不想与别人共享的基本竞争力，那么就应该自制。

对于计划从外部购入的零部件，应与供应商协作，以确保它们能尽最大努力提高产品质量、降低产品成本。如果供应商的零部件对公司产品的总体设计、开发、产品和成本至关重要，有些日本公司甚至在产品规划 / 目标成本管理团队中吸收了来自供应商的代表。

对于适宜内部生产的零部件，随后就是进行如何生产的决策，包括从购置资本设备到辅助生产。在产品设计和产品规格决策中，特别是在制定外购还是自制的决策时，还必须考虑流程设计和生产。

市场和产品规划、设计和开发、采购、流程设计、生产决策及其财务意义都是密不可分的。如果初期阶段的决策没有考虑它对后来阶段的所有可能影响，就需要再循环。再循环可能会使产品开发和生产周期比目标成本管理中所体现的并行方法更长。

监控目标成本管理流程

在目标成本管理的实施中，重要的是追踪目标实现得如何，既包括非财务目标，又包括财务目标。客户的需求得到满足了吗？这可能需要通过调查、集中关注客户群或其他方式不断获得来自现有和潜在客户的信息。竞争者的行动与预期一样吗？如果不是，它们的行动的意义是什么？目标价格依然有效吗？如果无效，对可列支成本和目标成本有什么影响？

可列支成本和目标成本数字都是汇总数字，可以按传统的方式分解（即基本构件、组件），也可以按功能维度最终分解为基本零部件。在项目团队合作中，最重要的是根据目标成本降低幅度和可列支成本追踪工作的优缺点。有些公司建立了一个详细的工作进展告示板，汇总在基本构件或功能目标方面的进展情况，并分解到单个零部件。这样，团队随时都能了解目标的进展情况以及必须从哪里发现新机会。

准确评估现行成本也很重要，它们既是确定目标成本的基础，又是关于可列支成本的实现状况的报告。对于成本核算系统采用平均分配成本或成本与产生成本的产品不关联的公司而言，作业成本核算对于更准确地将成本分配给产品，然后追踪实际成本来说特别有效。随着纳入目标成本管理的成本的定义越来越广泛，包括共享的生产和非生产费用，从作业成本核算中衍生的应用和好处就会越来越大。

利用改进成本法提升目标成本管理

目标成本管理的倡导者认为大多数成本降低实现的最佳时机都是在概念、设计、开发和生产周期的初期。但是，在真正致力于成本管理的公司中，对成本改进的追求会一直持续下去，甚至在生产阶段。日本人将价值工程（设计与开发阶段的成本降低）和“改进成本法”（在生产阶段孜孜以求的成本改进）作出了区分。

领先的公司总是寻找消除浪费、降低成本的方式，甚至在产品投产后。产品及其设计的改进、供应商管理以及持续流程改进都是改进成本法的一部分。

日本公司在改进成本法中所追求的主要机会包括全部消除任何种类的浪费（比如，材料废料、材料处理、过剩存货和繁杂的管理活动）、工作内容平衡（以确保需要最少的工人），以及与供应商密切合作（以确保供应商也尽可能地做到既有效率，又有效果）。

重复目标成本管理流程

有些作者提出，目标成本管理是一个静态的过程。一旦确定了目标成本，它就不再改变。领先的日本公司则认为目标成本管理是动态的。它们认为一个价格在不断下降的产品总会达到成本无法再通过改进成本法降低的一点。正是这引发了具有截然不同的特点的新一代产品，从而显著降低了可列支成本，并创造了新的利润机会。当新一代产品投入生产时，就会应用改进成本法。

图表4摘自NEC公司的一个类似的图表，它表明了一定期间的产品价格、采用目标成本管理所能实现的一代产品到下一代产品的显著成本降低以及通过改进成本法所能实现的持续（但不显著的）成本降低之间的关系。随着改进成本法的影响渐趋消失，下一代产品就要开发，进行目标管理并适时推出。在图表4中，设计成本“A”表示按照目标成本管理流程实现的成本。随着时间的流逝，改进成本法又会导致进一步的成本降低。随着进一步成本节约的潜力的消失，采用目标成本管理开发新一代产品“B”，实现成本的显著降低。然后，改进成本法又一次发挥作用，进一步将成本从第二代产品中消除。

总而言之，目标成本管理流程包括四个基本阶段：第一阶段，确定目标成本；第二阶段，在概念和设计阶段以团队为导向、以价值工程为基础的成本降低工作；第三阶段，在生产阶段应用改进成本法；最后一个阶段，在无法找到进一步成本改进机会的时候引进下一代产品。

七、目标成本管理工具

目标成本管理不仅是关于价格/成本关系的一次重大思想变革、一套规则和综合性决策方法，而且是一系列技术和工具的应用。但是，有许多技术和工具都能促

图表 4　在两代产品的目标成本管理和改进成本法之间建立联系

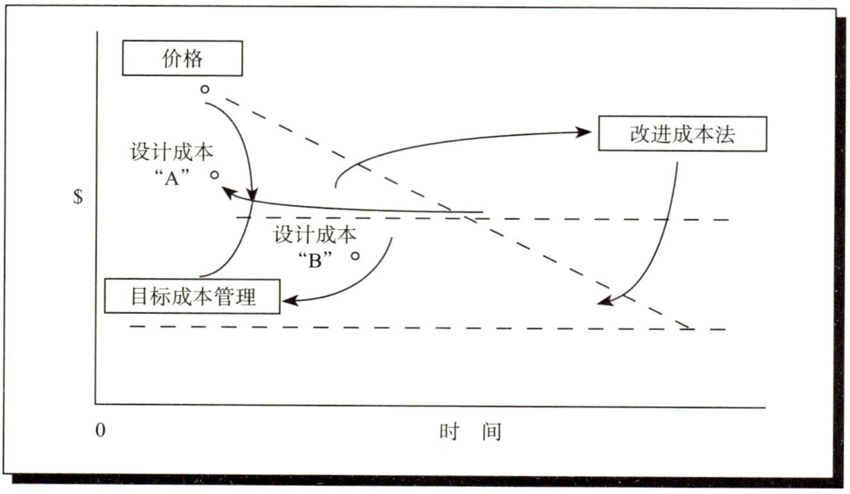

资料来源：根据 NEC 公司提供的资料修订。

进目标成本管理实现效果和效率。

市场评估工具

三种外向型的分析，即市场评估工具、行业与竞争分析和逆向工程，为公司提供了定义拟生产的新产品及确定其目标价格的基础。

确定目标成本的第一步是评估市场和客户对拟生产的产品的需求。满足客户需求的第一步就是发现客户需要什么。具体可以间接（通过现有客户或潜在客户调查）或直接（通过集中关注客户群将现有或潜在客户群召集在一起，询问他们喜欢现有产品的哪些方面、不喜欢哪些方面、希望从新产品中获得什么，以及他们愿意为各种产品性能支付的价格）地实现。虽然了解客户需求或未来需求看似显而易见，但是许多公司却都做不好。它们仍然从内部角度开发产品。确定市场需求的最佳方式之一就是询问以前的客户或非客户。这些来源能提供关于现有产品或拟生产产品的洞见，它们与现有客户的观点截然不同。如果令人满意，公司就可以打开新市场。

日本公司多年来一直努力确定客户需求及其对现有产品的反应。例如，日本汽车公司一直强调可靠性、完美、噪音小和电动镜子及水杯盛放器等细节，并以此赢得市场份额。北美公司也开始纷纷效仿。在开发并引进其极其成功的 Taurus 车型之前，福特公司对现有客户和潜在客户开展了广泛的调查，询问他们喜欢新车的哪些方面，不喜欢哪些方面。Taurus 车型是公司历史上最成功的车型之一；波音建造了机舱模型，让航空公司及其乘客对其进行评估；卡特彼勒公司在重型设备的驾驶室中安装了立体声收音机，因为那是操作员所想要的；吉列公司引进了一款全新设计的女士剃刀；热电公司（Thermo）在进行了广泛的市场调查和评估之后引进了一款极其成功的电烧烤架。

行业与竞争分析

关于行业与竞争分析，目前已形成了一套知识体系，主要是从迈克·波特（Michael E. Porter）的著作发展而来的。如果公司在近乎垄断或寡头垄断的市场中竞争，那么详细了解竞争者就不太重要。但是，随着竞争者的数量和力量的增加，深入了解竞争者就能为公司及其产品赢得优势地位提供机会。

许多领先的公司都大幅增加了用于理解所处的行业和与之竞争的竞争者的资源。在 20 世纪 70 年代末和 80 年代初，施乐公司开始意识到它们丢失了大量市场份额，这些市场份额被许多产品质量更高、价格成本更低的日本竞争者占领了。为了重新确立市场领袖的地位，施乐开始尽可能地了解这些竞争者及其产品。同样，在 20 世纪 80 年代初，卡特彼勒公司也开始感受到来自日本小松公司（Komatsu）的竞争压力。于是任命了一个高管团队专门研究日本的小松公司。他们得出的一个结论就是，由于过时的生产及其他实践，卡特彼勒的成本太高。为此，卡特彼勒公司改造了现有设施，显著降低了本公司产品的成本。通用电气从力求在任何所从事的行业中都要“数一数二”的承诺出发，花费了大量战略规划工作以了解市场及其竞争者。通用电气公司的财务管理培训计划对参与者的最高要求就是完成通用电气的一个主要竞争者的竞争分析。20 世纪 80 年代初，对本田公司的一次参观促使哈雷戴维森公司（Harley-Davidson）重新思考其整个经营方法。哈雷戴维森的转变是过去 10 年里北美制造业中真正成功的故事之一。

逆向工程

施乐、卡特彼勒以及美国各汽车制造商现在广泛采用的工具之一就是“逆向工程”，或者称为“拆卸分析”。这些公司拿来竞争者的产品，然后进行分解，调查其设计、材料、生产流程、产品质量和属性，以及产品成本。这样，这些公司就真正了解了竞争者的产品、它们与自身产品的不同之处及其生产成本。有些人可能认为许多公司早就开展逆向工程了。所不同的是一些公司的组织方式和实施程度、投入流程的资源以及分析的广泛用途。诸如克莱斯勒之类的领先公司还建设了大量拆卸设施，投入了大量资源，并在概念、设计、采购、流程设计、生产和售后活动中普遍采用分析结果。在领先公司中，逆向工程并不是一项可有可无的活动，而是全面了解竞争者产品和服务的核心。

财务规划与分析

目标利润的确定在极大程度上依赖全面详细的财务规划和报表分析。在每个公司的每个产品线、每种产品中或者从总体上来讲，价格、数量、收入与成本、投资之间都存在一定的关系。管理会计师必须理解这些关系，才能够将它们与拟生产的产品联系起来。外向型分析常被用于帮助确定目标价格，基于外向型分析的结果，就能全面了解所涉及的产品线及相关的现有产品，确定拟生产的新产品在产品设计和生产方面有什么相同和不同之处，既包括公司的成本结构，又包括就竞争成本结构而言现实的成本结构，即目标利润。

产品成本分析

为了估计在现有或拟生产产品和流程特点的条件下拟生产的新产品的成本，组织还必须能够确定本公司产品线或产品的成本及相关投资。在过去几年中人们大力宣扬的一种技术就是作业成本核算，它旨在更准确地确定产品成本。作业成本核算不依赖产品成本分配的一般规则（比如，平均材料废料分配比率和基于直接人工的管理费用分配比率），而是考虑产品、流程及其他不同，更准确地将企业发生的成本与决定成本的具体产品联系起来（美国管理会计师协会《管理会计公告——实施作业成本核算》专门讨论作业成本核算）。

确定了发生成本的各项作业的成本（比如，采购、入库、材料处理、生产准备和检验等，都是作业成本核算流程的最初几个基本步骤），就能让人们深入了解潜在造成浪费的作业。作业成本核算流程中的这个步骤常常被称为作业成本管理，它与改进成本法相辅相成。

主要供应商也可以在产品设计、开发和成本管理中发挥重要作用。如果与客户密切配合，供应商就能表明替代产品设计或生产决策对供应商成本产生有利或不利影响的方式。因此，在流程初期就与供应商合作，甚至将它们吸收进目标成本管理团队，就能更好地理解产品成本，实现产品成本最优化。

最认同目标成本管理的日本公司，比如，丰田、日产、日本电装和NEC，似乎并不采用作业成本核算技术。乍一看，这可能与前面的讨论有些抵触。事实上，如果了解了日本制造业的发展，就能更好地理解这一点。这些领先的日本公司多年来一直强调全面质量管理和适时制生产。二者都形成了非常系统化的“精益生产”环境。在流水线式或经营单元式制造环境中，大部分产品成本都可以直接确认。作业成本管理是理解一系列作业、区分价值与非价值作业、消除浪费作业的一种有效方法。领先的日本公司都超越了作业成本管理。与作业成本核算类似，它也是一种在难以确定产品成本的情况下来更好地确定产品成本的分析方法。丰田以及其他公司认为，通过重新安排工厂布局，它们能够将大部分成本直接分配给相对同质的产品系列，因此，不需要作业成本核算。哈雷戴维森公司紧紧追随日本模式。通过更好地安排工厂生产线，以及通过利用其他适时制生产管理实践，比如，“拉动式”生产，它们首先聚焦于简化和消除浪费。日本公司的确很了解它们的成本，并且在目标成本管理中广泛采用“成本表”。

成本表

运用目标成本管理的日本公司已经建立、维护并利用了详细的“成本表”，即关于基于各种生产变量的成本信息的详细数据库。它们用于预测新产品成本，假设采用不同设计、材料、生产流程和终端用户功能。这些成本表是传统产品成本核算系统的有益补充，它聚焦于历史成本，专门设计用于帮助管理者事先确定替代选择的影响。还有些公司的成本表虽然最初是人工编制的，但是这些数据库现在已计算机化了，比如日本电装公司。这些成本表是基于公司经验经过多年开发出来的，因此，对拥有它们的公司而言就是一项重要的资源，而对于在这方面发展滞后的公司而言就是一种竞争劣势。成本表最初是为材料成本设计的，但是后来逐渐扩展，涵盖了流程设计和生产方法。

在运用成本表的日本公司中，管理会计师的一项基本职责就是维护成本表。要履行这项职责，管理会计师就必须了解设计替代方案、采购实践、流程设计和生产。在产品开发过程中，管理会计师将成本表的内容提出来进行不可避免的权衡讨论。如果现有成本表不充分，那么管理会计师就不得不扩展现有成本表，以解决新问题。

应该重申的是，这些成本表已经发展了几十年。希望效仿它们的北美公司必须在资源和时间方面作出郑重承诺。

一旦充分评估了市场和竞争环境，经

过财务规划和分析确定了目标利润边际，并且完成了对自身成本的内部分析，就可以比较可列支成本和现行成本，以确定目标成本。一旦确定了目标成本，接下来要面对的就是实现目标成本的挑战。公司采用了各种各样的方法。

有些公司实施了所谓的“并行工程”，将产品设计和开发工程与流程设计和生产经理集于一体。他们确定产品设计和生产之间的内在关系，然后同时进行处理，而不是依次处理。这无疑是整个组织迈向并行作业和集成的起点，尽管它未必全面考虑了客户、供应商作用或成本意义。对于产品开发周期长的公司而言，这种行为可以缩短产品投放市场时间。

价值工程

价值工程旨在从客户需求出发，然后在服务、质量、速度和成本的背景下将它们与产品设计、外购还是自制决策以及流程设计和生产联系起来。其思想是市场、产品开发、生产，乃至生产后作业（比如，上门服务）都与成本密不可分，必须同时处理。

支持价值工程的是成本结构分析和功能分析之类的工具。前者将总体产品分解为组件或者零部件，然后将现行成本和目标成本按这个框架分配，目的是为了按成本结构逐级或逐个零部件地降低成本。

功能分析按各种功能审视产品，然后将各种功能的价值与相关成本联系起来。重要的功能通常支持的成本也最多，而不太重要的功能则成本较低。其思想是将客户在产品性能和能力方面的需求与客户愿意支付的价格及其成本联系起来。

质量功能配置

日本公司以及近来的一些北美公司已经将客户需求、功能特点、技术规格及成本概念发展到了极其复杂的分析水平，称之为“质量功能配置”。

质量功能配置（quality function deployment, QFD）定义为“将客户需求转化为质量特征，并且通过系统化地运用需求与质量特征之间的关系，以每项功能构成的质量为起点，然后将功能配置扩展到每个零件和流程，来为最终产品确定设计质量”。质量功能配置技术采用一个正式的流程，将客户需求与产品设计联系起来，以实现质量需求、技术、成本和可靠性的最佳配置。

八、管理会计面临的挑战

管理会计师在确保公司长期财务目标及其他目标的实现中发挥着作用。管理会计师必须采用所能利用的最有效的工具。在竞争激烈的商业环境中，价格由市场和竞争压力决定，或者由管理者决策决定，即管理者决定采取激进的定价策略以实现市场渗透，目标成本管理就是这样一种工具。因为目标成本管理代表着一种截然不同的成本管理方法，所以那些正在考虑鼓励目标成本管理实施的管理会计师就面临着许多重要挑战。

意识与教育：对于许多公司来说，从“成本上升、价格也随之上升”到“价格下降、成本也随之下降”的思想转变是一项重大变革。习惯于分析和报告财务结果的管理会计师可能是最先感受到市场和竞争压力变化对价格的影响或者降低价格对市场渗透乃至成本的裨益的人员之一。这种意识必须普及到公司的其他管理者。

目标成本管理是处理价格下降情况的主要管理工具。管理会计师肩负着查阅文献资料、寻找目标成本管理范例的重要职责。日本一些主要公司在这方面居于领先地位。由于面临着极大的价格和成本压力，越来越多的非日本公司也开始采用目标成本管理。

因为目标成本管理是如此基本的一种管理流程，所以关于目标成本管理的意识和教育不能仅仅局限于管理会计师，实际上必须普及到企业的所有领域，上至高管人员。除了管理会计师之外，整个组织的高管及其他管理者都必须了解目标成本管理，并拥护目标成本管理的引进与实施。

高管支持：对于许多企业来说，目标成本管理都意味着一次重大的文化变革。它所基于的观念就是市场决定价格。管理者不能无限制地提高价格。管理者可以降低价格，尤其是为了扩大市场份额。反过来，管理者确定成本，而资源的提供者则不能。实际上，只有高管才能为公司定调，尤其在与历史相悖的情况下。

管理者表明对基于市场定价的认可及其对成本管理（泛泛地讲）和目标成本管理（具体而言）的意义的方式有多种。其中之一就是支持不提价的计划，尤其是作为降低成本 / 价格的解决方案。第二种方式就是明确支持公司各部门的目标成本管理措施。

跨职能参与：管理会计师面临的另一个重要挑战就是赢得参与产品规划、设计、开发、分销和客户支持的企业其他职能的真正认可。也必须让它们了解影响价格的市场和竞争力量及其对成本管理的影响。为了了解并理解目标成本管理如何运作、如何使公司受益，它们必须真正体验目标成本管理。

也许再没有比这更大的挑战了。产品规划往往在没有强烈的成本意识的情况下就会对客户需求及自身需求作出反应。设计者常常过度设计。例如，人们往往不会考虑选择一般而不是特殊的零部件，或者选择通用而不是专用的设备，因此，产品成本中就凭添了因复杂性而增加的成本。在产品达到采购、投资和生产阶段时，成本早已定型了。让其他各部门的管理者参与目标成本管理，共同完成一个项目，是组织的主要挑战。让管理者理解复杂性成本概念，并确保这些成本降至最低限度，也是管理会计师的重要挑战。

试验项目：显然，如果公司要在产品规划和产品引进中实现目标成本管理思想的转变，就必须从一种具体的产品开始。实现这种思想转变是一个漫长的过程。管理会计师必须确保适当的基础工作已经做好，即提高了人们的意识并且进行了深入的培训；见证或至少研究了范例；高管都信奉目标成本管理思想；跨职能参与已得到保证。管理会计师有机会，也有责任制订试验项目计划，然后利用它管理项目。在人人都齐心协力完成试验项目、积累经验以及最终一定会成功之时，目标成本管理流程就开始不断地融入公司体制中。

实施目标成本管理是组织行为的重大转变。管理会计师所面临的挑战很多。但公司潜在的获益也很大。

九、结束语

目标成本管理的目标是确保公司在竞争激烈的环境中实现产品乃至整个公司的利润目标。随着越来越多的公司逐渐认识到不能通过提高价格来解决成本和利润的挤压问题，目标成本管理也变得越来越重要。

对于多年来习惯于在价格提高司空见惯的商业环境中经营的许多公司、管理者和管理会计师而言，目标成本管理要求进行重大的思想变革。受日益加剧的全球竞争压力的影响最显著的公司对目标成本管理的反应也最快，受益也最大。而那些看似未受直接影响的公司则可能反应较迟钝，因而也就不能从更早的成本规划和更严格的成本管理及其对盈利能力和市场地位的影响中受益。

实施目标成本管理需要时间。它需要广泛的教育、高管的支持、组织各部门的参与，以及管理会计师发挥积极、有力的作用。本指南旨在简要地介绍目标成本管理及其实施和好处。

附录：案例研究

月光电气公司

月光电气公司（一家真实北美公司的

虚构名称）是一家快速发展的工业用复杂电子设备的制造商。尽管行业竞争激烈，但是月光公司的年销售收入已经增长到了5亿多美元。

几年前，公司管理者看到的关于日本管理实践的报道给他们留下了深刻的印象，包括：全面质量管理、适时制生产以及最近的成本管理。因此，他们多次访问日本，试图更好地了解日本管理实践。在最近一次访问中，他们聚焦于日本财务和会计实践。其中包括：

- 由直线管理者高度参与和承诺的经常性预算（六个月）；
- 采用目标成本管理和跨职能团队进行战略成本管理；
- 较之更一般的命令和控制导向型的作用，财务在决策支持和促进方面的作用。

管理者得出结论，月光电气公司可以应用他们在访问日本公司中所了解的许多财务和会计实践。

月光公司分析了一些主要产品的价格、成本和数量历史。公司得出结论，对于所选择的代表一个产品线的近40%销售收入的一组产品（15种），大部分产品成本在上一年都增加了。具体分析在过去三年中引进的四种产品之后，公司发现价格通常比他们所预测的价格高13%，而成本则增加了65%。图表1总结了这项分析的结果。

图表2表明了代表月光公司主要业务的一种产品。随着价格和成本的增加，销量却下降了。只有在价格降低后，并辅之以降低成本的工作，销量才在1993年有所增加。

在首席执行官的全面支持下，月光公司的财务高管得出结论，公司应引进聚焦于新产品和现有产品的目标成本管理措施。其目的是使目标成本管理的理念深深扎根于整个组织，以便在价格下降时（无论是市场力量造成的，还是管理者决策的结果），也相应地降低成本，以保持市场领导地位和利润。

公司认为，要在整个组织贯彻目标成本管理，就必须完成三项任务，即：

- 对公司现行的成本管理不足统一认识；
- 就形成目标成本管理的管理方式所需要采取的措施达成一致；
- 制定实现目标成本管理的具体步骤。

月光公司的财务管理人员得出结论，较之所访问的领先日本公司，公司对成本管理和成本降低的关注不足。增长、价格上涨以及丰厚的利润历史掩盖了对更严格的成本管理的需要。因此，人们认为必须实现思想上的重大变革，藉此使成本降低成为整个公司的一种工作方式——实际上成了月光公司职工的一种根深蒂固的观念。

公司得出的第二个重要结论就是，在设计阶段的成本管理并没有成为优先考虑的问题，相反，在产品投入生产之后，对成本问题才给予了最多的关注。因此，必须在设计阶段给予成本更多的关注，并提供适当的培训和工具。

最后，月光公司得出结论，公司的产品引进流程，包括对成本的考虑，都是严格按先后顺序进行的。营销部门传给产品开发部门，产品开发部门传给工程和生产部门，财务部门在产品开发后期参与。因此，必须实现更大程度的并行。

月光公司的管理者一致认为在产品开发流程的“每一步”都必须给予成本管理更多的关注。作为产品定义的一部分，在产品规划（营销）阶段，要确定产品的销售价格、预测销量和最初的“目标”成本。在概念设计阶段，要大致估计并分配各零部件或功能组合的成本。通过一般的设计与原型开发，进行更粗略的成本估计，以评估是否仍能实现目标成本。同样，在详

图表 a　月光电气公司成本管理分析

- 所选择的 15 种产品，代表 1993 年销售收入的 38%，即 1.13 亿美元
- 1993 年与 1992 年成本比较（全部 15 种产品）：
  ——1993 年与 1992 年成本趋势：　10 种成本更高
  　　2 种保持不变
  　　3 种成本降低
- 其中四种产品在过去 3 年中引进：

建立目标成本的平均单位价格 / 成本比较

产品型号	销售价格			成本		
	目标	1992 年实际	%	目标	1992 年实际	%
A	24	29	120.8%	16	20	125.0%
B	18	32	177.8%	3	15	500.0%
C	500	600	120.0%	275	440	160.0%
D	3 300	3 700	112.1%	1 350	2 250	166.7%
加权平均	3 842	4 361	113.5%	1 644	2 725	165.8%
算术平均			132.7%			237.9%

细设计（绘图和规格）和生产系统设计（流程、配套工具等）中，要不断地进行详细成本估计，以确保目标成本的实现。在产品开发周期的每一步中，都要进行成本估计，以确保目标成本可实现。

月光公司改进成本管理工作及结果的计划的最后一步是列出一个具体的行动步骤表。其中包括：

- 规划价格和成本降低；
- 建立正式的“估计成本系统”；
- 要求在每一步进行“估计成本审查”；
- 不断发展新产品开发的“团队”方法；
- 根据经验考核和学习；
- 在整个组织发展“价值工程”技能和流程；
- 采用非传统目标和指标管理成本管理流程改进。

为了表明公司对目标成本管理的重视及支持，首席执行官在公司 1993 年的年报中写道：“在过去一年中，我们的财务总裁研究了许多领先的日本公司所采用的管理方法。由此，我们制定了一项‘目标成本管理’计划，将我们的成本降低工作制度化。”

图表 b　月光电气公司空气净化系统

价－本－量－历史

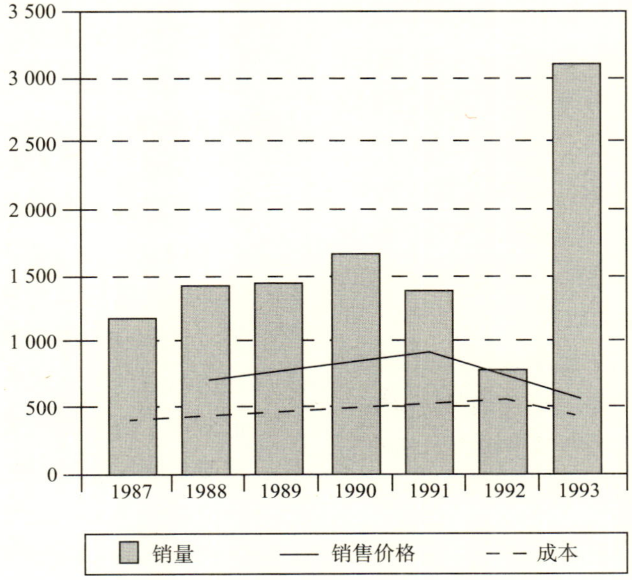

术语表

可列支成本（allowable cost）：根据市场条件和竞争力或管理者的市场渗透决策而制定的目标价格与根据公司总体战略和目标及经营规划而推算出的目标利润之间的差额。实际上，可列支成本是为了实现公司的利润目标而在产品规划中可以承诺在一项产品上支出的最大成本。

并行工程（concurrent engineering）：将代表营销和产品规划、设计与开发、流程设计与生产的工作组集合在一起，以实现同步决策，而不是依次决策的一种做法。其目标是实现理想的产品质量、加快产品配送以及降低成本。并行工程与目标成本的目标十分相似。但是，目标成本管理更强调以市场为基础的定价、以价格为驱动的可列支成本以及明确要求实现的目标成本。

流动成本（current cost）：也称为“漂移成本”或“估计成本”。反映在现有产品设计和规格及流程技术应用于新产品的条件下所发生的成本。

功能（functions）：功能是满足客户需求的产品特征的影响。“硬功能”是指与产品的用途相关的产品属性，包括产品实现其技术和经济用途所要求的所有功能。它们可以客观地评估。“软功能”可以定性为“形象”功能。它们不局限于产品的技术和经济用途，而是包括美观、声望和情感等特征。它们一般要主观地评估。

改进成本法（kaizen costing）：在产品进入生产阶段之后持续降低成本的综合方法。产品及生产流程都要予以考虑，包括产品设计、材料和规格。许多成本改进创意都来源于最接近产品和生产流程的工作人员。

目标成本（target cost）：这个术语对不同公司具有不同含义。有些公司认为目标成本是由市场力量决定的目标价格与管理者确定的目标利润之间的差额。而其他公司则认为目标成本是可列支成本与流动成本之间的差额，或者，实质上，就是实现可列支成本所必须降低的成本额度。本公告采用的是第二种定义。

目标成本管理（target costing）：一种综合管理流程，它的前提是：价格是基于客户需求和竞争产品或管理决策是由市场确定的；公司是以盈利、增长和为股东提供回报为目的的，因此，可列支成本和投资也是由价格驱动的；在产品开发过程初期可以最有效地降低成本；跨职能团队最有能力处理不可避免的职能部门之间的权衡；以及价值工程和成本表之类的分析技术和工具有助于目标成本管理。

目标价格（target price）：市场根据客户需求和竞争产品有效地“赋予”公司或者管理者为实现一定的市场渗透目标而制定的产品价格。在竞争日益激烈的市场中，人们可以假设价格会下降，从而就产生了“价格下行”这个术语。

目标利润（边际）[target profit（mangin）]：在确定了目标价格之后，为拟生产的产品确定的利润，无论是绝对利润，还是相对利润。目标利润是根据公司的总体经营战略和目标计算出的，通常来源于经营规划。对于什么应该/不应该纳入目标利润的真正定义，也是仁者见仁，智者见智。

价值工程（value engineering）：为了平衡总体成本和收益，以及提高产品的最终价值，而根据客户需求对产品设计、材料、规格和生产流程进行的系统分析。因为涉及产品设计与开发、生产和成本之间的权衡，所以只有利用跨职能团队，才能最好地发挥价值工程的作用。

参考文献

Akao, Yoji, ed. 1990. *Quality Function Deployment: Integrating Customer Requirements into Product Design.* Cambridge, MA: Productivity Press.

Berliner, callie, and James A. Brimson. 1988. *Cost Management for Today's Advanced Manufacturing: The CAM-I Conceptual Design.* Boston, MA: Harvard Business School Press.

Brimson, James A. 1991. *Activity Accounting: An Activity-Based Approach.* New York: John Wiley & Sons.

Camp, Robert C. 1989. *Benchmarking: The Search for Industry Best Practices That Lead to Superior Performance.* Milwaukee: ASQC Quality Press.

Cooper, Robin, et al. 1992. *Implementing Activity-Based Cost Management.* Montvale, NJ: The Institute of Management Accountants.

Fuld, Leonard M. 1985. *Competitor Intelligence: How to Get It, How to Use It.* New York: John Wiley & Son.

Grant, D. 1990. *Simultaneous Engineering in Aero Gas Turbin Design and Manufacturing.* Proceedings of the 1st International Conference on Simultaneous Engineering. London, December.

Hauser, John R. and Don Clausing. 1988. “The House of Quality.” *Harvard Business Review.* May-June.

Hiromoto, Toshiro. 1988. “Another hidden edge: Japanese management accounting.” *Harvard Business Review.* July-Aug.

Horváth, Peter. 1993. *Target Costing: State of the Art Report.* Arlington, Texas: Computer Aided Manufacturing-International (CAM-I).

Howell, Robert A. and Michiharu Sakurai. 1992. "Management accounting (and other) lessons from the Japanese." *Management Accounting*. December.

March, Artemis. 1991. "Meeting time and cost targets." *Target*. Special Issue.

Markin, Alex. 1992. "How to implement competitive cost benchmarking." *Journal of Business Strategy*. May-June.

Martin, James R., et al. 1992. "Comparing U.S. and Japanese companies: Implications for management accounting." *Journal of Cost Management*. Spring.

Monden, Yasuhiro. 1992. *Cost Management in the New Manufacturing Age: Innovations in the Japanese Automobile Industry*. Cambridge, MA: Productivity Press.

Monden, Yasuhiro and Kazuki Hamada. 1991. "Target costing and Kaizen costing in Japanese automobile companies." *Journal of Management Accounting Research*. 3.

Monden, Yasuhiro and John Lee. 1993. "How a Japanese auto maker reduces costs." *Management Accounting*. August.

Monden, Yasuhiro and Michiharu Sakurai, ed. 1989. *Japanese Management Accounting: A World Class Approach to Profit Management*. Cambridge, MA: Productivity Press.

Pare, Terrence P. 1993. "A new tool for managing costs." *Fortune*. June 14.

Porter, Michael E. 1980. *Competitive Strategy: Techniques for Analyzing Industries and Competitors*. New York: The Free Press.

Sakurai, Michiharu. 1989. "Target costing and how to use it." *Journal of Cost Management*. Summer.

Shank, John K. and Vitta Govindarajan. 1988. "The perils of cost allocation based on production volume." *Accounting Horizons*. December.

Steedle, Lamont, ed. 1990. *World Class Accounting for World Class Manufacturing*. Montvale, NJ: National Association of Accountants.

Tanaka, Takao. 1993. "Target costing at Toyota." *Journal of Cost Management*. Spring.

Tucker, Frances G., et al. 1987. "How to measure yourself against the best." *Harvard Business Review*. January-February.

Worthy, Ford. 1991. "Japan's smart secret weapon." *Fortune*. August 12.

Yoshikawa, Takeo, et al. 1989. "Cost management through functional analysis." *Journal of Cost Management*. Spring.

【杨世忠审校】

STRATEGIC COST MANAGEMENT

题目

精益企业会计：会计范式的重大变革

鸣谢

美国管理会计师协会感谢美国克莱姆森大学（Clemson University）的 Frances A. Kennedy 博士和BMA公司的 Brian H. Maskell 所做的工作，本公告就是基于他们的研究。此外还要向本公告的审查者迈阿密大学（Miami University）的 Peter Brewer、SAS 的 Gary Cokins 和商业顾问 Jean Cunningham 表示感谢。

Published by
Institute of Management Accountants
10 Paragon Drive
Montvale, NJ 07645
www.imanet.org

ima®
The Association of Accountants and Financial Professionals in Business

精益企业会计：会计范式的重大变革

目　录

STRATEGIC COST

The Association of Accountants and Financial Professionals in Business

一、引言

在公司由传统的管理方法转型为精益企业时，公司的会计、控制和考核系统也必须变革。传统的会计制度，比如，完全成本法，旨在支持批量生产、自上而下的命令和控制、部门最优化和预算，以及以股东（或所有者）价值为中心之类的管理原则。精益思想的原则与传统管理方法的原则截然不同。传统会计制度可能会破坏精益企业，因为它们激励破坏精益思想原则的行为。精益会计方法旨在支持向精益企业的转型。

本公告是针对精益思想对组织的影响的三个公告中的第二个。第一个公告《精益企业基础》是探索和实施精益概念的起点。它阐释了精益的核心思想，并为财务和经营人员提供了对精益流程及其在组织中应用的基本理解。本公告则聚焦于价值流成本管理所需要的信息，它是关于成本、决策、预算与财务规划和交易削减的一种产品系列观。第三个公告《精益会计在生产领域之外的应用》，将精益会计原则拓展到了整个企业，并讨论精益企业的绩效考核。

二、概述

为了更快地对不断变化的竞争环境作出反应，组织正在改变生产及提供产品或服务的方式。乍一看，这些变革似乎只不过是应用新的生产、产品设计和扶助作业管理技术来制定更多的计划，以提高公司的效率和效果。但是，如果你细看这些新方法，就会清晰地看到这不仅仅是又一项改进计划，而是一种全新的经营方式。这些变革需要不同类型的会计系统。

通过应用精益思想实现公司转型，几乎会改变公司经营的各个方面。这些变革建立在对企业的不同假设的基础之上。精益思想从命令与控制式官僚体制转变为以全权负责的团队为基础的体制，从而改变了企业的管理方式。[1] 精益思想改变了组织——将由中层经理领导的自上而下的项目驱动型改为由全权负责的团队领导的整个公司的持续改进。基于团队的组织需要一种不同于传统方式的财务和绩效报告系统。

精益思想改变了公司看待客户的方式。精益企业力求实现客户价值创造的最大化。它们是聚焦于客户需求的外向型组织，而不是20世纪普遍存在的内向型组织。精益企业意识到客户需求的变化，而且往往是快速的变化，所以它们使业务流程的每个方面都具有灵活性。灵活性和持续改

1 Womack, James, and Jones, Daniel. *Lean Thinking: Banish Waste and Create Wealth for Your Corporation.* New York: Simon & Schuster, 1996.

进并不是依赖中层的管理“精英”利用设计粗糙的流程来加速提供产品和服务，而是建立在公司流程的稳定性和标准化的基础上。这就需要新型财务信息和绩效报告，它们旨在提高稳定性、激励持续改进以及迅速发现问题和识别不断变化的客户需求。

精益企业采用视觉控制。经营企业所需要的信息都直观地张贴在其需要的地方。管理者不会召开会议讨论冗长的报告，企业的所有日常管理都通过采用直观报告而在工作现场进行，它们常常展示在现场工作进展追踪板上。全权负责的团队和反应灵敏的流程需要及时获得的数据，并且要以人们易于理解和使用的方式展示。控制系统也转变为组织中每个人都能立即理解和使用的、清晰并及时的报告。

传统组织设置了多层具有功能报告职责的管理者。信息沿命令链向上报告，而决策则向下传达回经营层面。许多组织（并不一定是精益企业）都已经转型为更加分权化的模式，这种模式管理层级较少，决策更接近客户。“传统”组织已有了长足发展，但仍需要进一步改进。已经转型为精益经营的组织管理层级较少。较少的管理层级就意味着更大的控制范围。换句话说，一个管理者就要负责更多的直接报告。决策下放给较低层级的全权负责的员工，他们更接近客户。

还有一个组织结构变革是从按功能组织转型为按价值流组织。价值流是指产品生产转化并提供给客户所经历的一系列流程。按照设计，价值流跨多个职能，比如，生产、设计、维修、营销、会计、人力资源和运输。在服务型组织中，比如，医院和银行，也可以发现类似的价值流。价值流团队的目标是采用标准的持续改进方法创造更多的客户价值，并消除整个价值流的浪费。价值流管理要求信息配置必须反映这种新型的组织形式。

价值流多种多样。在制造兼配送型组织中，就存在订单执行价值流和产品开发价值流。订单执行价值流从销售流程开始，经历产品生产并最终交付客户的整个流程，然后开具发票和收取货款。产品开发价值流则从新产品创意开始，它们可能是由客户提出的需求所激发的，也可能是由公司员工提出的全新产品概念而产生的，然后经历产品规格、设计、材料采购、投入生产等流程，最终投放市场。这些价值流会流经我们所熟悉的传统公司的各部门。信息、材料和现金流通过价值流水平流动，而不是通过垂直组织的公司各部门流动。

服务型行业的价值流同样也流经传统的部门式组织。在一家医院，心脏护理价值流就包含了服务客户所要求的所有步骤。为了向客户提供快速、有效、人性化的护理，它们力求消除流程中的浪费。为了向客户方便、快捷地提供抵押、保险或养老金服务，金融服务机构的价值流也流经了许多传统的部门。教育机构也意识到为客户创造的价值是通过组织结构的许多不同方面实现的，并且确认实现客户（包括学生、父母和员工）价值所要求的横向流程，藉此提供更大的价值。虽然精益思想已深入制造业，且远胜于服务业，但是同样的原则也以同样激进的方式影响服务型组织。

公司从部门式转型为价值流导向型，可以通过企业重组实现，或者通过采用矩阵管理方法实现。在转型中，未必总是要重组组织结构。重要的是考虑各自为政的行为和绩效激励的挑战。

产品和流程从预测驱动型“推动式”环境转向客户驱动型“拉动式”系统。一个典型的“推动式”系统将按照预测生产产品，并将产品储存，直至销售人员与客户达成交易之时，从而造成高水平的存货和更大的过时风险。在“拉动式”环境中，客户一下订单，就启动生产。因此，不仅客户的个人需求能得到满足，而且会避免存货过剩和过时。经营模式要实现从预测驱动型到客户订单驱动型的转变，就需要截然不同的信息流。

在服务业中，“推动式”思想就会造成航空公司超售以及客户“撞车”。“推动式”系统思想会造成服务中心充斥着薪酬最低、经验最少的员工，努力用数据库解决问题。其考核与计酬标准是依据处理的电话数量，而不是解决客户问题的效果。在医院，“推动式”系统的表现就是为人员安排大量时间，然后等着他们消磨时间。自动更新计算机、但在更新出故障时又无人答复而是依靠 FAQ（常见问题）的软件公司也会表现出这种思想。

要重组为价值流组织，并转型为客户驱动型的“拉动式”系统，会计人员就必须重新评估那些为公司决策者提供的信息和报告。首先，传统的定期编制的部门费用报告一般都报送给负责本部门所发生成本的职能经理。在价值流组织中，价值流经理及其团队是财务信息的基本使用者，这些信息被用于成本控制和决策。职能经理也可以利用这些信息，但是它们是价值流导向型的，而不是职能部门导向型的。

其次，传统的产品成本管理方法要求管理费用全部计入产品成本。完全成本法内在地激励生产过剩，因为生产得越多，单位产品成本就越低。价值流组织则可以采用简单的直接成本法，只分配少数成本，或者根本不分配成本。

第三，传统的思想认为，由于避免了额外的生产准备和搬运成本，大批量生产（或者在预定时间提供服务）能够降低总成本。这种思想与人员分工会提高效率的思想一起，深深植根于传统的管理思想中。传统的会计制度也往往反映这种思维模式。这些原则与精益生产相悖，精益会计方法寻求提供支持精益思想和精益方法的财务信息。

精益思想转变的影响会通过组织的会计系统传播，并且反映在财务报表中。公司许多财务人员都已经开始这种思想转变，但是他们没有意识到基于标准成本法的传统会计系统不仅不能准确反映转型为精益企业所带来的经济效益，事实上，还可能扭曲精益企业转型的经济影响。虽然有些组织能够忽略会计问题，因为它们的高管不仅对精益思想有高度的认同，而且深刻理解精益思想，但是其他组织则可能发现传统的会计报告、计量和方法会破坏它们的精益企业转型。因此就需要新的会计、控制和计量方法。

鉴于会计信息支持系统在组织中的重要性，会计人员必须决定精益企业的人员需要什么信息以及用什么形式提供信息。

三、范围

本公告适用于在采纳精益原则的组织中寻求提供既与决策相关又能加深流程理解的信息的财务人员。本公告所讨论的精益会计概念适用于：

- 大型和小型组织；
- 制造业和服务业中的企业；
- 公共服务机构和民间组织；
- 营利与非营利组织。

本公告所针对的并非一般商业实践，它专门适用于实施精益企业转型的公司。这些公司将精益思想和原则应用于本组织的各个方面，从而实现整个公司的根本变革。

精益会计实务总结于两个管理会计公告中（第 3 辑中《精益企业基础》讨论精益原则对组织的整体影响）。在本公告中，即第一个关于精益会计的管理会计公告《精益企业会计：会计范式的重大变革》包括五个话题：

- 价值流成本管理介绍了一种控制成本、弘扬精益行为及监控绩效的损益表。这些损益表替代了传统的报表和成本报告。
- 决策方法总结了如何在不基于标准成本法的情况下进行决策，比如，报价、订单和外包。
- 性能与特征成本计算提供了一种关于产品成本的产品系列观。
- 预算与财务规划反映了一种价值流报告体系，包括绩效考评表和价值流报表。

- 交易削减对会计提出了挑战，即重新考虑利用交易和报告来采集和记录数据的价值，它有利于简单的视觉管理方法。

第 2 辑中《精益会计在生产领域之外的应用》将拓展本公告所讨论的精益会计的原则。所涉及的话题包括：

- 绩效考核挂钩：任何组织成功的关键都是将组织目标与价值流和经营单元的目标及其考核联系起来。这个话题介绍了如何在价值流组织中建立绩效矩阵。
- 会计机构：精益流程是组织各个领域履行职责的一部分。会计和财务部门可以审视本部门的流程，寻找浪费的资源，简化流程。
- 服务型组织：精益思想的核心是流程管理。尽管对于有形产品，人们容易想象精益原则的应用，但是精益原则也适用于为客户提供服务的组织。事实上，许多服务型组织也自然而然地需要满足客户的需求，因为这正是其经营的性质。
- 营销：营销是企业持续增长的关键，它必须不断适应价值流的变化，把握机会。这些职能开始按产品系列思考，常常也重新考虑规划机制。
- 目标成本管理：在精益企业中，目标成本管理是整个价值流变革与改进的主要动因。它的起点是全面理解一个产品或服务系列如何创造客户价值，以及产品和流程如何改进才能为客户创造更多价值，然后推动流程改进，使产品和服务成本与客户所需要的价值和企业所需要的利润及现金一致。
- 实施精益会计实务：在经营对具体流程施加控制的同时，支持每个流程的会计实务也要相应变化，消除种种非增值交易。在此列出了有助于规划精益会计实施的成熟路径。

四、精益原则及其会计意义

精益生产是用于描述生产方法的一个术语，这种生产方法既结合了工艺和批量生产的最佳要素，又力求避免工艺建造的高成本和批量生产的僵化。现在，精益概念已经扩展到服务型公司和整个组织。因此，“精益企业”这个术语就是一个更全面的描述词。精益企业的目标包括：提高质量和客户满意度、为客户创造更多价值、消除浪费、缩短订货至交货的时间，以及降低成本。

精益企业始于对组织如何为客户创造价值以及价值如何通过公司的价值流创造的深刻理解。精益企业不断改进流程，以便更多的资源都投入价值创造任务，消除不创造价值的任务，或使其最小化。传统的基于预测的变革无法实现这一点，但全员参与的持续改进方法可以，即人们通称的“改进管理”（kaizen）。

精益流程的支柱是精心构建的概念体系，它支持调整公司经营的各种结构关系、人际关系、外部与内部关系。这个概念体系为会计建立了一个支持关系调整决策的平台。精益思想的五原则是根据沃曼柯和琼斯（Womack & Jones）的研究提出的。[2]它们包括：

- 价值：精益思想从定义什么构成价值开始，它是从客户在产品或服务的性能与特征方面的立场出发的。
  - √ 意义：精益企业不是根据预先设定的标准产品成本激励管理者过多地生产以降低差异，而是根据客户标准（不是根据内部标准）持续再定义价值。精益企业建立了定义和计算客户价值的正式方法。
- 价值流：价值流是产品从原材料转化为最终产品交付客户所经历的一系列流程。通常，价值流按一组运用相同流程的相关产品或服务来定义。
  - √ 意义：传统会计力求通过评估提供服务或生产产品所需要的人工及其他直接成本来计算产品或服务的标准成本，然后再将与其相关的支持成本分配给单个产品或服务。精益企业并不聚焦于单个产品或服务，而是聚焦于在价值流中流动的总成本。追踪价值流成本和盈利能力不仅能增进理解、提供洞见，而且能提供完善的成本控制，最终实现有效的持续改进。
- 流动和拉动：生产流程的设计旨在在客户需求的拉动下实现产品在价值流中流动的最大化。
  - √ 意义：传统生产规划和采购基于预测驱动型的系统，不仅需求从内部产生，而且材料采购和工序也是从内部产生。人们认为最优生产是通过大批量生产实现的，但这种观念是受大批量生产会降低产品单位成本的错误推理所影响的。努力实现预算，而不是满足客户需求，是一个主要绩效指标。这样就造成了存货过剩，不仅占用了资源，而且增加了风险。
- 授权：考核与控制系统为每个员工提供了在必要时采取必要行动的信息和权力。
  - √ 意义：传统责任会计为管理者提供了管理结果所需要的信息。但这样会形成一种趋势，即管理人，而不是管理流程。最近的研究已经开始

2 这里所介绍的精益思想的五原则与沃曼柯和琼斯（Womack & Jones）所提出的原则有所不同。这里增加了全权负责的团队，以表明人员在精益企业持续成功中的重要性。

关注这个问题，比如，业务流程管理（BPM）、商业情报（BI）、经营仪表板、平衡记分卡和战略图。精益技术有助于促进这种发展，它提供了实时信息，而这些信息正是由那些在日常决策中使用信息的人开发和维护的。精益会计和绩效考核力求通过向人们提供正确、及时的信息管理和控制流程。

- 完美：完美定义为在客户的拉动下，连续的流程中流动的100%的质量。
  √ 意义：传统会计将完美定义为实现预先设定的标准。在精益体系中，在价值流的每个层面，全权负责的团队都努力持续改进流程，以便为客户提供完美且价值高的产品和服务。改进不是由项目驱动的。这种持续改进是坚持不懈、永久性的。会计和计量系统必须积极支持对完美的追求。它们必须为实施控制和激励持续改进提供及时、有效且易于理解的信息。

关于这些精益原则的深入讨论见第3辑中《精益企业基础》。

五、会计范式的重大变革

传统会计系统提供的是一种“僵化”的经营观，它不能反映精益企业的持续改进目标。为了提供更平衡的动态绩效观，许多组织都在传统会计系统中补充了“经营仪表板”和“平衡记分卡”，它们基于经营数据反映关键绩效指标（key performance indicators，KPIs）。精益会计利用下列五个原则进一步发展了会计范式，实现了重大变革。它们对精益流程的会计核算具有指导作用。[3]

- 精益和简化的企业会计应用精益方法对流程进行会计核算，消除交易流程、报告和会计方法中的内在浪费。
- 支持精益转型的会计流程聚焦于计量和理解为客户创造的价值，它基于整个价值流而不是单个产品或服务。
- 明确、及时地沟通信息体现在易于理解的会计报告，它经常编制，而不是按月定期报告。
- 根据精益观规划涉及到那些负责实现结果并积极参与目标制定的人员。规划过程从高层战略规划开始（采用“方针战略规划法”等方法），然后部署到经营单元领导和价值流团队中去（采用推销、运作和财务规划等方法）。
- 强化内部会计控制必须与通过谨慎的规划削减交易同时进行。关键是要保证不在不成熟的时机削减会计控制和交易，而是在经营表明流程控制充分的时候。流程图能识别控制风险，然

3 在2005年精益会计峰会上提出。

后实施变革，消除这些风险。

其中每个原则都驾驭着从传统方法到按精益方式思维、支持精益思想的会计实践的转型。本公告下面就详细介绍会计能够积极支持精益流程的五个主要领域。

六、价值流成本管理

管理整个价值流是成功的精益企业的核心。价值流管理包括绘制价值流图、理解客户价值、消除价值流中存在的浪费和延误，以及为生产产品、提供服务和管理辅助作业建立高质量的流程。在许多精益企业中，价值流经理的职责包括：实现企业增长、提高客户价值、消除每个流程中的浪费，以及增加现金流量和盈利能力。价值流团队需要及时、有效且易于理解的财务信息。精益会计为每个价值流提供损益表，通常是每周编制一次，并利用这些损益表控制成本、制定决策、推动改进。

价值流损益表

价值流损益表以用户友好型方式重新组织和报告信息。传统的损益表提供关于销货成本、管理费用和生产差异的信息，而价值流损益表则突出材料采购、员工和设备成本以及生产设施成本。它使用所有价值流团队成员都能理解的简单语言。图表 1 比较了一个拥有两个价值流的工厂的传统损益表和价值流损益表。

首先，请注意整个工厂的销售收入和净收益都相同。所不同的是成本在各价值流中的分配，以及列示这些成本的清晰的方式。只要有可能，成本就直接分配给价值流，而不是分配给成本对象。其中包括与人员和机器相关的成本。有时候一种资源并不是专门用于一个价值流，而是多个价值流共享的，因此它的耗用就必须采用简单的作业动因进行分配。这些“标志性”成本的分配必须控制在最低限度。其他主要的区别在于：

- 企业维持成本：一种区别在于区分支持整个工厂但却不能与价值流直接关联的必要成本。人们将其视为企业维持成本，单列于损益表中。这些成本往往包括生产设施成本、管理和辅助人员成本，以及未与价值流直接关联的其他职能，比如，IT 和人力资源。这些成本不必计入价值流，而是单独报告与控制。
- 存货变化：精益方法可以降低存货水平。在传统会计中，存货变化会影响公司的盈利能力。在精益会计中，存货变化则分离出来，然后作为利润的调整。存货变化按整个企业报告，而不是按单个价值流报告。这样不仅使人们清晰地了解了存货变化的影响，而且为价值流经理提供了关于本价值流的真正盈利能力的信息，避免了完全成本法的复杂性。在价值流存货变得非常低的时候，这个问题基本上就不存在了。

- 场地占用成本：生产设施成本，比如，电力和财产税，可以按照每个价值流的实际占用面积分配。这样就激励团队尽可能地少占用场地。释放出来的生产能力就会明确显示在价值流损益表中，并且强调了存在企业增长机会的主要领域。精益会计并不试图完全吸收生产设施成本。价值流经理只负责他们所占用的场地。剩余场地的成本则计入企业维持成本。

价值流损益表的最后一个方面涉及报告的频率。通常都是每周编制一次。周损益表有一定的优势，它可以唤起人们最近的记忆。价值流团队的成员在处理涉及上一周的信息时，更易于将行动和决策与其影响联系起来。较频繁地报告能使价值流经理更好地控制成本。

价值流单位成本

标准成本法与精益原则相悖。一个问题在于标准成本是预先设定的，对于当前决策而言，通常是过时的、不准确的。因为精益企业在不断改进和变化。第二个问题在于按照标准成本核算系统管理生产经营需要监控和解释种种生产差异。大多数信息都太晚了，对生产不具有诊断价值。第三个问题在于这些差异易于通过增加不必要的存货来操纵。第四个问题在于追踪和监控这些信息需要复杂的报告系统，并且充斥着浪费。

价值流成本管理提供了一种易于实时监控产品成本的工具。单位价值流成本的计算是用价值流总成本（来自价值流损益表）除以销量。例如，图表 1 中，第一个价值流的总成本是 1 803 631 美元，而销量是 150 000。结果单位价值流成本就是 12.02 美元。用销量作为计算基础就能激励人们降低存货，而不是增加过剩的存货。

产品或服务的平均成本被用做绩效指标，它是反映流程改进的一般指标。有两个问题需要考虑，即产品成本和产品成本的周变化。精益企业旨在持续降低成本，每周的波动都不会太大。许多公司发现周成本报告揭示了以前未意识到的销售和发货流程的不稳定性。这种不稳定性往往是内部预算和激励导致的，它对产品流转、成本、生产能力利用和客户服务都具有破坏性。

七、决策

一旦工厂建立了明确的价值流，价值流成本管理就易于应用，它为内部控制和对外报告提供了财务信息。但是，它不能

图表 1　传统损益表与价值流损益表

传统工厂损益表

销售收入	$5 563 374	100.00%
标准销货成本	$3 711 844	66.70%
毛利润	$1 851 490	33.30%
材料差异	24 485	0.40%
人工差异	31 380	0.60%
管理费用差异	64 527	1.20%
废料	$34 392	0.60%
差异总额	$154 784	2.80%
毛经营边际	$1 696 706	30.50%
经营费用		
销售与管理费用	$96 006	1.70%
分销费用	$429 797	7.70%
经营费用总额	$525 803	9.50%
经营净收益	$1 170 903	21.00%

价值流损益表

	VS1	VS2	企业维持	工厂总额
销售收入	$2 708 333	$2 855 041		$5 563 374
材料成本	$1 040 000	$ 691 189		$1 731 189
员工成本	$ 190 667	$ 393 575	$ 358 963	$1 095 413
设备相关费用	$ 156 000	$ 357 682		$ 496 780
场地占用费用	$ 120 022	$ 234 826	$ 36 528	$ 391 376
其他价值流费用	$ 296 942	$ 114 461		$ 411 403
价值流利润	$ 904 702	$1 063 308	$(395 491)	$1 437 213
	33%	46%		28%
存货降低或（增加）				$ 181 436
利润				$1 255 777
公司分配				$ 84 874
经营净收益				$1 170 903
销售利润率				21.0%

提供产品成本。在价值流成本管理中，我们所计量的是价值流的成本，而不是产品成本。

人们可能难以理解，如果不知道产品的成本，企业怎么经营。公司采用标准产品成本的理由有多个，包括：

- 利润边际和盈利能力分析；
- 产品定价和报价；
- 自制与外购决策；
- 绩效考核；
- 财务报告；
- 产品或客户合理化；
- 计量成本改进；
- 转让定价；
- 存货计价。

我们将逐一讨论这些需求，并表明如何利用价值流成本管理信息满足这些需求。

利润边际和盈利能力分析

评估新销售建议或报价申请、产品或客户的财务影响是通过整个价值流的利润和盈利能力实现的。比较单个产品的标准成本可能会产生误导，因为标准成本并没有表明交易的真正财务影响。如果能够反映整个价值流的盈利能力，就能提供正确、有用的信息。

例如，假设公司从一个主要客户那里收到了一个报价申请。在接下来的 12 个月内，客户计划每月购买公司生产的标准产品 2 500 件，全年总计 30 000 件。客户提出的目标单价是 130 美元。产品的标准成本是 137 美元，似乎公司每件产品会损失 7 美元。因此，逻辑结论就是不接受订单。

如果我们从价值流成本管理的角度审视这项销售建议，就会看到不同的画面。为了执行这份订单，公司必须投入新设备，还要雇佣更多的员工。图表 2 显示了价值流成本信息。

将这份订单加入价值流决不会无利可图。这份订单会每月增加利润 143 700 美元，将价值流的盈利能力从 33.4% 提高到 34.6%。

关于是否接受订单的决策是一项经营决策。除了订单的成本和盈利能力之外，还有许多其他因素需要考虑。但是，从财务角度看，这份订单则利润丰厚。标准产品成本和利润边际会提供误导信息，从而导致错误的决策。价值流成本管理则提供能改善决策的信息。

依照精益会计，大多数决策分析都根据所建议的变化对整个价值流（而不是单个产品）盈利能力的影响。这种方法与一些采用作业成本法进行流程成本管理公司

图表 2　新订单决策

月度数据

	目前状态	接受新订单后	变　化
销售收入	$2 708 333	$3 033 333	$325 000
材料成本	$1 040 000	$1 215 000	$175 000
人员成本	$190 667	$193 367	$2 700
机器成本	$156 000	$159 600	$3 600
其他生产转化成本	$416 964	$416 964	$0
利润	$904 703	$1 048 402	$143 700
利润边际	33.4%	34.6%	1.2%

的实践一致。

产品定价和报价

大多数组织聚焦于客户价值。有些成功了，而有些则失败了。按照精益原则，大多数都不是“精益”企业，而是采用了精益企业的一些要素。精益思想的重要贡献就在于它聚焦于客户价值，这是精益思想的基本原则。精益企业有理解和量化客户价值创造的正式方法。目标成本管理就为定义价值和成本建立了一个框架。所有价格都是根据对公司产品、服务及其他属性为客户创造的价值的明确而深刻地理解制定的。

传统的产品定价方法是将成本作为决定产品的临时销售价格（随后还会根据需要调整其他因素）的一项重要因素。这种方法的一种简单表现形式就是：

价格 = 标准产品成本 + 利润

精益企业采用目标成本管理，将这个公式反转了过来：

成本 = 价值 − 所要求的利润

即使传统公司也不完全依赖成本加成定价法，因为它们的营销人员很快就会发现客户愿意支付的价格，以及客户认为对于他们所支付的价格哪些价值还做得不够。成本加成定价法描绘了一种内向型的观点，它聚焦于弥补成本，而不是实现客户价值的最大化。

要成功地基于价值定价，就不仅仅要理解“市场能够承受的价格”，还必须采用积极主动的战略，确认客户价值，创造提供卓越价值的产品和服务，为公司产品和服务定价，实现无与伦比的总体盈利能力。此外，价值流成本也有助于理解不同产品系列的盈利能力。

丰田汽车公司不断证明了它在战略价值定价方面的能力。丰田品牌汽车的定价比美国制造商的同类汽车高 2 000 美元左右。但是，成千上万的消费者都购买丰田汽车，因为他们十分注重汽车的可靠性、设计和性能。在丰田首次引进雷克萨斯品牌的时候，它旨在设计一款能够与名声显赫的欧洲汽车竞争的车型，如奔驰和宝马，但是这款车的定价却比竞争者低 10 000~15 000 美元。雷克萨斯的销量猛增，而欧洲汽车制造商则遭遇了严重的挫折。在 20 世纪 90 年代末，丰田认识到“21 世纪车”必须是环境友好型的，于是紧急开发了混合动力车，如普锐斯。这些车的定价都远高于丰田的传统车型，但是却很畅销，因为其客户群十分注重低油耗和低排放。

目标成本管理及其应用将在《实施目标成本管理》和《实施目标成本管理的工具和技术》两则公告中深入讨论。

自制与外购决策

回到上面的例子，如果公司不满意产品的盈利能力，就可能决定外包给本地供应商。供应商的单位报价是 115 美元。如果目标单价是 130 美元，那么这样就会产生 12% 的利润边际。尽管比发生损失要好些，但是这对于公司而言利润边际仍然很低。

采用价值流成本管理比较这种方法十分简单，结果如图表 3 所示。

产品外包给本地供应商也不能带来财务收益。根据这项分析，自制产品更有利。同样，我们必须认识到一项经营决策还要考虑许多其他问题，且很多都是非财务问题。但是，从财务角度看，自制则更有利。

绩效考核

传统的批量生产的绩效考核既包括财务指标，也包括非财务指标，比如，人员效率、机器利用率、计费小时数、管理费用分配、采购价格差异（PPV）等类似指标。采用这些指标可能会激励非精益行为。

难道这就意味着传统指标就是不好的指标吗？不然。如果您希望成为传统的批量生产商，它们就是绝对完美的指标。但是，如果您希望企业成为一个精益企业，它们就显得不太适宜。这些工具本身没有什么错误，只是不适宜精益企业。

计费小时数、人员效率和机器利用率

图表 3 自制与外购决策

	目前状态	自 制	从本地供应商处外购
销售收入	$2 708 333	$3 033 333	$3 033 333
材料成本	$1 040 000	$1 215 000	$1 327 500
人员成本	$190 667	$193 367	$190 667
机器成本	$156 000	$159 600	$156 000
其他生产转化成本	$416 964	$416 964	$416 964
利润	$904 703	$1 048 403	$942 203
利润边际	36.0%	35.0%	31.1%

等指标所激励的行为是什么呢？这些指标旨在激励人们最大化每一天或每一周的计费标准小时数。它们激励人们大量生产。它们还激励人们大批量生产，以便将转产时间的影响降至最低。生产人员将大批量生产、不按顺序生产，并且挑拣计费小时数最高的生产任务。还会产生一种为数量而牺牲质量的趋势，从而导致产品检验的增加。简而言之，这些指标会激励人们产生与精益生产背道而驰的行为。它们会激励人们为了实现效率最大化和大批量生产而增加存货。这些指标会破坏公司向精益流程的发展。

像管理费用分配和采购价格差异这样的差异分析会激励什么样的行为呢？这些指标也会产生类似的效果。例如，如果一个工厂、生产线或经营单元在本月的第三周所创造的收入不能弥补管理费用，那么必须采取什么措施吸收更多的管理费用呢？当然，要增加存货。如果您增加了更多的存货，您的管理费用也会吸收得更多，同样本月的盈利能力也会增加。如果您聚焦于采购价格差异，将其作为考核采购的基本指标，您会得到什么样的结果呢？您会获得相当大批量的低价格材料，从而导致相当高的原材料和零部件存货，它们往往是由地理位置相距很远的供应商提供的。这些行为对于大规模生产十分适宜，但是对于精益生产而言则是灾难，因为它们会增加存货、破坏材料流、严重限制灵活性、加速过时、损害客户价值。

精益生产要求新型的绩效考核。精益生产单元所采用的绩效指标往往聚焦于小时生产工资标准，而不是生产节奏（即完成客户订单所需要的时间）。这些指标针对的是生产数量、产品质量和拉动式系统的能力。这些指标还提供了精益生产的基本控制系统，而不需要复杂的基于交易的控制系统。对精益绩效指标的详细阐述超出了本公告的范畴，但是精益企业的绩效指标将在《精益会计在生产领域之外的应用》这则公告中全面讨论。

价值流还需要一套旨在推动价值流持续改进的为数不多但平衡的绩效指标。这些指标一般是周报，同价值流损益表和绩效考评表（见下）一起报告。精益指标一般针对下列问题：

- 整个价值流的劳动生产率（例如，单位员工销售收入）；
- 价值流中的材料或信息流速度（例如，码头至码头天数、订货至付款天数）；
- 价值流的标准化生产能力（例如，一次合格率）；
- 整个价值流的流程控制的总体水平（例如，按客户所要求的日期准时发货）；
- 价值流成本（例如，单位产品平均成本）；
- 客户需求的绩效；
- 团队成员的参与活动；
- 安全。

精益企业还有一些针对组织的工厂或分部的绩效指标。这些指标也是以精益思想为中心的，目的是为了激励正确的精益行为，对不止包含一个价值流的整个组织提供高水平的财务和经营控制。

整套指标都是根据公司的精益战略建立的，并且彼此联系起来以确保对公司的全体员工提供共同的激励。这些指标总是直观地展示在工作场所，大多由工作负责人手工填写。这些指标没必要进行数学累计、汇总。例如，“日小时数”就是经营单元的绩效指标板上一个普遍使用的指标，其目的在于确保生产符合生产节奏。一天一结束，绩效指标板就擦掉，汇总没有意义（尽管生产数量经常转到电子数据表中以便分析趋势）。价值流层面的影响反映在准时配送及其他客户服务指标上。类似的指标还包括生产准备时间、一次合格率、经营设备效益等。

通常有一部分指标被视为关键绩效指标。用“绩效考评表”的形式显示关键绩效指标有助于突出关键绩效指标。图表 4 采用范例中的公司数字说明了这种形式，将指标划分为经营指标、生产能力指标和财务指标。这种形式确认了经营指标的变化和可利用生产能力的变化的直接影响。财务影响通常滞后于这些变化，在很大程度上取决于新增可利用生产能力如何使用。

绩效考核旨在帮助企业经营、服务客户、促进改进，以及向全体员工授权。这

图表 4 绩效考评表

	上周 9/4/xx	本周 9/11/xx	下周 9/18/xx	计划未来状态 12/31/xx
经营指标				
单位人员产量	466	470		559
准时发货	92%	92%		98%
码头至码头天数	15	15		8
一次合格率	65%	68%		82%
平均产品成本	$112.75	$111.20		$97.61
应收账款回收天数	42	43		42
生产能力指标 [1]				
生产性	24%	24%		29%
非生产性	63%	63%		45%
可利用	13%	13%		26%
财务指标				
销售收入	$2 708 333	$2 750 420		$3 277 083
材料成本	$1 040 000	$1 056 161		$1 131 312
生产转化成本 [2]	$693 333	$698 560		$669 275
存货	$3 120 000	$3 112 000		$1 664 000
利润	$975 000	$982 000		$1 476 496
销售利润率	36%	36%		45%

1 管理会计公告《精益会计在生产领域之外的应用》将更深入地讨论生产能力指标。
2 生产转化成本反映除材料之外的价值流总成本。

种方法与传统的强调用指标监控和约束直接生产工人的方法形成了鲜明的对比。

财务报告

财务报告不需要标准产品成本。价值流成本管理可用于任何财务报告，包括向经营管理人员提供的内部报告，以及向股东、证券交易委员会、联邦税务局等机构呈送的外部报告。存货计价部分介绍了如何确定外部报告中期末存货的价值。

产品或客户合理化

产品和客户合理化决策也利用价值流成本信息和价值流绩效考评表制定。一家公司利用产品信息确定了它认为不如其他产品盈利的产品。它假设通过剥离这些产品，公司就能提高总体盈利能力。但是，在产品剥离之后，价值流的盈利能力急剧下降，如图表5所示。原因在于在产品剥离之后，这些“低利润”产品的标准产品成本中所包含的许多成本并没有消除。事实上，公司改进了客户服务，并且释放了价值流的生产能力，但是只有部分价值流成本降低了。如图表6所示，绩效考评表显示了这些变化的影响。

剥离这些问题产品的确提高了公司的经营绩效，但是也增加了公司的平均成本，降低了利润。同时，释放了34%的可利用生产能力。这是关键。公司只有确认了这部分自由生产能力，并利用“低利润边际”产品释放出的部分生产能力去引进高收入的新产品，才会从这部分新增生产能力中受益。这种观点与许多公司的经验都一致，它们发现仅仅消除或者减少非增值作业作为实施作业成本管理的一部分还不够。它们还必须消除过剩生产能力或者为其找到生产性用途。

计量成本改进

在转型为精益企业的过程中，重要的是透彻地理解各种变革的影响。许多公司都期望在引进精益生产及其他精益方法的时候，在短期内看到显著的成本节约。从长期看，精益生产是一种低成本的生产方法，但是这些成本节约不会在短期内显现出来。在短期内也有一些成本节约，但是

图表5　产品合理化表

	目前状态	如果剥离了“低利润”产品
销售收入	$2 708 333	$2 437 500
材料成本	$ 1 040 000	$ 977 600
人员成本	$ 190 667	$ 190 667
机器成本	$ 156 000	$ 156 000
其他生产转化成本	$ 416 964	$ 416 964
利润	$ 904 703	$ 696 269
利润率	36.0%	28.6%

图表 6　产品决策的影响

		目前状态	如果剥离了“低利润边际”产品	新增产品
经营指标	单位人员产量	466	395	521
	准时发货	92%	99%	99%
	码头至码头天数	15	7	5
	一次合格率	65%	75%	75%
	平均产品成本	$112.75	$128.23	$111.12
	应收账款回收天数	42	35	35
生产能力	生产性生产能力	24%	18%	28%
	非生产性生产能力	63%	35%	42%
	可利用生产能力	13%	47%	30%
财务指标	销售收入	$2 708 333	$2 437 500	$3 791 666
	材料成本	$1 040 000	$977 600	$1 216 569
	生产转化成本	$693 333	$693 333	$693 333
	利润	$975 000	$766 567	$1 881 764
	销售利润率	36%	31%	50%

显著的成本节约一般在精益的许多方面都引进并发展成熟之后很长的一段时间才能显现出来。在实施精益改进时，重要的是真正理解精益变革的影响，并利用这些变革为公司创造财务收益。无论是按存货周转率计量，还是按存货可维持天数计量，存货水平在短期内的显著改善都应该予以关注。通过显著减少废料、加班、加急费用和仓库租赁费等，也有可能实现一些短期节约。

大多数精益改进的基本目标，特别是短期目标，就是消除公司流程中的浪费。在消除了浪费之后，可能产生成本节约，但是大多数减少的浪费都会转化为可利用生产能力。这些精益变革的财务收益是由公司采取什么措施利用新释放的生产能力来决定的。图表 7 用前面所举例的公司列示了一个价值流的具体例子。

这家公司在这个价值流上的精益变革是从绘制“目前状态”图开始的。然后又绘制了“未来状态”图，其中包括大量消除整个价值流浪费的显著变革。在开始实施实现这些改进所需要的改进项目之前，团队计算了未来状态对价值流的预期影响。如图所示，各项经营指标都有显著改进，包括准时发货率提高、存货水平降低、

图表 7　计量精益变革的短期财务影响

		目前状态	短期未来状态
经营指标	单位人员产量	466	466
	准时发货	92%	98%
	码头至码头天数	15	10
	一次合格率	65%	82%
	平均产品成本	$117.32	$115.23
	应收账款回收天数	42	42
生产能力	生产性生产能力	24%	24%
	非生产性生产能力	63%	44%
	可利用生产能力	13%	32%
财务指标	销售收入	$2 708 333	$2 708 333
	材料成本	$1 040 000	$1 019 200
	生产转化成本	$763 631	$752 176
	利润	$904 703	$936 957
	销售利润率	33%	35%

质量大幅提高。但是，财务影响相当小。由于材料废料的减少，产生了一些成本节约，但是其他成本节约则很少。因此，成本没有什么降低，利润也没有什么提高。

价值流的这些变革的显著影响之一就是非生产性生产能力的减少和可利用生产能力的增加。如果新增可利用生产能力得到了充分利用，为公司创造了效益，那么价值流的这些变革就能产生财务收益。可利用生产能力可用于增加销售收入、引进新产品、为客户提供更多的服务、将本来外购的产品或零部件转为自制，以及其他增加收入和降低成本的变革。

精益变革的另一个重大影响就是存货水平的显著降低。这主要归因于只根据需求的生产，并用现有产成品存货执行订单。直接影响体现在存货变化指标上，比如，存货可维持天数和存货周转天数。但是，值得注意的是，现有存货在减少，存货从资产负债表转到了损益表中的销货成本中，净收益将随之下降，这一点极其重要。这是由于在本期计入了原本在产成品存货中资本化的管理费用。关键是要预见到这种负面的财务影响，并教育高层管理人员理解这只是一种短期现象。在存货水平降至理想的低水平、订单基本上由生产维持的时候，这种现象就会扭转过来。

通过裁员和出售设备，也可能降低成本。但是实现了成功精益转型的公司对员工作出充分承诺，保证任何一个员工都不会由于精益改进而失业。公司不能在实施精益变革时向员工授权，而一旦实现了变革就“让他们走人”。这样会阻碍进一步的精益改进。但是，通过裁员和减少加班，也能降低人工成本。减少租赁的存货仓储空间也是可行的。

关键的决策是为如何使用新增可利用生产能力为公司创造财务和经营收益制订一个计划。这些决策必须在改进流程开始之时预先制定，因为要实现这些计划并带来显著的财务改善通常需要时间。譬如我们所举的公司，它增加了新产品，自制一些组件，然后将批量流水线式生产转为单件流单元式生产而释放出来的厂房租赁出去。

图表 8 说明价值流的产量有很大的提高空间，因为仍有相当多的可利用生产能力有待利用。

转让定价

在大多数公司中，转让定价是将产品成本分配给单个产品的唯一合理需要。当产品从同一个组织的一个地点转到另一个地点（且这些地点在不同国家）时，就有必要制定转让价格，它通常基于产品成本。但是，有些公司基于产品价格而不是产品成本计算转让价格。不过，大多数公司还是采用产品成本作为制定转让定价的基础。如果转让定价需要产品成本（或者还有其他需要），那么我们就建议采用性能与特征产品成本核算法。

存货计价

在精益方法渗透到组织的方方面面的时候，存货水平就会显著下降。通常，精益企业将看到存货会下降 50%~90%。随着存货水平的下降，存货的价值也变得无足轻重。除了存货水平降低之外，材料也会得到更好的控制。达到这样的控制水平，是低存货、视觉控制、与供应商的拉动式系统以及价值流团队承担采购和存货控制职责综合作用的结果。

在存货水平低且处于控制之中的时候，可以采用简单的存货计价方法。在存货水平高且失控的情况下（在许多制造商、分销商和医院之类的服务型组织中常见的一种情况），有必要采用计算机系统追踪存货、追踪产品成本来为存货计价，以及追踪实物存货（或循环盘点）以保持准确性。如果采用精益方法控制存货，就不需要这些浪费资源的方法。下面就举例说明一些更简单的存货计价方法。

存货天数：精益企业通常要追踪它们

图表 8　计量新增生产能力的财务影响

		目前状态	如果剥离了“低利润边际”产品	新增产品
经营指标	单位人员产量	466	466	559
	准时发货	92%	98%	98%
	码头至码头天数	15	10	8
	一次合格率	65%	82%	82%
	平均产品成本	$117.32	$115.23	$101.28
	应收账款回收天数	42	42	42
生产能力	生产性生产能力	24%	24%	29%
	非生产性生产能力	63%	44%	45%
	可利用生产能力	13%	32%	26%
财务指标	销售收入	$2 708 333	$2 708 333	$3 277 083
	材料成本	$1 040 000	$1 019 200	$1 131 312
	生产转化成本	$763 631	$752 176	$737 133
	利润	$904 703	$936 957	$1 408 638
	销售利润率	33%	$35%	43%

所持有的外购材料、在产品和产成品存货的天数。这是一个衡量材料在价值流中的流动速度的绩效指标。如果企业拥有了这种信息，就很容易计算存货价值。在图表9中，本月价值流的材料成本是100 000美元，即每天5 000美元（按每月20天计算）。价值流的生产转化成本是150 000美元，即每天7 500美元。如果有8天的原材料，那么存货价值就是8×5 000美元，即40 000美元。3天的在产品存货的价值就是3天的材料成本和1.5天的生产转化成本——假设在产品平均加工程度为50%。产成品的价值就是12天的材料成本和12天的生产转化成本。

材料成本加生产转化成本天数：有些精益企业追踪存货的材料成本，然后按天数计入生产转化成本。在上例中，材料成本已知，总计为115 000美元。这已经作为存货记录在资产负债表中。月末，主计长必须将生产转化成本作为转回会计分录计入资产负债表中。应计入13.5天的生产转化成本、12天的产成品成本和1.5天的在产品成本。借记资产负债表中存货项目的生产转化成本就是13.5×7 500美元＝101 250美元。

图表 9　存货计价范例

		本月	每天
	材料成本	$100 000	$5 000
	生产转化成本	$150 000	$7 500

	原材料	在产品	产成品
天数	8	3	12
材料成本	$40 000	$15 000	$60 000
生产转化成本	$0	$11 250	$90 000
存货价值	$40 000	$26 250	$150 000

产成品的数量：对于拥有大量产成品存货的公司，有几种计算产成品价值的方法。假设公司有 90 件产成品存货，本月的产量为 150 件。产成品存货的价值就是价值流月度总成本（100 000 美元 + 150 000 美元，即 250 000 美元）乘以 90/150（0.6）。结果就是 250 000 美元 ×0.6 = 150 000 美元。

假设公司有 190 件产成品存货，而不是 90 件。这超出了本月的产量，即 150 件。在这种情况下，产成品存货就按本月价值流总成本与上月总成本的 40/150（假设上月产量也是 150 件）之和计价。这里的假设是本月生产的 150 件产品和上月生产的产品中的 40/150 都变成了产成品存货。如果存货水平低且在控制之中，并建立了拉动式系统，那么平均而言，这个假设就是正确的。

平均成本：每周追踪价值流的平均产品成本作为基本绩效指标也很常见。产成品存货的价值可以用存货数量乘以月度平均产品成本计算。如果产成品存货不止一个月的，那么还要使用上月（或上周）的平均成本。这种方法假设采用先进先出的存货管理方法，并且存货控制完善、存货组合保持一致。

产品成本：如果公司有较多的产成品存货，那么存货计价就更传统。有许多公司在生产中对精益方法的运用驾轻就熟，并且外购材料和在产品存货水平也很低，但是产成品存货水平却很高，因为它们储藏在处于不同地理位置的仓库中。直到它们解决了造成维持高水平存货的必要性的问题之后，它们才需要一种存货计价方法。

在这些情况下，有必要利用计算机系统追踪产成品数量，并且记录每件产成品的产品成本。这是一种传统的方法，但是，如果采用性能与特征成本管理方法计算则不然。性能与特征成本管理通常比标准成本的计算更简单，也更准确。如果由于许多尚待解决的问题导致了高水平的存货，那么就可以采用它进行存货计价。

我们如何知道有多少存货呢? 传统的公司讨厌进行实物存货盘点，但是它们也不得不这样做。这些盘点可能需要几天才能完成。盘点、报告和核实存货数字都要占用资源。这个过程还会干扰生产。虽然对审计师有好处，但是对公司却没有实际意义。

许多公司试图通过定期循环盘点来“解决”这个问题。实物存货不进行全面的年度盘点，而是每周一点儿一点儿地盘点。价值较高的产品比价值不高的产品盘点的频率要高些。当然，这些作业都是浪费，但是它们却满足了审计师的要求，并且保持了资产负债表的准确性。

精益企业则采用截然相反的方法。它们重新采用全面的实物存货盘点，不是年度盘点，而是每月，甚至每周盘点一次。原因在于全面的实物盘点既快又便捷。如果存货水平低且处于视觉控制之中，就很容易盘点。往往不必盘点实际零部件，只需盘点“看板”(kanban)。材料和零部件存放在标准储藏箱内，每个储藏箱都存放着标准“看板”数量，因此，盘点储藏箱的数量或者“看板”卡的数量就简单多了。

精益企业往往不再利用计算机系统追踪存货。如果视觉控制有效，就不需要再建一个并行的追踪系统。

精益会计决策总结

如果采用精益会计，那么有关盈利能力、自制还是外购、采购、产品和客户合理化等的日常决策就要采用价值流成本和盈利能力信息制定，而不是采用单个产品的成本。决策可以基于对价值流的整体影响制定，而不是计算一种产品或一份订单的利润边际。

采用完全成本法计算单个产品成本，对于采用价值流成本管理的公司没有用。这些方法存在缺陷，因为它们的基本假设就是进行更复杂的成本分配，提供更“准确的”产品成本。这就增加了复杂性，产生了浪费性的交易。[4] 一般而言，重要的是组织所采用的成本管理方法要能够准确地反映作业水平变化对成本的影响。价值流会计就是这样一种成本管理方法。利用价值流成本信息制定日常决策快捷简单且准确，不需要计算产品成本。价值流成本管理能提供更好的信息，从而改善决策。价值流信息之所以更有助于决策，是因为以下三点。

4 Kaplan, Robert S., and Anderson, Steven R. “Time Driven Activity-Based Costing.” Harvard Business Review. November 2004.

- 它是真实信息，不包含完全成本法的复杂且令人困惑的假设。
- 使用信息的人透彻地理解成本和收入信息，从而使决策基于更充分的信息。
- 财务信息最新，常常是本周的财务信息。

在决策时，真正发生的成本变化应用于价值流成本信息。所建议的行动的影响体现在价值流的盈利能力上。这样就提供了反映决策对价值流的真正影响的准确且易于理解的信息。因为可以利用本期价值流损益表，这项成本和盈利能力分析可随时计算，而且可以快速、便捷地计算所建议行动的影响。有时这些计算只适用于单个选择，但是往往需要评估多个备选方案，才能理解每个备选方案的真正财务影响。

八、性能与特征

在精益会计中，不需要计算产品成本，因为对产品成本的传统需要已不复存在，即：

- 在传统企业中，产品价格往往在很大程度上基于产品成本。精益企业基于产品对客户或市场的价值为产品定价。
- 传统企业需要使用产品成本去计算存货价值。精益企业的存货水平很低，而在存货水平低的时候，存货计价的方法要简单得多。
- 传统企业利用产品成本制定有关一份订单、一个客户或一个产品系列的盈利能力的决策。它们还利用产品成本制定自制还是外购的决策。精益企业则采用价值流成本管理制定这类决策。它们评估这些决策对整个价值流的利润和盈利能力的影响，而不是对单个产品的影响。
- 传统企业评估生产差异，以监控效率。精益企业则依赖生产指标和绩效考评表理解对绩效和改进的影响。

由于对产品成本的需要不复存在，所以也不再需要维持一个复杂的系统（比如，标准成本系统）来计算每种产品的成本。如果需要产品成本，可以根据需要随时计算。

在需要产品成本时，经常采用性能与特征成本管理。性能与特征成本管理认为产品成本不是由生产产品所需的人工小时数（或机器时间）决定的，而是由产品在价值流中的流动速度决定的。[5] 性能与特征成本管理确定影响产品在价值流中的流动速度的性能与特征。

请思考下面的例子（参见图表 10）。

5　性能与特征成本管理法反映了 Eli Goldratt 及其同事在约束理论发展中提出的一些方法。约束理论为理解成本由流转速度而不是人工时间决定提供了一个框架，《目标》一书对此进行了阐述。关于有效产出成本核算的全面阐述见 Thomas Corbett 的著作《Throughput Accountging》（North River Press, 1998）。

一个价值流生产三种产品，即 X、Y 和 Z。每种产品都经过三个生产单元，每个生产单元都有一组人员和设备。如果采用价值流成本管理，我们计算出的价值流的总生产转化成本（不包括材料）就是每小时 1 000 美元。

我们每小时生产多少件 X 产品？ 4 件。热处理流程限制了产量，只能是每小时 4 件。瓶颈作业（或约束作业）的生产周期是 15 分钟。我们每 15 分钟生产一件 X 产品。

如果 X 产品的材料成本是每件 200 美元，生产转化成本为每小时 1 000 美元，那么产品的总成本就是：

$200 + ($1 000/4) = $450

产品 Y 也同样。价值流每小时生产 4 件 Y 产品。如果产品 Y 的材料成本也是每件 200 美元，那么产品 Y 的成本也就和产品 X 的成本一样，即：

$200 + ($1 000/4) = $450

从这个例子中可以明显看出，产品 X 和产品 Y 的标准产品成本计算提供了错误的、误导性的信息。它表明产品 Y 的成本比产品 X 的成本高，因为生产产品 Y 所耗用的人工小时数和机器时间更多（X = 31 分钟；Y = 32 分钟；Z = 34 分钟）。事实上，价值流成本并不基于人工小时数，而是基于在价值流中的流动速度。

另一方面，产品 Z 在价值流中的流动速度更快，因为它在瓶颈作业上的生产周期只有 12 分钟，价值流每小时生产 5 件 Z 产品。如果产品 Z 的材料成本也是每件 200 美元，那么产品 Z 的产品成本就是：

$200 + ($1 000/5) = $400

产品 Z 的成本低于产品 X，尽管产品 Z 在流程中耗用的人工和机器时间总量更多。产品成本主要与在价值流中的流动速度相关，而不是与生产产品所需要的人工

图表 10　瓶颈对产品成本的影响

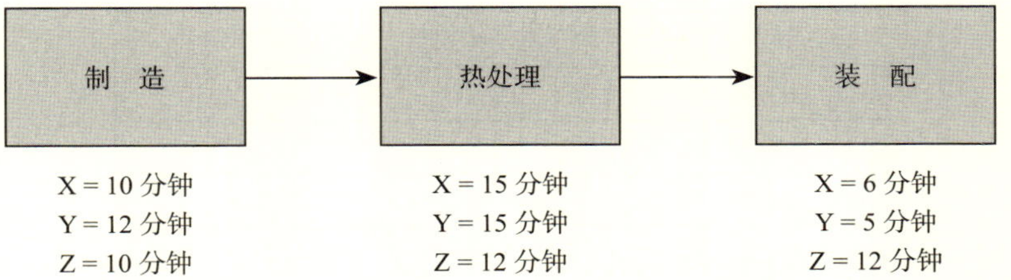

小时数或机器时间相关。

计算产品成本的性能与特征成本管理法提供了一个产品（或服务）性能与特征的简单矩阵，它真正反映了在价值流中的流动速度。在上面所举的例子中，在热处理炉流程中的流动速度由产品尺寸和材料类型（即普通钢还是不锈钢）决定。平均生产转化成本反映材料转化为产成品所需要的人工和辅助成本。图表 11 列示了这样一个转化矩阵。

产品 Z 是普通钢制成的中等尺寸的产品。产品 Z 的成本是：

材料成本 + 平均生产转化成本 ×1.00

$200 + ($200 × 1.00) = $400

产品 X 和产品 Y 都是不锈钢制成的中等尺寸的产品。它们的产品成本是：

$200 + ($200 × 1.25) = $450

根据这个简单的矩阵，如果我们知道了产品性能与特征（本例中即钢的类型和产品尺寸），我们就可以计算任何产品的成本。生产转化成本根据价值流所生产的产品的平均成本计算，并且这个平均成本可以根据需要随时更新。

材料成本通常按最近的实际材料成本或者最近的平均实际材料成本计算。在有些情况下，也可以采用同样的性能与特征成本管理法计算。

例如，一家生产橡胶图章的公司发现，产品的生产转化成本由橡胶的类型（影响硫化时间）和产品压制时模具中腔的数量决定。一个模具 20 腔的产品的成本是模具 10 腔的产品的成本的一半。

材料成本同样也由产品的这两个性能决定。材料类型决定了单位材料成本，每个模具的腔的数量决定了生产产品所需要的材料的数量。材料成本和生产转化成本由相同的性能与特征决定。

需要提醒的是：采用性能与特征成本管理法计算产品成本不仅能提高产品成本

图表 11　产品成本转换表

尺寸	普通钢	不锈钢
小型	0.80	1.20
中等	1.00	1.25
大型	1.50	2.00

平均生产转化成本 = $200

的准确性，而且也比基于产品信息的标准成本法更简单，但是，对于大多数决策，它都不适宜。按这种方式计算产品成本的唯一合理用途就是转让定价，以及存货水平高时的产成品存货计价。

九、精益预算与财务规划

精益企业的财务规划比传统企业更动态。规划与预算一般每月进行一次，用于在整个组织建立一个综合的“游戏计划”。这一过程一般称为销售、经营与财务规划（sales, operations and financial planning, SOFP）。

预算是正式规划过程的产物，旨在确保公司具备为客户创造最大价值所需要的一切，并且拥有足够的生产能力满足客户需求。预算本身并不是结果，而是来自规划过程，并且利用了最近、最可靠的信息。对于传统预算过程有一种批评——它们是在新的一年开始之前的几个月进行的，往往在执行之前就早已过时了。经营是动态的，传统的年度预算无助于规划和控制。

在不同类型的组织中（制造、分销、服务、教育、医疗等），销售、经营与财务规划过程也各不相同，但是所有组织都同样遵循以下几个步骤：

- 第一步：营销人员估计满足客户需要的预期需求。这些预测以经营指标的形式表示，比如，拟销售的产品数量或者需要诊所提供服务的患者数量。这些预测一般是以 12 个月为期，对每个月进行预测。它们并不以金额或其他财务数字表示。预测是宏观层面的。预测可能会按每个价值流或价值流中的产品系列进行。在规划中，应避免详细的预测，因为越是汇总的数字，越准确。如果价值流中增添了新产品和新服务，那么也必须将它们纳入客户需求的预测之中。
- 第二步：经营人员预测每月满足客户需求所能利用的生产能力。这些预测也是按价值流或价值流中的产品系列进行的。预测基于价值流在最近几个月表现的生产能力，并且考虑未来 12 个月内价值流的计划变化和改进。
- 第三步：参与预测的中层管理者召开“销售、经营与财务规划会议”。在这个严格遵照议程的正式会议中，要审查每个价值流，并制定决策，决定实现预期客户需求与满足客户需求的价值流生产能力之间的匹配所需要进行的变革。大多数规划都是在这个正式会议上制定的。但是，也可能有一些问题管理者无法达成一致，或者没有权力实施变革。这些问题就提交给“销售、经营与财务规划总裁会议”，见下面第五步。

- 第四步：利用“销售、经营与财务规划会议”所提供的信息，财务人员就能编制未来 12 个月的预算。这些预算是根据公司所能获得的最新、最准确的信息编制的，它来自于价值流成本管理信息。信息分为有关预期月末经营结果的短期信息，以及有关资本购置需求或价值流人员变动等的长期信息。
- 第五步：销售、经营与财务规划过程的最后一步是“销售、经营与财务规划总裁会议”。它由组织的总裁主持（或由企业的最高领导主持），是一次计划周密的简短会议。会议要对每个价值流进行简要审查，并讨论例外意见。公司的高管团队制定决策，一致通过一个关于组织未来 12 个月的“游戏计划”。这个游戏计划每月更新一次。游戏计划的目的在于在公司的营销、管理及其他流程之间建立一个协调机制，以确保客户需求在短期和长期内都能得到满足。
- 在销售、经营与财务规划过程中出现的短期问题包括：
  √ 建立与客户需求相匹配的生产周期；
  √ 建立平准化排程；
  √ 重新计算“看板”数量；
  √ 确定生产单元和价值流的人员配备水平；
  √ 确定新产品引进和持续改进项目计划；
  √ 事先确立月度财务结果；
  √ 实施销售计划，最充分地利用资源。
- 在销售、经营与财务规划中出现的长期问题包括：
  √ 变动人员配备水平，以满足未来需求；
  √ 购置或重新配置资本设备；
  √ 外包决策；
  √ 原材料与零部件规划；
  √ 制定新营销战略；
  √ 建立新产品开发项目；
  √ 制定长期持续改进计划；
  √ 编制预算和财务规划。

预算编制过程是更广义的规划过程的产物。销售、经营与财务规划是规划价值流、为客户创造价值的正式的、系统化方法。它要求公司各流程之间通力合作，包括营销、经营、新产品开发、管理和财务。销售、经营与财务规划是一种有效的规划和预算方法，因为它将规划的各个方面都囊括在一个单一的、正式的、有效的过程中。销售、经营与财务规划用一个单一的权威过程替代了种种正式或非正式的会议，它制订了一个公司范围的“游戏计划”。

十、交易削减

采用传统生产方法的公司常常会使流程失控。这种失控体现在配送延误、大量存货、经常赶进度以满足客户需求、供应商的材料供应经常断货或延误、复杂的流程等等。在服务型行业、学校、医院和政府机构中，也能看到同样的混乱和纷杂。

难道这就意味着这些组织的管理者不胜任吗？不是。产生上述问题的原因在于本公司及供应商和合作伙伴的流程中存在太多的问题，为客户提供任何满意的服务的唯一方式就是危机管理和生产加速。这些公司的成功在于员工的伟大付出。

对内及对外提供准确、有效的财务信息是财务高管的职责。为了做到这一点，公司必须建立收集公司的各个流程的详细财务信息并报告实际经营状况的系统。如果公司的各个流程都失控了，那么为了提供满足法定外部报告和内部经营管理需要的财务报告，就必须建立收集整个公司的“实际”信息的系统。

对于失控的流程，可以采用两种方法。第一种方法是应用复杂的技术解决方案；第二种方法是使流程处于控制之中。在很大程度上，西方公司都采用了第一种方法。20 世纪 70 年代引进的物料需求规划系统（Materials Requirements Planning, MRP），就是旨在控制材料采购。随后又引进了生产能力需求规划系统（Capacity Requirements Planning），它旨在控制生产设备负荷。

在 20 世纪 80 年代，人们开发了生产资源规划系统（Manufacturing Resource Planning, MRP Ⅱ）。它将生产和物料规划与生产运行结合起来，在规划和工厂的实际绩效之间建立了一个“循环”。在 20 世纪 90 年代，人们推出了企业资源规划系统（Enterprise Resource Planning, ERP），它将公司的所有业务流程都连接成单一的集成系统（有时甚至是跨国的）。公司的营销流程、材料流程、会计流程、人力资源流程、工程设计流程、生产流程和分销流程都在同一个大型复杂系统中运行。

此外，人们还为银行业、保险业、股票经纪业、物流业、运输服务业、政府机构、医疗机构及其他行业开发了类似的系统。

这些系统都确认了经营本身所具有的混乱性，并试图追踪、记录、分析和报告业务流程，以便公司的中层管理者能够管理它们，藉此解决这些问题。这些系统取得了很大的成功。美国公司劳动生产率的提高大部分都要归功于这些信息系统。

精益企业则采用截然不同的方法。如果一个流程不稳定，或者失去了控制，它们就努力寻找问题的根本成因，然后消除它。在这些根本成因消除之后，就没必要再建立复杂的系统进行财务和经营控制，因为流程本身就建立了内在控制。

下面就举一个例子详细说明。如果一个公司准时配送率为 80%，生产周期为 6 个星期，废料和返工率高，经常赶生产，每天的在产品变化很大且存在“月末看数字”的思想，那么需要什么样的交易支持财务控制呢？需要多少呢？回答是：成百上千个交易。业务流程已经从根本上失控了，必须每天详细追踪每个流程，以提供有效的财务信息。

现在假设这家公司开始实施精益生产转型。生产周期缩短为 3 天；准时配送率达到了 98%；由于建立了有效的拉动式系统，存货水平低且稳定；生产和需求之间呈线性关系。公司尚未发展成“世界级”企业，但是管理者努力在工厂建立一流的精益生产流程。在这样的新环境下，需要什么样的交易呢？需要多少呢？因为公司的业务流程中存在大量控制和稳定性，所以回答就是：“不多”。

精益企业将控制从传统交易控制转变为在业务流程中建立控制。在采用精益根本成因分析使业务流程处于控制之中以后，就不再需要复杂的交易控制系统了。

难道这就意味着精益企业是反计算机系统的吗？不是。信息系统在精益企业中具有重要地位，但是日常经营控制基本上不需要信息系统，例如生产。精益企业不是反系统的，而是更支持视觉管理和自我控制的流程。如果控制业务流程的最视觉化且浪费最低的方法包括计算机系统，那么就应该采用计算机系统。但是，一般而言，事实并非如此，因为视觉管理通常是通过更人工的日常经营控制方法来实现的。

削减交易

交易要审慎地削减。只有表明不再需要时，交易控制才可以削减。为了取消控制系统，通常最好事先确定适用的情况。人们可以制订一个“成熟路径计划”，主计长可以在其中确定要削减某项交易控制就必须在业务流程中设置什么。

在制造业公司中，一些交易繁多的流程包括工作订单和生产控制流程、采购和应收账款流程，以及存货追踪和报告系统。削减工作订单流程的第一步可能包括：

- 首先确定经营企业目前需要多少交易，需要什么类型的交易；
- 列出采用工作订单及其相关交易的所有原因；
- 确定更长时期内精益方法在公司逐渐实施之后如何消除这些原因或者如何用精益工具替代它们。如图表 12 所示。

图表 12　规划交易削减范例：工作订单

工作订单采用理由	精益方法
批准生产	通过看板或销售订单批准生产
跟踪在产品存货和计价	如果生产周期短，就无需跟踪在产品。由于采用视觉控制，在产品存货水平很低，易于确认和计价。
报告生产中耗用的人工	采用价值流成本管理时，无需报告人工耗用。
跟踪订单状态	如果生产周期短且采用视觉控制，则无需跟踪订单状态。
指导生产	采用视觉工作说明和标准化工作表
材料清单信息	视觉工作说明和标准化工作表。有时也可写在看板上。
报告作业完工	通过本单元的视觉绩效计量指标跟踪生产完工信息。
更新零部件和原材料存货清单	无需在计算机系统中跟踪零部件和原材料，因为它们均处于严格的视觉控制之中。
安排生产计划	采用均衡生产计划控制板，它基于现行销售、运营和财务月度规划流程。
识别生产中的产品	根据看板卡和个性化标准传送箱，从视觉上识别产品。
计算产品成本	在采用价值流成本管理时，无需计算单个生产批次的成本。
报告废料	采用本单元或本部门的小时绩效计量指标控制废料。通过改变标准化工作，采用正式的持续改进方法解决这些问题。
报告人工效率	精益企业不采用这个计量指标。精益计量指标用于本单元和价值流层面，以理解和提高劳动生产率。
差异报告	这些不是精益企业采用的计量指标。因为采用价值流成本管理和单元计量指标，所以无需比较所谓的实际成本与标准成本。

- 一旦主计长和经营管理者了解了如何采用精益方法和计量指标控制业务流程，就可制订成熟路径计划，绘制出引进精益方法并发展到流程尽在经营控制之中且可以消除交易的程度所需要的逐步变化。
- 一旦发生了这些变化，在业务流程都处于经营控制之中后，就可以逐渐废除交易系统。

让审计师参与这些决策始终都是一个好主意，无论是内部审计师，还是外部审计师。如果审计师参与了视觉管理流程设计，那么他们就能够更好地审计这些流程在维持控制方面的成功（或失败）。审计规则和方法必须有所变化，因为审计交易已不再需要。相反，需要审计的是业务流程，以确保经营控制和财务控制得到了有效运行。

十一、结束语

为了在日新月异的环境中竞争，各行各业都在变革为客户生产产品或提供服务的方式。采用精益原则的制造业公司重新配置了生产单元的生产线，将它们从职能部门单元重组为价值流团队，负责材料从接收到产成品交付的整个流程。在服务型组织中也发生了同样的变革，组织各部门重组为价值流，业务流程由跨职能经营单元或团队负责。这些变革反映了对以前的传统组织结构的显著偏离。传统组织结构是以垂直控制为导向的，决策在经理和主管层面制定。

多年来，传统的管理会计已经有所发展，以更好地支持经营。在公司采纳了精益原则，并努力降低浪费、推动顺畅的拉动式系统以及提供星级产品和服务质量之时，我们应该反省一下传统的管理会计实务，思考一下它们如何才能更好地支持精益企业的决策。本公告所介绍的精益会计实务和决策技术为管理会计师提供了一个值得探索的替代方案，在开始实施精益技术时为组织提供支持。

术语表

本术语表定义了精益企业的一些常用术语。关于精益术语的全面解释，参见《精益词典：精益思想者的图解术语表》(John Shook, *Lean Lexicon: Graphical Glossary for Lean Thinkers*)。

3 项报告（3 report）：总结问题解决过程、状况报告、规划过程的标准方法。它是丰田公司的一项实践。

安顿显示板（andon board）：生产领域的一种视觉控制工具，一般是一个电子显示板，显示生产系统的状态，并提醒团队成员注意出现的问题。

批量生产－排队供应（batch-and-queue）：批量生产方式，即大批量生产零部件，然后整批发送，排队等待生产流程中的下一个作业。

生产单元（cells）：不同类型的机器按严格的顺序执行不同作业的布局，一般呈 U 型，它可以采用多台机器同时工作的方式实现单件流水线式生产和人工的灵活配置。

转产（changeover）：在机械加工机器中换新型工具、印刷系统中换不同印油、浇注模具机器中换新塑料树脂和新模具、计算机中换新软件等等。本术语适用于生产工具用于执行不同作业的情况下。

生产周期（cycle time）：完成一个作业循环所需要的时间。如果每个作业的生产周期都能降低至“生产节奏时间”，就可以采用单件流生产产品。

性能与特征成本管理（features and characteristics product costing）：通过确定影响价值流的流动速度的产品性能与特征来计算产品成本的方法。根据产品性能与特征调整价值流平均成本，计算出产品成本。

5S（five S）：描述有助于视觉控制的现场管理的五个相关术语（每个术语都以“S”开头），即整理（sort）、条理（straighten）、整洁（scrub）、标准化（standardize）、维持（sustain）。它是实现工作场所井然有序以实现视觉管理的一种方法。

五个为什么（five whys）：由大野耐一提出，即在遇到问题时，为了确定问题的根本成因，而应该问五次“为什么”，以便建立和实施有效的对策。

流动（flow）：产品从设计到投放市场、订购到交货、原材料到客户手中的产成品沿价值流没有中断、没有浪费、也没有逆流地逐步完成各项任务。

现场（gemba）：Gemba是日语“现场”的意思。用于强调在采用仔细的视觉观察的现场完成精益改进的重要性。

方针管理（hoshin kanri）：Hoshin Kanri是日语“公司战略部署”的意思。方针管理用于为公司战略部署提供一种正式方法。方针管理力求通过共同规划而不是自上而下的变革管理实现高度一致。

自动化（jidoka）：生产系统中对生产流程出现的异常作出反应的部分。

改进管理（kaizen）：持续改进作业，以实现以更少的浪费，创造更多的价值。

精益促进办公室（lean promotion office）：实现精益转型的一种资源。这个团队在采用精益方法实现价值流的流程转型方面为价值流管理者提供技术帮助。

均衡销售（level selling）：一种客户关系系统，它力求消除因销售系统自身原因造成的需求突增（例如，由于季度或月度销售目标），努力建立长期客户关系，以便生产系统能够预见未来采购。

物料需求规划系统（material requirements planning, MRP）：用于决定生产用物料的数量和时间要求的计算机化的系统。物料需求规划系统使用主生产计划、列示每种产品所需要的每种物料的物料单，以及关于这些物料的现有存货的信息，为所需物料的生产和配送排程。此系统在精益生产中很少使用。

丰碑（monument）：必须由一个以上价值流共享的大型机器、人员或部门。

定拍流程（pacemaker）：在价值流中决定生产速度的流程。定拍流程可能是约束价值流的流动速度的瓶颈作业。

绩效考核联系表（performance measurements linkage chart）：将公司、工厂、价值流和经营单元/流程的绩效考核与公司战略联系在一起的方法。其主要目的是确保绩效考核反映公司战略的目标和平衡。

计划－实施－检查－行动（plan-do-check-act）：一种系统化流程改进方法，它要求提出变革、实施变革、计量变革的影响，然后采取适当的行动。也称为"戴明循环"（Deming Cycle）。

防错技术（poka-yoke）：在接受订单或生产过程中防止缺陷的防错机制或程序。

方针部署（policy deployment）：将公司的各项功能和作业从纵向上及横向上与战略目标协调一致的管理流程。一般要制订一个具体的年度计划，确定准确的目标、行动、时间期限、职责和指标。有时称为"战略部署"或"方针管理"。

拉动式系统（pull）：从下游作业向上游作业逐级下达生产和配送指令的系统。在这种系统中，只有在下游客户发出需求信号时，上游供应商才进行生产。

质量功能配置（quality function deployment, QFD）：多技能项目团队的一种视觉决策程序。它不仅对客户需求有统一的理解，而且对产品设计规格达成了共识，并赢得了整个团队的承诺。

七种浪费（seven wastes）：大野耐一（丰田公司创始人，精益思想之父）对组织内的浪费的分类，即生产过剩、过程等待、搬运、不必要的加工、存货、多余动作和检验。

十分钟内即时换模（single minute exchange of dies, SMED）：在10分钟内更换生产设备的一系列技术。

单件流水线（single-piece flow）：产品在设计、订单接受和生产的各项作业中无中断、无逆流、也无废料地一次一件地流动。

标准化工作（standardized work）：对每项工作作业的精确描述，即生产周期、生产节奏、特定任务的工作顺序，以及完成作业所需要的零部件的最低水平的存货。

超市（supermarket）：通过视觉控制并采用拉动式系统补货的低水平存货的库存点。

生产节奏（takt time）：生产时间除以客户需求速度。生产节奏决定了生产速度，以符合客户需求速度。它是精益系统的核心。

目标成本（target cost）：在产品价值既满足客户需求又能保证生产商获得满意的投资回报的条件下，产品所不能超过的开发和生产成本。

有效产出时间（throughput time）：产品从概念到投放市场、从接收订单到交货或者从原材料到客户手中的最终产品所需要的时间。

价值流（value stream）：产品从概念到投放市场（新产品开发价值流）或者从销售到交货和收款（订单执行价值流）所需要的所有作业，无论是创造价值的，还是浪费性的。其中包括处理信息、产品转化、材料和产品搬运，以及交换现金等作业。

价值流成本管理（value stream costing）：价值流直接成本核算法的一种简单汇总。

视觉管理（visual management）：直接展示所有工具、零部件、生产作业、记录、绩效考核及价值流的控制与改进的其他方面和方法。在行政管理和服务流程中，视觉管理也同样适用。

浪费（waste）：消耗资源却没有为客户创造价值的作业。Muda（日语“浪费”）分为 Muda 1 和 Muda 2。Muda 1 是指不创造价值但在现有技术和政策条件下又不可避免的浪费。例如，工资单流程。Muda 2 则是指不创造价值但却可以消除的浪费。例如，生产人员报告。

参考资料

精益会计

Fiune, Orest, and Cunningham, Jean. *Real Numbers.* Durham, NC: Managing Time Press, 2003.

Johnson, H. Thomas, and Broms, Anders. *Profit Beyond Measure: Extraordinary Results through Attention to Work and People*. Free Press, 2000.

Maskell, Brian, and Baggaley, Bruce. *Practical Lean Accounting*. New York: Productivity Press, 2003.

Solomon, Jerrold. *Who's Counting: A Lean Accounting Business Novel.* WCM Associates, 2003.

Waddell, William, and Bodek, Norman. *Rebith of American Industry.* Vancouver, WA: PCS Press, 2005.

实施精益作业

Allen, John (ed.). *Lean Manufacturing: A Plant Floor Guide.* Dearborn, MI: SME, 2001.

Dennis, Pascal. *Lean Production Simplified*, New York: Productivity Press, 2002.

Keyte, Beau, and Locher, Drew. *The Complete Lean Enterprise: Value Stream Mapping for Administrative & Office Processes.* New York: Productivity Press, 2004.

Liker, Jeffrey, (ed.). *Becoming Lean: The Inside Stories of U.S. Manufacturers.* New York: Productivity Press, 1997.

Marchwinski, Chet, and Shook, John. *Lean Lexicon: Graphical Glossary for Lean Thinkers.* Brookline, MA: Lean Enterprise Institute, 2003.

Rother, Mike, and Shook, John, *Learning to See: Value Stream Mapping to Add Value and Eliminate Muda.* Brookline, MA: Lean Enterprise Institute, 1998.

Womack, James, and Jones, Daniel. *Lean Thinking: Banish Waste and Create Wealth in Your Corporation.* New York: Simon and Schuster, 1996.

Womack, James, and Jones, Daniel. *Lean Solutions: How Companies and Customers Can Create Value and Wealth Together.* New York: Free Press, 2005.

丰田生产系统和适时制生产

Hirano, Hiroyuki. *JIT Implementation Manual: The Complete Guide to Just-in-Time Manufacturing.* Portland, OR: Productivity Press, 1990.

Liker, Jeffrey. *The Toyota Way: 14 Management Principles from the World's Greatest Manufacturer.* New York: McGraw-Hill, 2004.

Ohno, Taiichi. *Toyota Production System: Beyond Large-Scale Production.* Portland, OR: Productivity Press, 1988.

Shingo, Shiego. *A Study of the Toyota Production System from an Industrial Engineering Viewpoint.* Portland, OR: Productivity Press, 1989.

跨职能管理

Emiliani, Bob. *Better Thinking, Better Results: Using the Power of Lean as a Total Business Solution.* Kensington, CT:CLBM, 2003.

Ishikawa, Kaoru. *What Is Total Quality Control?* Englewood Cliffs, NJ: Prentice-Hall, 1985.

Mann, David. *Creating a Lean Culture: Tools to Sustain Lean Conversions.* New York: Productivity Press, 2005.

Monden, Yasuhiro. *Toyota Management System: Linking the Seven Key Functional Areas.* Portland, OR: Productivity Press, 1993.

Seddon, John. *Freedom from Command & Control: A Better Way to Make Work.* New York: Productivity Press, 2005.

视觉控制

Galsworth, Gwendolyn. *Visual Workplace: Visual Thinking.* Portland, OR: Visual Lean Enterprise Press, 2005.

Hirano, Hiroyuki. *5S for Operators.* Portland,

OR: Productivity Press, 1996.

Nikkan, Kogyo Shimbun (ed.). *Visual Control Systems*. Portland, OR: Productivity Press, 1995.

视频资料

Lean Accounting. Society of Manufacturing Engineers, 2005.

Mapping Your Value Stream. Society of Manufacturing Engineers, 2002.

Toast Kaizen: An Introduction to Lean Principles. Greater Boston Manufacturing Partnership, 2005.

What Lean Means. Association of Manufacturing Excellence, 2001.

网站资料

www.maskell.com/LeanAcctg.htm

专门介绍精益会计方法的网站。

www.leanaccountingsummit.com

非营利组织组织的年度精益会计峰会。

www.lean.org

精益企业协会。

www.superfactory.com

关于精益生产及其他生产方法的网站。

www.NWLean.net

帮助其他公司实施精益思想的公司网络。

IMA 学习资源

- CMA 学习教材　CMA Learning System

- 《管理会计公告》Statement of Management Accounting

- 《管理会计季刊》Management Accounting Quarterly

- 《IMA 教学案例期刊》IMA Educational Case Journal

- 《战略财务杂志》Strategic Finance Magazine

- 《管理会计在中国》Management Accounting In China

- 《财务报告内部控制与风险管理 》Financial Report, Internal Control and Risk Management